utb 8431

Eine Arbeitsgemeinschaft der Verlage

Böhlau Verlag · Wien · Köln · Weimar
Verlag Barbara Budrich · Opladen · Toronto
facultas · Wien
Wilhelm Fink · Paderborn
Narr Francke Attempto Verlag / expert Verlag · Tübingen
Haupt Verlag · Bern
Verlag Julius Klinkhardt · Bad Heilbrunn
Mohr Siebeck · Tübingen
Ernst Reinhardt Verlag · München
Ferdinand Schöningh · Paderborn
transcript Verlag · Bielefeld
Eugen Ulmer Verlag · Stuttgart
UVK Verlag · München
Vandenhoeck & Ruprecht · Göttingen
Waxmann · Münster · New York
wbv Publikation · Bielefeld

Barbara Fornefeld

Grundwissen Geistigbehindertenpädagogik

Mit 29 Abbildungen, 14 Tabellen und 69 Übungsaufgaben

6. Auflage

Ernst Reinhardt Verlag München

Prof. Dr. *Barbara Fornefeld* (em.), Lehrstuhl für Pädagogik und Rehabilitation bei geistiger und schwerer Behinderung an der Humanwissenschaftlichen Fakultät der Universität zu Köln, Department Heilpädagogik und Rehabilitation.

Dieses Buch erschien bis zur 3. Auflage unter dem Titel „Einführung in die Geistigbehindertenpädagogik".

Ebenfalls von der Autorin im Ernst Reinhardt Verlag erschienen:
Menschen mit Komplexer Behinderung. Selbstverständnis und Aufgaben der Behindertenpädagogik
ISBN: 978-3-497-01984-7

Bibliografische Information der Deutschen Nationalbibliothek
Die Deutsche Nationalbibliothek verzeichnet diese Publikation in der Deutschen Nationalbibliografie; detaillierte bibliografische Daten sind im Internet über <http://dnb.d-nb.de> abrufbar.

UTB-Band-Nr.: 8431
ISBN 978-3-8252-8775-7 (Print)
ISBN 978-3-8385-8775-2 (PDF-E-Book)
ISBN 978-3-8463-8775-7 (EPUB)
6. Auflage

© 2020 by Ernst Reinhardt, GmbH & Co KG, Verlag, München

Dieses Werk einschließlich seiner Teile ist urheberrechtlich geschützt. Jede Verwertung außerhalb der engen Grenzen des Urheberrechtsgesetzes ist ohne schriftliche Zustimmung der Ernst Reinhardt, GmbH & Co KG, München, unzulässig und strafbar. Das gilt insbesondere für Vervielfältigungen, Übersetzungen in andere Sprachen, Mikroverfilmungen und die Einspeicherung und Verarbeitung in elektronischen Systemen.

Printed in EU
Einbandgestaltung: Atelier Reichert, Stuttgart
Satz: ew print & medien service gmbh, Würzburg

Ernst Reinhardt Verlag, Kemnatenstr. 46, D-80639 München
Net: www.reinhardt-verlag.de E-Mail: info@reinhardt-verlag.de

Inhalt

Vorwort zur 5. Auflage 9

Vorwort zur 1. Auflage 11

Hinweise zur Benutzung dieses Lehrbuches 13

1 Geistigbehindertenpädagogik – ein komplexes System von Hilfen und Maßnahmen 15
1.1 Terminologische Klärung 15
1.2 Geistigbehindertenpädagogik – eine Pädagogik mit vielfältigen Aufgaben 20
1.3 Brückenfunktion der Geistigbehindertenpädagogik 24
1.4 Interdisziplinarität 25

2 Historische Wurzeln der Geistigbehindertenpädagogik 28
2.1 Das Leben von Menschen mit geistiger Behinderung von den Anfängen bis zum 19. Jahrhundert 30
2.2 Beginn der Geistigbehindertenpädagogik – Anstaltsgründungen im 19. Jahrhundert 32
2.3 Sozialdarwinismus und Nationalsozialismus – Konsequenzen für Menschen mit geistiger Behinderung 37
2.4 Die Entwicklung der Geistigbehindertenpädagogik von 1945 bis 1989 in beiden deutschen Staaten 40
2.4.1 *Entwicklung in der BRD* 43
2.4.2 *Entwicklung in der DDR* 44
2.5 Geistigbehindertenpädagogik im Umbruch 49

3 Personenkreis: Menschen mit geistiger Behinderung 58
3.1 Behinderung – geistige Behinderung – Definitionen 59
3.2 Klassifikation von geistiger Behinderung 64
3.3 Ätiologie der geistigen Behinderung 71

3.4	Epidemiologische Daten	76
3.5	Geistige Behinderung unter pädagogischen Gesichtspunkten	83
3.6	Geistige Behinderung unter soziologischen Gesichtspunkten – Randgruppenphänome	92
3.6.1	*Menschen mit Komplexer Behinderung*	97
3.6.2	*Alte Menschen mit geistiger Behinderung*	102
3.6.3	*Geistige Behinderung und Migration*	108
3.7	Zusammenfassung: Anthropologische Impulse	116

4 Aufgabenfelder der Pädagogik und Rehabilitation für Menschen mit geistiger Behinderung ... 123

4.1	Frühförderung und Früherziehung	124
4.1.1	*Frühförderung – Zielgruppe*	124
4.1.2	*Entwicklung der Frühförderung und rechtliche Grundlagen*	127
4.1.3	*Frühförderung als System*	129
4.1.4	*Zielsetzung und Aufgaben der Frühförderung*	131
4.2	Schulische Erziehung und Bildung	134
4.2.1	*Bildungsanspruch*	135
4.2.2	*Bildungsorte – Förderorte*	138
4.2.3	*Förderschule mit dem Förderschwerpunkt geistige Entwicklung – Zielsetzung, Aufbau und Organisation*	141
4.2.4	*Ziele für Schüler mit schwerer Behinderung*	148
4.3	Erwachsenenbildung	151
4.3.1	*Zielgruppe und Institutionen der Erwachsenenbildung*	152
4.3.2	*Aufgaben der Erwachsenenbildung und ihre Umsetzung*	154
4.3.3	*Grundprinzipien der Erwachsenenbildung*	156
4.4	Berufliche Bildung	157
4.4.1	*Entwicklung der beruflichen Bildung für Menschen mit geistiger Behinderung*	158
4.4.2	*Die Werkstatt für behinderte Menschen*	164
4.4.3	*Integrationsdienste und Integrationsprojekte*	168
4.4.4	*Berufliche Bildung für Menschen mit Komplexer Behinderung*	170
4.5	Wohnen	171
4.5.1	*Bedeutung des Wohnens*	172
4.5.2	*Reform des Wohnens für Menschen mit geistiger Behinderung*	174
4.5.3	*Rechtliche Grundlagen*	177
4.5.4	*Wohnformen im Wandel*	179
4.5.5	*Wohnen als Bildungsaufgabe*	182

5	Geistigbehindertenpädagogik als Wissenschaft	185
5.1	Pädagogische Erfahrung – wissenschaftliche Erkenntnis	185
5.2	Erkenntnistheoretische Bezüge	189
5.3	Zusammenfassung	194

Glossar 196

Anhang 199

Ergänzung zu Kapitel 2.4: Entwicklung der Versorgung von Menschen mit geistiger Behinderung zwischen 1945 und 1989 199

Ergänzung zu Kapitel 3.5: Disability Studies 201

Ergänzung zu Kapitel 3.6.2: Entwurf zum Leitbild der Seniorenbetreuung . 202

Ergänzung zu Kapitel 4.2: Recht auf Bildung – Verpflichtung zu einem inklusiven Bildungssystem 203

Ergänzung zu Kapitel 4.2.2: Aussagen wichtiger Vertreter der Integrations-/Inklusionsforschung zum integrativen/inklusiven Unterricht 204

Ergänzung zu Kapitel 4.3.1: Kölner Erklärung 205

Lösungshinweise zu den Übungsaufgaben 206

Ausgewählte Fachzeitschriften 211

Adressen von ausgewählten Institutionen und Verbänden 212

Internetadressen zu ausgewählten Syndromen 214

Bildnachweis 216

Literatur 217

Sachregister 226

Vorwort zur 5. Auflage

Bei der Erstauflage des Buches im Jahr 2000 waren paradigmatische Veränderungen in der Erziehung, Bildung und Rehabilitation von Menschen mit geistiger Behinderung, die sich durch die Einführung der Sozialgesetzbücher verwirklichen ließen, nicht absehbar. Sozialrechtliche, behinderungspolitische und ökonomische Veränderungen in Deutschland zeigen heute ihre Auswirkungen auf das Leben und die Versorgung von Menschen mit geistiger Behinderung. Sie ermöglichen auf der einen Seite mehr soziale und kulturelle Teilhabe, bedingen andererseits aber auch neue Formen der Diskriminierung. Angesichts dieser Entwicklung danke ich dem Verlag für die Möglichkeit der grundlegenden Überarbeitung des Buches im Zuge der vierten Auflage. Für die fünfte Auflage wurde das Buch vor allem im Hinblick auf Literatur und Adressen aktualisiert.

Die Geistigbehindertenpädagogik ist eine relativ junge Disziplin mit einer abwechslungsreichen Geschichte, deren systematische wissenschaftliche Aufarbeitung erst jetzt beginnt. Neu zu erforschen und zu bewerten sind vor allem die nach 1945 entstandenen Entwicklungen in den beiden deutschen Staaten. Es handelt sich hierbei um spezifische Entwicklungen, die die Geistigbehindertenpädagogik von anderen heil- oder sonderpädagogischen Fachrichtungen unterscheidet. Sie sind in das Buch aufgenommen worden.

Das wissenschaftliche Verständnis von Behinderung und damit auch von geistiger Behinderung hat sich verändert. Stärker als zuvor werden die individuellen Lebensbedingungen in das Verständnis von Behinderung einbezogen. Neben den Schädigungen und Beeinträchtigungen spielen die individuellen und sozialen Kontextfaktoren bei der Erfassung des Förder-, Unterstützungs- und Hilfebedarfes eine wichtige Rolle. Die Konsequenzen dieses veränderten Verständnisses von geistiger Behinderung für die Institutionen und Professionen werden seit der vierten Auflage des Buches thematisiert. Dabei steht die Realisation von Bildung in den verschiedenen Lebensphasen und Lebensräumen von Menschen mit geistiger Behinderung im Vordergrund.

Eine weitere Veränderung zwingt zur Auseinandersetzung:

Trotz Aufnahme des Diskriminierungsverbotes in das Grundgesetz und obwohl Integration, Inklusion, Selbstbestimmung und Teilhabe heute zu den Leitprinzipien moderner Behindertenpolitik gehören, sind Tendenzen des Ausschlusses einer spezifischen Gruppe von Menschen mit geistiger Behinderung zu beobachten. Ursachen für diese Exklusion liegen in der Umgestaltung des Sozialstaates infolge ökonomischer Veränderungen in Deutschland. Die Folge ist die Bildung einer neuen ‚Restgruppe', der sogenannten *Menschen mit Komplexer Behinderung*. Die Anerkennung ihrer Bildungsbedarfe wird zur pädagogischen und gesellschaftlichen Aufgabe.

Um zu zeigen, dass die Geistigbehindertenpädagogik nicht nur erzieherische

Praxis, sondern auch erziehungswissenschaftliche und bildungstheoretische Disziplin ist, werden im fünften Kapitel ihre aktuellen Denkrichtungen dargestellt.

Vieles hat sich für Menschen mit geistiger Behinderung seit der Erstauflage verändert. Ihre Selbstvertretung und Mitbestimmung wird heute ernst genommen. Durch eine Reihe von Originalaussagen wird die Sichtweise der betroffenen Menschen in die wissenschaftliche Darstellung einbezogen.

Anmerkung: Aus stilistischen Gründen wird auf die konsequente Verwendung beider Geschlechter verzichtet. Es sind aber stets beide gemeint.

Köln, im Januar 2013
Barbara Fornefeld

Vorwort zur 1. Auflage

> „Ich wünsche mir, dass wir behinderten
> Menschen nie mehr ausgelacht oder
> benachteiligt werden."
> *(Bobby Brederlow)*

Für seine Hauptrolle im ARD-Vierteiler „Liebe und weitere Katastrophen" hat Bobby Brederlow 1999 den ersten Medienpreis der Bundesvereinigung für Menschen mit geistiger Behinderung e.V. erhalten. Sein Wunsch verdeutlicht eindrücklich das Spannungsfeld, in dem Menschen mit geistiger Behinderung in unserer Gesellschaft leben. Sie wollen so akzeptiert werden wie sie sind. Sie wollen als *normal* begriffen werden, weil sie trotz aller Aufklärung heute immer noch auf Ablehnung und Diskriminierung stoßen.

In seiner Schlichtheit weist das einführende Zitat damit auch auf ein zentrales Problem der Geistigbehindertenpädagogik. Menschen wie Herr Brederlow erscheinen auf den ersten Blick anders und doch sind sie wie die anderen, die Menschen ohne Behinderung, mit demselben Anspruch auf Achtung ihrer Menschenwürde und -rechte. Die Geistigbehindertenpädagogik wendet sich ihren individuellen Bedürfnissen zu, mit dem Ziel, ihnen durch angemessene Erziehung, Bildung und Betreuung gerecht zu werden.

Die organischen Schädigungen und deren Folgen prägen die individuelle Lebenssituation von Menschen mit geistiger Behinderung und verlangen nach einer adäquaten Lebensgestaltung und -begleitung. Zur Durchsetzung ihrer Bedürfnisse benötigen Menschen mit geistiger Behinderung meist lebenslang Unterstützung, die in jeder Lebensphase spezifisch zu gestalten ist: In der frühen Kindheit sind andere Erziehungs- und Betreuungsmaßnahmen notwendig als im Jugend-, Erwachsenen- oder gar im Greisenalter. Wieder andere Maßnahmen sind in der Schule und im Bereich von Arbeit, Wohnen oder Freizeit erforderlich.

Vor dem Hintergrund des spezifischen Erziehungs- und Unterstützungsbedarfes hat sich die Geistigbehindertenpädagogik heute zu einem komplexen System pädagogischer, therapeutischer und rehabilitativer Maßnahmen entwickelt, die in unterschiedlichen Institutionen und von verschiedenen Fachkräften durchgeführt werden. Trotz Breite und Unterschieden in den Zugangsweisen verfolgen alle Institutionen und Professionen ein gemeinsames Ziel, nämlich

- die Verringerung von Beeinträchtigungen und Benachteiligungen,
- die größtmögliche Selbstbestimmung und
- die Integration von Menschen mit geistiger Behinderung in die Gesellschaft.

Unterstützt wird dieser Prozess von der wissenschaftlichen Geistigbehindertenpädagogik, die Erziehungstheorien und -methoden entwickelt und durch die Erforschung der Lebenssituation von Menschen mit geistiger Behinderung diese verbessernd zu beeinflussen versucht. Der Geistigbehindertenpädagogik geht es, in der Praxis wie in der Theorie, um die Verwirklichung der individuellen Erziehungs- und Lebensbedürfnisse von Menschen mit Behinderung in einem gesamtgesellschaftlichen Zusammenhang. Damit verfolgt sie immer auch einen ethischen und gesellschaftspolitischen Auftrag, wie beispielsweise die Durchsetzung und Realisation des Lebens- und Bildungsrechtes der ihr anvertrauten Menschen.

Charakteristikum der aktuellen Geistigbehindertenpädagogik ist ihr Denken und Handeln vom Menschen aus, von seinen spezifischen Bedürfnissen, individuellen Einschränkungen, aber auch von seinen Möglichkeiten aus. Darum sollen in diesem Buch die Menschen mit geistiger Behinderung – ihre Lebensräume, ihre Erziehungs- und Betreuungsbedürfnisse – im Mittelpunkt stehen. Von hier aus werden Ziele und Aufgaben der Geistigbehindertenpädagogik in verschiedenen Institutionen (z. B. Schule, Werkstatt oder Wohnheim) dargestellt. Hierbei sollen Charakteristika des geistigbehindertenpädagogischen Denkens deutlich werden; der Überblick wird aus einem pädagogischen Blickwinkel gegeben.

Den wissenschaftlichen Mitarbeiterinnen und Mitarbeitern des Seminars für Geistigbehindertenpädagogik in Köln, insbesondere Frau Ilm, Frau Foede und Frau Harwick, danke ich für ihre Unterstützung bei der Literaturrecherche, dem Ehepaar Ullmann und Herrn Gödecke für ihre Mitwirkung bei grafisch-technischen Fragen, Herrn Brederlow, Herrn T. und der Theatergruppe SinnFlut für ihre Zustimmung zum Druck ihrer Fotos. Besonders danken möchte ich Frau Wehler und Frau Landersdorfer vom Ernst Reinhardt Verlag für ihre wohlwollende Unterstützung und die Realisation dieses Buches.

Hinweise zur Benutzung dieses Lehrbuches

Das vorliegende Buch will Studienanfängern der Heil- und Sonderpädagogik, der Rehabilitationswissenschaften sowie interessierten Studierenden verwandter Studienfächer (Pädagogik, Psychologie, Gerontologie, Sozialpädagogik und Sozialarbeit) einen Einblick in die vielfältigen Aufgaben- und Handlungsfelder der Geistigbehindertenpädagogik geben. Es eignet sich für Studierende in Bachelor- und Masterstudiengängen. Nicht die vertiefte Auseinandersetzung mit dem Phänomen der geistigen Behinderung oder mit Einzelaspekten der Geistigbehindertenpädagogik ist intendiert, sondern die Vermittlung eines Überblickes über ein Fach, das sich als ein komplexes Teilgebiet der Pädagogik versteht. Der beabsichtigte Überblickscharakter des Buches macht inhaltliche Raffungen unvermeidbar, will aber gerade hierdurch Studienanfänger zu weiterführender Auseinandersetzung mit Einzelfragen des Faches motivieren. Die formale Gestaltung des Buches soll das Selbststudium erleichtern. Die in den Randspalten gegebenen Hinweise und Piktogramme dienen der schnellen Orientierung. Beispiele veranschaulichen die theoretischen Aussagen. Als Schlüsselbegriffe gekennzeichnete Termini weisen auf die Fachsprache, die im Studium anzueignen ist. Gezielte Fragen am Ende eines Kapitels dienen der Reflexion des Gelesenen. Denkanstöße und spezifische Literaturhinweise sollen zur weiterführenden Vertiefung von Einzelaspekten anregen. Das Glossar am Ende des Buches klärt zentrale Fachbegriffe. Angaben zu weiteren Informationsquellen sind im Anhang aufgeführt.

 **Definition**

 Literaturempfehlung, weiterführende Literatur

 Beispiel

 Denkanstöße

 **Fachbegriffe der Disziplin**

 Übungsaufgaben am Ende der Kapitel

1 Geistigbehindertenpädagogik – ein komplexes System von Hilfen und Maßnahmen

Der nachfolgende Überblick vermittelt einen ersten Eindruck von der Breite eines Faches, das sich als Praxis, Theorie und Forschung der Erziehung, Bildung und Rehabilitation von Menschen mit geistiger Behinderung versteht. Die Übersicht will die spätere Einordnung der thematisierten Frage- und Aufgabenstellungen in das Gesamtsystem der Geistigbehindertenpädagogik erleichtern. Dazu sollen zunächst einige zentrale Begriffe geklärt werden.

1.1 Terminologische Klärung

Die Geistigbehindertenpädagogik ist ein Teilgebiet des größeren Systems der Heil- oder Sonderpädagogik, auch Behinderten-, Rehabilitations- oder Spezielle Pädagogik genannt. Obwohl sich alle Begriffe auf das Behindertenerziehungswesen beziehen und häufig synonym verwendet werden, meinen sie dennoch nicht dasselbe. Darum sollen sie hier kurz charakterisiert und von einander abgegrenzt werden.

Der Begriff der Heilpädagogik wurde im 19. Jahrhundert von den Pädagogen Georgens und Deinhardt eingeführt und bezog sich zunächst auf die Versorgung und Erziehung von Menschen mit geistiger Behinderung („Schwachsinnige"). Die beiden Autoren verstanden die Heilpädagogik als Kritik an der bestehenden Pädagogik; einer Pädagogik, die Kinder und Jugendliche mit Behinderungen nicht berücksichtigte. Aufgrund der schlechten medizinischen Versorgung dieser Menschen und der unzureichenden Erziehung bestimmte die Heilpädagogik ihren Standpunkt anfangs zwischen Allgemeiner Pädagogik und Medizin.

Heilpädagogik

Abb. 1: Terminologische Vielfalt

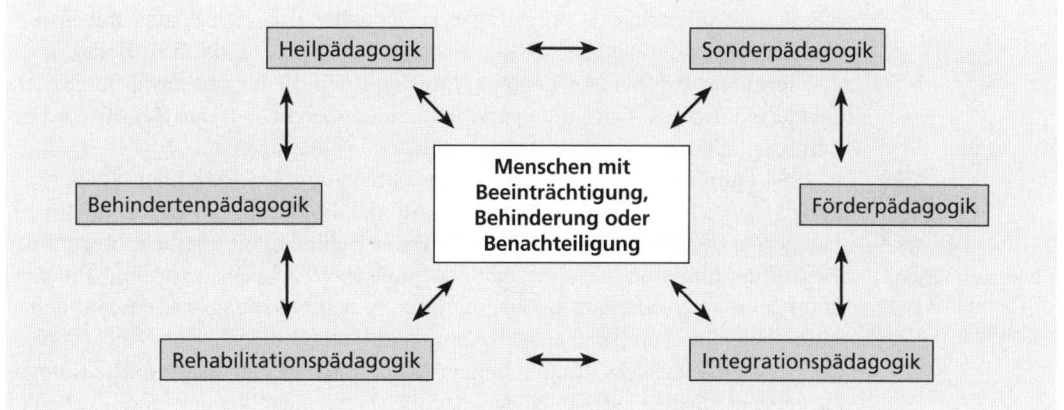

In der Folgezeit wurde die Heilpädagogik immer wieder neu interpretiert und definiert, was sie zu einem Sammelbegriff unterschiedlichster Bedeutungen machte. Diese begriffliche Uneindeutigkeit führte zu Kritik vor allem seitens anderer behindertenpädagogischer Arbeitsbereiche wie der Sinnesgeschädigten- oder Körperbehindertenpädagogik, die der Heilpädagogik unter anderem ihre starke medizinische Anbindung vorwarfen: Die Heilpädagogik sei nicht eindeutig pädagogisch bestimmt und werde aufgrund ihrer starken Orientierung an der Medizin zu einer Heilbehandlung krankhafter Zustände durch pädagogische Mittel.

Kritik fand auch eine andere, die theologische, eher auf die Vermittlung des Seelenheils ausgerichtete, Interpretation der Heilpädagogik, weil sie diese in den Augen der Kritiker zu einer Heils-Pädagogik machte; einer Pädagogik, deren Erziehungsziel das selbstständige Erstreben des Heils im theologischen Sinne war. Trotz der Beanstandungen hat sich der Begriff der Heilpädagogik bis heute gehalten und dies vor allem in Österreich und der Schweiz. Wenn Speck von „System Heilpädagogik" (2008) spricht, meint er damit das komplexe Zusammenwirken aller Institutionen und Maßnahmen zur Bildung, Erziehung, Förderung und Betreuung von Menschen mit Behinderung.

Sonderpädagogik

Die inhaltliche Ungenauigkeit des Begriffs der Heilpädagogik einerseits und der intensive Ausbau des Sonderschulwesens andererseits führten dazu, dass in den sechziger Jahren des 20. Jahrhunderts der Begriff der Sonderpädagogik favorisiert wurde. Er bezieht sich auf die Theorie, Forschung und Praxis der Erziehung von Menschen mit Behinderung. Die Ausweitung und Differenzierung des Sonderschulwesens in den alten Bundesländern verlangte entsprechende Sonder-Pädagogiken wie z.B. die Sehgeschädigten-, Sprachbehinderten-, Körperbehinderten- oder Geistigbehindertenpädagogik. Die ‚Besonderheit' oder ‚Andersartigkeit' behinderter Menschen trat stärker in den Vordergrund. Die Sonderpädagogik verstand sich als ‚Besonderung' der Allgemeinen Pädagogik. Was zur Folge hatte, dass sich das Gesamtgebiet der Sonderpädagogik auseinander entwickelte und zwar in neun verschiedene Sonderpädagogiken oder sonderpädagogische Fachrichtungen, wovon eine die Geistigbehindertenpädagogik ist. Im Begriff der „Sonderpädagogik" wurde der Teilinhalt des Separierens dominant. „Der Begriff Sonderpädagogik ist zwar unter dem dominanten Einfluss des Sonderschulsystems der in Deutschland am meisten verbreitete Begriff, wird aber aus diesem Grunde, d.h. wegen seiner unleugbaren Gleichsetzung mit institutioneller Besonderung, am stärksten abgelehnt" (Speck 2008, 55). Heute findet der Terminus der Sonderpädagogik vordringlich in Bezug auf das differenzierte Sonderschulwesen Anwendung und wird zunehmend durch den Begriff der Förderpädagogik bzw. der Sonderpädagogischen Förderung ersetzt.

Förderpädagogik/ Sonderpädagogische Förderung

1994 hat die Ständige Konferenz der Kultusminister (KMK) den Sonderpädagogischen Förderbedarf und den Begriff der Förderung zu neuen Schlüsselkategorien der Pädagogik für Menschen mit Behinderung erhoben, obwohl der Begriff der Förderung kein originär pädagogischer Fachbegriff ist. Ihm wird dennoch „eine übergeordnete Bedeutung quer zu den erziehungswissenschaftlichen Grundbegriffen von Erziehung, Bildung und Unterricht zugeschrieben" (Schuck 2006, 84). In den KMK-Empfehlungen ist der Förderbedarf als personale Kategorie gedacht, die den individuellen pädagogischen Unterstützungs- und Lernbedarf wiedergibt. Doch im alltäglichen Gebrauch hat er sich zu einer institutionellen und verwaltungstechnischen Kategorie entwickelt. Er ist damit uneindeutig.

Der Begriff der Behindertenpädagogik bzw. Pädagogik der Behinderten wurde in den 1970er Jahren in den alten Bundesländern eingeführt. Die Bezeichnung ergibt sich zum einen aus dem Oberbegriff „Behinderung" für alle Schädigungen und Beeinträchtigungen und zum anderen als Ersatz für das missverständliche Wort „Heilpädagogik" und das formale und segregierende Wort „Sonderpädagogik". Der Behindertenpädagogik liegt ein pädagogisches Verständnis von Behinderung zugrunde. Als Behinderte im pädagogischen Sinne gelten für Bleidick „Kinder, Jugendliche und Erwachsene, deren Lernen und soziale Eingliederung erschwert sind. Gegenstand der Behindertenpädagogik sind somit der besondere Bildungsvorgang und der besondere Erziehungsprozess angesichts der durch Behinderung beeinträchtigten Bildsamkeit und Erziehbarkeit" (1992b, 69).

Behinderte, Behindertenpädagogik

Aber auch dieser Begriff ist kritisch zu sehen, weil er die Gefahr der Verabsolutierung von Behinderung, der Zuschreibung des Behinderten-Status, enthält und damit zu Diskriminierung und Stigmatisierung von Menschen mit Behinderung führt. Heute versucht man stärker das Spezifische ihrer Erziehung im Allgemeinpädagogischen zu entdecken, um so der Besonderung von Menschen mit Behinderung zu begegnen und zur Integration zu gelangen.

Der Begriff der Rehabilitationspädagogik wurde in der ehemaligen DDR (Becker et al. 1979) in Abhebung von der Heil- und Sonderpädagogik verwendet. Sie versteht sich als Zweig der pädagogischen Wissenschaft, der Theorie und Praxis der sozialistischen Erziehung physisch-psychisch geschädigter Kinder und Erwachsener unter dem Aspekt der Rehabilitation. Unter Rehabilitation verstand man in den sozialistischen Ländern „die zweckgerichtete Tätigkeit eines Kollektivs in medizinischer, pädagogischer, sozialer und ökonomischer Hinsicht zur Erhaltung, Wiederherstellung und Pflege der Fähigkeit geschädigter Menschen, aktiv am gesellschaftlichen Leben teilzunehmen" (Becker et al. 1979, 159). Der Begriff der Rehabilitation findet in den alten Bundesländern seit den 1960er Jahren Anwendung, und zwar vor allem im medizinischen, berufsbildenden, sozialpädagogischen und sozialrechtlichen Bereich. Rehabilitation verbindet heute alle medizinischen, pädagogischen und sozialrechtlichen Maßnahmen, die die soziale Eingliederung oder Wiedereingliederung zum Ziel haben.

Rehabilitationspädagogik

Ihre erste gesetzliche Grundlegung erfuhr die Rehabilitation 1961 im Bundessozialhilfegesetz (BSHG) („Eingliederungshilfe für Behinderte"). Heute versteht man unter Rehabilitation „das System und die Gesamtheit der Maßnahmen, die Menschen mit Behinderungen angeboten werden können, um sie beruflich und sozial in die Gemeinschaft einzugliedern. Ziele sind dabei ein Höchstmaß an Lebenstüchtigkeit und Lebensqualität, Teilnahme am Berufs- und Arbeitsleben, Selbstbestimmung und Selbständigkeit im Leben, Wohnen und in der Freizeitgestaltung" (Stadler 1998, 22).

BSHG 1961

Das ‚Wie' der Rehabilitation wird seit 2001 im Neunten Sozialgesetzbuch (SGB IX) geregelt, während an die Stelle des Bundessozialhilfegesetzes (BSHG) das Zwölfte Sozialgesetzbuch (SGB XII) trat. Unzureichend bleibt der Begriff der Rehabilitation im Kontext schulischer Erziehung, weil Förderung und Unter-

Neuntes Sozialgesetzbuch (SGB IX)

richtung von Kindern und Jugendlichen eine erstmalige Befähigung, also „Habilitation" und nicht „Rehabilitation" ist.

Neben den zuvor genannten findet eine Reihe anderer Begriffe Anwendung. So spricht man beispielsweise in den osteuropäischen Ländern von *Spezialpädagogik, Sonderpsychopädagogik* oder *Defektologie*, in den anglo-amerikanischen Ländern von *Special Education* oder in den Benelux-Staaten von *Orthopädagogik*; Bezeichnungen, die zwar Ähnliches intendieren, die aber wegen der jeweiligen Landesspezifika nicht als Synonyme zur deutschen Terminologie gelten.

Integrationspädagogik

Gegen diese Oberbegriffe wendet sich die Integrationspädagogik. Ihre Vertreter fordern die Überwindung einer besonderen Pädagogik und fordern für alle Kinder und Jugendlichen einen gemeinsamen Lernort. Eine Integrationspädagogik vertritt eine neue Sichtweise von Erziehung an sich (vgl. Eberwein 1999), die alle unabhängig von Behinderung einschließt. „Die Integrationspädagogik beinhaltet vor allem gesellschaftspolitische Implikationen mit programmatischem Charakter, nämlich die Nichtaussonderung von *Behinderten* als sozial- und schulpolitisches Ziel" (Speck 2008, 56f).

Die Begriffsvielfalt ist also groß und verlangt eine Eingrenzung. Obwohl jeder der hier genannten Bezeichnungen eine gewisse Unzulänglichkeit anhaftet, werde ich, vor allem der besseren Lesbarkeit wegen, den Begriff der Heilpädagogik verwenden. In seiner heutigen Interpretation ist er pädagogisch bestimmt, ohne die notwendigen (sonder)schulischen und rehabilitativen Maßnahmen auszuschließen.

„Unter Heilpädagogik wird der Theorie- und Praxisbereich verstanden, der sich auf die Erziehung, Unterrichtung und Therapie von Menschen bezieht, die wegen individueller und sozialer Lern- und Entwicklungshindernisse einer besonderen Unterstützung und Hilfe bedürfen, um ein menschenwürdiges Leben führen zu können" (Speck 2006, 92).

Die Heilpädagogik ist eine „spezialisierte Pädagogik, die von einer Bedrohung durch personale und soziale Desintegration ausgeht" (Speck 2008, 56). Sie stellt dem Menschen mit Behinderung pädagogische Mittel zum Erwerb von Kompetenzen, zur Selbstverwirklichung wie zum Erlangen sozialer und kultureller Teilhabe zur Verfügung.

Ziel der Heilpädagogik

Ziel der Heilpädagogik ist es, den Menschen mit Behinderung als Person in seiner spezifischen Lebenssituation zu erfassen, um ihm vor diesem Hintergrund zu größtmöglicher Selbstverwirklichung in der Gemeinschaft mit anderen zu verhelfen. Die Heilpädagogik befasst sich mit den Belangen von Menschen, die sich in ihren Benachteiligungen, Beeinträchtigungen und Behinderungen stark von einander unterscheiden. Sie umfasst somit eine Disziplin, die sich in unterschiedliche Fachrichtungen gliedert und die sich ihrerseits auf spezifische Behinderungsformen beziehen:

- geistige Behinderung
- Körperbehinderung
- Lernbehinderung
- Sprachbehinderung
- Hörschädigung (Schwerhörigkeit und Gehörlosigkeit)

- Sehschädigung (Sehbehinderung und Blindheit)
- Taubblindheit
- Autismus-Spektrum-Störungen
- Schwerste Behinderung (Mehrfachbehinderung)
- Krankheit (Unterricht bei langer Krankheit)
- Straffälligkeit (Strafvollzugspädagogik)
- Verhaltensstörungen

Jüngstes Teilgebiet der Heilpädagogik ist die so genannte *Schwerstbehindertenpädagogik*. Sie widmet sich der Erziehung von Menschen, deren Leben durch eine schwere geistige und körperliche Behinderung sowie durch gravierende Wahrnehmungsbeeinträchtigungen geprägt ist. Aufgrund der Häufung von Beeinträchtigungen muss die Schwerstbehindertenpädagogik verschiedene Behinderungsformen gleichzeitig in den Blick nehmen und bewegt sich darum zwischen verschiedenen heilpädagogischen Fachrichtungen. Infolge aktueller sozialpolitischer Veränderungen, die zu einem Abbau sozialstaatlicher Verantwortung führen, entsteht innerhalb der Population der Menschen mit geistiger Behinderung eine Randgruppe, die ‚*Menschen mit Komplexer Behinderung*' (Fornefeld 2008). Die Gruppe der Menschen mit Komplexer Behinderung geht, wie in Kapitel 3.6 noch gezeigt wird, über die der Menschen mit schwerer Behinderung hinaus. Eine Pädagogik für Menschen mit Komplexer Behinderung muss Erkenntnisse aus verschiedenen Fachrichtungen berücksichtigen, darum wird sie in der nachfolgenden Graphik ins Zentrum gerückt.

Die verschiedenen Fachdisziplinen machen die Heilpädagogik zu einem vielschichtigen System von Maßnahmen. Auf der wissenschaftlichen Ebene verbindet die so genannte Allgemeine Heilpädagogik die Fachrichtungen miteinander, die zusammenwirken müssen, um den verschiedenen Beeinträchtigungen von Menschen mit Komplexer Behinderung gerecht zu werden.

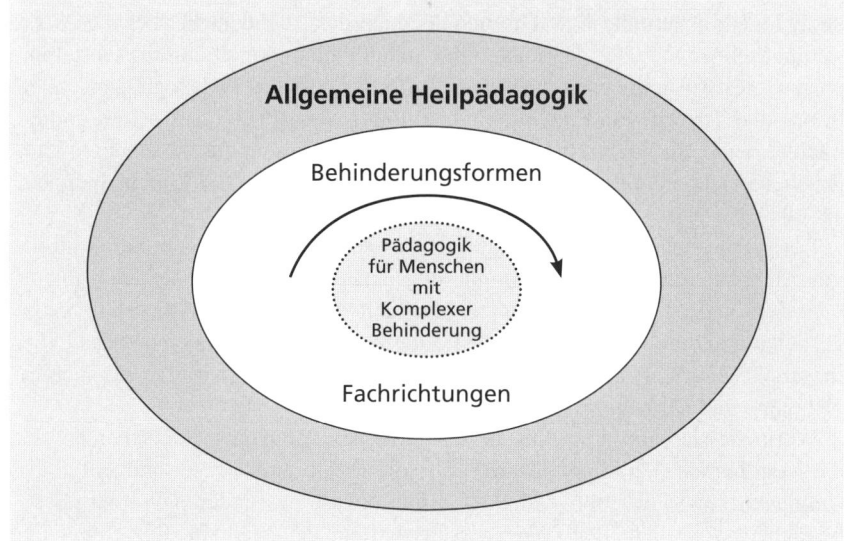

Abb. 2: Teilbereiche der Allgemeinen Heilpädagogik

Allgemeine Heilpädagogik als Wissenschaft

Sie erforscht die eigene Geschichte und theoretischen Grundannahmen, ebenso die der Fachrichtungen. Sie setzt sich mit der internationalen Heilpädagogik, der so genannten ‚*Vergleichenden Sonderpädagogik*' auseinander und beteiligt sich an aktuellen ethischen Fragen, wie dem Lebens- und Bildungsrecht von Menschen mit Behinderungen. Ihre praxis- wie theoriebezogenen Aufgaben thematisiert die Allgemeine Heilpädagogik heute stärker im integrativen und interdisziplinären Kontext, wodurch es zu einer deutlichen Annäherung an die Allgemeine Pädagogik und die Bezugswissenschaften (Medizin, Soziologie, Philosophie, Psychologie, Rechtswissenschaften) kommt.

Bleidick, U. (1999): Bausteine einer Theoriebildung der Behindertenpädagogik. In: Bleidick, U.: Behinderung als pädagogische Aufgabe. Behinderungsbegriff und behindertenpädagogische Theorie. Stuttgart, 91–116

Gröschke, D. (1989): Heilpädagogik? – Heilpädagogik! Plädoyer für einen Begriff. In: Gröschke, D.: Praxiskonzepte der Heilpädagogik. München/Basel, 15–32

Haeberlin, U. (1996): Heilpädagogik als parteinehmende Pädagogik. In: Haeberlin, U.: Heilpädagogik als wertgeleitete Wissenschaft. Bern, 13–68

Lindmeier, Ch. (1997): Heilpädagogik als konstitutives Moment jeglicher Pädagogik. Pädagogische Rundschau 51. Jg., 3, 289–306

Speck, O. (2008): Die historische Entwicklung heilpädagogischer Theoriebildung. In: Speck, O.: System Heilpädagogik. Eine ökologisch reflexive Grundlegung. 6. Aufl. München/Basel, 44–60

1.2 Geistigbehindertenpädagogik – eine Pädagogik mit vielfältigen Aufgaben

Als eine der heilpädagogischen Fachrichtungen versteht sich die Geistigbehindertenpädagogik vordringlich als Pädagogik.

Pädagogik

Pädagogik meint sowohl das konkrete Zusammensein von Pädagogen mit Kindern, Jugendlichen und Erwachsenen als auch das Nachdenken über dieses Zusammensein sowie über die notwendige inhaltliche und methodische Gestaltung eben dieses Zusammenseins. Das heißt, der Begriff der Pädagogik umschließt Praxis und Theorie von Erziehung und Bildung, bezieht sich auf beides und betrachtet beides in Wechselwirkung zueinander. In diesem Grundverständnis unterscheidet sich die Geistigbehindertenpädagogik nicht von der Allgemeinen Pädagogik.

Geistigbehindertenpädagogik

Der Geistigbehindertenpädagogik geht es zum einen um das konkrete Leben von Menschen mit geistiger Behinderung und um das Zusammenleben mit ihnen. Zum andern geht es ihr um das Nachdenken darüber, wie dieses Leben zu gestalten und durch Erziehung und Bildung zu entfalten ist. Indem sie das Leben dieser Menschen erforscht und pädagogische Konzepte entwirft, ist sie auch Erziehungs- und Bildungswissenschaft (Kap. 5).

Worin sie sich allerdings von der Allgemeinen Pädagogik unterscheidet, sind die Kernthemen (Paradigma Kap. 5) und die Breite ihrer Frage- und Aufgabenstellungen sowie die Notwendigkeit, Erkenntnisse aus anderen Wissenschaftsbereichen, vor allem den Neurowissenschaften, der Medizin, Soziologie und

Psychologie stärker in ihr pädagogisches Denken zu integrieren. Die Geistigbehindertenpädagogik hinterfragt aktuelle Bildungstheorien, pädagogische Konzepte und Methoden in Bezug auf ihre Relevanz für Menschen mit Behinderungen, zeigt Unzulänglichkeiten auf und entwickelt neue Zugänge, die die individuellen Beeinträchtigungen und Möglichkeiten stärker berücksichtigen. Darum kommen im Erziehungsalltag von Menschen mit geistiger Behinderung, stärker als in anderen pädagogischen Feldern, unterschiedliche pädagogische, aber auch therapeutische Konzepte und Methoden zum Tragen. Bei all diesen Entwürfen bildet immer *der Mensch mit seinen spezifischen Bedürfnissen* den Ausgangspunkt der Konzeptentwicklung.

Wie einleitend bereits erwähnt, zeichnet sich die Geistigbehindertenpädagogik also dadurch aus, dass sie ihre Erziehungstheorien und -praktiken vom Menschen aus entwickelt, also eine ‚Wissenschaft vom Menschen aus' ist.

Pädagogik vom Menschen aus

Die Geistigbehindertenpädagogik vertritt eine Form von Bildung und Erziehung, die dem Lebensalter und den Fähigkeiten der zu Erziehenden angepasst ist und die darum in konzeptioneller wie didaktischer Hinsicht *subjektorientiert* ist. Zudem verbindet sie medizinische und psychotherapeutische sowie sozialrehabilitative Erkenntnisse und Praktiken in ihren Konzeptentwicklungen miteinander. Sie schafft adäquate Lebens-, Erziehungs- und Arbeitsräume für Menschen mit geistiger Behinderung (Kap. 4) und bildet das darin tätige Fachpersonal aus. Im schulischen Bereich kooperiert die Geistigbehindertenpädagogik mit der Integrationspädagogik. Selbstbestimmung und soziale Teilhabe sind ebenso Ziele der pädagogischen und rehabilitativen Maßnahmen für Erwachsene in verschiedenen Lebensbereichen (Arbeit, Wohnen, Erwachsenenbildung, Freizeit).

Die Geistigbehindertenpädagogik muss sich den neuen gesellschaftlich-ökonomischen Veränderungen stellen, weil hierdurch nämlich das gesamte Versorgungssystem für Menschen mit Behinderung unter Druck gerät. Es besteht die Gefahr, dass Menschen mit gravierenden Beeinträchtigungen unter wirtschaftlichen Erwägungen schlechter versorgt oder gar ausgeschlossen werden (vgl. Dederich 2008). Zudem muss die Geistigbehindertenpädagogik die Auswirkungen der modernen Humangenetik, von Hirnforschung und Biotechnologie im Auge behalten und sich zu Wort melden, wenn Würde und Rechte von Menschen mit geistiger Behinderung hierdurch verletzt werden. Da die Lebenserwartung von Menschen mit geistiger Behinderung dank des medizinischen Fortschritts inzwischen derer nicht behinderter Menschen entspricht, entstehen mit der Altersforschung (Gerontologie) und Behindertenpflege neue Forschungs- und Handlungsbereiche (Kap. 3.6).

Das Aufgabenspektrum der Geistigbehindertenpädagogik ist vielfältig und geht weit über das ausschließlich Pädagogische hinaus. Als heilpädagogische Fachrichtung hat sie alle Problem- und Lebensbereiche von Menschen mit geistiger Behinderung – von der Geburt bis zum Tode – zu berücksichtigen:

- Humangenetische Beratung / Pränatale Diagnostik
- Berufsvorbereitung / Arbeit
- Hilfen zur Freizeitgestaltung
- Weiter- und Erwachsenenbildung

- Wohnen in unterschiedlichen Institutionen
- Behindertenpflege / Assistenz im Alter
- Schulische Erziehung und Bildung
- Psychologische Hilfen
- Soziale Hilfen / Hilfen zur Eingliederung
- Juristische Hilfen (Behindertenrecht)
- Medizinische Therapien und Versorgung
- Frühdiagnose und -therapie

Und dies geschieht, weil die geistige Behinderung keine Krankheit ist, die irgendwann geheilt werden kann, sondern weil Geistigbehindert-Sein ein lebenslanger Prozess ist.

Geistigbehindert-Sein als lebenslanger Prozess

Die geistige Behinderung kann durch eine organische Schädigung vor, während oder nach der Geburt verursacht werden und führt in der Regel zu einer lebenslangen Beeinträchtigung. Behinderung kann aber auch durch gravierende Benachteiligung entstehen. Bei der geistigen Behinderung handelt es sich, wie später in Kapitel 3.3 noch genauer gezeigt wird, nicht um ein einheitliches Krankheitsbild. Die Schädigungen wie auch die sich hieraus ergebenden Beeinträchtigungen für das Leben des geschädigten Menschen sind vielfältig und bedürfen in jeder Lebensphase besonderer pädagogischer Zuwendung; diese ist im Säuglings- und Kleinkindalter eine andere als im Schul- und Jugendlichenalter und wiederum eine andere bei jüngeren Erwachsenen oder bei alten Menschen. Die

Abb. 3: Institutionen der Erziehung und Bildung von Menschen mit geistiger Behinderung

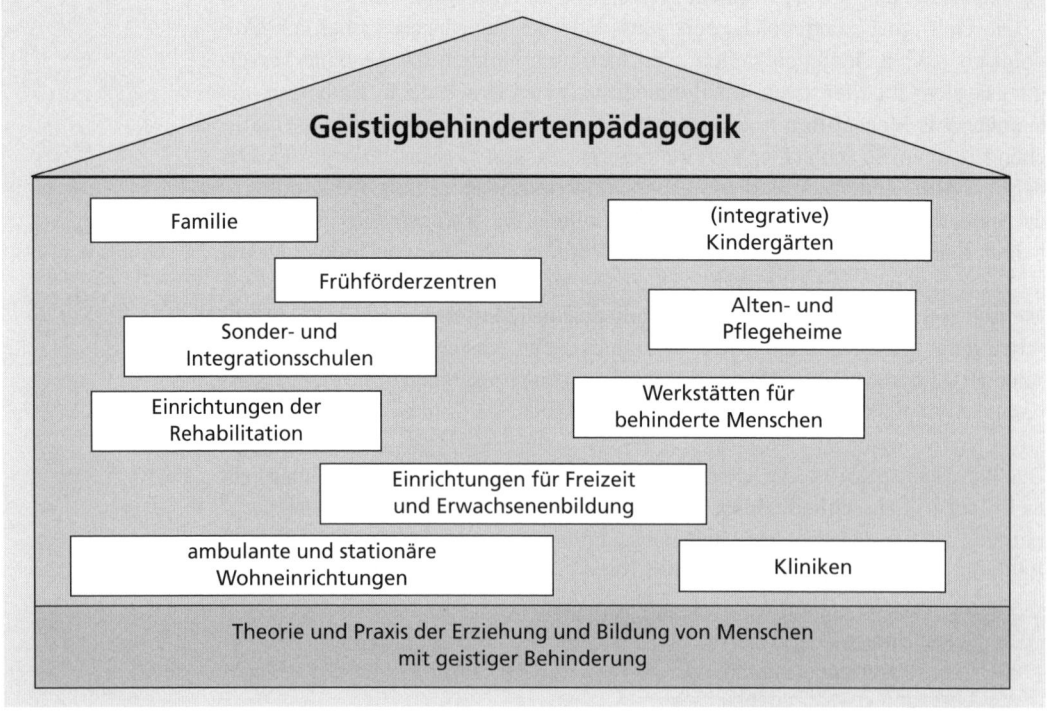

Geistigbehindertenpädagogik thematisiert alle Lebensbereiche und hat damit in allen Lebensräumen von Menschen mit Behinderung ihre spezifischen Aufgaben.

Die Lebensräume reichen von der Familie über Kliniken, Frühfördereinrichtungen (Spezielle Frühförderzentren, Kinder- und Sonderkindergärten), Sonderschulen und integrative Schulen, Werkstätten für behinderte Menschen, Freizeiteinrichtungen, Rehabilitationszentren, psychiatrische Institutionen bis zu ambulanten, gemeindeintegrierten oder stationären Wohneinrichtungen, Paarwohnen und Leben in Alten- oder Pflegeheimen.

Trotz ihrer zwangsläufig unterschiedlichen Zielsetzung dienen die Institutionen dazu, den Menschen mit geistiger Behinderung bei der Erfüllung ihrer Bedürfnisse nach Spielen, Lernen, Arbeiten, nach Freizeit, Ferien und Urlaub, nach Freunden, Liebe und Sexualität, nach Hilfe, Fürsorge und Schutz oder nach Angenommen- und Akzeptiert-Sein behilflich zu sein.

Geistigbehindertenpädagogik als ‚Pädagogik vom Menschen aus' heißt also Akzeptieren des Menschen mit Behinderung als Menschen, Erkennen seiner individuellen Einschränkungen und Möglichkeiten und größtmögliche Entfaltung seiner Fähigkeiten durch adäquate Bildung, Erziehung und Rehabilitation (Kap. 3 und Kapitel 4). Eine zentrale Aufgabe der Geistigbehindertenpädagogik ist es demzufolge, die Wünsche und Bedürfnisse von Menschen mit geistiger Behinderung im Sinne der Assistenz in der Gesellschaft zu vertreten. Dies gestaltet sich aber immer noch schwierig, weil Schädigungen und Beeinträchtigungen den behinderten Menschen als ‚anders' erscheinen lassen und die Gesellschaft wiederum auf Anderssein, auf Abweichungen von der Norm mit Abwertung und Diskriminierung reagiert.

Und sie tut dies trotz des gesetzlich verankerten Benachteiligungsverbotes. In Artikel 3, Absatz 3 des Grundgesetzes der Bundesrepublik Deutschland heißt es ausdrücklich: „Niemand darf wegen seiner Behinderung benachteiligt werden." Ein Gleichheitsgebot bzw. die Wahrung der Menschenrechte wurde international bereits 1948 durch die Vereinten Nationen in der „Universal Declaration of Human Rights" festgelegt, die die Gleichheit aller Menschen (Artikel 1 und 2) und das Recht auf Bildung (Artikel 26/1 und 2) betont. „Seit den 50er Jahren haben sich in wirtschaftlich entwickelten Ländern, vorab auch denjenigen Europas, einige *Grundauffassungen und Konzepte* bezüglich Behinderung und Behindertenförderung entscheidend verändert. Dazu gehören das Recht behinderter Menschen auf Bildung und Chancengleichheit, das Verständnis von Behinderung, die Prinzipien der Kontinuität und der Flexibilität, der Normalisierung und der Integration" (Bürli 1997, 48).

Grundgesetz

Es waren vor allem die Weltgesundheitsorganisation (World Health Organization, WHO) und die Organisation der Vereinten Nationen für Erziehung, Wissenschaft und Kultur (United Nations Educational, Scientific and Cultural Organization, UNESCO) die sich für die Belange behinderter Menschen eingesetzt haben. Auf ihren weltweiten Kongressen und Tagungen vertritt die Internationale Liga von Vereinigungen zugunsten geistig behinderter Menschen (International League of Societies for the Mentally Handicapped, ILSMH) deren Interesse und setzt sich für ihre Rechte ein. Die WHO hat 1980 auf die notwendige Differenzierung von Schädigung *(impairment)*, Beeinträchtigung *(disability)* und Behin-

WHO, UN

derung *(handicap)* aufmerksam gemacht, worauf ich in Kapitel 3.2 noch genauer eingehen werde. Zu den Aufgaben der UNESCO gehört neben der Durchsetzung der Menschenrechte auch die Förderung der internationalen Zusammenarbeit auf dem Gebiet der Erziehung, Wissenschaft und Information sowie die Erschließung von Bildung und Kultur für alle Menschen. Seit Mitte der 1980er Jahre wendete sie sich behindertenpädagogischen Belangen zu. Sie hat Ende der 1980er Jahre eine Erhebung zur weltweiten Situation der Sonderpädagogik und eine internationale Umfrage zur behindertenpädagogischen Gesetzgebung in Auftrag gegeben, die 1994 auf ihrem Weltkongress in Salamanca vorgestellt wurde. Wichtige Impulse, vor allem für die schulische Integration, gingen von diesem Kongress aus.

Mit Bürli lassen sich die internationalen Entwicklungen der vergangenen 30 Jahre folgendermaßen zusammenfassen:

> „In den 70er Jahren wurde das Behinderungskonzept durch die Umfelddimension erweitert. Durch die Forderung nach Einbezug der Umwelt wurde die Behindertenfrage zu einer politisch-gesellschaftlichen Aufgabe. Dies fand u. a. seinen Niederschlag im Jahr des Behinderten (1981) mit dem anschließenden weltweiten UN-Aktionsprogramm (1983), in der Dekade des Behinderten (1983–1992) und vor kurzem in der UN-Deklaration der Standardregeln über Chancengleichheit behinderter Personen (1993). Erstmals wurde Behindertenpolitik in drei Bereiche, nämlich Prävention, Rehabilitation und Chancengleichheit unterteilt und mit der Menschenrechtsfrage in Verbindung gebracht ... Im Anschluss an die verschiedenen Deklarationen und Aktionen zugunsten behinderter Menschen haben zahlreiche Staaten Gesetze und Richtlinien erlassen" (1997, 48f).

Im Mai 2007 haben die Vereinten Nationen (UN) in New York die „Konvention zum Schutz der Rechte behinderter Menschen" verabschiedet. Sie setzt sich für eine stärkere Integration von Menschen mit Behinderung in allen Lebensbereichen ein. Die Unterzeichnerstaaten, zu denen seit Dezember 2008 auch Deutschland gehört, verpflichten sich, die Vorgaben der Konvention in nationales Recht umzusetzen (Kap. 2.6).

1.3 Brückenfunktion der Geistigbehindertenpädagogik

Subjekt der Pädagogik ist der zu erziehende Mensch. Subjekt der Geistigbehindertenpädagogik ist der Mensch mit geistiger Behinderung. Seine Funktionsstörungen haben Auswirkungen auf seine Entwicklung, auf sein ganzes Leben. Der Schweregrad der Auswirkungen bzw. Beeinträchtigungen ist bei jedem Menschen anders. Zum einen gibt es unterschiedliche Formen von Funktionsstörungen, zum anderen reagieren der Mensch und sein Umfeld, z.B. seine Familie, individuell verschieden auf die Störungen. Das heißt, der Mensch mit geistiger Behinderung muss immer auch aus dem Kontext seiner sozialen Umgebung heraus betrachtet werden.

Gegenstand von Pädagogik ist also nicht nur der zu erziehende Mensch, sondern ebenso die Gesellschaft mit ihren Erwartungen an ihn. Die Gesellschaft legt Normen und Werte, z.B. Gesundheit, Produktivität, Leistungsfähigkeit, Interaktionsfähigkeit, Teilhabe und Mitgestaltung des kulturellen und gesellschaftlichen

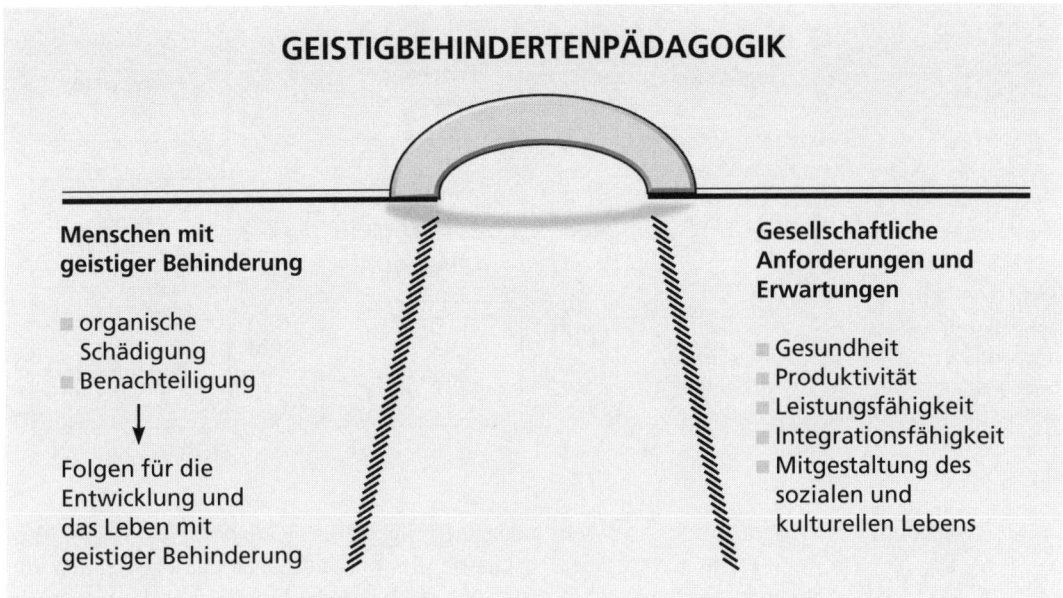

Abb. 4:
Brückenfunktion der Geistigbehindertenpädagogik

Lebens und vieles mehr fest. Dies sind Werte, die das familiäre wie das außerfamiliäre Zusammenleben in all seinen Bereichen prägen. Die Pädagogik ist mit ihren Erziehungs- und Bildungszielen daran interessiert, dass diese Normen und Werte vermittelt werden.

Es ist unbestritten, dass die Gruppe der Menschen mit geistiger Behinderung eine gesellschaftliche Randgruppe ist. Zwischen Menschen mit geistiger Behinderung und nichtbehinderten Menschen besteht eine Kluft, die überwunden werden muss.

Die Hauptaufgabe der Geistigbehindertenpädagogik ist es nun, zwischen dem Individuum, dem behinderten Menschen mit all seinen Schwierigkeiten und Fähigkeiten auf der einen Seite und den gesellschaftlichen Erwartungen und Anforderungen auf der anderen Seite zu vermitteln. Die Geistigbehindertenpädagogik nimmt also eine Brückenfunktion ein. Sie will verbinden, Gräben überwinden, den Anschluss halten, den gegenseitigen Austausch sicherstellen und damit gemeinsame Entwicklungen gewährleisten. Sie strebt die Inklusion an. Die Brücke wird von der interdisziplinären Behindertenhilfe gestützt. Gleichzeitig wird die allgemeine Betreuung und Versorgung von Menschen mit geistiger Behinderung von der Geistigbehindertenpädagogik beeinflusst (siehe Abb. 4).

1.4 Interdisziplinarität

Um Antworten auf die Fülle der behindertenrelevanten Fragen geben zu können und Lösungen für individuelle Probleme zu finden, ist die Geistigbehindertenpädagogik auf den Dialog mit anderen Wissenschaften angewiesen.

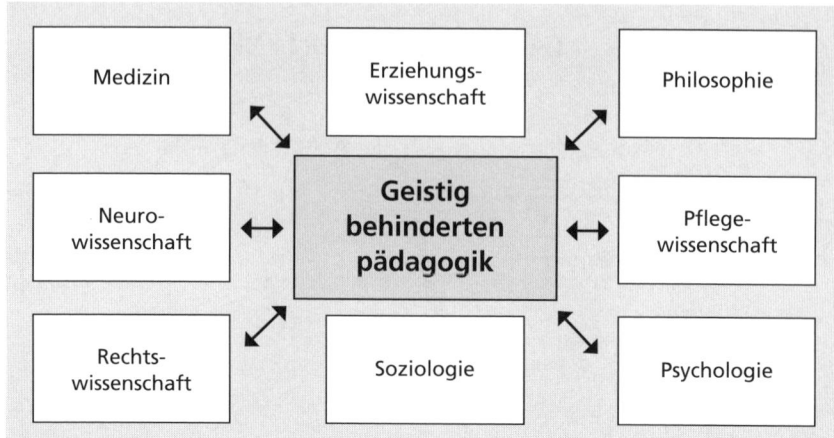

Abb. 5: Geistigbehindertenpädagogik im Dialog mit anderen Wissenschaften

Medizin Die Medizin mit ihren verschiedenen Teilgebieten (Pädiatrie, Neurologie, Neurophysiologie, Orthopädie, Psychiatrie u.a.), Institutionen und Fachkräften gibt Antworten auf behindertenspezifische medizinische Fragen, z.B. Ursachen von Hirnschädigungen und ihre Folgen. Sie ist des Weiteren verantwortlich für die Diagnose von Behinderungen und deren Therapie, die Verordnung von Medikamenten und Hilfsmitteln, von erforderlicher Physio- oder Psychotherapie. Sie erforscht neue Krankheitsbilder, die zu geistiger Behinderung führen, und entwickelt notwendige Behandlungsmethoden.

Psychologie Die Psychologie erklärt innerpsychische und zwischenmenschliche Prozesse. Sie fragt nach Wahrnehmung, Denken und Handeln des Menschen, nach seinen Emotionen und Stimmungen, und diagnostiziert Störungen in diesen Bereichen. So thematisiert sie den Zusammenhang von geistiger Behinderung und psychischen Erkrankungen, entwickelt Therapien, z.B. zur Behebung von Lern- und Entwicklungsstörungen, oder beschäftigt sich mit der Rolle der Eltern und der professionellen Helfer und vieles andere mehr.

Soziologie In der Soziologie steht der wechselseitige Zusammenhang von geistiger Behinderung und Gesellschaft im Vordergrund, vor allem die gesellschaftliche Einstellung zu Menschen mit geistiger Behinderung. Behinderungsrelevante Themen der Soziologie sind z.B. Integration, das Problem der Stigmatisierung, der Institutionalisierung, gesellschaftliche Rollen und Veränderungsprozesse u.a.m.

Philosophie Die Philosophie betrachtet die Bedeutung des Behindert-Seins unter ethischen Aspekten. Sie stellt in diesem Zusammenhang existenzielle Fragen wie etwa nach dem Sinn und Wert des Lebens. Sie erörtert moralische Fragen von Erziehung und beteiligt sich an der anthropologischen Grundlegung der Allgemeinen Pädagogik, der Sonder- und Integrationspädagogik. Zudem liefert die Philosophie erkenntnistheoretische Grundlagen zur Begründung der Geistigbehindertenpädagogik als Wissenschaft.

Rechtswissenschaften Die Rechtswissenschaften befassen sich mit der gesetzlichen und rechtlichen Situation der Menschen mit geistiger Behinderung, d.h. vor allem mit Gesetzen, Rechten, Pflichten und Regeln zum Schutz und zur Fürsorge für Menschen mit

Behinderungen in unserer Gesellschaft. Dazu gehören auch Fragen der gesetzlichen Betreuung.

Neurowissenschaftliche Erkenntnisse sind für die Geistigbehindertenpädagogik insofern von Bedeutung, als sie zu klären versuchen, wie sich bei Kindern neue Denk- und Interaktionsstrukturen entwickeln (Zimpel 2008). Neurobiologische Forschungsbefunde werden heute genutzt, um sie auf Lehr- und Lernprozesse im Sinne einer Neurodidaktik zu übertragen (Münch 2008).

Neurowissenschaften

Die Allgemeine Pädagogik ist eng mit der Geistigbehindertenpädagogik verknüpft, weil beide zum Bereich der Erziehungs- und Bildungswissenschaft gehören. Ihre Theorien und Konzeptentwürfe sind nicht nur in der Integrationsdiskussion von Bedeutung. Nach einer Zeit der Abgrenzung voneinander ist seit den 1990er Jahren eine starke Annäherung und eine Rückbesinnung auf gemeinsame Wurzeln zu beobachten. Weil Menschen mit geistiger Behinderung allgemeine Erziehungs- und Bildungsnormen nicht erfüllen können, verwirklicht die Geistigbehindertenpädagogik mit ihren Konzeptentwicklungen eine basale Form von Erziehung. Durch ihr stärkeres Hinterfragen gebräuchlicher oder vertrauter Erziehungsmethoden und durch ihre Elementarisierung von Lehr- und Lernprozessen stellt sie die Pädagogik gleichsam auf ein breiteres Fundament. Das heißt, sie gibt den anderen heilpädagogischen Fachrichtungen und der Allgemeinen Pädagogik wichtige Anregungen für eine individualisierte und differenzierte Erziehung.

Allgemeine Pädagogik

Der Dialog der Geistigbehindertenpädagogik mit den Nachbarwissenschaften ist in mehrfacher Weise wirkungsvoll. Zum einen entwickeln sich gemeinsame interdisziplinäre Handlungsfelder wie z.B. in der Frühförderung oder auch im Bereich sozialer Integration von Arbeit und Freizeit; Handlungsfelder, in denen MitarbeiterInnen aus unterschiedlichen Bereichen miteinander arbeiten, z.B. Mediziner, Psychologen, Heilpädagogen, Therapeuten und Sozialarbeiter.

Zusammenfassung

Zum anderen bewirkt der interdisziplinäre Dialog auch den notwendigen Wissenstransfer, der heutzutage notwendig ist, um Menschen mit geistiger Behinderung ein Leben lang adäquat zu begleiten. Das heißt, die Geistigbehindertenpädagogik greift bei ihrer Konzept- und Theoriebildung auf Forschungsergebnisse und Erkenntnisse anderer Wissenschaftsbereiche, vornehmlich aus der Medizin, den Neurowissenschaften, der Psychologie, Soziologie und Philosophie zurück und verbindet sie mit pädagogischem Denken. Der interdisziplinäre Dialog mit der Geistigbehindertenpädagogik ist aber auch für die Bezugswissenschaften von Bedeutung, wenn sie Fragen von Behinderung klären wollen.

---

1. Wie unterscheiden sich die Begriffe Heil-, Sonder-, Förder- Behinderten- und Rehabilitationspädagogik voneinander?
2. Was zählt zu den Aufgaben der Heilpädagogik?
3. Welche Stellung nimmt die Geistigbehindertenpädagogik innerhalb der Heilpädagogik ein?
4. Wie würden Sie die Situation von Menschen mit geistiger Behinderung in unserer Gesellschaft beurteilen? Geben Sie Ihre Antwort auch vor dem Hintergrund Ihrer eigenen Erfahrungen und Einstellungen zu diesem Thema.
5. Fassen Sie noch einmal zusammen, von wo aus das geistigbehindertenpädagogische Denken seinen Ursprung nimmt, welche Aufgabenfelder das Fach umschließt und mit welchen Wissenschaften es im Dialog steht.

2 Historische Wurzeln der Geistigbehindertenpädagogik

Um die Zuwendung zu Menschen mit geistiger Behinderung, die Konzepte und Methoden ihrer Erziehung in ihrem Gewordensein besser verstehen zu können, ist es sinnvoll, auf das Leben und die Betreuung dieser Menschen vor unserer Zeit zurückzuschauen. Frühere Einstellungen und Sichtweisen, die Art ihrer sozialen Akzeptanz bleiben bis heute prägend für das Verständnis von geistiger Behinderung. Die Auffassung von Behinderung bestimmt letztlich die Maßnahmen, d.h. die Weise der Behandlung, der Betreuung oder der Erziehung. Erfahrungen früherer Generationen im Umgang mit behinderten Menschen zeigen also heute noch ihre Wirkung und sind für die Standortbestimmung der aktuellen Geistigbehindertenpädagogik von informativem Wert.

Historische Quellen über Menschen mit geistiger Behinderung lassen sich bis in die Antike zurückverfolgen. Die Art der Behandlung – ob diese Menschen nun Pflege und Versorgung erhielten oder im Gegenteil umgebracht wurden – war im Verlauf der Jahrhunderte bestimmt vom jeweiligen menschenachtenden oder -verachtenden Zeitgeist, von sozioökonomischen und gesellschaftspolitischen Bedingungen, von staatlichen Machtstrukturen, von Staats- und Gesellschaftsideologien, die wiederum stark von theologischen Ethiken geprägt waren. Die Motive der Hinwendung reichten von gottesähnlicher Verehrung der Behinderten im Altertum, über exorzistische Vernichtung im mythischen Mittelalter, über pseudo-karitative Mildtätigkeit bis hin zu systematischer Pflege aus christlicher Nächstenliebe in den aufkeimenden Anstalten des 19. Jahrhunderts. Die fürsorgerische und pädagogische Hinwendung zu Menschen mit geistiger Behinderung hat sich im Verlauf der Geschichte stark verändert:

> „Die Erziehung von Kindern mit geistiger Behinderung ist – historisch gesehen – ein junges Gebiet. Es ist bewundernswert, welche Höhe sie im 19. Jahrhundert in einigen Anstalten erreichte. Es ruft Entsetzen hervor, daß im 20. Jahrhundert eine sturzflutartige Abwärtsbewegung begann, die mit der Ermordung von etwa 80.000 geistig behinderten und psychisch kranken Menschen während des Krieges endete" (Möckel et al. 1997, 10).

Der nachfolgende Rückblick beleuchtet schlaglichtartig wesentliche Aspekte dieses Wandlungsprozesses und zeigt begünstigende wie hemmende Bedingungen der Entwicklung einer speziellen Pädagogik für Menschen mit geistiger Behinderung auf.

Eine systematisch aufgearbeitete „Geschichte der Erziehung von Menschen mit geistiger Behinderung" gibt es nicht. Zwar hatte Max Krimsee (1877–1946), Lehrer und späterer Leiter der Anstaltsschule am Kalmenhof in Idstein/Taunus, in den 20er Jahren des 20. Jahrhunderts mit der historischen Aufarbeitung begonnen, doch seine Arbeiten sind Stückwerk geblieben. Er hinterließ eine Sammlung von heilpädagogischen Originaltexten aus dem 17. und 18. Jahrhundert, die nach dem Zweiten Weltkrieg, bezogen auf die Gruppe der Menschen mit geistiger Behinderung, analysiert wurden. Die Realisation des Vorhabens erwies sich aber als schwierig, weil verschiedene Termini zur Kennzeichnung der geistig Schwachen verwendet worden sind, „so daß es nicht möglich ist, stets genau auszumachen, ob auch wirklich dieser Personenkreis gemeint ist, der heute als geistig behindert bezeichnet wird" (Speck 1979, 57).

Seit den 1970er Jahren erschien eine Reihe von Monographien. Sie thematisieren entweder die Geschichte einzelner Anstalten, wie z. B. die des Wittekindshofs bei Bad Oeynhausen (Klevingshaus 1970) oder die Geschichte der Erziehungs- und Pflegeanstalt für Geistesschwache Mosbach/Schwarzacher Hof (Scheuing 1997) oder sie widmen sich den Werken einzelner früher Heilpädagogen (z. B. Selbmann 1982 zu dem Werk von Jan Daniel Georgens). Beispiele für die Beschäftigung mit einzelnen Epochen sind u. a. die Untersuchung der Zeit vor der Aufklärung (Bachmann 1985) oder die „Erforschung und Therapie der Oligrophrenie in der ersten Hälfte des 19. Jahrhunderts" (Meyer 1973).

Als Untersuchungen im Sinne historischer Überblicke sind zu nennen: Meyer (1973), Speck (1979, 1999), Höhn (1982), Schröder (1983), Möckel (1984, 1988, 2007), Mühl (1991) oder Merkens (1988), Hahn 2008 u. v. a. m. Beachtenswert und zum vertiefenden Selbststudium zu empfehlen sind die jüngst erschienenen beiden Quellenbände des Herausgeberteams Möckel, Adam und Adam (1997 und 1999), Lindmeier, Lindmeier (2002). Hierin sind die wichtigsten heilpädagogischen Quellen (Texte) aus der Zeit der Anstaltsgründungen im 19. Jahrhundert bis heute zusammengetragen und in Bezug zueinander gestellt. Schriften der Klassiker wie Itard, Séguin, Guggenbühl, Rösch, Saegert, Georgens und Deinhardt, aber auch von Gegnern der Erziehung geistig behinderter Kinder während der Zeit des Nationalsozialismus wie z. B. Binding und Hoche sind hier zu finden.

Zusammenfassend ist zu sagen, dass die Erziehung von Kindern und Jugendlichen mit geistiger Behinderung auf Einzelinitiativen von Philanthropen, i. d. R. an pädagogischen Fragen interessierten Ärzten und Theologen, später auch Pädagogen zurückgeht. Sie haben durch ihr soziales Engagement gezeigt, dass sich der Zustand so genannter ‚schwachsinniger' Kinder durch erzieherische Maßnahmen verbesserte. Die staatliche Unterstützung in finanzieller wie juristischer Hinsicht, d. h. das Recht auf Versorgung und Erziehung sowie die Errichtung von Anstalten und Schulen, war erst ein zweiter und schwer durchsetzbarer Schritt, der bezogen auf den Personenkreis der Menschen mit geistiger Behinderung erst im 19. Jahrhundert begann. Über die Zeit davor gibt es keine systematische Aufarbeitung, dennoch lassen sich im Sinne historischer Orientierungsdaten einige Aussagen zum Leben der Menschen mit geistiger Behinderung machen. „Die Geschichte dieser Menschen war über Jahrhunderte hinweg die Geschichte ihrer Verfolgung und Mißachtung" (Speck 1997, 13).

Zusammenfassung

2.1 Das Leben von Menschen mit geistiger Behinderung von den Anfängen bis zum 19. Jahrhundert

Es ist anzunehmen, dass in den „Anfängen der Menschheitsgeschichte wenig Rücksicht auf gebrechliche, kranke, auch geschädigte Gruppen- oder Stammesmitglieder genommen werden konnte, wollte man das Überleben sichern" (Mühl 1991, 9). Erst mit dem Sesshaftwerden in der jüngeren Stein- und Bronzezeit wurde eine grundsätzliche Betreuung geschädigter Mitmenschen möglich. Ob diese aber auch wirklich erfolgte, „hing auch von den magischen, mythologischen und normativen Vorstellungen der jeweiligen Gruppe oder Gesellschaft ab" (9). Unter den Menschen mit Behinderungen nahmen die mit einer geistigen Behinderung, die sog. Schwachsinnigen oder Idioten, eine Sonderstellung ein, weil angenommen wurde, dass sie unter Einfluss von Dämonen oder Geistern stünden. Man konnte sich das Anderssein dieser Menschen nicht erklären, zu „naturwidrig war ihr Bild" (Speck 1999, 11).

Verstoßen und getötet

Während blinde oder leicht körperlich beeinträchtigte Menschen wegen ihrer Intelligenz bzw. ihres Vermögens zu sprechen in alten Hochkulturen (Sumerer, Babylonier oder Ägypter) Achtung erfuhren, wurden geistig behinderte in der Regel verstoßen oder getötet. Bei den Römern und Griechen war die Sitte des Aussetzens und des Kindesmordes verbreitet, ebenso bei den Germanen. Einzelne Spuren dieser Praxis lassen sich verfolgen bzw. belegen und sind z.B. bei Merkens (1988) nachzulesen.

Mythologische Erklärungen für die Ursache des Schwachsinns hielten sich bis über das Mittelalter hinaus. „Man glaubte an die Einwirkung von Dämonen, an den Kindertausch durch den Satan (‚Wechselbalg'), auch an die ‚Strafe Gottes' für Sünden der Vorfahren" (Speck 1979, 57). Man griff zu Beschwörung und Zauberei; Maßnahmen, die aber keineswegs dem geschädigten Menschen oder gar seiner Integration in die Gemeinschaft dienten, sondern ausschließlich dem Schutz der Mitmenschen vor dem als Bedrohung erlebten „Schwachsinnigen".

Irrationale Abwehr

Die Praktiken waren demzufolge mystisch-religiöse Abwehrmechanismen. Separation, Ausgrenzung und Vernichtung waren soziale Antworten auf das Unbegreifliche des Andersseins. „Es gab keine Anerkennung ihres Lebensrechtes und ihrer Menschenwürde" (Speck 1999, 11).

„Schwachsinnige" Menschen behielten auch in der Neuzeit ihre soziale Sonderstellung und erfuhren unterschiedliche Wertschätzung. Sie wurden auf Jahrmärkten zur Schau gestellt, als Narr zum Spielzeug und Gespött, als Dämon gefürchtet, aber auch als schwaches Wesen unter den besonderen Schutz Gottes gestellt. In den Alpenländern wurden diese Menschen zeitweise als Heilige verehrt. Meist aber fristeten sie ihr Leben elend am Rande der Gesellschaft, angewiesen auf Almosen und abgeschoben in Klöster, Armenhäuser, Hospitäler, Irrenanstalten, Zucht- und Tollhäuser, oder blieben in den Familien. Sie waren dem Gespött und der Willkür anderer ausgesetzt. Das Motiv ihrer Unterbringung in öffentlichen Häusern war nicht medizinischer oder pädagogischer Natur. Nicht die Verbesserung ihres Zustandes war Ziel, sondern allein die Abschirmung, der Schutz der Öffentlichkeit vor dem Anblick dieser Menschen.

„Mit der Auflösung der Klöster während der Reformationszeit ging ihre Umwandlung in Waisenhäuser, Asyle, Zucht- und Aufbewahrungsanstalten einher, in denen Behinderte, Arme, Kranke und Kriminelle gemeinsam untergebracht wurden. Die Bevölkerung sollte vor dem Anblick dieser Personen verschont werden", damit ihre Bewohner „der Umwelt nicht zu Ekel und Abscheu gereichten" (Merkens 1988, 44).

In welch heterogen zusammengewürfelten Gruppen früher geistig behinderte Menschen untergebracht waren, wird in einer 1588 erschienenen Schrift über das in eine psychiatrische Einrichtung umgewandelte Kloster Haina beschrieben:

„… das das grosse gewaltige Closter Heina durch auß mit Armen leuten als Blinden, Lamen, Stummen, Tauben, Wanwitzigen, Monsichtigen, Sinnverrückten, Besessenen, Mißgestalten, Aussetzigen und dergleichen bresthafftiger Armer menschen heuffig und völlig besetzet wardt" (Letzner 1588, 7. Kap., nach Schröder 1983, 17).

Die Lebensbedingungen in diesen Aufbewahrungsanstalten waren aus unserer heutigen Perspektive unmenschlich. So berichtete Chiarugi 1795 in seiner Abhandlung über den Wahnsinn Folgendes:

„Es muß gewiß für jeden Menschenfreund einer der schauderhaftesten Anblicke sein, wenn man in sehr vielen Irrenhäusern die unglücklichen Opfer dieser schrecklichen Krankheit in finstern, feuchten Löchern, wo die frische Luft nie hineingebracht werden kann, auf unreinem, selten gewechseltem Stroh, mitten in ihrem eigenen Kote, und mit Ketten gefesselt, oft ganz nackend legen sieht. In solchen Wohnungen des Schreckens könnte der Vernünftigste wohl eher wahnsinnig, als ein Wahnsinniger wieder zur Vernunft gebracht werden" (nach Schröder 1983, 27).

Die Menschen, die in diesen Tollhäusern arbeiteten, charakterisierte Reil 1803 folgendermaßen:

„Die Zuchtknechte, Stockmeister und Diebeswärter sind meistens rohe Menschen, bei denen Barbarey an der Tagesordnung steht, und welche obendrein diese Unglücklichen als eine lästige Bürde ihrer Amtspflichten betrachten, die sie, um sie auf die kürzeste Art zu besorgen, in feuchte Gewölbe, Gefängnisse und in die Kellergeschosse ihrer Anstalten einsperren. Das nächtliche Gebrüll der Rasenden und das Geklirre der Ketten hallt Tag und Nacht in den langen Gassen wider, in welchen Käfig an Käfig stößt, und bringt jeden neuen Ankömmling bald um das Bischen Verstand, das ihm etwan noch übrig ist" (nach Schröder 1983, 28).

Von gesellschaftlichem Zusammenleben und erzieherischer Fürsorge ausgeschlossen, konnten geistig behinderte Menschen keine Kommunikations- und Verhaltensweisen entwickeln, d.h. sie entsprachen mit ihrem Verhalten dem Bild, das sich die Umgebung von ihnen machte. Menschen mit geistigen und schwereren körperlichen Gebrechen befanden sich demnach in einem Teufelskreis, der nur schwer zu durchbrechen war.

Auch das Christentum konnte oder wollte dieser Praxis anfänglich nicht wirkungsvoll begegnen, weil es zwar teilweise der Dämonisierung entgegenzuwirken versuchte, aber mit der Einführung der Schuldfrage nichts zur Anerkennung

Ambivalenter christlicher Einfluss

behinderter Menschen beitrug. Die Verquickung von Schuld- und Ursachenfrage sowie die Interpretation von Behinderung als Strafe Gottes für die Eltern oder die Gesellschaft verstärkten noch die Praxis der Isolierung.

Die historischen Quellen lassen erkennen, dass schon früh ein Unterschied im Umgang mit behinderten Menschen gemacht wurde, also eine gewisse Hierarchie der Behinderungsformen bestand. Obwohl auch sinnesgeschädigte, blinde oder gehörlose Menschen sozial kaum integriert waren, genossen sie aufgrund ihrer kompensatorischen Fähigkeiten höhere öffentliche Anerkennung als schwachsinnige Menschen. Schon früh konnte die Nützlichkeit und Brauchbarkeit Sinnesgeschädigter von der Taubstummenpädagogik des 18. Jahrhunderts unter Beweis gestellt werden. Menschen mit geistiger Behinderung „blieben von den Erfolgsmeldungen ausgeschlossen" (Merkens 1988, 55), zumal sich die frühe Heilpädagogik ihrer nicht annahm. Sinnesgeschädigte hingegen galten als *bildungsfähig*, ihnen sprach man ihr *Menschsein* nicht ab, anders als den sog. Schwachsinnigen.

2.2 Beginn der Geistigbehindertenpädagogik – Anstaltsgründungen im 19. Jahrhundert

Menschen mit geistiger Behinderung wurde erst im 19. Jahrhundert pädagogische Aufmerksamkeit geschenkt. Begünstigend wirkten die zunehmende Industrialisierung mit ihren gesellschaftlichen Veränderungen sowie vor allem das Gedankengut der Aufklärung, „in deren Gefolge man sich für die Befreiung bzw. Behandlung von Sklaven, Gefangenen, Kranken, Blinden und Tauben engagierte" (Mühl 1991, 10). Das Recht auf Bildung sollte nicht länger nur den privilegierten Bevölkerungsschichten vorbehalten bleiben. Alle Kinder sollten durch staatliche Erziehung zu Sittlichkeit und bürgerlicher Nützlichkeit gebracht werden; eine Forderung, die man auch für geschädigte Kinder erhob, weil die ersten Erziehungsversuche tauber und blinder Kinder, Mitte des 18. Jahrhunderts, deren Bildbarkeit und damit ihre gesellschaftliche Nützlichkeit belegten. Ihre menschliche Würde sollte ihnen darum nicht länger abgesprochen werden. „Vom Almosenempfänger zum Steuerzahler" war der Leitgedanke der frühen Heilpädagogik, mit dem man glaubte, das Menschen- und Lebensrecht für Menschen mit Behinderung durchsetzen und wahren zu können.

Diesen Leitgedanken auf Menschen mit geistiger Behinderung zu übertragen und deren gesellschaftliche Nützlichkeit unter Beweis zu stellen, erwies sich als schwierig und brauchte Zeit. Obwohl von der Taubstummenpädagogik beeinflusst, war die Fürsorge für „Schwachsinnige" oder frühe Geistigbehindertenpädagogik gezwungen, eigenständige Wege zu entwickeln. Die so genannten schwachsinnigen Menschen mussten erst aus ihren gefängnisähnlichen Unterbringungen herausgeholt und menschenwürdiger Pflege und Versorgung zugeführt werden. Dies erfolgte in Anstalten, die meist auf private Initiative hin entstanden.

Die Errichtung von staatlich unterstützten Schulen als Orten der Erziehung war erst der zweite Schritt. Das 19. Jahrhundert, das wegen seines reformerischen Zeitgeistes auch das „pädagogische Zeitalter" genannt wird, begünstigte diese Entwicklung.

Die Ideen der Aufklärung führten zu einem stärkeren Interesse an der Wissenschaft und regten die Erforschung der Geistesschwäche, des **„Kretinismus"**, an. Im heutigen Verständnis ist der Kretinismus eine Form der geistigen Behinderung, die aufgrund eines Schilddrüsenhormonmangels (Jodmangels) der Mutter entsteht und beim Kind zu dauerhaften Entwicklungsstörungen des Skelett- und Nervensystems führt. Jodmangel war ein Phänomen, das im vergangenen Jahrhundert in den Alpenländern weit verbreitet war. Die Schweiz, in der der Kretinismus gehäuft auftrat, gilt darum als Ursprungsland der Erforschung dieser Erscheinung. Der Arzt Johann Jacob Guggenbühl (1816–1863) gründete 1841 auf dem Abendberg bei Interlaken eine „Heilanstalt für Kretinen und blödsinnige Kinder" und war überzeugt, den „Schwachsinn" heilen zu können, musste sich aber später eines Besseren belehren lassen.

J.J. Guggenbühl

Weitere Ursachen des Schwachsinns wie z. B. das sog. **Down-Syndrom** entdeckte die Medizin erst später. 1866 publizierte der englische Arzt John Langdon H. Down (1826–1896) seine „Beobachtungen zu einer ethnischen Klassifizierung von Schwachsinnigen".

> „Darin unternimmt er", wie Speck berichtet, „den Versuch, die ihm bekannten Gruppen von Schwachsinnigen bestimmten Rassen zuzuordnen, und beschreibt dabei erstmals den von ihm sogenannten ‚mongolischen Typ der Idiotie'. Beachtlich ist hierbei, dass er nicht nur Symptomatologie und eine spekulative Ätiologie darstellt, sondern auch konkrete Möglichkeiten der Behandlung –, systematic training'„ (Speck 1999, 15).

J.L.H. Down

Die Zuwendung zu Menschen mit geistiger Behinderung erfolgte im 19. Jahrhundert aus drei verschiedenen Beweggründen: aus medizinischem, pädagogisch-sozialem oder religiös-karitativem Interesse. Die ersten Anstaltsgründer waren reformerisch denkende Ärzte, Pädagogen (Taubstummenlehrer) und Theologen, denen es um die Verbesserung der Lebenssituation dieses Personenkreises ging. Bestärkt wurden sie in ihrem Tun durch einen optimistisch-aufklärerischen Zeitgeist. „Das Vordringen des naturwissenschaftlichen, d.h. kausalen Denkens, gab starke Anstöße für eine systematische Entfaltung der Arbeit für den geistesschwachen Menschen" (13). Bei der Gründung der ersten Heil- und Pflegeanstalten war die Hoffnung auf medizinische Heilung bestimmend. Man versuchte, den Gesundheitszustand der Zöglinge durch Hygiene und diätetische Ernährung zu verbessern. Bäder, Waschungen, Schwimmen und Gymnastik sollten den Körper stärken. Die Ärzte suchten nach Behandlungsmethoden, die aber nur begrenzt wirkungsvoll waren. Die parallel dazu beginnenden Erziehungsversuche erwiesen sich als erfolgreicher.

Pestalozzi unternahm z. B. einen ersten Erziehungsversuch, indem er in seinen Erziehungsanstalten auf dem Neuhof (1777/78) neben verwahrlosten auch zwei „schwachsinnige" Kinder aus einem Tollhaus aufnahm. In seinem 1777 veröffentlichtem Werk „Bruchstücke aus der Geschichte der niedrigsten Menschheit – Aufruf der Menschlichkeit zum Besten derselben" hält er als ein Ergebnis dieser Erziehungsversuche fest:

„Und es ist tröstende Wahrheit, auch der Allerelendeste ist fast unter allen Umständen fähig zu einer alle Bedürfnisse der Menschheit befriedigenden Lebensart zu gelangen – Keine körperliche Schwäche, kein Blödsinn allein gibt Ursach genug – solche mit Beraubung ihrer Freiheit in Spitälern und Gefängnissen zu versorgen – sie gehören ohne anders in Auferziehungshäuser, wo ihre Bestimmung ihren Kräften und ihrem Blödsinn angemessen gewählt und leicht und einförmig genug ist – so wird ihr Leben, der Menschheit gerettet, für sie nicht Qual sondern beruhigte Freude, für den Staat nicht lange kostbare Ausgabe sondern Gewinnst werden" (in Möckel 1997, 32).

J.-M.-G. Itard

Erste Angaben über gezielte Erziehungsversuche schwachsinniger Menschen stammen von Jean-Marc-Gaspard Itard (1774–1838), einem Taubstummenlehrer und Arzt in Paris, der über fünf Jahre „Victor" oder das „Wildkind von Aveyron" mit pädagogischen Mitteln zu kultivieren versuchte. Der im Wald aufgewachsene und völlig verwilderte Junge „Victor" war zwar als psychiatrisch unheilbarer „Idiot" diagnostiziert worden, dennoch war Itard davon überzeugt, seinen Zustand durch eine Form von Erziehung verbessern zu können.

„Dabei ging er von der für damalige Ansichten erstaunlichen Annahme aus, daß die Ursache für das verwilderte Verhalten des Jungen in sozialer und pädagogischer Vernachlässigung zu suchen sei, und daß deshalb durch gezielte Übungen und soziale Zuwendung eine soziale Eingliederung und eine Förderung der Intelligenz zu erreichen sei. Die – wenn auch begrenzten – Erfolge gaben Itard prinzipiell Recht" (Speck 1979, 58).

E. Séguin

Physiologische Erziehung

Mit seiner Erziehung versuchte er, die Sinne des Jungen zu entwickeln und dadurch seine intellektuellen Funktionen anzuregen. „Es war der Beginn der ‚physiologischen Erziehung', deren Basis die Erweckung der Sensibilität der Sinne durch starke Reize, also eine Sinnesschulung darstellte" (Mühl 1991, 11).

Itards Berichte beeinflussten spätere Erziehungsversuche und vor allem den Taubstummenlehrer, Arzt und Leiter einer Idiotenschule in Paris, Edouard Séguin (1812–1880), der ein erstes Lehrbuch über die Behandlung der „Idiotie" schrieb. Diese Schrift hat die Schwachsinnigen- oder Geistigbehindertenpädagogik des 19. Jahrhunderts nachhaltig beeinflusst. Séguin erkannte, „daß die Erziehung geistig behinderter Kinder auf wissenschaftlichem Niveau nur durchdacht werden kann, wenn zugleich die gesamte Erziehung mitreflektiert wird" (Möckel 1997, 60).

Séguin entwickelte das Konzept der „physiologischen Erziehung", als Sinnes- und Funktionsschulung weiter. Es war prägend für die pädagogische Arbeit in den Anstalten und hat viele Pädagogen bis heute nachhaltig beeinflusst wie z.B. Maria Montessori, die den sensualistischen Standpunkt in ihre Pädagogik übernahm. Spuren dieser Methoden sind auch heute noch in Konzepten der Sinnesschulung wie z.B. bei J. Ayres oder A. Fröhlich zu finden.

Die „physiologische Erziehung" diente den Philanthropen dazu, den Allgemeinzustand der Menschen mit Behinderung zu verbessern, ihre Bildungsfähigkeit und damit ihr Mensch-Sein unter Beweis zu stellen, womit sie letztlich die öffentliche Anerkennung des Lebensrechtes ihrer Schützlinge anstrebten.

Zusammenfassend ist festzuhalten, dass die ersten Erziehungsversuche keine

Einzelinitiativen blieben, da durch ihre Erfolge das Interesse an Menschen mit Behinderung wuchs. Aus der Fülle der im 19. Jahrhundert errichteten Anstalten sollen hier nur beispielhaft vier genannt werden:

- 1845 Gründung der „Heil- und Bildungsanstalt für Blödsinnige" in Berlin durch Carl Wilhelm Saegert (1809–1879, Direktor der königlichen Taubstummenanstalt Berlin,
- 1863 Gründung der Alsterdorfer Anstalten bei Hamburg durch Pastor Dr. Heinrich Sengelmann (1821–1899),
- 1872 Gründung der Anstalt für Epileptiker in Bethel bei Bielefeld durch Pastor Dr. Friedrich von Bodelschwingh (1831–1910),
- 1884 Gründung der Ursberger Anstalten, eine der größten Einrichtungen mit lange Zeit über tausend behinderten Menschen und vielen hundert Betreuern.

Die meisten Anstaltsgründungen gehen auf private Initiativen zurück und waren kirchlich-karitative Institutionen, die von einem christlichen Ethos getragen waren. „Man würde ihnen aber nicht gerecht, wollte man sie nur unter diesem Aspekt betrachten. Sie waren vielmehr (…) mitgetragen von den pädagogischen und medizinischen Impulsen und Erkenntnissen, die sich in dieser Zeit allmählich verbreiteten" (Speck 1999, 15). Die heilpädagogische Arbeit dieser Zeit war nicht nur eine praktische, eine Entwicklung und Erprobung von konkreten Behandlungs- und Erziehungsmethoden.

Es gab auch die ersten wissenschaftlichen Auseinandersetzungen mit dieser neuen Form der Pädagogik, z. B. die von Georgens und Deinhardt, über die man sich auf Tagungen und Treffen austauschte. Jan Daniel Georgens (1823–1886) und Heinrich Marianus Deinhardt (1821–1880) waren Pädagogen und gründeten in der Nähe von Wien die Heil- und Erziehungsanstalt Levana.

In ihren Vorträgen versuchten sie, ihre praktischen Erziehungserfahrungen systematisch zu begründen. Ihre Vorträge fassten sie in zwei Bänden mit dem Titel „Die Heilpädagogik" zusammen. Möckel charakterisiert und bewertet dieses Werk folgendermaßen: „Heilpädagogik war ihrem Ansatz nach Kritik der bestehenden Pädagogik. Ihr Werk ist ein ernstzunehmender Reformversuch. Später schien es, als sei ihr Werk ausschließlich ein Beitrag zur Geistigbehindertenpädagogik" (1997, 244). Die Schriften von Georgens und Deinhardt haben die erzieherische Arbeit in den entstehenden Anstalten des 19. Jahrhunderts maßgeblich beeinflusst.

Neue Anstalten entstanden oft auf Anregung und auf der Grundlage der Erfahrungen der bereits bestehenden. An der Erforschung des komplexen Phänomens des „Schwach-

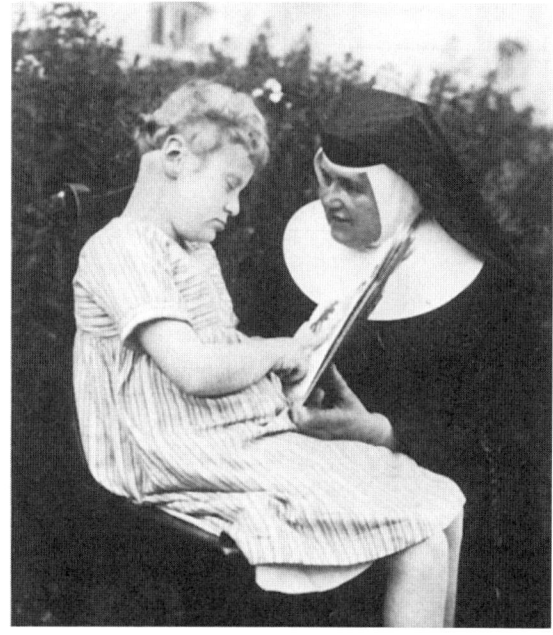

Abb. 6: Unterricht mit dem Bilderlesebuch: Ursberger Anstalten um 1920

sinns" waren Mediziner, Pädagogen und Theologen beteiligt, weil man schnell feststellte, dass eine mehrdimensionale Vorgehensweise notwendig war. Von 1860 an setzten sich die Pädagogen stärker durch und die Ärzte zogen sich aus der Anstaltsarbeit weitgehend zurück, weil man erkannt hatte, dass bei Menschen mit geistiger Behinderung durch eine entsprechende Erziehung und Betreuung mehr zu erreichen war als durch medizinische Therapie.

Staatliches Desinteresse

Trotz Verbesserung der Lebenssituation und der Erfolge in der Erziehung blieb das staatliche Interesse an den Belangen schwachsinniger Menschen gering. Von den bis 1870 vornehmlich in Preußen und anderen norddeutschen Landern „erfolgten 27 Anstaltsgründungen sind lediglich 4 durch Regierungen oder Behörden erfolgt und von den ab 1870 bis um 1900 gegründeten 52 Anstalten nur 10" (Mühl 1991, 14). Trotz der zahlreichen Anstaltsgründungen konnten nicht alle „schwachsinnigen" Kinder hier Aufnahme finden. Der Großteil verblieb in den Elternhäusern. Für diese Kinder musste eine andere Form der Erziehung gefunden werden, und dies unter staatlicher Beteiligung, das heißt unter schulrechtlicher Absicherung. „Die Schulpflichtgesetze schlossen zwar grundsätzlich alle Kinder mit ein, aber von einer rechtlichen Gleichstellung behinderter und nichtbehinderter Kinder war das Schulwesen noch weit entfernt" (Möckel 1988, 207).

Erste staatliche Beschulungsversuche

Ende des 19. Jahrhunderts suchte man nach Formen einer Beschulung für schwachsinnige Kinder und versuchte dies durch Angliederung von sog. *Sonderklassen an Volksschulen* zu realisieren. In diesen Klassen fasste man alle die Kinder zusammen, die dem normalen Unterricht der Volksschule nicht folgen konnten. Aufgrund der Unschärfe der zur damaligen Zeit verwendeten Begriffe „Idiot", „Schwachsinniger" oder „Blödsinniger" ist anzunehmen, dass sowohl Kinder mit Lernbehinderung als auch mit geistiger Behinderung diese Sonderklassen besuchten. Dasselbe gilt für die ab 1880 entstandenen *Hilfsschulen*. In diesen zeigte sich aber schnell, dass es eine beachtlich große Gruppe von Schülern gab, die das Ziel der Schule nicht erreichen konnte. Für diese „schwer schwachsinnigen" und „nicht hilfsschulfähigen" Kinder, also für die geistig behinderten, entstanden ab 1910 spezielle Klassen, die sog. Vorklassen, Vorstufen, Vorbereitungsklassen oder Sammelklassen. Während der Weimarer Republik waren in den Hilfsschulen ca. 10 % der Schüler Kinder mit geistiger Behinderung, die in den Sammelklassen ganztägig betreut wurden. Man empfand diese „bildungsunfähigen" Kinder als Ballast und rückte sie mit der Bildung von Sammelklassen an den Rand der Hilfsschule.

Erschwerend kam hinzu, dass sich um die Jahrhundertwende der Zeitgeist änderte und das Nützlichkeitsdenken stärker zunahm. Vor dem Hintergrund gesellschafts- und sozialpolitischer Veränderungen zu Beginn des 20. Jahrhunderts verstärkte sich der Leistungsdruck auf die Hilfsschulen, was – Hand in Hand mit der Verbreitung nationalsozialistischer Wertmaßstäbe (siehe folgenden Abschnitt) – dazu führte, dass die speziellen Klassen für „schwer schwachsinnige" Kinder in Deutschland 1933 aufgelöst wurden.

2.3 Sozialdarwinismus und Nationalsozialismus – Konsequenzen für Menschen mit geistiger Behinderung

Das nationale, staatlich bestimmte bürgerliche Zeitalter ging mit dem Ersten Weltkrieg zu Ende. In Europa entstanden rivalisierende Staaten, die in einem gewissen wirtschaftlichen und damit auch politischen Abhängigkeitsverhältnis zueinander standen. Die Weltwirtschaft beeinflusste die einzelnen Staaten immer stärker. Die nationalen wie internationalen Veränderungen führten zu gesellschaftlichen Verunsicherungen, die letztlich nicht ohne Wirkung auf die Pädagogik blieben.

Man suchte nach neuen Wegen der Erziehung von Kindern. Leitgedanken wie Demokratie und Gerechtigkeit sollten in und durch Erziehung realisiert werden. Die Rechte der Kinder auf Eigenentwicklung sowie sozialerzieherische Zielsetzungen rückten stärker ins Bewusstsein von Pädagogen und fanden in den verschiedenen reformpädagogischen Ansätzen ihren Niederschlag, wie zum Beispiel in der Odenwaldschule von P. Geheebs (1870–1961), in der Jena-Plan-Schule von P. Petersen (1884–1952) und in anderer Weise in den Waldorfschulen von R. Steiner (1861–1925). Mit Möckel lassen sich die Veränderungen im pädagogischen Denken zu Beginn des 20. Jahrhunderts folgendermaßen beschreiben:

Reformpädagogik

> „Seit der Reformation stützte sich die Erziehung auf die christlichen Hausväter und auf die unter kirchlicher, später staatlicher Aufsicht stehender Lehrer. Vor und nach dem Ersten Weltkrieg entstanden viele neue Einrichtungen. ... Die Reformpädagogik (Berthold Otto, Fritz Gansberg, Heinrich Scharrelmann, Célestin Freinet, Peter Petersen, Maria Montessori) kann als Versuch gesehen werden, die Erziehungskraft der bestehenden Schule zu reformieren und zu stärken" (211).

Es ist anzunehmen, dass die Reformpädagogik keinen großen Einfluss auf die Heilpädagogik hatte, zumal die zentrale Stellung des Kindes im Entwicklungsprozess von Anfang an zu den Grundsätzen der Heilpädagogik gehörte und für diese demzufolge nichts Neues war. Außerdem machte die Heterogenität der Behinderungen ein Denken „vom Kinde aus" notwendig (Merkens 1988, 88).

Die Heilpädagogik und, genauer, die Pädagogik für Menschen mit geistiger Behinderung wurden zu Beginn des 20. Jahrhunderts weniger durch die reformerischen Veränderungen in der Allgemeinen Pädagogik beeinflusst als vielmehr durch die Zunahme nationalsozialistischen und sozialdarwinistischen Denkens, das in der Zeit von 1933 bis 1945, im sog. Dritten Reich, zur Ausgrenzung und Vernichtung von Menschen mit geistiger Behinderung führte.

Die nationalsozialistische Politik der Ausgrenzung Behinderter, Kranker und „Randständiger" basierte auf den Theorien, die Mitte des 19. Jahrhunderts mit den Arbeiten des Biologen Charles Darwin und des Genetikers Gregor Mendel ihren Anfang nahmen (Rudnick 1985, 7). Darwin hatte 1859 ein Buch mit dem Titel „Die Entstehung der Arten durch natürliche Zuchtauswahl oder die Erhaltung der begünstigten Rassen im Kampfe um das Dasein" veröffentlicht. In diesem Buch zeigte Darwin, dass durch natürliche Auslese und durch Selektion bei verschiedenen Pflanzenarten gute Entwicklungen erreicht werden konnten. Bestimmte Arten erwiesen sich für die Züchtung als geeigneter als andere. Darwin selbst hat sei-

Theorien Darwins und Mendels

ne Thesen nie auf den Menschen übertragen, also eine soziale Auslese angeregt. Dies geschah Mitte des 19. Jahrhunderts durch die sog. Sozialdarwinisten, wie z.B. A. Tille, E. Haeckel, A. Plotz und W. Schallmayer, vor allem durch die Übernahme und Übertragung des Selektionsgedankens auf den Menschen. Selektion bewirkt nach Ansicht Schallmayers, dass sich nur der Teil einer Art fortpflanzen kann, der besonders gut an die Lebensart angepasst ist. Dazu sei eine Auslese der Besten einer Art und eine Vernichtung der Minderwertigen notwendig. Selektion war nach Schallmayer die Bedingung für Fortschritt, und das eben nicht nur bei Pflanzen und Tieren, sondern auch beim Menschen.

Eugenik

Eine Erweiterung und Bekräftigung dieses sozialdarwinistischen Denkens erfolgte durch die Eugenik, die Erbgesundheitslehre des ausklingenden 19. Jahrhunderts. Gregor Mendel schuf durch die Entdeckung verschiedener Vererbungsgesetze die Grundlage für eine wissenschaftliche Eugenik; er selbst gilt aber nicht als der eigentliche Begründer der Eugenik der Jahrhundertwende. Sie geht vielmehr auf den Engländer Francis Galton (1822–1911) zurück, einen Cousin Darwins, der 1895 ein Buch mit dem Titel „Erbliche Anlagen und Eigenschaften" veröffentlichte. Hierin vertrat Galton die Meinung, dass es genau wie in der Pferdezucht möglich sei, durch wohlausgewählte Ehen in einigen aufeinanderfolgenden Generationen eine hochbegabte Menschenrasse hervorzubringen (Rudnick 1985, 13). Die Folgen, die sich aus diesem Denken für Menschen mit Behinderung zur Zeit des Nationalsozialismus ergaben, beschreibt Rudnick folgendermaßen:

> „Der Sozialdarwinismus, die von Charles Darwin nicht gewollte Übertragung seiner Erkenntnisse auf das Zusammenleben der Menschen und die Eugenik waren die Haupttheorien, mit denen z.B. Adolf Hitler in seinem Buch ‚Mein Kampf' (…) die ‚Ausmerzung' Kranker, Behinderter und Randständiger begründete. Die organisatorische Umsetzung dieser Theorien wurde vor 1933, nicht nur von den Nationalsozialisten, im Rahmen der Sterilisations- und ‚Euthanasie'-Diskussion theoretisch vorgeplant und teilweise praktisch erprobt. Die aussondernde Erziehung und Unterbringung von Behinderten, Kranken und Randständigen, die auch schon vor 1933 Realität waren, müssen als positive Voraussetzungen für die spätere Sterilisations- und ‚Euthanasie'-Kampagne im Dritten Reich gewertet werden" (13).

Euthanasie

Im Nationalsozialismus wurde durch die Vernichtung behinderter Menschen („Euthanasie") das eingelöst, was in den 1920er Jahren begann, nämlich die Aberkennung des Lebensrechtes schwachsinniger und als schulbildungsunfähig geltender Menschen. Am 14.07.1933 wurde das „Gesetz zur Verhütung erbkranken Nachwuchses" verabschiedet, das am 01.01.1934 in Kraft trat und zur Selektion von ökonomisch brauchbaren und ‚minderwertigen' Hilfsschülern führte. Die Diffamierungskampagne gegen die Schwächsten verschärfte sich. Nach Inkrafttreten des „Gesetzes zur Verhütung erbkranken Nachwuchses" setzte 1934 eine Welle von Zwangssterilisationen ein, von der nicht nur behinderte Menschen betroffen waren, sondern alle Randgruppen der Bevölkerung. Die Hilfsschullehrer wurden zu Mitarbeitern an der ‚volksbiologischen Aufgabe', der Reinerhaltung der arischen Rasse, indem sie die Schüler meldeten, die dem völkischen Kriterium der Brauchbarkeit, der Nützlichkeit für die Volksgemeinschaft nicht entsprachen, also die Schüler, die wir heute als geistig behindert bezeichnen. Mit dem Reichsschulpflichtgesetz von 1938 wurde für die Aussonderung dieser Kinder die juristische Grundlage geschaffen. In Paragraph 11 heißt es:

> „Bildungsunfähige Kinder und Jugendliche sind von der Schulpflicht befreit. Als bildungsunfähig sind solche Kinder anzusehen, die körperlich, geistig oder seelisch so beschaffen sind, dass sie auch mit den vorhandenen Sonderschuleinrichtungen nicht gefördert werden können" (nach Speck 1979, 67).

Auch wenn sich manche Hilfsschullehrer bemühten, die Bildungsfähigkeit all ihrer Schüler, auch der geistig behinderten, zu belegen, gelang es ihnen doch nicht, dem von 1939 an beginnenden systematischen „Euthanasie"-Programm wirkungsvoll zu begegnen. Die Gleichsetzung von *bildungsunfähig* und *lebensunwert* brachte für die schwachsinnigen Menschen Vernichtung und Tod. Nach Ausbruch des Zweiten Weltkrieges wurden die Maßnahmen immer gezielter.

> „Ein Erlaß vom 18.08.1939 verpflichtete Hebammen, Geburtshelfer und Leiter von Entbindungsanstalten, alle ‚idiotischen und missgebildeten Neugeborenen' beim zuständigen Gesundheitsamt zu melden. Nach einer ‚Begutachtung' wurden sie zur ‚Vernichtung' freigegeben. Am Ende dieser ‚Kinder-Aktion' (1941) wurden auch ältere Kinder und Jugendliche erfasst. Die Gesamtzahl der Getöteten wird auf 5000 geschätzt. Von 1939 bis 1941 lief die ‚Aktion T4' gegen erwachsene Geisteskranke, unter denen sich auch Menschen mit geistiger Behinderung befunden haben mögen; die Zahl der Getöteten wird auf 80 000 bis 100 000 geschätzt. Von 1941 bis 1943 lief die ‚Sonderbehandlung 14 f 13', die zur ‚Ausmerzung' Kranker, auch geisteskranker Häftlinge, Schwachsinniger, Verkrüppelter und anderer als ‚lebensunwert' Gekennzeichneter in den Konzentrationslagern führte. Die Zahl der Opfer wird auf 20 000 geschätzt" (Mühl 1991, 16).

Situation zu Kriegsende

1945 waren die Anstalten leer, das Hilfsschulwesen existierte nicht mehr. Die nationalsozialistische Ideologie mit ihren sozialdarwinistischen Theorien und menschenverachtenden bzw. -vernichtenden Praktiken führte zu einer breiten Verunsicherung im Umgang mit behinderten Menschen und zum Verlust humaner Werte. Die Vorurteile gegenüber Menschen mit geistiger Behinderung setzten sich nach Kriegsende weiter fort.

Beck, C. (1995): Sozialdarwinismus, Rassenhygiene, Zwangssterilisation und Vernichtung „lebenswerten" Lebens. 2. Aufl. Bonn
Dörner, K. (1967): Nationalsozialismus und Lebensvernichtung. In: Vierteljahresheft für Zeitgeschichte, 15, 121–152
Klee, E. (1985): „Euthanasie" im NS-Staat. Die Vernichtung lebensunwerten Lebens. Frankfurt/M.
Schmuhl, H.-W. (1992): Rassenhygiene, Nationalsozialismus, Euthanasie. Von der Verhütung zur Vernichtung „lebensunwerten Lebens", 1890–1945, 2. Aufl. Göttingen

2.4 Die Entwicklung der Geistigbehindertenpädagogik von 1945 bis 1989 in beiden deutschen Staaten

Es ist schwierig, eine gesamtdeutsche Entwicklung der Geistigbehindertenpädagogik nach Ende des Zweiten Weltkrieges nachzuzeichnen. Bislang gibt es keine systematische Erforschung der Nachkriegszeit in den vier Besatzungszonen bzw. den späteren beiden deutschen Staaten. Die Gründe hierfür sind vielfältig, wie z.B.:

- Konzentration auf den Wiederaufbau und die Wiedererrichtung des Bildungs- und Versorgungssystems für Menschen mit Behinderung,
- Zukunftsorientierung bei gleichzeitiger Verdrängung der geschichtlichen Ereignisse, wie der systematischen Ermordung von Menschen mit geistiger Behinderung und Vernichtung von historischem Material in den Anstalten bei Kriegsende,
- unterschiedliche ideologische Interessen in beiden deutschen Staaten mit der Ausbildung von Vorurteilen gegenüber den Entwicklungen im jeweils anderen Teil.

Aufbau des Bildungs- und Versorgungssystems

Da die historische Aufarbeitung im Sinne einer zeitgeschichtlichen Historiografie der Geistigbehindertenpädagogik erst beginnt, werden hier nur einige Aspekte der Entwicklung zwischen 1945 und 1989 in beiden deutschen Staaten so dargestellt, wie sie sich heute zeigen: Bildungs- und Versorgungssysteme für Menschen mit geistiger Behinderung wurden auf- und ausgebaut. Sie unterschieden sich auf ideologischer und juristischer Ebene von einander, während sie auf der Ebene der pädagogischen Praxis Parallelen aufweisen. Nach der Vereinigung in den 1990er Jahren setzte dann in der gesamtdeutschen Behindertenhilfe eine umfassende Neuorientierung, eine *Periode des Umbaus* ein, die bis heute andauert und auf die ich in Kapitel 2.5 näher eingehen werde.

Das Bildungswesen für Kinder mit geistiger Behinderung hatte durch die Ereignisse zwischen 1934 und 1945 „substantiellen Schaden" (Speck 1979, 68) genommen. „Schwer schwachsinnigen" Kindern, wie man geistig behinderte Menschen damals weiterhin nannte, gestand man keine Bildungsfähigkeit zu, obgleich Artikel 1 des 1949 in Kraft getretenen Grundgesetzes der Bundesrepublik die Unantastbarkeit der Würde des Menschen festschreibt. Man betrachtete Kinder mit geistiger Behinderung vordringlich als pflegebedürftig, weil man davon ausging, sie könnten den kulturellen Inhalten des Unterrichtes in der Hilfsschule nicht folgen. Weder ihre Lebenssituation noch ihre humanen Ansprüche waren von gesellschaftlichem Interesse, was nicht verwundert, wenn man sich die Lebensbedingungen der Menschen im Deutschland der frühen Nachkriegsjahre vor Augen führt: „Zunächst dauerte es im kriegszerstörten Deutschland jedoch ein Menschenalter, bis die äußeren Trümmer und die seelischen Verwüstungen einigermaßen weggeräumt und im Sonderschulwesen auch nur der Stand aus 1933 wieder erreicht war. Die Sonderpädagogik knüpfte dort an, wo sie 1933 aufgehört hatte" (Möckel 2007, 208). Die Anstalten setzten ihre Arbeit fort und bildeten den einzigen außerfamiliären Lebensort für Menschen mit geistiger Behinderung in der Nachkriegszeit. Obwohl die Instandsetzung des Bildungssystems, zu dem auch die Hilfsschulen gehörten, vordringliches Ziel war, rückten die Kinder und

Jugendlichen mit geistiger Behinderung erst in den 1960er Jahren ins Blickfeld, weil sie noch immer für bildungsunfähig gehalten wurden.

> „Unterschiede im Aufbau des Sonderschulwesens nach Kriegsende bestanden nicht nur in regionaler Hinsicht, sondern auch in Abhängigkeit von den jeweiligen Sonderschularten. Während Bildungseinrichtungen für Kinder mit einer geistigen Behinderung – von Anstalten abgesehen – auch in den unmittelbaren Nachkriegsjahren so gut wie nicht existierten, setzte beispielsweise der Wiederaufbau der Schulen und Klassen für schwerhörige Kinder rasch und zügig ein" (Ellger-Rüttgardt 2008, 300).

In der Zeit des *Aufbaus* des Hilfsschulwesens, der in der Sowjetischen Besatzungszone 1946 mit dem Inkrafttreten des „Gesetzes zur Demokratisierung der deutschen Schule" und in den westlichen Besatzungszonen 1948 mit dem Hinweis der „Deutschen Erziehungsminister" auf die schwierige Situation der Schulkinder begann, versuchte man zunächst an die Tradition der Heilpädagogik während der Weimarer Republik, d.h. an das Bildungs- und Versorgungssystem, wie es vor 1933 bestand, anzuknüpfen. Dabei fand eine „Tabuisierung des ‚Dritten Reiches'" (Ellger-Rüttgardt 2008, 294) statt. Während man im Westen die eigene Geschichte weitgehend verdrängte, grenzte man sich im Osten von ihr bewusst ab, um hierdurch die sozialistische Staatsideologie legitimieren zu können. Viele der in der NS-Zeit in den Einrichtungen tätigen Heilpädagogen nahmen ihre Arbeit in Anstalten, Hilfsschulen oder in den Verwaltungen wieder auf, ohne Verantwortung für ihr Handeln und das Geschehene zu übernehmen. Man wollte auch nicht die heute offensichtlichen Schwächen einer Sonderpädagogik der Vorkriegszeit sehen, die von einer Vorstellung ausging, dass „Heilerziehung ausschließlich die Fortsetzung ärztlicher Behandlung mit anderen Mitteln" (Möckel 2007, 207) sei. Man musste erst zu einer Neubewertung von geistiger Behinderung und zu neuen humanen Werten gelangen, um die Ansprüche von Menschen mit geistiger Behinderung wahrnehmen und ihr Bildungsrecht durchsetzen zu können.

In der Bundesrepublik (BRD) geschah dies erst in den 1970er Jahren und nach Vorbildern aus den skandinavischen Ländern und den Vereinigten Staaten, wo neue Formen der *Normalisation* der Lebensbedingungen von Menschen mit geistiger Behinderung sowie deren Integration realisiert wurden. Einen weiteren, wenn auch nicht direkten Einfluss hatte die von der Studentenrevolte 1968 angestoßene Demokratisierung der westdeutschen Gesellschaft (vgl. Ellger-Rüttgardt 2008, 304). Durch deren Forderung, auch unterprivilegierten Kindern mehr Bildungschancen zu bieten, gerieten die Folgen der Benachteiligung stärker ins Blickfeld. Man erkannte, dass Beeinträchtigung und Behinderung auch Folge soziale Benachteiligung sein können. Dies führte Mitte der 1970er Jahre zur Abkehr vom ausschließlich medizinischen Verständnis von Behinderung und zur Auflösung des weitgehend statisch-biologischen Begabungsbegriffs. Die Diskussion um die gemeinsame Beschulung von Kindern mit und ohne Behinderung setze ein. Diese Entwicklung wurde in der Deutschen Demokratischen Republik (DDR) nicht vollzogen. Unter dem Einfluss der Defektologie, wie die Behindertenpädagogik und -psychologie in der Sowjetunion bezeichnet wurde, blieb die Orientierung am medizinischen Modell in den Rechtsvorschriften der DDR bis 1989 weiter bestehen.

Schaut man noch einmal genauer auf die Anfänge der Bildungs- und Versorgungssituation der Menschen mit geistiger Behinderung, so ist die Lage der Sonderschulen nach 1945 im Vergleich zu anderen Bildungseinrichtungen als besonders katastrophal einzuschätzen (Ellger-Rüttgardt 2008, 298). Es fehlte an allem, an Lehrerinnen und Lehrern, an Räumen und an Lehrmaterialien. Die Klassen waren überfüllt. Regelmäßiger Unterricht war kaum möglich. Die Kinder waren oft unterernährt und in einem schlechten gesundheitlichen Zustand. Die Hilfsschulen waren Kindern mit Lern- und Verhaltensproblemen vorbehalten und nahmen das Konzept der Leistungsschule wieder auf. Nur einzelne Schüler mit geistiger Behinderung fanden in den angegliederten Sammelklassen Aufnahme, so z. B. in Berlin, wo 1949 die erste Sammelklasse entstand. In den folgenden zehn Jahren wurden dort 205 Schüler in zehn Klassen unterrichtet (Mühl 1991, 16). Die Bildung von Sammelklassen blieb anfänglich jedoch eher die Ausnahme, da wenig Interesse an der Integration von Schülern mit geistiger Behinderung in die Hilfsschulen bestand. Für die bislang ‚Bildungsunfähigen' fand keine schulische Erziehung statt, „beschränkten sich die Ansätze für eine pädagogische Hilfe auf einzelne mehr oder weniger private Initiativen" (Speck 1979, 69). Diese erstreckten sich im Westen auf hortähnliche Einrichtungen, die auf Anregung von Hilfsschullehrern oder Sozialpädagogen entstanden, über Sammelklassen bis zu Tagesheimschulen.

Ausschluss von Schülern mit geistiger Behinderung in beiden Staaten

Eine systematische Beschulung begann hier aber erst Anfang der 1960er Jahre. Erschwerend kam hinzu, dass das Reichsschulpflichtgesetz von 1938 weiterhin Gültigkeit besaß und Schüler mit geistiger Behinderung darin für bildungsunfähig erklärt wurden.

In der DDR erfolgte die Ausschulung von Schülern mit geistiger Behinderung auf der Grundlage des Schulgesetzes für Groß-Berlin, „in dem das eingeschränkte Bildungsrecht für Schwerbehinderte in den Punkten 6 und 8 festgeschrieben wurde und in fataler Weise an das Reichsschulpflichtgesetz von 1938 erinnert" (Ellger-Rüttgardt 2008, 314). Auf dieser Grundlage sprach man denjenigen Kindern und Jugendlichen ein Recht auf schulische Erziehung und Bildung ab, die nicht Lesen, Schreiben und Rechnen lernen konnten. Hier heißt es:

> „Kinder mit geistigen, körperlichen und sittlichen Ausfallerscheinungen und Schwächen, die aber noch bildungs- und erziehungsfähig sind, werden besonderen Schulen und Heimen zugewiesen (Hilfsschulen, Sonderschulen für Schwererziehbare, Blinde, Taubstumme, Krüppel usw.) [...] Bildungsunfähige Kinder und Jugendliche sind von der Schulpflicht befreit" (Köhlitz 1949, 20f nach Ellger-Rüttgardt 2008, 314).

Eine Befreiung von der Schulpflicht aufgrund von Bildungsunfähigkeit sahen auch die in den 1960er und 1970er Jahren in der BRD erlassenen Gesetze vor. „Das traf Eltern schwer geistig behinderter Kinder. Sie sollten sich allein behelfen, obgleich gerade sie die Hilfe des Staates brauchten" (Möckel 2007, 233f). Nach diesen einleitenden Bemerkungen zur Einstellung gegenüber Kindern mit geistiger Behinderung in beiden deutschen Staaten soll nun die Entwicklung der Bildungs- und Versorgungssysteme bis 1989 genauer betrachtet werden. Vorab ist zu bemerken, dass Kinder und Jugendliche im Vordergrund standen, schließlich gab es wegen der nationalsozialistischen Vernichtungsaktionen nur noch wenige Erwachsene mit geistiger Behinderung.

2.4.1 Entwicklung in der BRD

Gegen das staatliche Desinteresse wandten sich in den 50er Jahren vor allem in Anstaltsschulen tätige Pädagogen, forderten eine öffentliche Schulbildung für diese Schülergruppe und die Aufhebung der unteren Bildungsgrenze, die sich am bestehenden Hilfsschulsystem und dem Erlernenkönnen von Kulturtechniken orientierte. Doch es erfolgte noch keine Umsetzung dieser Forderung, der Bildungsanspruch dieser Kinder war nicht allgemein anerkannt. Selbst im „Gutachten der Ständigen Konferenz der Kultusminister der Länder zur Ordnung des Sonderschulwesens" von 1960 wird im letzten Abschnitt zwar die Bildbarkeit dieser Kinder bestätigt, „aber diese wird als so gering angesehen, daß der angenommene Personenkreis weder in Schulen noch in Heilpädagogischen Kindergärten gefördert werden kann" (Speck 1979, 70). Es waren vor allem die Kritik und die Initiative von betroffenen Eltern, die zu einer entscheidenden Veränderung der Bildungssituation für geistig behinderte Kinder führte und den *Aufbau* eines Bildungs- und Versorgungssystems ermöglichte. Die Intention der Eltern war es, ihre Kinder familiennah versorgt zu wissen und nicht in abgelegene Anstalten abgeben zu müssen. In Anlehnung an Elternvereinigungen, wie sie bereits in England, den Niederlanden oder den USA bestanden, schlossen sich Eltern um die kreative Gründungspersönlichkeit des Niederländers Tom Mutters zusammen und gründeten 1958 in Marburg die „Lebenshilfe für das geistig behinderte Kind e.V.

Gründung der „Lebenshilfe"

> „Aufgabe und Zweck des Vereins ist die Förderung aller Maßnahmen und Einrichtungen, die eine wirksame Lebenshilfe für geistig Behinderte aller Altersstufen bedeuten. Dazu gehören z.B. Heilpädagogische Kindergärten, heilpädagogische Sonderklassen der Hilfsschule, Anlernwerkstätten und ‚Beschützende Werkstätten'" (§2 der Satzung des Vereins vom 18.1.1959 nach Möckel 1999, 158).

Auf Initiative der „Lebenshilfe" entstand in den Folgejahren eine Vielzahl von Einrichtungen für Kinder, Jugendliche und Erwachsene mit geistiger Behinderung. Die Zahl der Kindergärten für geistig Behinderte stieg im Zeitraum von 1962 bis 1982 von 10 auf 410, die von Schulen bzw. Tagesbildungsstätten im selben Zeitraum von 50 auf 550.

In den 1960er Jahren, der Aufbauphase, wurde in fast allen westlichen Bundesländern die Schulpflicht für Kinder mit geistiger Behinderung gesetzlich verankert. Es wurden weitere Schulen gegründet und bestehende hortähnliche Tagesbildungsstätten in Sonderschulen für Geistigbehinderte umgewandelt. Es entstanden Richtlinien und Lehrpläne für den Unterricht. Mit der Forderung des Deutschen Bildungsrates, dass die Grundschule für die Bildung aller Kinder zuständig sei, begann 1973 die Diskussion um die gemeinsame Beschulung von Kindern mit und ohne Behinderungen und zwischen 1970 und 1987 die ersten integrativen Schulversuche in München, Berlin, Hamburg, Bonn und Köln.

Aufbauphase

Ausbauphase Mit der Einführung des Bundessozialhilfegesetzes 1961 wurde das Recht auf Sozial- und Eingliederungshilfe für Menschen mit Behinderung festgelegt, womit sie nicht länger auf Fürsorge angewiesen waren. Dieses Gesetz schaffte die Grundlage zum Ausbau des Versorgungssystems für Menschen mit geistiger Behinderung in den 1970er und 1980er Jahren. Es entstanden Frühfördereinrichtungen, Werkstätten für Behinderte, Wohnheime, Erwachsenenbildungs- und Freizeiteinrichtungen, auf deren Entwicklung ich in den nachfolgenden Kapiteln noch genauer eingehen werde. Das Aufgabengebiet der Geistigbehindertenpädagogik weitete sich immer mehr aus und ließ ein komplexes System von Hilfen und Maßnahmen entstehen, wie es im ersten Kapitel beschrieben wurde. Entwickelt wurde es in der Praxis, d. h. es geht auf Menschen zurück, die sich in besonderer Weise für die Belange dieses Personenkreises eingesetzt haben. Sie bewirkten, dass Einrichtungen, Erziehungs- und Betreuungskonzepte entstanden und die juristischen Grundlagen hierfür geschaffen wurden.

2.4.2 Entwicklung in der DDR

Der Wiederaufbau des Schulwesens in der Sowjetischen Besatzungszone war geprägt vom Streben nach Demokratisierung des Bildungswesens (vgl. § 6 des „Gesetz[es] zur Demokratisierung der deutschen Schule" von 1946).

> „Es war zweifellos die historische Erfahrung der menschenverachtenden Behindertenpolitik des Nationalsozialismus und das damit verbundene Bestreben einer sich selbst legitimierenden Abgrenzung gegenüber dieser Epoche deutscher Geschichte, die bewirkte, dass die Interessen behinderter Schüler von Anfang an Eingang in die allgemeine Debatte um den Bildungsaufbau in der Ostzone fand" (Ellger-Rüttgardt 2008, 311).

Aufbauphase „Die revolutionären Veränderungen im Bildungswesen bewirkten auch im Bereich der Sonderschulen einen Wiederaufbau in historisch neuer Qualität" (Baudisch et al. 1987, 16). Doch die ab 1948 einsetzende ‚Sowjetisierung' und ‚Ideologisierung' hatte für die Hilfsschulen im Gegensatz zu den allgemeinen Schulen kaum Bedeutung. Ab den 1960er Jahren wurden, so meint Barsch, sonderpädagogische bzw. rehabilitationspädagogische Theorie „auf der Basis des Sozialismus entwickelt, auch wenn dies für die praktische Arbeit in den Schulen und Fördereinrichtungen nur von geringer Bedeutung war" (2007, 52f).

Kinder mit geistiger Behinderung wurden im Aufbau des Hilfsschulwesens zwar mitgedacht, aber in der Praxis nicht integriert, weil sie bis 1989 als bildungsunfähig galten. Diese Separierung nimmt das Schulpflichtgesetz von 1950 vor, indem es körperlich und geistig behinderte Schulpflichtige, die als schulbildungsunfähig galten, dem Ministerium für Gesundheitswesen der DDR zuordnete.

Professor Sigmar Eßbach von der Humboldt-Universität in Ost-Berlin beschreibt diese Entwicklung 1985: „Für die schulbildungsunfähigen Kinder und Jugendlichen war nicht die Volksbildung, sondern das Gesundheitswesen zuständig. Auf Grund einer mangelnden Quellenlage ist nur wenig über die Bildungs- und Betreuungsbedingungen dieser Population bekannt. Es gab in der SBZ (So-

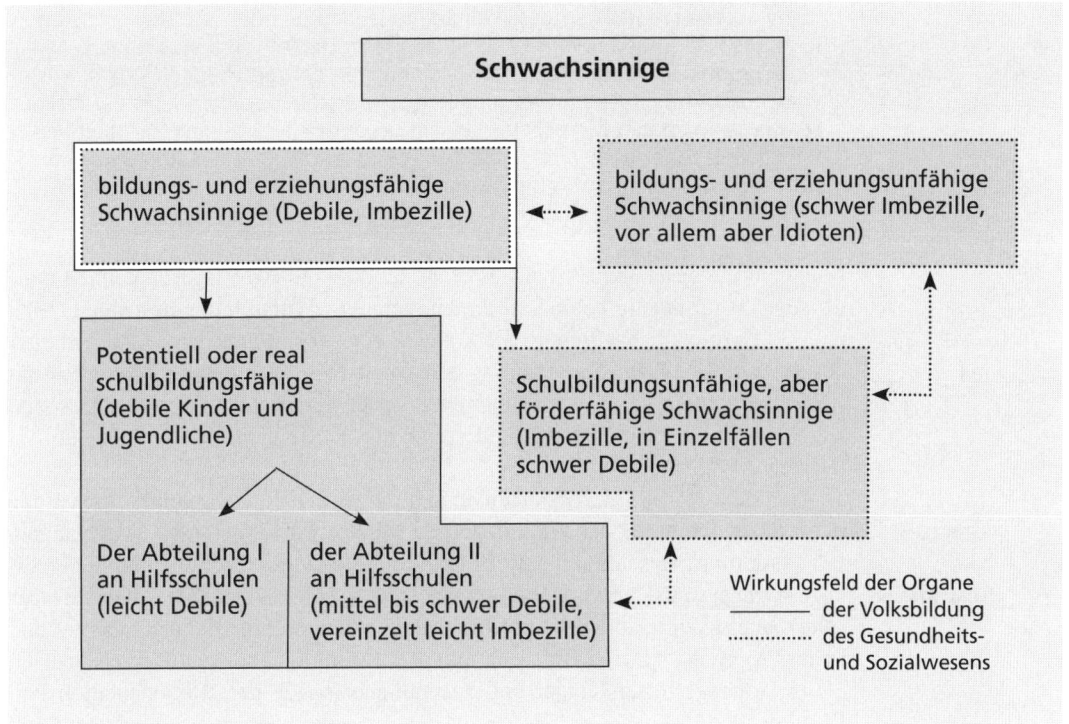

Abb. 7: Klassifikation der „Schwachsinnigen" nach pädagogischen Gesichtspunkten in der DDR (Baudisch et al. 1987, 36)

wjetischen Besatzungszone, Anm. B. F.) noch keine Fördereinrichtungen, die sich der ‚schulbildungsunfähigen' förderfähigen Kindern annahm. Der überwiegende Teil dieser Gruppe wurde in speziellen Klassen in den Hilfsschulen beschult, bis seit etwa Mitte der 1950er Jahre zunehmend die Forderung laut wurde, ‚im Interesse der Optimierung des Unterrichts in den Hilfsschulen die sog. ‚bildungsunfähigen' schwachsinnigen Kinder auszuschulen'" (nach Barsch 2007, 50). Während die leicht geistig behinderten Kinder weiter in den Hilfsschulen (in den Abteilungen II) unterrichtet und so weit als möglich in die sozialistische Gesellschaft integriert wurden, gab es für die Gruppe der Kinder mit schwerer Behinderung (IQ <20) weder Recht auf Beschulung, noch auf Betreuung (Barsch 2007, 50). Sie fanden, wenn sie nicht von der Familie versorgt werden konnten, Aufnahme in psychiatrischen und neurologischen Abteilungen von Krankenhäusern. Diese Personengruppe war in mehrfacher Hinsicht benachteiligt, weil für sie neben fehlenden Bildungseinrichtungen auch kein flächendeckendes Wohnangebot bestand (Barsch 2007, 216). Viele Menschen mit geistiger Behinderung lebten unter schlechten Bedingungen in psychiatrischen Einrichtungen, ohne dass dafür medizinische Indikationen vorlagen. Die Bildungs- und Freizeitangebote für sie waren überaus gering. In den wenigen verbliebenen kirchlichen Einrichtungen waren die Versorgung und das pädagogische Angebot besser.

In den 1970er Jahren begann die Einrichtungen von ‚geschützten Arbeitsplätzen'. Hierzu führen Baudisch et al. aus:

Ausbauphase

> „Sehr schwer intelligenzgeschädigte Jugendliche oder solche mit stark leistungsmindernden Mehrfachschädigungen erhalten eine Ausbildung und üben produktive Tätigkeiten unter Bedingungen der ‚geschützten Arbeit' aus. ‚Geschützte Arbeit ist eine von physisch schwerstgeschädigten oder psychisch schwergeschädigten Menschen in einem besonders ausgestalteten Arbeitsverhältnis unter spezifischen Bedingungen ausgeübte Tätigkeit.' (‚Anordnung zur Sicherung des Rechts auf Arbeit für Rehabilitanden' vom 26. August 1969, GBl. II, Nr. 75/1969, § 1)" (1987, 182).

Nachdem die geschützte Arbeit fester Bestandteil der Arbeitsgesetzgebung wurde, standen für geistig behinderte Jugendliche, die Hilfsschulen besuchten, 1989 über 30 Berufe zur Verfügung. Sie konnten eine Ausbildung als Teilfacharbeiter absolvieren. Die Ausdifferenzierung der Arbeitsmöglichkeiten für Menschen mit Behinderung resultierte „aus dem großen Stellenwert, der der Arbeit in der sozialistischen Gesellschaft zukam und der auch für die ‚Rehabilitanden' gelten sollte" (Barsch 2007, 218).

Dispensaire Nach dem Vorbild der Krankenversorgung in der Sowjetunion wurden Ende der 1960er Jahre auf der Grundlage des Ministerratsbeschlusses „Maßnahmen zur Förderung, Beschulung und Betreuung geschädigter Kinder und Jugendlicher sowie psychisch behinderter Erwachsener" (1969) sogenannte ‚Kreisdispensaire', interdisziplinär arbeitende Ambulanzen, eingeführt. Ihre Aufgabe bestand in der Prophylaxe, Diagnostik, Therapie/Rehabilitation und Nachsorge psychisch entwicklungsgestörter Kinder und Jugendlicher sowie der Dokumentation und Planung von Maßnahmen. Die Arbeit der pädagogischen, psychologischen und medizinischen Fachkräfte bezog die Familien mit ein. Die Dispensairebetreuung wurde auch in Form von Hausbesuchen durchgeführt.

Ende der 1960er Jahre wurden an der Humboldt-Universität Berlin und der Universität Halle-Wittenberg die theoretischen Grundlagen für die pädagogische Arbeit mit geistig behinderten Menschen, die Rehabilitationspädagogik, entwickelt. „Das in Berlin entstandene ‚Grundlagenmaterial' bot den Fördereinrichtungen in Form einer Richtlinie mit Stoffplan detaillierte und praxisnahe Erziehungs- und Bildungsziele, die sich im wesentlichen an der Lebenswirklichkeit der in ihnen betreuten Kinder und Jugendlichen orientierten und nur marginal im theoretischen Unterbau von der sozialistischen Ideologie beeinflusst waren" (Barsch 2007, 216). Die Rehabilitationspädagogik war von einem medizinischen Menschenbild geprägt. Dennoch glichen die didaktischen Grundsätze und Methoden denen der Sonder- bzw. Heilpädagogik der Bundesrepublik.

In der DDR führten die zahlreichen Entwicklungen in der Erziehung und Betreuung von Menschen mit Behinderung zu einer grundsätzlichen Verbesserung der Lebensbedingungen geistig behinderter Menschen, wobei diese Entwicklungen jedoch nicht stringent verliefen. Das heißt, während sich die Bedingungen für lernbehinderter und leicht geistig behinderter Kinder und Jugendlicher verbesserte, „gelang dies für schwer behinderte Menschen nur in Ansätzen" (Barsch 2007, 215). Der sozialistische Leistungs- und Gesellschaftsgedanke spielte anders als in Hilfsschulen für die Förderungseinrichtungen des Gesundheitswesens, also für Menschen mit geistiger Behinderung keine Rolle.

Barsch fasst das Ergebnis seiner Untersuchung „Geistig behinderte Menschen in der DDR" (2007) wie folgt zusammen:

Zusammenfassung

1. „In der DDR existierte ein differenziertes, aber territorial unterschiedlich weit ausgebautes Rehabilitationssystem.
2. Die Behindertenpädagogik in Form der Rehabilitationspädagogik erlebte eine zunehmende Professionalisierung.
3. Die Orientierung an medizinischen Modellen resultierte aus dem Grundverständnis der Rehabilitationspädagogik als einer Pädagogik bei *Schädigung*. Trotz geforderter interdisziplinärer Gleichberechtigung konnte auch auf der Ebene der Rechtsvorschriften die Dominanz des medizinischen Urteils nicht abgeschwächt werden.
4. Aspekte wie Selbstbestimmung, Integration und Elternaktivität wurden kaum thematisiert. … Auf der praktischen Ebene entsprangen aus der Rehabilitationspädagogik Richtlinien und Stoffteile, die eine kindorientierte und effektive Förderung ermöglichten. Bildungs- und Fördermöglichkeiten für geistig schwerstbehinderte Menschen waren trotz einiger Ausnahmen so gut wie nicht vorhanden. Ihre Betreuung und Pflege basierte auf minimalen Standards.
5. Der Qualitätsgrad der Lebensbedingungen von geistig behinderten Menschen war stark abhängig vom Engagement von Einzelpersonen.
6. Geistig behinderte Menschen konnten – sofern die Bildungs- und Betreuungsinfrastruktur vorhanden war und das soziale Umfeld positiv wirkte – ein gesellschaftlich integriertes, beruflich und in ihrer Freizeit erfülltes Leben führen" (Barsch 2007, 218f).

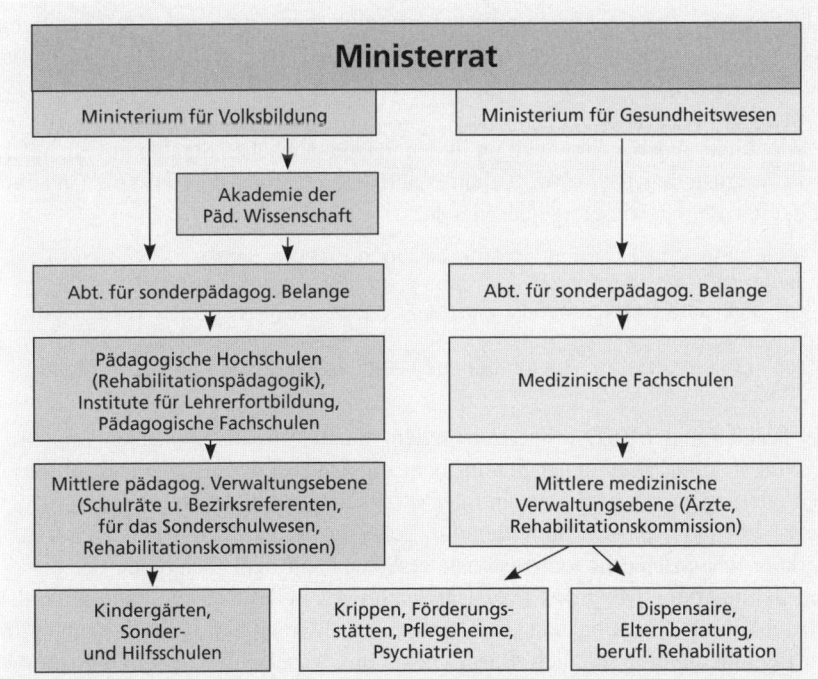

Abb. 8: Verwaltungsstruktur als Grundlage für unterschiedliche Systementwicklungen der Geistigbehindertenpädagogik in den beiden deutschen Staaten/ System der DDR (Barsch 2007, 101)

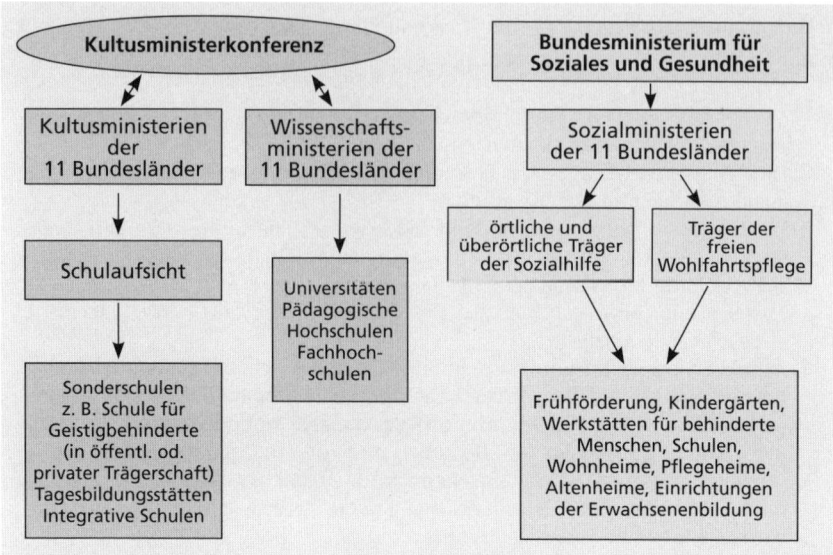

Abb. 9: Verwaltungsstruktur als Grundlage für unterschiedliche Systementwicklungen der Geistigbehindertenpädagogik in den beiden deutschen Staaten/System der BRD

Unterschiede in der Entwicklung der beiden deutschen Staaten

Der historische Aufriss zeigt, dass die Geistigbehindertenpädagogik in beiden deutschen Staaten ihren Ursprung in der Praxis hat. Die Entwicklung von Konzeptionen und Theorien der Erziehung und Bildung war erst der zweite Schritt. Die ersten Lehrstühle für Geistigbehindertenpädagogik wurden in den 1970er Jahren an verschiedenen Universitäten in der BRD und DDR eingerichtet. Inzwischen hat sich die Geistigbehindertenpädagogik durch die verstärkte Forschung in den verschiedenen schulischen und außerschulischen Handlungsfeldern als Erziehungs- und Bildungswissenschaft etabliert (Kap. 5). Und als solche nimmt sie Einfluss auf die Praxis.

Vergleicht man die Entwicklung in den beiden deutschen Staaten mit einander, so ist festzustellen, dass etwa 10 Jahre nach deren Gründung (1949) die Gemeinsamkeiten der Entwicklung überwiegen.

> „Eine unterschiedliche Entwicklung des Sonderschulwesens von BRD und DDR deutet sich seit den späten 70er Jahren an. Während das Sonderschulsystem der DDR unter stärkeren Leistungsdruck geriet, was sich in der Ausschulung schwer schwachsinniger Kinder aus der Hilfsschule … niederschlug, erfolgte in der Bundesrepublik ein tiefgreifender Veränderungsprozess" (Ellger-Rüttgardt 2008, 327).

Der Wandel in der BRD zeigte sich an der Abkehr vom medizinischen Verständnis von Behinderung, an der Schulpflicht für Kinder mit geistiger und schwerer Behinderung, an der beginnenden Integrationsdiskussion, der Normalisierung der Lebensbedingungen von Menschen mit geistiger Behinderung sowie an der verstärkten wissenschaftlichen Auseinandersetzung mit dem Phänomen der geistigen Behinderung. Diese positiven Entwicklungen in der BRD wurden durch die wirtschaftliche Situation und die Öffnung für internationale Entwicklungen in der Behindertenhilfe möglich. Barsch nennt drei Aspekte, die in der DDR für die Stagnation der Entwicklung verantwortlich sind:

- „Die geringe Wirtschaftskraft der DDR verhinderte den Ausbau der Infrastruktur des Bildungs- und Betreuungswesens.
- Es fehlten Interessen- und Elternverbände – wie in der Bundesrepublik etwa die Lebenshilfe –, die sich für die Belange geistig behinderter Menschen einsetzten.
- Die verhältnismäßig geringe Zahl von Personen, die beruflich oder privat in engem Kontakt mit geistig behinderten Menschen waren, reichte nicht aus, um eine größere Öffentlichkeit zu erreichen und Druck bei politischen Entscheidungsträgern aufzubauen" (2007, 218).

Eine vergleichende Gegenüberstellung der Entwicklungen in den beiden deutschen Staaten zwischen 1946 und 1989 befindet sich im Anhang.

Mit dem Einigungsvertrag von 1990 geht die „Nachkriegszeit auch der Sonderpädagogik" (Ellger-Rüttgardt 2008, 329) zu Ende. „Wie auch in anderen gesellschaftlichen Bereichen, wurde das System sonderpädagogischer Hilfen in den neuen Bundesländern weitgehend nach dem Muster der alten Bundesrepublik neu gestaltet" (ebd.). Dies wird heute kritisch gesehen:

> „Abschließend bleibt zu sagen, dass viele der teils guten Ansätze der Rehabilitationspädagogik mit der Wiedervereinigung verloren gegangen sind. Dies ist insofern bedauernswert, als dass ihre Erkenntnisse und Entwicklungen ein Gewinn für eine gesamtdeutsche Heilpädagogik hätten sein können" (Barsch 2007, 218).

Barsch, S. (2007): Geistig behinderte Menschen in der DDR. Oberhausen
Ellger-Rüttgardt, S. L. (2008): Geschichte der Sonderpädagogik. München
Möckel, A. (2007): Geschichte der Heilpädagogik. Stuttgart

2.5 Geistigbehindertenpädagogik im Umbruch

Innerhalb des Systems der Versorgung von Menschen mit geistiger Behinderung haben sich seit Anfang der 1990er Jahre zahlreiche Veränderungen vollzogen. Sie beziehen sich auf das Verständnis von Behinderung, auf Behindertenrecht und -politik sowie auf die erkenntnis- und handlungsleitenden Prinzipien der Geistigbehindertenpädagogik und Rehabilitation. Während in der Aufbauphase erst ein Bewusstsein für die Belange von Menschen mit geistiger Behinderung geschaffen werden musste, wurde bis Ende der 1980er Jahre das System der speziellen Hilfen differenziert ausgebaut.

In den 1990er Jahren mehrte sich die Kritik an der mit dem Ausbau verbundenen Segregation. Forderungen nach mehr Selbstbestimmung und gesellschaftlicher Teilhabe markieren einen Prozess der Umgestaltung, des Umbaus des Versorgungssystems, der bis heute noch nicht abgeschlossen ist und der sich mit Dederich folgendermaßen beschreiben lässt:

Phase des Umbaus

Segregation

> „Schrittweise hat sich ein Prozess der Humanisierung vollzogen, hin zu verbesserter rechtlicher Gleichstellung, sozialer Eingliederung und sozialer Teilhabe. Die Kritik an Segregation und Diskriminierung sowie die Forderung nach Nichtaussonderung und Selbstbestimmung durch die Behindertenbewegung waren

für diesen Prozess ebenso bedeutsam wie die Bemühungen um schulische, berufliche und soziale Integration (neuerdings zunehmend abgelöst durch Inklusion), die Rezeption des Empowermentkonzeptes und die Entwicklung neuer Hilfekonzepte, das grundgesetzlich verankerte Diskriminierungsverbot sowie das im Sozialgesetzbuch IX festgeschriebene Prinzip der Teilhabe" (Dederich 2008, 31).

Dieser Entwicklungsprozess hat zu einer deutlichen Verbesserung der Lebensqualität von Kindern, Jugendlichen und Erwachsenen mit geistiger Behinderung geführt und zeigt sich beispielsweise in der Wahlmöglichkeit zwischen verschiedenen Schulformen (staatliche oder private Sonderschulen oder integrative Schule), der Möglichkeiten zur Mitbestimmung (in Wohnheim- oder Werkstattbeiräten), der Selbstbestimmung durch ‚Persönliches Budget' und Mitsprache bei der individuellen Lebens- und Hilfebedarfsplanung, dem Leben in der Gemeinde oder in Partnerschaft und begleiteter Elternschaft, der Integration in den allgemeinen Arbeitsmarkt mit Hilfe von Arbeitsassistenz, in der Beteiligung an der Fußballweltmeisterschaft der Behinderten und den Paralympics sowie im Leben der eigenen Kultur (Theater, Musikvereine, Schreib- und Leseklubs) und vieles andere mehr (Fornefeld 2008, 14f).

Die pädagogischen und rehabilitativen Leitgedanken, die diese positive Entwicklung begleiten, sind neben den in den 1970er Jahren eingeführten Prinzipien der ‚Normalisierung' und ‚Integration', die Idee der ‚Selbstbestimmung', des ‚Empowerments' und der ‚Teilhabe'.

Normalisierung

Unter Normalisierung versteht man den 1959 von dem Dänen Bank-Mikkelsen entwickelten Leitgedanken zur Angleichung der Lebensmuster und Alltagsbedingungen von Menschen mit geistiger Behinderung an die üblichen Bedingungen der Gesellschaft, in der sie leben (normaler Tagesrhythmus, normaler Wochen- und Jahresablauf, normale Erfahrungen eines Lebenszyklus, normaler Respekt, in einer zweigeschlechtlichen Welt leben, normaler Lebensstandard, normale Umweltbedingungen). Das Normalisierungsprinzip will zur Humanisierung der Lebensbedingungen beitragen und ist das erste Konzept der Heilpädagogik und Behindertenhilfe, das sich konsequent „von der Leitidee der Fremdbestimmung" (Greving/Ondracek 2005, 158) abwendet. Es wurde durch die wissenschaftliche und konzeptionelle Weiterentwicklung des Schweden Bengt Nirje und des Amerikaners Wolf Wolfensberger in den 1960er und 1970er Jahren zu einer handlungsleitenden methodischen Orientierung. In Deutschland hat vor allem Walter Thimm das Prinzip eingeführt und weiterentwickelt. Wie in Kapitel 4.5 noch gezeigt wird, war das Normalisierungsprinzip bei der Auflösung und Umgestaltung der großen Anstalten von Bedeutung.

Integration

Die Leitidee der Integration geht zum Teil aus dem Normalisierungsprinzip hervor und will die Eingliederung ausgesonderter Personengruppen in die Gesellschaft erreichen. Wie in Kapitel 3.5 gezeigt wird, entstand die Leitidee Mitte der 1970er Jahre als Folge der Empfehlung des Deutschen Bildungsrates zur gemeinsamen Beschulung von Kindern mit und ohne Behinderung. Integration versteht sich heute sowohl als Wertbegriff (Bejahung des Lebenswertes behinderter Menschen, Bejahung des menschlichen Grundbedürfnisses nach Teilhabe am

Abb. 10: inklusiver Lea-Leseklub®

sozialen Leben und Aufhebung künstlicher Trennung) als auch als Handlungsbegriff (räumliche, funktionelle, soziale, personale, gesellschaftliche und organisatorische Integration). Die Leitidee liefert somit die anthropologische Grundlage für ein verändertes Erziehungsverständnis (Fornefeld 2008, 108f). Obwohl die Integration zurzeit stark im schulischen Kontext diskutiert wird, ist sie auch in anderen Lebensbereichen von Bedeutung (z.B. in den Bereichen des Wohnens und Arbeitens oder in der Integrativen Erwachsenenbildung, Kap. 4).

Das Prinzip der Selbstbestimmung geht auf die Independent-Living-Bewegung von Menschen mit Körperbehinderung in den USA zurück, die in den 1960er Jahren gegen die entmündigenden Lebensbedingungen in den Großanstalten protestierten und mehr Selbstbestimmungsmöglichkeiten forderten. Die internationale Diskussion um mehr Selbstbestimmung griff die Bundesvereinigung Lebenshilfe 1994 mit dem Duisburger-Kongress „Ich weiß doch selbst, was ich will" auf. Seitdem ist die Realisation von Selbstbestimmung Thema in weiten Bereichen der Pädagogik und Rehabilitation für Menschen mit geistiger Behinderung.

Selbstbestimmung

Der Begriff des ‚Empowerments' stammt aus den USA und ist nicht leicht ins Deutsche zu übersetzen. Empowerment beschreibt Mut machende Prozesse, „in denen Menschen in Situationen des Mangels, der Benachteiligung oder der gesellschaftlichen Ausgrenzung beginnen, ihre Angelegenheiten selbst in die Hand zu nehmen" (Herriger 2002, 18). Mit Empowerment ist die Entwicklung eigener Fähigkeiten und Kräfte zur Durchsetzung einer selbstbestimmten Lebensführung gemeint. Damit dies geschehen kann, müssen entwicklungsfördernde Bedingungen für benachteiligte Menschen geschaffen werden.

Empowerment

Das Konzept der Inklusion ist eine Weiterführung der Leitgedanken Normalisierung, Integration und Empowerment. In seiner konsequenten Umsetzung soll Inklusion die Integration ablösen. Das Konzept wird meist systemtheoretisch

Inklusion

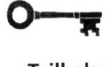
Teilhabe

begründet und geht von der Vorstellung der Verbesserung der Gesellschaft hin zur Überwindung von Exklusion und Aussonderung aus. Sander hat hierzu ein fünfstufiges Modell entwickelt, das von Exklusion ausgeht und über Segregation, Integration auf Vielfalt als Normalfall zielt (Greving/Ondracek 2005, 178).

Die Teilhabe ist das zuletzt eingeführte Leitprinzip der Behindertenpädagogik und -politik und wurde im Sozialgesetzbuch IX festgeschrieben (2001).

> *„Hilfe ist auf soziale Teilhabe ausgerichtet.* Wenn der Andere nicht Erfüllungsobjekt der persönlichen und beruflichen Rollen und Normen des Helfenden sein soll, und wenn der Beteiligte sich als Werte verwirklichendes Subjekt dem Anderen mit-teilen will, so muss diese Beziehung auf *Teilhabe oder Partizipation* abzielen. Es geht um etwas Gemeinsames, um die zwar geteilte, aber verbindende Sorge um ein sinnvolles, gutes Leben und Zusammenleben" (Speck 2008, 180).

Anerkennung

Der Tatsache, dass ein jeder Mensch auf den anderen angewiesen und insofern immer ein bedürftiger Mensch ist, trägt das Leitprinzip der Anerkennung Rechnung. Keiner kann ohne andere leben. Jeder benötigt zu einem würde- und qualitätsvollen Leben die Achtung und Anerkennung seiner Person durch andere. Das *Prinzip der Anerkennung* geht in gewissem Sinne den anderen Leitprinzipien voraus, weil es bei der „Verantwortung für die Verantwortlichkeit" (Bauman 1999, 84) dem anderen Menschen gegenüber ansetzt. Ohne Anerkennung ist die Einlösung der anderen Leitprinzipien nicht möglich (Fornefeld 2008, 143). In Kapitel 3.7 wird vertiefend auf das Prinzip der Anerkennung eingegangen.

Heute gelten die Modelle des Normalisierungsprinzips, der Integration, des Empowerments und der Inklusion als aktuelle Handlungsansätze für die Heilpädagogik. Sie lösen die lange Zeit bestehende Leitidee der Verwahrung und Desintegration der Menschen mit geistiger Behinderung ab. Sie bauen historisch und

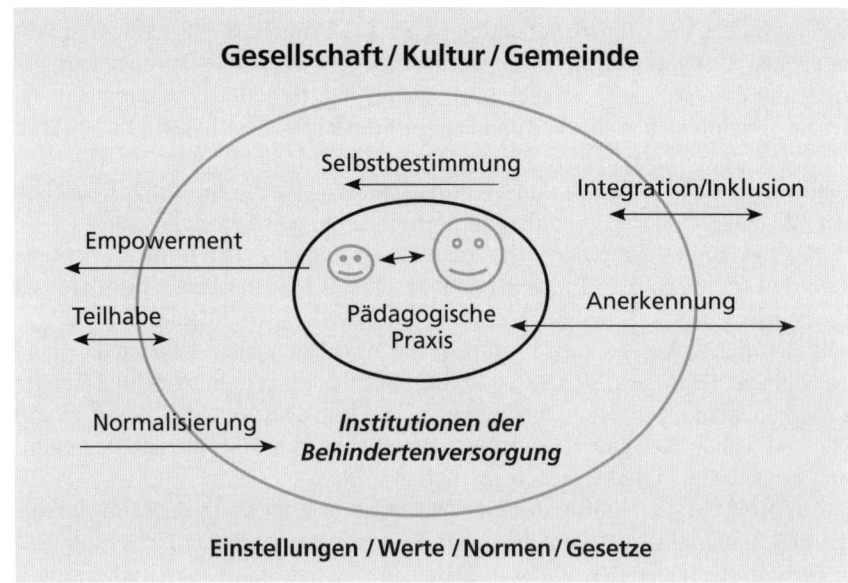

Abb. 11: Rolle der Leitprinzipien im Spannungsfeld gesellschaftlich-kultureller Erwartungen, Institutionen der Behindertenversorgung und pädagogischer Praxis

inhaltlich aufeinander auf, wobei sie in ihren Konkretisierungen zu unterschiedlichen Ergebnissen kommen. „Der Abschluss des (Ver-)Wandlungsprozesses dieser Modelle ist nicht absehbar und wird in den nächsten Jahren sicherlich zu weiteren Diskussionen, Visionen und Modellen führen" (Greving/Ondracek 2005, 178). Eine Geistigbehindertenpädagogik, die sich der Anerkennung ihrer Klientel stellt, bleibt selbst glaubwürdig. Die Verantwortung für die Ansprüche von Menschen mit geistiger Behinderung unabhängig von Grad ihrer Beeinträchtigungen ist ernst zu nehmen, um ihre Lebensqualität zu sichern.

Die genannten Leitprinzipien charakterisieren einen umfänglichen Reformprozess im Bereich der Behindertenversorgung und einen Paradigmenwechsel in der Geistigbehindertenpädagogik, d. h. eine Änderung von Lehrmeinungen und Theorien. Der Paradigmenwechsel entsteht in Relation zu den aktuellen rechtsstaatlichen und gesellschaftlichen Vorgaben. Sie führen dazu, dass Menschen mit geistiger Behinderung in ihren Belangen heute ernst genommen werden und ihnen Wege zur Integration und Selbstbestimmung offen stehen, wie es sie zu keiner Zeit gab. Menschen mit geistiger Behinderung können ein qualitätsvolles Leben führen, doch sie bleiben immer auch abhängig von einem Versorgungssystem, das ihnen die Möglichkeiten dazu eröffnet. Man muss schon genau hinschauen, um zu sehen, dass das System kein Garant für Lebensqualität *aller* Menschen mit geistiger Behinderung ist. Nach einer Entwicklung in den 1980er und 1990er Jahren, die optimistisch stimmte, verschlechtert sich die Lebensqualität für Menschen mit schwerer Behinderung oder für diejenigen mit zusätzlichen psychischen Beeinträchtigungen seit Beginn der 2000er Jahre. Warum es heute trotz der leitenden Prinzipien von Integration/Inklusion, Selbstbestimmung und Teilhabe zur Segregation bestimmter Personengruppen kommt, wird deutlich, wenn man die Hintergründe der geänderten Behindertenpolitik mit ihren Vorschriften genauer betrachtet.

Diskriminierungsverbot

In der deutschen Geistigbehindertenpädagogik war man sich sicher, dass man aus den Fehlern der eigenen Geschichte gelernt habe und eine systematische Vernichtung von Menschen mit geistiger Behinderung nicht mehr möglich sei. Man hielt ihr Lebensrecht für gesichert. Die Schriften des australischen Philosophen Peter Singer, in denen er das Lebensrecht von Menschen mit schwerer Behinderung unter Nützlichkeitserwägungen in Frage stellt, führten Anfang der 1990er Jahre zu starker Verunsicherung, zu Protestkundgebungen von Selbsthilfegruppen und zu zahlreichen Diskussionsforen und Tagungen, auf denen die utilitaristischen Thesen Singers kritisch diskutiert wurden. Diese sogenannte ‚Singer-Debatte' schärfte das Bewusstsein für die Gefahren, die für Menschen mit geistiger Behinderung von der Bioethik und den Biotechnologie ausgeht. Unter dem Druck der Behindertenverbände konnte 1994 das so genannte ‚Diskriminierungsverbot' durchgesetzt werden, indem das Grundgesetz um den Art. 3 Absatz 3 Satz 2 ergänzt wurde: *„Niemand darf wegen seiner Behinderung benachteiligt werden."* Das ‚Diskriminierungsverbot' war zwar ein wichtiger Beitrag zur Humanisierung der Gesellschaft, doch seine Wirkung blieb zu gering, um die Frage nach dem Lebenswert und dem Lebensrecht von Menschen mit geistiger oder gar mit schwerer Behinderung in einer von ökonomischem Denken bestimmten Leistungsgesellschaft verhindern zu können. Es bleibt weiterhin Aufgabe der

Geistigbehindertenpädagogik sich mit aktuellen ethischen und lebensrechtlichen Fragen zu befassen und sich zum Schutz ihrer Klientel gegen diskriminierende Tendenzen zu Wort zu melden.

Einführung der Sozialgesetzbücher

Für den aktuellen Umbau-Prozess der Geistigbehindertenpädagogik und Rehabilitation entscheidender als das ‚Diskriminierungsverbot' war die Einführung des Sozialgesetzbuches IX: Rehabilitation und Teilhabe (2001) und XII: Sozialhilfe/Eingliederungshilfe (2003). Diesen Sozialgesetzen liegt das von der Weltgesundheitsorganisation (WHO) 2001 eingeführte systemische Verständnis von Behinderung zugrunde, wie es in der „Internationalen Klassifikation der Funktionsfähigkeit, Behinderung und Gesundheit" (International Classification of Functioning, Disability and Health, ICF) festgehalten ist. Sie wird in Kapitel 3.2 genauer dargestellt.

Nachdem das Bundessozialhilfegesetz von 1961 vierzig Jahre in der BRD Gültigkeit hatte, begann mit dem am 1. Juli 2001 in Kraft getretenen Neunten Sozialgesetzbuch (SGB IX) – Rehabilitation und Teilhabe – der Umbau der gesetzlichen Vorgaben, den der ‚Beauftragte der Bundesregierung für die Belange behinderter Menschen' so erläutert: „Es fasste das bis dahin geltende Recht der Rehabilitation und Teilhabe behinderter und von Behinderung bedrohter Menschen, das vorher auf mehrere Gesetze verteilt war, zusammen und entwickelte es weiter. Damit wurde auch der Paradigmenwechsel in der Behindertenpolitik eingeleitet. Bis dahin war sie geprägt von dem Fürsorgedanken, mit der Zielsetzung: dem behinderten Menschen muss geholfen werden" (www.behindertenbeauftrag te.de vom 28.12.2008).

Mit der Einführung des SGB IX stelle die Behindertenpolitik folgende Aspekte in den Mittelpunkt:

- „Anerkennung behinderter Menschen als Experten in eigener Sache
- Zusammenarbeit mit den Verbänden behinderter Menschen
- Teilhabe und Selbstbestimmung behinderter Menschen ermöglichen
- Behinderte Menschen stehen im Mittelpunkt"
(www.behindertenbeauftragte.de vom 28.12.2008).

Kernelemente und -ziele des SGB IX

- „Leistung aus einer Hand
- Schnelle Zuständigkeitserklärung
- Stärkung des Wunsch- und Wahlrechtes behinderter Menschen bei Inanspruchnahme der Leistungen der Rehabilitation und Teilhabe
- Kooperation, Koordination und Konvergenz des Leistungsgeschehens, d. h. Abstimmung und Zusammenarbeit der Träger bei der Leistungserbringung
- Stärkung des Grundsatzes ‚ambulant vor stationär'
- Besondere Berücksichtigung der Bedürfnisse behinderter Frauen und Kinder

Das SGB IX beinhaltet u. a.
- Definition von ‚Behinderung'
- Leistungen zur Rehabilitation und Teilhabe, unterhaltssichernde Leistungen
- allgemeine Grundsätze: Welche Hilfen gibt es? Wie werden sie erbracht? Wer ist zuständig?

> Zusätzlich gibt es Verordnungen, Richtlinien, gemeinsame Empfehlungen und sonstige Durchführungsvorschriften der jeweiligen Leistungsträger. Leistungen zur Teilhabe werden erbracht als
>
> - Leistungen zur medizinischen Rehabilitation, als
> - Leistungen zur Teilhabe am Arbeitsleben, als
> - Unterhaltssichernde Leistungen sowie als
> - Leistungen zur Teilhabe am Leben in der Gemeinschaft"
> (www.behindertenbeauftragte.de vom 28.12.2008).

Abgeschlossen wurde der Umbau durch die Einfügung des Bundessozialhilfegesetzes in das Zwölfte Sozialgesetzbücher (SGB XII) –Sozialhilfe/Eingliederungshilfe –, das in seinen wesentlichen Teilen am 1. Januar 2005 in Kraft trat.

Heute sind es vier Motive, die die aktuellen Entwicklungen innerhalb der Geistigbehindertenpädagogik, der Rehabilitation sowie der Behinderten- und Sozialpolitik bestimmen:

- Teilhabe verwirklichen
- Gleichstellung durchsetzen
- Selbstbestimmung ermöglichen
- Lebensqualität sichern.

Diese Neuerungen finden ihren Niederschlag in der Gestaltung von gemeindeintegrierten Wohnräumen und industrienahen Arbeitsangeboten, aber auch bei der Diagnose individueller Hilfe- und Unterstützungsbedarfe. Menschen mit Behinderung sollen heute möglichst selbstbestimmt leben und am gesellschaftlichen Leben teilhaben können. Für viele Menschen mit geistiger Behinderung ist dies inzwischen Wirklichkeit geworden.

Doch diese für die Menschen mit leichter geistiger Behinderung positive Entwicklung hat auch ihre Grenze, denn sie muss in einem gesamtgesellschaftlichen Veränderungsprozess gesehen werden, der mit Forderungen nach *Selbstbestimmungs- und Integrationsfähigkeit* zum Ausschluss von Menschen mit schwerer geistiger Behinderung führt (Fornefeld 2007a). Eine Kritik ist notwendig, weil sich Anzeichen mehren, „die nicht nur eine Fortführung des bisher Erreichten entgegenstehen, sondern dieses umgekehrt wieder in Frage stellen können" (Dederich 2008, 31). Auf diese Entwicklungen wird in Kapitel 3.6 näher eingegangen und dabei gezeigt, dass sich heute eine ‚Restgruppe' innerhalb der Population der Menschen mit geistiger Behinderung herausbildet, die als Menschen mit Komplexer Behinderung bezeichnet werden.

Dass die Rechte von Menschen mit Behinderung schützenswert sind, wird auf internationaler Ebene u.a. von den Vereinten Nationen (UN) in New York diskutiert. Um die Lebensqualität von Menschen mit Behinderung weltweit zu verbessern, haben die Vereinten Nationen die *„Konvention zum Schutz der Rechte behinderter Menschen"* in jahrelangen Bemühungen, an denen deutsche Vertreter staatlicher und privater Organisationen beteiligt waren, entwickelt und Ende 2006 veröffentlicht. Ende März 2007 wurde das Abkommen von der Bundesrepublik

UN-Konvention Rechte der Menschen mit Behinderung

unterzeichnet und am 19. Dezember 2008 ratifiziert. Damit war der Weg frei für das Inkrafttreten der Konvention am 1. Januar 2009. Deutschland ist nunmehr verpflichtet, die Vorgaben der Konvention in nationales Recht umzusetzen. An dieser Entwicklung haben Behindertenverbände maßgeblich Anteil. Die Grundsätze der Konvention werden in Artikel 3 formuliert:

> a) „Achtung der dem Menschen innewohnenden Würde, der Autonomie des Einzelnen, einschließlich der Freiheit, eigene Entscheidungen zu treffen, sowie der Unabhängigkeit der Person;
> b) Nichtdiskriminierung;
> c) Volle und wirksame Teilnahme und Teilhabe am gesellschaftlichen Leben;
> d) Respekt vor der Unterschiedlichkeit und Akzeptanz von Menschen mit Behinderung als Teil der menschlichen Vielfalt und des Menschseins;
> e) Chancengleichheit;
> f) Barrierefreiheit;
> g) Gleichberechtigung von Mann und Frau;
> h) Respekt vor den sich entwickelnden Fähigkeiten von Kindern mit Behinderung und Achtung des Rechts von Kindern mit Behinderungen auf Wahrung ihrer Identität" (Übereinkommen über die Rechte von Menschen mit Behinderungen, Vereinte Nationen, 16.2.2007)

Zusammenfassung In den vergangenen zwanzig Jahren hat sich in der Geistigbehindertenpädagogik ein umfassender Paradigmenwechsel vollzogen, der zum einen zu mehr Lebensqualität für die Mehrzahl der Menschen mit geistiger Behinderung geführt hat. Die Entwicklung steht in einem globalen Zusammenhang wirtschaftlicher Interessen und wird heute stärker als zuvor von der internationalen Behindertenpädagogik und Rehabilitation beeinflusst. Obwohl sich diese für die Akzeptanz und gesellschaftliche Teilhabe aller Menschen mit Behinderung einsetzt, sind in Deutschland neue Formen der Diskriminierung und Aussonderung von Menschen mit Komplexer Behinderung zu beobachten. Der Prozess der Umgestaltung des Versorgungssystems für Menschen mit geistiger Behinderung dauert an. Die Zielrichtung dieses Prozesses ist nicht selbstverständlich aus der bisherigen Entwicklung abzuleiten. Sie bleibt offen und ist wie alle Lebenszusammenhänge an Konjunkturen und Krisen gebunden.

Dederich, M. (2008): Der Mensch als Ausgeschlossener. In: Fornefeld, B. (Hrsg.): Menschen mit Komplexer Behinderung. München, 31–49
Fornefeld, B. (2007a): Was geschieht mit dem Rest? – Anfragen an die Behindertenpädagogik – Teil I und II. In: Dederich, M., Grüber, K. (Hrsg.): Herausforderungen. Mit schwerer Behinderung leben. Frankfurt, Teil I: 39–53, Teil II: 75–85

6. Fassen Sie die Lebensbedingungen von Menschen mit geistiger Behinderung vor dem 19. Jahrhundert zusammen.
7. Nennen Sie die gesellschaftlich-ideologischen Veränderungen, die im 19. Jahrhundert zu Anstaltsgründungen geführt haben.
8. Welche Motive hatten die Anstaltsgründer?

9. Wie veränderte sich die Heilpädagogik zu Beginn des 20. Jahrhunderts und welche Konsequenzen hatte das für Menschen mit geistiger Behinderung?
10. Nach welchen Vorbildern entwickelte sich die Geistigbehindertenpädagogik nach dem 2. Weltkrieg in den beiden deutschen Staaten?
11. Entstammt das nachfolgende Zitat einem west- oder ostdeutschen Lehrbuch der Nachkriegszeit? Begründen Sie die Zuordnung.

    „Das leistungsmäßige Zurückbleiben eines Kindes allein berechtigt den Unterstufenlehrer somit noch in keiner Weise, die Vorstellung des Kindes im Hilfsschulaufnahmeverfahren zu erwägen oder das Kind gar als schwachsinnig zu bezeichnen und es – möglicherweise noch durch unbedachte Bemerkungen vor der Klasse – ‚abzustempeln'. Das bereits durch den schulischen Mißerfolg beeinträchtigte Selbstvertrauen des Kindes kann durch solche Äußerungen völlig zerstört werden. Was sollte nun der Unterstufenlehrer tun? Zuerst sollte er die Verbindung zum Elternhaus suchen, um sich eingehend mit den häuslichen Lebensbedingungen des Schülers und mit dessen bisherigen Entwicklungsverlauf vertraut zu machen. Er sollte gemeinsam mit den Eltern beraten, wie eine möglicherweise vorhandene pädagogische Vernachlässigung zu beseitigen ist. Liegt noch kein ärztlicher Befund vor, so sollte er die Eltern veranlassen, mit ihrem Kind einen Facharzt aufzusuchen. Im Rahmen seines Unterrichtes sollte er gezielte Fördermaßnahmen für das Kind vorsehen, ohne dabei etwa die anderen Schüler seiner Klasse zu vernachlässigen. … Weiterhin sollte er sich bemühen, die ‚starken Seiten' des Kindes zu erkennen und das Interesse des Kindes, z. B. für bestimmte Tätigkeiten, bewußt in den Dienst seiner Fördermaßnahmen stellen. Alle diese Bemühungen sollte er möglichst schriftlich fixieren und bestimmte Arbeitsergebnisse des Kindes, wie Zeichnungen, schriftliche Arbeiten usw., sammeln. Geht er so vor, dann ist er in der Lage, z. B. seinen Vorschlag, das Kind dem Hilfsschulaufnahmeverfahren vorzustellen, konkret zu begründen und damit gleichzeitig zur Entscheidung über den weiteren Bildungsweg des Kindes beizutragen."
12. Nennen Sie Merkmale der Auf- und Ausbauphase der Geistigbehindertenpädagogik in beiden deutschen Staaten.
13. Wodurch zeichnet sich die Umbau-Phase der Geistigbehindertenpädagogik seit Mitte der 1990er Jahre aus?
14. Wie lauten die vier Motive, die die aktuellen Entwicklungen innerhalb der Geistigbehindertenpädagogik, der Rehabilitation sowie der Behinderten- und Sozialpolitik bestimmen?

3 Personenkreis: Menschen mit geistiger Behinderung

Wer sind die Menschen, die wir geistig behindert nennen? Beginnen wir mit einem Beispiel, Herrn T.

Herr T. ist 38 Jahre alt. Er wurde mit einem Hydrozephalus geboren, das heißt, bei seiner Geburt waren die Liquorräume in Folge einer unklaren Störung im Prozess der Liquorproduktion und -resorption vergrößert, was zur Steigerung des Hirndrucks und einer Schädigung des Gehirns führte.

Durch mehrere Operationen, bei denen ein Ventilsystem eingesetzt wurde, das den Liquor in die Blutbahn ableitet, konnte sein Hirndruck stabilisiert werden. Seit früher Kindheit hat er epileptische Anfälle, die medikamentös behandelt werden.

Die hirnorganischen Schädigungen verursachten Entwicklungsstörungen. Herr T. hat erst spät Laufen und Sprechen gelernt.

Zunächst besuchte Herr T. eine Tagesbildungsstätte, die in den 1970er Jahren in eine Schule für Geistigbehinderte umgewandelt wurde. Hier hat er Lesen und lebenspraktische Fertigkeiten erlernt, die es ihm nach Ablauf der Schulzeit ermöglichten, sich durch das Knüpfen von Teppichen oder Sticken von Decken ein Taschengeld zu verdienen.

Heute arbeitet er in einer Werkstatt für behinderte Menschen in der Elektroabteilung. Herr T. ist ein sehr offener Mensch, der auf andere zugeht. Er vertritt seine Vorstellungen und Wünsche; Gründe, weshalb er von seinen Kolleginnen und Kollegen zum Vertreter in den Werkstattrat gewählt wurde.

Er wohnt bei seinen Eltern und hofft, bald in ein nahegelegenes Wohnheim umziehen zu können. In der Freizeit geht er mit seinem Hund spazieren oder besucht seine Freundin. Einmal im Jahr verreisen beide gemeinsam mit einer Behindertengruppe.

Menschen wie Herr T. werden als geistig behindert bezeichnet, weil sie in Folge einer Hirnschädigung in ihren intellektuellen Fähigkeiten (in der Analyse und Synthese von Wahrnehmungen, Erfahrungen, Einsichten und Erkenntnissen) gravierend beeinträchtigt sind, was wiederum Auswirkungen auf ihr Lernen und ihre Lebensgestaltung hat.

Der heutige Begriff der ‚geistigen Behinderung' stellt den Versuch dar, früher gebräuchliche Termini wie ‚Blödsinn', ‚Idiotie', ‚Schwachsinn', die mittlerweile in der Umgangssprache zu Schimpfworten geworden sind, durch einen Wissenschaftsbegriff zu ersetzen. Die Einführung dieses Begriffs geht auf das Bemühen der Gründungsmitglieder des Selbsthilfevereins „Lebenshilfe für das geistig behinderte Kind" (Marburg 1958) zurück.

Sie wollten mit der Bezeichnung „für das geistig behinderte Kind" das spezifische Anderssein ihrer Kinder, die Beeinträchtigung ihrer intellektuellen (mentalen) Funktionen, so beschreiben, dass es dabei nicht wieder zu einer Abwertung der gesamten Person kommt. Bei ihrem Entwurf orientierten sie sich am englischen Sprachgebrauch ‚mental retardation' oder ‚mental handicap'. Die intellektuellen Beeinträchtigungen standen bei der Kennzeichnung dieses Personenkreises im Vordergrund; eine Fokussierung, die heute als zu einseitig kritisiert wird.

Um die veränderte Sichtweise verdeutlichen zu können, ist es notwendig, sich zunächst mit dem Begriff der Behinderung auseinanderzusetzen.

3.1 Behinderung – geistige Behinderung – Definitionen

> „Geistige Behinderung ist nicht etwas, was man hat – wie blaue Augen oder ein ‚krankes Herz'. Geistige Behinderung ist auch nicht etwas, was man ist – wie etwa klein oder dünn zu sein. Sie ist weder eine gesundheitliche Störung noch eine psychische Krankheit. Sie ist vielmehr ein spezifischer Zustand der Funktionsfähigkeit, der in der Kindheit beginnt und durch eine Begrenzung der Intelligenzfunktionen und der Fähigkeit zur Anpassung an die Umgebung gekennzeichnet ist. Geistige Behinderung spiegelt deshalb das ‚Passungsverhältnis' zwischen den Möglichkeiten des Individuums und der Struktur und den Erwartungen seiner Umgebung wider"
> *(AAMR 1992 nach Lindmeier 2004, 1).*

Die Beschreibung der American Association of Mental Retardation (AAMR), der weltweit größten Interessenvereinigung von Angehörigen und Freunden von Menschen mit geistiger Behinderung, deutet auf die Schwierigkeiten einer klaren und umfassenden Definition von ‚geistiger Behinderung'. „Definieren bedeutet immer festlegen und zwar endgültig (‚definitiv')" (Speck 1999, 40). Die ‚geistige Behinderung' auf charakteristische und allgemeingültige Merkmal definitiv festzulegen, ist unmöglich.

Der Grund für die Schwierigkeiten in der endgültigen Begriffsbestimmung liegt zunächst in der Individualität des Phänomens der Behinderung. Dies lässt sich am Beispiel von Herrn T. verdeutlichen: Das, was man an ihm als seine Behinderung wahrnimmt, ergibt sich aus seiner hirnorganischen Schädigung und deren Folgen, seiner persönlichen Bewertung seiner Fähigkeiten sowie seiner Lebenssituation, der Ein- und Wertschätzung seiner Familie und Umwelt, wie sie sich in deren Verhalten Herrn T. gegenüber zeigen. Die Behinderung hängt nicht zuletzt auch von der persönlichen, materiellen und institutionellen Unterstützung ab, die er erhält. Bei einem Menschen, der mit derselben hirnorganischen Schädigung wie Herr T. geboren wurde, kann sich die Behinderung aufgrund der vielfältigen Bedingungsfaktoren ganz anders zeigen. Das Beispiel macht deutlich, dass es weder *die* geistige Behinderung noch *den* Menschen mit geistiger Behinderung gibt!

Schwierigkeiten der Begriffsbestimmung

'Geistige Behinderung' ist immer auch ein durch die Umwelt mitbestimmtes, durch deren Normen geprägtes und durch sie bewertetes Phänomen. Die Einstellungen und Bewertungen von Behinderung sind abhängig vom aktuellen Zeitgeist, von gesellschaftlichen Normen und Werten. Geistige Behinderung ist ein mehrdimensionales und relationales Phänomen (Lindmeier 1993). Als solches ist sie in mehrfacher Hinsicht schwierig zu definieren.

Hierfür sind im Wesentlichen vier Gründe zu nennen:

Problem der umfassenden Definition

1. Behinderung ist *kein Faktum*, keine unabänderliche Tatsache, nicht allein organische Schädigung, sondern ein *Phänomen*, ein Vorkommnis, eine Gegebenheit, mit vielen Bedeutungen, die immer davon abhängen, wer und wie man sich dem Phänomen zuwendet.
2. Jede Profession, die sich mit Behinderung befasst, wählt einen eigenen Zugang zu ihr, d. h. die Pädagogik sieht Behinderung anders als die Soziologie, die Psychologie oder die Medizin. Diese Sichtweisen unterscheiden sich wiederum von einer sozialrechtlichen. Die Unterschiede führen dazu, dass jede Disziplin ihr eigenes Verständnis von Behinderung hat, sie anders definiert.
3. Im semantischen Bereich ist eine klare Abgrenzung zu häufig synonym verwendeten Begriffen wie Krankheit, Schädigung, Beeinträchtigung, Gefährdung, Benachteiligung oder Störung schwierig (Stein 2006, 9f).
4. Ein weiteres spezifisch semantisches Problem ist beim Begriff der 'geistigen Behinderung' gegeben, weil er sich auf zwei inhaltlich unklaren Wortteilen zusammensetzt. Weder ist klar, was das Substantiv 'Behinderung' bedeutet, noch das Adjektiv 'geistig', das hier als Attribut, als Eigenschaftsbeschreibung der Behinderung verwendet wird.

Kritik am Begriff 'Geistig Behinderte'

Gerade das Attribut 'geistig' bereitet den damit bezeichneten Menschen heute Schwierigkeiten. Die Gleichsetzung von 'Intellekt', 'Kognition', also von Denken mit 'Geist' greift zu kurz. Der 'Geist' ist mehr. Er ist ein Wesensmerkmal des Menschen. Nennt man einen Menschen in seinem Geist behindert, wertet man ihn damit zwangsläufig in seinem Personsein ab. Dagegen wehren sie die betroffenen Menschen zu Recht. Sie nehmen sich selbst allenfalls in ihrem Lernen oder in ihre Auffassungsgabe als beeinträchtigt wahr, nicht aber in ihrem Menschsein. „Mittlerweile wird der Begriff der geistigen Behinderung wegen der damit einhergehenden Stigmatisierung und negativen Auswirkungen auf individuelle Entwicklungschancen etwa in Großbritannien durch den Begriff 'learning difficulties' (Lernschwierigkeiten) entsprechend den Vorstellungen und Bemühungen betroffener Personen im Rahmen der People-First-Bewegung ersetzt. Diese begriffliche Veränderung korrespondiert mit den Wünschen und Forderungen betroffener Personen in Deutschland" (Kriel/Windisch 2005, 18).

'learning difficulties'

> **People First**
>
> 'Mensch zuerst – Netzwerk People First Deutschland e. V.' ist eine Selbsthilfevereinigung von und für Menschen mit geistiger Behinderung, die nach amerikanischem Vorbild am 31. März 2001 mit Sitz in Kassel gegründet wurde. „'People First' – der Begriff verweist auf das Anliegen von Menschen mit

geistiger Behinderung, zuerst als Person gesehen zu werden und die eigenen Vorstellungen und Wünsche selbst zu vertreten" (Kriel/Windisch 2005, 9). Ein Ziel von People First ist es, den diskriminierenden Begriff ‚geistige Behinderung' abzuschaffen und durch den Begriff ‚Menschen mit Lernschwierigkeiten' zu ersetzen (Göthling et al. 2007, 140). Der Verein tritt dafür ein, „die Möglichkeiten zur Selbstvertretung und Selbstbestimmung von Menschen mit Lernschwierigkeiten (damit sind Menschen mit sogenannter geistiger Behinderung gemeint) und/oder Mehrfachbehinderung zu verbessern und deren Gleichberechtigung zu fördern" (§ 2 Satzung des Vereins, www.people1.de/satzung).

Auf der Internetseite der Bundesvereinigung Lebenshilfe für Menschen mit geistiger Behinderung ist ein Dialog zwischen Betroffenen und Bezugspersonen zu lesen, der ihre Sichtweise wiedergibt:

- Dialog: „Ich finde den Begriff Geistige Behinderung in Ordnung" (Jochen Laubner, Bezugsperson). „Aber die Leute denken, Menschen mit geistiger Behinderung sind blöd" (Holger Frischkorn).
- Dialog: „Ich finde den Begriff Menschen mit Lernschwierigkeiten besser" (Birgit Kienitz). „Ich auch" (Sanja Blasevic, Bezugsperson).
- „Menschen mit Lernschwierigkeiten hört sich nicht so gehässig an" (Klaus Borst) (Fotogalerie 2: Neuer Begriff für geistige Behinderung, in leichter Sprache. www.lebenshilfe.de)

Trotz des anthropologischen Problems, das mit der Bezeichnung ‚geistige Behinderung' verbunden ist, bleibt sie im alltäglichen, wissenschaftlichen und juristischen Kontext weiter bestehen. Man versucht immerhin, die defizitäre Sichtweise zu überwinden, indem man die kategoriale Festschreibung als ‚geistig Behinderte' vermeidet und eine „allgemeine Kategoriebezeichnung wie ‚Kinder', ‚Erwachsene', ‚Schüler', Männer', ‚Frauen' voranstellt, die Behinderungsproblematik wird als sekundäres Merkmal oder besser als Kennzeichnung einer besonderen Lebenslagenproblematik beschreibend hinzugefügt (also: Personen mit geistiger Behinderung; oder: Kinder/Jugendliche/Erwachsene mit Beeinträchtigungen ihrer intellektuellen Fähigkeiten; oder Schülerinnen/Schüler mit speziellem Förderbedarf)" (Neuhäuser/Steinhausen 1999, 11). Die von den betroffenen Personen gewünschte Bezeichnung ‚Lernschwierigkeiten' konnte sich bislang, wegen der geringen Trennschärfe gegenüber der Gruppe von Menschen mit Lernbeeinträchtigung bzw. Lernbehinderung, in der Fachsprache nicht durchsetzen. Die Bedarfslagen der beiden Personengruppen sind unterschiedlich und haben zur Entwicklung unterschiedlicher Theorien, Methoden und Institutionen der Versorgung geführt.

Obwohl die Probleme der betroffenen Personen heute wahr- und ernst genommen werden, ist bisher keine treffendere Bezeichnung für den gemeinten Personenkreis gefunden worden. Da die Diskussion hierüber derzeit anhält, wird die Bezeichnung ‚Menschen mit geistiger Behinderung' trotz ihrer Unzulänglichkeit in diesem Buch verwendet.

‚Geistige Behinderung' wird als medizinischer, psychologischer, pädagogischer, soziologischer sowie als bildungs- und sozialpolitischer und rechtlicher

mehrdimensionales Verständnis von geistiger Behinderung

Terminus gebraucht. Je nach Kontext seiner Verwendung erfüllt der Begriff unterschiedliche Funktionen, die auf verschiedenen theoretischen und methodischen Grundlagen basieren. Dabei entsteht ein Spektrum von Bedeutungen.

Der Wettstreit um den Vorrang von Bedeutungszuweisungen ist müßig und bindet seit langem Argumentationskräfte. Und doch wird der Streit nie zu schlichten sein, welches Deutungsmodell die Daseinsform der geistigen Behinderung am ehesten erklärt. Hingegen ist es von existenziellem Interesse für den Menschen mit geistiger Behinderung, dass seine Daseinsform aus allem Richtungen beleuchtet und sichtbar gemacht wird. Das soll im Folgenden überblickartig versucht werden.

In Abgrenzung zu einer medizinisch, an der Schädigung, am Defizit, orientierten Sichtweise, sind es heute aus der Soziologie übernommene Theorien, „etwa interaktionalistische oder systemtheoretische Sichtweisen, die Behinderung in Abweichung von gesellschaftlichen Normen, als Folge von Stigmatisierungsprozessen und Negativzuschreibungen bzw. im Lichte gesellschaftlicher Differenzierungs- sowie Ein- und Ausschließungsprozesse fassen" (Dederich 2009, 4). Diese Positionen definieren Behinderung als gesellschaftlichen Zuschreibungsprozess, d.h. Behinderung wird als Produkt der sozialen Beantwortung der Beeinträchtigung eines Menschen gesehen (Fornefeld 2008, 60). Breiten Raum nehmen derzeit die konstruktivistischen Modelle ein, in denen die Behinderung als Beobachterkategorie definiert wird und als gesellschaftliches, historisches oder wissenschaftliches Konstrukt verstanden wird (Dederich 2009, 4).

Theorien zum Behinderungsbegriff

Individualtheoretisch: Behinderung als Merkmal des Einzelnen; unter ‚geistiger Behinderung' wird „gemeinhin eine Erscheinungsform oder Eigenart des Menschlichen verstanden, bei der lebenslang ein erheblicher Rückstand der mentalen (intellektuellen) Entwicklung zu beobachten ist, der sich in aller Regel in unangemessen wirkenden Verhaltensweisen und in vergleichsweise erheblich herabgesetzten Lernleistungen auf schulischem, sprachlichem, körperlichem und sozialem Gebiet manifestiert, so dass die eigene Lebensführung in erheblichem Maße auf Hilfe angewiesen ist" (Speck 2005, 46).

Systemtheoretisch: Behinderung ist als Wechselwirkung aus individuellen Beeinträchtigungen und sozialen bzw. ökologischen Anforderungen der Umwelt zu sehen: Für Sander liegt dann eine Behinderung vor, „wenn ein Mensch aufgrund einer Schädigung oder einer Leistungsminderung ungenügend in sein vielschichtiges Mensch-Umwelt-System integriert ist (1990, 43).

Interaktionstheoretisch: Behinderung ist als Zuschreibungsprozess von Seiten der Mitmenschen zu verstehen: „Behinderung kann nicht als naturwüchsig entstandenes Phänomen betrachtet werden. Sie wird sichtbar und damit als Behinderung erst existent, wenn Merkmale oder Merkmalskomplexe eines Individuums aufgrund sozialer Interaktion und Kommunikation in Bezug gesetzt werden zu gesellschaftlichen Minimalvorstellungen über individuelle und soziale Fähigkeiten. Indem festgestellt wird, dass ein Individuum aufgrund sei-

> ner Merkmalsausprägung diesen Vorstellungen nicht entspricht, wird Behinderung offensichtlich, ... sie existiert als sozialer Gegenstand erst von diesem Augenblick an" (Jantzen 1992, 18).
>
> *Gesellschaftstheoretisch:* Behinderung ist als ‚Be-Hinderung', als Ausdruck benachteiligender gesellschaftlicher Prozesse aufzufassen: Wird ein Mensch als ‚geistig behindert' bezeichnet, so ist dies für Feuser letztendlich ein „Ausdruck dessen, was ein Mensch mangels angemessener Möglichkeiten und Hilfen und durch vorurteilsbelastete Vorenthaltung an sozialen Bezügen und Inhalten nicht lernen durfte und Ausdruck unserer Art und Weise ist, mit ihm umzugehen" (1995, 132).
>
> *Konstruktion/Dekonstruktion:* Behinderung gibt es nicht; die Behinderung liegt im Auge des Betrachters: Die „Sichtweise, daß Menschen *behindert* werden und nicht *behindert sind*, scheint bei einer unterstellten Einschränkung der geistigen Funktion weniger üblich zu sein: Bei einem Menschen mit einer geistigen Behinderung, der nicht die Regelschule besucht, wird in wesentlich stärkerem Maße davon ausgegangen, daß diese Ausgrenzung ihren Ursprung in einer Schädigung hat und nicht im Schulsystem" (Lindemann/Vossler 1999 nach Moser/Sasse, 93).
> „Behinderung im üblichen Sinne stellt daher eine unterkomplexe Erfassung einer anderen Person dar, die einerseits verschiedene Beobachtungsebenen unzulässig miteinander verknüpft und andererseits die Selbstkonstruktion des anderen nicht in die Beobachtung aufnimmt" (Moser/Sasse 2008, 94).

Eine Perspektive ist im Rahmen der Diskussion um den adäquaten Begriff noch zu erwähnen, weil sie im internationalen Kontext von Bedeutung ist. Sie geht von den Bedürfnissen der Menschen mit geistiger Behinderung, international als ‚special needs' bezeichnet, aus. Der Schwerpunkt der Betrachtung verlagert sich heute von der Person auf den Lebensbereich, in dem eine Person mit geistiger Behinderung spezielle Unterstützung und Begleitung benötigt. Dabei geraten auch die Hemmnisse in den Blick, die eine Person an der Entwicklung ihrer Fähigkeiten im Alltag hindern.

‚special needs'

„Der Begriff der Behinderung weist unklare Abgrenzungskriterien auf und ist mit verschiedenen Merkmalen der Realität belastet", sagt Haeberlin (2005, 69). Deshalb handele es sich im strengen Sinne nicht um einen wissenschaftlichen, sondern um einen sozial-rechtlichen Begriff. Die mit der neuen WHO-Klassifikation, die nachfolgend in Kapitel 3.2 dargestellt wird, verbundenen Veränderungen im Behindertenverständnis sind derart umgreifend, dass man sie als Paradigmenwechsel in der Behindertenpädagogik bezeichnet.

Mit ihm verbunden war eine Neubewertung des sozialrechtlichen Begriffs von Behinderung, die ihren Niederschlag in § 2 des Sozialgesetzbuches IX – Rehabilitation und Teilhabe behinderter Menschen gefunden hat. Hier wird Behinderung als Auswirkung einer nicht nur vorübergehenden Funktionsbeeinträchtigung gekennzeichnet:

SGB IX – § 2

„(1) Menschen sind behindert, wenn ihre körperliche Funktion, geistige Fähigkeit oder seelische Gesundheit mit hoher Wahrscheinlichkeit länger als sechs Monate von dem für das Lebensalter typischen Zustand abweichen und daher ihre Teilhabe am Leben in der Gesellschaft beeinträchtigt ist. Sie sind von Behinderung bedroht, wenn die Beeinträchtigung zu erwarten ist" (www.sozialgesetzbuch.de/gesetze)

Zusammenfassung Die Diskussion um eine angemessene Definition von ‚geistiger Behinderung' hat Tradition (Weisser 2005; Stein 2006; Ntourou 2007). Für Greving und Gröschke ist der Begriff zum problematischsten „Grundbegriff der an Problembegriffen nicht eben armen" (2000, 7) Heil- und Sonderpädagogik geworden.

„Er wurde in den letzten Jahren innerhalb und außerhalb der Heil-, Sonder- und Behindertenpädagogik von verschiedenen Seiten definiert, intensiv erörtert, in Frage gestellt oder kategorisch verworfen. Trotz dieser Anfechtungen bildet er nach wie vor die zentrale Begrifflichkeit behindertenpädagogischen Denkens, Forschens und praktischen Handelns" (7).

Wie nun der Begriff ‚geistige Behinderung' kategorisiert, interpretiert und in den verschiedenen pädagogischen und rehabilitativen Handlungsfeldern angewendet wird, soll nachfolgend gezeigt werden.

Gröschke, D. (2000): Geistige Behinderung – Zur Problematisierung einer anthropologischen Grundfigur – oder „Austreibung des ‚Geistes' aus der Geistigbehindertenpädagogik"?. In: Greving, H., Gröschke, D. (Hrsg.): Geistige Behinderung – Reflexionen zu einem Phantom. Ein interdisziplinärer Diskurs um einen Problembegriff. Bad Heilbrunn, 9–17
– (2007): Behinderung. In: Greving, H. (Hrsg.): Kompendium der Heilpädagogik. Bd. 1. Troisdorf, 97–109
Göthling, S. (2007): People First. In: Greving, H. (Hrsg.): Kompendium der Heilpädagogik. Bd. 2. Troisdorf, 140–145

3.2 Klassifikation von geistiger Behinderung

Im klinisch-diagnostischen Bereich (Medizin/Psychiatrie, Klinische Psychologie) sind Kriterien zur Einordnung der geistigen Behinderung entwickelt worden, die heute vor allem im außerschulischen Bereich der Rehabilitation und der Ermittlung individueller Therapie- und Unterstützungsbedarfs Anwendung finden. Die Klassifikationsschemata DSM-IV und ICF-10, die weiter unten erklärt werden, gehen von der Annahme aus, dass die geistige Behinderung durch Beeinträchtigungen „in den Bereichen Intelligenz *und* soziale Anpassung bzw. soziale Kompetenz" (Meyer 2003, 15) gekennzeichnet ist. Diese Sichtweise war bislang in der klinischen Diagnostik vorherrschend. Sie ist 2001 mit der Einführung der „Internationalen Klassifikation der Funktionsfähigkeit, Behinderung und Gesundheit" (ICF) durch ein bio-psycho-soziales Modell von Behinderung abgelöst worden. Dieser Perspektivenwechsel innerhalb der Diagnostik und Klassifikation hat zu einem Umdenken in der Versorgung von Menschen mit geistiger Behinderung geführt, das nachgezeichnet wird.

Intention der Klassifikation

Ziel der klinisch-diagnostischen Klassifikationssysteme ist es, „international übereinstimmende Kriterien und Bezeichnungen für psychische Störungen zu erstellen, um dadurch zu einem länderübergreifenden, einheitlichen Verständnis für psychische Störungen beizutragen und ferner die fachliche Kommunikation zwischen verschiedenen Wissenschaftsdisziplinen zu erleichtern" (Meyer 2003, 14). Geistige Behinderung wird in den Klassifikationsschemata, wie etwa der ICD-10, als ein Zustand von verzögerter oder unvollständiger Entwicklung der geistigen Fähigkeiten definiert (vgl. Gontard 2003, 25). Als besonders beeinträchtigt gelten hierbei solche Fähigkeiten, die zum Intelligenzniveau beitragen, wie Kognition, Sprache, motorische und soziale Fähigkeiten. Bei Menschen mit geistiger Behinderung werden drei Schweregrade von intellektuellen Beeinträchtigungen *unterschieden: mäßige oder leichte, mittelgradige* und *sehr schwere* Form von geistiger Behinderung.

Zwei Klassifikationsschemata sind zu nennen, die den Grad der Intelligenzminderung kategorial erfassen und bei Menschen mit geistiger Behinderung international zur Anwendung kommen:

1. Internationale Klassifikation psychischer Störungen (ICD-10) (Dilling et al. 1991)
2. Diagnostisches und Statistisches Manual Psychischer Störungen (DSM-IV) (Saß et al. 1996; American Psychiatric Association)

Obwohl beide Klassifikationssysteme Übereinstimmungen zeigen, ist die DSM-IV stärker forschungsorientiert ausgerichtet. Die ICD-10 als Entwicklung der Weltgesundheitsorganisation (WHO) vertritt demgegenüber eine stärkere interkulturelle Perspektive im Hinblick auf die Anwendbarkeit der Diagnosekriterien in den Entwicklungs- und Schwellenländern. Beide Klassifikationsschemata dienen der Erfassung von Krankheiten und gesundheitlichen Beeinträchtigungen unterschiedlichster Art. Die geistige Behinderung wird den psychischen und den Intelligenzstörungen zugeordnet.

DSM-IV

„Das von der American Psychiatric Association 1994 herausgegebene DSM-IV ist die vierte Version eines weltweit angewandten Klassifikationssystems für psychische Störungen. Eines seiner wichtigsten Merkmale ist die Bereitstellung diagnostischer Kriterien zur Verbesserung der Zuverlässigkeit diagnostischer Urteile" (Saß et al. 2003, VII).

Diese Kriterien beruhen auf Forschungsergebnisse aus dem Bereich der Psychiatrie. „Das Ziel des DSM-IV besteht darin, klare Beschreibungen diagnostischer Kategorien zu geben, um Kliniker und Forscher in die Lage zu versetzen, bestimmte psychische Störungen zu diagnostizieren, sich über sie zu verständigen, sie zu untersuchen und zu behandeln" (Saß et al. 2003, 3). Die geistige Behinderung wird aus dieser psychiatrischen Perspektive folgendermaßen definiert und nach Schweregrad der Beeinträchtigung kodiert:

„A. Deutlich unterdurchschnittliche intellektuelle Leistungsfähigkeit: ein IQ von ca. 70 oder weniger bei einem individuellen Intelligenztest (bei Kleinkindern durch eine klinische Beurteilung der deutlich unterdurchschnittlichen intellektuellen Leistungsfähigkeit)

Definition geistige Behinderung nach DSM-IV

Tab. 1: Codierung nach Schweregrad der intellektuellen Beeinträchtigung nach DSM-IV (Saß et al. 2003, 51)

Codierung der DSM-IV	Schweregrad der intellektuellen Beeinträchtigung	IQ-Wert
317	Leichte Geistige Behinderung	IQ 50–55 bis ca. 70
318.0	Mittelschwere Geistige Behinderung	IQ 35–40 bis 50–55
318.1	Schwere Geistige Behinderung	IQ 20–25 bis 35–40
318.2	Schwerste Geistige Behinderung	IQ unter 20 bzw. 25

B. Gleichzeitig Defizite oder Beeinträchtigung der gegenwärtigen sozialen Anpassungsfähigkeit (d. h. der Fähigkeit einer Person, die sozialen Normen ihres Umfelds altersgemäß zu erfüllen) in mindestens zwei der folgenden Bereiche: Kommunikation, Eigenständigkeit, Nutzung öffentlicher Einrichtungen, Selbstbestimmung, Arbeit, Freizeit, Gesundheit sowie Sicherheit.
C. Der Beginn der Störung liegt vor Vollendung des 18. Lebensjahres" (Saß et al. 2003, 51).

Die Internationale Klassifikation der Krankheiten (ICD, engl. *International Classification of Diseases*) ist ein im 19. Jahrhundert entwickeltes und weltweit anerkanntes Diagnoseklassifikationssystem der Medizin. Es wird von der Weltgesundheitsorganisation (WHO) fortlaufend weiterentwickelt und den neuen medizinischen Fortschritten angepasst. Derzeit liegt die 10. Version vor, also ICD-10. Seit 2004 gibt es eine deutsche Fassung, eine German Modification (GM): ICD-10-GM. Nach §§ 295 und 301 Fünftes Sozialgesetzbuch (SGB V) sind in Deutschland Ärzte und Krankenhäuser zur Diagnoseverschlüsselung nach ICD verpflichtet. Seit 2003 dient die ICD in Verbindung mit anderen Systemen als Grundlage zur Berechnung der Leistungsvergütung im Gesundheitswesen.

ICD-10

Aussagen zur geistigen Behinderung findet man in der ICD-10-GM-2009 in Krankheitskapitel 5: Psychische und Verhaltensstörungen mit der Notation (= Code): F00-F99. Die geistige Behinderung wird hier als Intelligenzstörung aufgefasst und folgendermaßen beschrieben:

Definition geistige Behinderung nach ICD-10

„Ein Zustand von verzögerter oder unvollständiger Entwicklung der geistigen Fähigkeiten, die sich in der Entwicklungsperiode manifestiert und die zum Intelligenzniveau beitragen, wie Kognition, Sprache, motorische und soziale Fähigkeiten. Eine Intelligenzstörung kann allein oder zusammen mit jeder anderen psychischen oder körperlichen Störung auftreten.
Der Schweregrad einer Intelligenzstörung wird übereinstimmungsgemäß anhand standardisierter Intelligenztests festgestellt. Diese können durch Skalen zur Einschätzung der sozialen Anpassung in der jeweiligen Umgebung erweitert werden. Diese Messmethoden erlauben eine ziemlich genaue Beurteilung der

Intelligenzstörung. Die Diagnose hängt aber auch von der Beurteilung der allgemeinen intellektuellen Funktionsfähigkeit durch einen erfahrenen Diagnostiker ab.
Intellektuelle Fähigkeiten und soziale Anpassung können sich verändern. Sie können sich, wenn auch nur in geringem Maße, durch Übung und Rehabilitation verbessern. Die Diagnose sollte sich immer auf das gegenwärtige Funktionsniveau beziehen" (ICD-10-GM-2009 F70; www.icd-code.de).

Als begleitende Zustandsbilder werden Autismus, Epilepsie, andere Entwicklungsstörungen sowie Störungen des Sozialverhaltens oder schwere körperliche Behinderungen genannt. Die geistige Behinderung als Intelligenzminderung wird in vier Niveaustufen unterteilt, wie in Tab. 2 zu sehen.

Meyer kritisiert, dass beide Klassifikationssysteme dem Anspruch, klare Beschreibungen diagnostischer Kriterien zur Erfassung psychischer Störungen zu geben, nicht nachkommen.

„Durch die Ausweitung der oberen Grenze der geistigen Behinderung und dem anscheinend geringen Interesse an schwerer Behinderten wird ein Verständnis von geistiger Behinderung offenbart, das keineswegs der Realität entspricht und von anderen Bereichen bzw. Institutionen nicht geteilt wird" (Meyer 2003, 14).

Des Weiteren ist aus pädagogischer Perspektive zu kritisieren, dass Intelligenz in beiden Systemen als statische Größe gesehen und das Prozesshafte der menschlichen Entwicklung nicht berücksichtigt wird. Ethisch problematisch ist auch Festlegung eines Erwachsenen auf das Entwicklungsalter eines Kindes, wie dies in der ICD-10-GM-2009 geschieht. Wenn ein Mensch erwachsen ist, hat er eine psycho-physische Entwicklungen vollzogen und dabei eine Fülle von Lebens-

Codierung der ICD-10	Grad der Intelligenzminderung	IQ-Wert Intelligenzalter bei Erwachsenen (IA)
F 70.0 – F 70.9	Leichte Intelligenzminderung (leichte geistige Behinderung)	IQ-Bereich: 50–69 IA von 9 bis unter 12 Jahren
F 71.0 – F 71.9	Mittelgradige Intelligenzminderung (mittelgradige geistige Behinderung)	IQ-Bereich: 35–49 IA von 6 bis unter 9 Jahren
F 72.0 – F 72.9	Schwere Intelligenzminderung (schwere geistige Behinderung)	IQ-Bereich: 20–34 IA von 3 bis unter 6 Jahren
F 73.0 – F 73.9	Schwerste Intelligenzminderung (schwerste geistige Behinderung)	IQ unter 20 IA unter 3 Jahren

Tab. 2: Kriterien der geistigen Behinderung nach ICD-10-GM-2009

erfahrungen gemacht, die zwar anders sein mögen als die von Erwachsenen ohne Behinderung, aber keinesfalls die von Kindern sind. Die Gleichsetzung wirkt abwertend und diskriminierend. Ohne Zweifel sind Kriterien zur Einordnung von Behinderung notwendig, damit individuelle Bedarfe festgestellt und therapeutische wie rehabilitative Maßnahmen anhand objektiver Kriterien vergeben werden können. Doch kritisch bleibt zu fragen: Ist geistige Behinderung eine Krankheit und liegt die Ursache der Behinderung allein in der betroffenen Person?

ICF Auf diese Fragen gibt die im Mai 2001 von der Weltgesundheitsorganisation (WHO) eingeführte Klassifikation, die ICF, eine Antwort. ICF steht für „International Classification of Impairments, Activities and Participation", zu Deutsch: Internationale Klassifikation der Funktionsfähigkeit, Behinderung und Gesundheit (ICF). Sie ist eine Weiterentwicklung der „International Classification of Impairments, Disabilities and Handicaps (ICIDH)" von 1980 mit dem Ziel die Kriterien besser der Lebenswirklichkeit der betroffenen Personen anzupassen.

Mit der ICF wird der einseitige Focus auf die Schädigung der betroffenen Person zu Gunsten der Erfassung ihrer spezifischen Lebenssituation mit ihren Bedingungsfaktoren aufgegeben. „Insbesondere wird nun", so heißt es im Vorwort zur deutschen Fassung, „der gesamte Lebenshintergrund der Betroffenen berücksichtigt. In Deutschland wurde mit dem Neunten Buch des Sozialgesetzbuches (SGB IX) – Rehabilitation und Teilhabe behinderter Menschen – wesentliche Aspekte der ICF unter Berücksichtigung der historisch gewachsenen und anerkannten Besonderheiten aufgenommen" (DIMDI 2005, 4). Die ICF ist vordringlich zur Einschätzung der Rehabilitationsbedarfe von Menschen mit Behinderung entwickelt worden. Sie bleibt aber nicht auf diesen Personenkreis beschränkt, sondern findet im gesamten Gesundheitswesen Anwendung.

ICF-Klassifikation

„Allgemeines Ziel der ICF-Klassifikation ist, in einheitlicher und standardisierter Form eine Sprache und einen Rahmen zur Beschreibung von gesundheits- und mit Gesundheit zusammenhängenden Zuständen zur Verfügung zu stellen. Sie definiert Komponenten von Gesundheit und einige mit Gesundheit zusammenhängenden Komponenten von Wohlbefinden (wie Erziehung/Bildung und Arbeit)" (DIMDI 2005, 9).

Ein weiterer zentraler Ansatzpunkt der ICF ist das Partizipationskonzept.

„Damit wird nachhaltig anerkannt, dass die erschwerte Teilhabe am Leben der Gesellschaft die ‚eigentliche Behinderung' darstellt und zum zentralen Ansatzpunkt der Hilfen werden muss. Die Eingliederung in die Gesellschaft wird damit zum zentralen Auftrag der Rehabilitation" (Lindmeier 2002, 12).

Die ICF ist eine Klassifikation, die Gesundheitsprobleme (Krankheiten, Gesundheitsstörungen, Verletzungen usw.) erfasst. Sie wird darum auf den „Gebieten des Versicherungswesens, der sozialen Sicherheit, Arbeit, Erziehung/Bildung, Wirtschaft, Sozialpolitik und der Fortentwicklung der Gesetzgebung sowie der Umweltveränderung" (DIMDI 2005, 11) angewendet. Sie enthält zudem die Rahmenbestimmungen für die Herstellung von Chancengleichheit von Personen mit Behinderung. Damit ist die ICF umfassender und breiter anwendbar als die zuvor genannten Klassifikationsschemata. Sie ist nicht nur eine Rahmenklassifi-

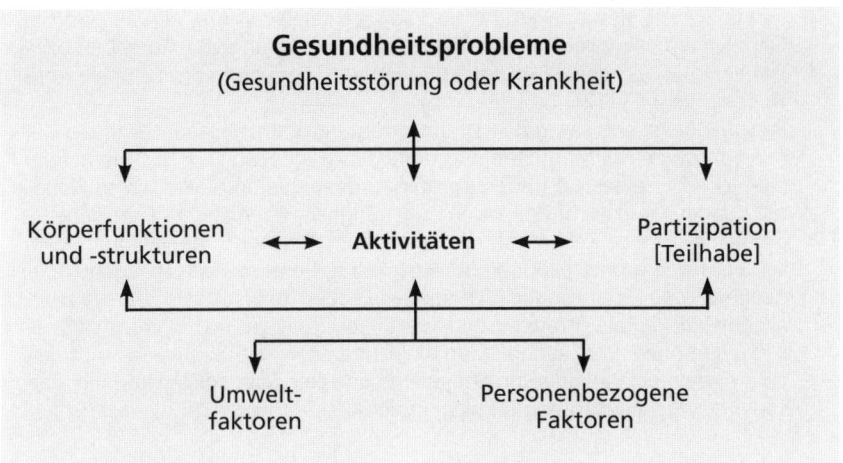

Abb. 12:
Wechselwirkung zwischen den Komponenten der ICF (DIMDI 2005, 23)

kation, sondern liefert auch ein Modell für ein gerändertes Verständnis von Behinderung.

Das Modell der ICF basiert auf einem bio-psycho-sozialen Verständnis von Behinderung. Sie liefert einen mehrperspektivischen Zugang zu Funktionsfähigkeit und Behinderung im Sinne eines interaktiven und sich entwickelnden Prozesses.

Mehrebenen-Modell

Die Gesundheitsprobleme eines Menschen werden in ihren Auswirkungen auf dessen Körperfunktionen und -strukturen, die Aktivitäten sowie die Möglichkeiten der Teilhabe gesehen. Diese Wechselbezüge werden in Relation zu der Umweltfaktoren und personenbezogenen Faktoren bewertet.

Die Zentralbegriffe des bio-psycho-sozialen Modells von Behinderung werden in der ICF folgendermaßen definiert:

Zentralbegriffe

- *Körperfunktionen* „sind die physiologischen Funktionen von Körpersystemen (einschließlich psychologische Funktionen)" (DIMDI 2005, 17).
- *Körperstrukturen* „sind anatomische Teile des Körpers, wie Organe, Gliedmaßen und ihre Bestandteile" (17).
- *Schädigung* „ist eine Beeinträchtigung einer Körperfunktion oder -struktur, wie z. B. eine wesentliche Abweichung oder ein Verlust" (17).
- *Aktivität* „ist die Durchführung einer Aufgabe oder einer Handlung (Aktion) durch einen Menschen" (19).
- *Partizipation* (Teilhabe) „ist das Einbezogensein in eine Lebenssituation" (19).
- *Beeinträchtigungen der Aktivität* „sind Schwierigkeiten, die ein Mensch haben kann, die Aktivität durchzuführen" (19).
- *Beeinträchtigung der Partizipation (Teilhabe)* „ist ein Problem, das ein Mensch im Hinblick auf sein Einbezogensein in Lebenssituationen erleben kann" (19).
- *Kontextfaktoren* „stellen den gesamten Lebenshintergrund eines Menschen dar. Sie umfassen zwei Komponenten: Umweltfaktoren und personenbezogene Faktoren. Diese können einen Einfluss auf den Menschen mit einem Gesundheitsproblem, auf dessen Gesundheits- und gesundheitsbezogenen Zustand haben" (21).
- *Umweltfaktoren* „bilden die materielle, soziale und einstellungsbezogene Umwelt, in der Menschen leben und ihr Leben gestalten. Diese Faktoren lie-

gen außerhalb des Individuums und können seine Leistung als Mitglied der Gesellschaft, seine Leistungsfähigkeit zur Durchführung von Aufgaben bzw. Handlungen oder seine Körperfunktionen und -strukturen positiv oder negativ beeinflussen" (22).

- *Personenbezogene Faktoren* „sind der Hintergrund des Lebens und der Lebensführung eines Menschen und umfassen Gegebenheiten des Menschen, die nicht Teil seines Gesundheitsproblems oder -zustands sind. Diese Faktoren können Geschlecht, ethnische Zugehörigkeit, Alter, andere Gesundheitsprobleme, Fitness, Lebensstil, Gewohnheiten, Erziehung, Bewältigungsstile, sozialer Hintergrund, Bildung und Ausbildung, Beruf sowie vergangene oder gegenwärtige Erfahrungen (Vergangene oder gegenwärtige Ereignisse), allgemeine Verhaltensmuster und Charakter, individuelles psychisches Leistungsvermögen und andere Merkmale umfassen, die in ihrer Gesamtheit oder einzeln bei Behinderung auf jeder Ebene eine Rolle spielen können. Personenbezogene Faktoren sind nicht in der ICF klassifiziert" (22).

Die Beschreibung der miteinander in Wechselwirkung stehenden Faktoren zeigt, dass in der ICF die Verbindung von medizinischem und sozialem Modell der Behinderung versucht wird.

Judith Hollenweger gibt ein Beispiel zur Veranschaulichung der mehrdimensionalen Ausrichtung der ICF:

„Ein Kind kommt mit einem Down-Snydrom zur Welt, weil sich in der Frühschwangerschaft bei der Zellteilung das 21. Chromosom verdreifacht statt verdoppelt hat. Dieses Syndrom wird im Verständnis der WHO als Gesundheitsproblem bezeichnet. In der ICF wird nicht dieses abgebildet, sondern die Folgen von diesem Gesundheitsproblem auf die Funktionsfähigkeit. Die ICF beschreibt die Auswirkungen einer diagnostizierten Störung oder Krankheit auf die Funktionsfähigkeit und nicht das Defizit selbst. Die ICF wurde entwickelt, um eine konzeptuelle Grundlage für ein adäquates Verständnis von Behinderung zu haben. Denn ein vorhandenes Defizit – also eine Krankheit, Störung oder ein Syndrom – kann viel zu wenig darüber aussagen, was für die Planung von Interventionen oder Unterstützungsmassnahmen relevant ist.

Zum Beispiel können bei einem Down-Syndrom individuelle verschiedene Körperfunktionen wie auch -strukturen betroffen sein" (2009, 3).

Hollenweger nennt: Herzfehler, kleiner Kopf, veränderte Lidachsen und Lidfalten, Muskeltonus, globale mentale Funktionen, die immer individuell unterschiedlich ausgeprägt sind. „Auch die Schwierigkeiten, die sich auf der Ebene der Aktivität und Partizipation zeigen, hängen vom Individuum ab – das ‚Defizit' allein kann dies im Einzelfall nicht vorhersagen" (Hollenweger 2009). Manche Kinder hätten mehr Probleme mit dem schulischen Lernen als andere.

Zusammenfassung Die ICF bildet heute die Planungs- und Handlungsbasis in den verschiedenen Bereichen der Behindertenversorgung (Kap. 4), im Gesundheitswesen, in der Rehabilitation und Pflege. In ihrer Doppelfunktion ist sie zum einen Diagnoseinstrument und zum anderen ein mehrdimensionales Modell von Behinderung. Als solches lenkt die ICF den Blick auf die Potentiale und persönlichen Ziele des Menschen mit Behinderung. Nicht mehr die medizinische Diagnose bzw. die Krankheit, das Defizit, steht im Mittelpunkt, sondern der Mensch mit seinen Bedarfen. Die ICF dient auch dazu, die Leistungen besser an die individuellen

Therapie-, Pflege-, Unterstützung- oder Assistenzbedarfe der Person anzupassen. Inwieweit sie im Rahmen der schul- und unterrichtsbezogenen Diagnostik angewendet werden kann, werden die Entwicklungen zeigen (Hollenweger 2006).

> Deutsches Institut für Medizinische Dokumentation und Information (DIMDI) (2005): ICF – Internationale Klassifikation der Funktionsfähigkeit, Behinderung und Gesundheit. Stand 2005. Genf (www.dimdi.de/dynamic/de/klassi/downloadcenter/icf/endfassung/icf_endfassung-2005-10-01.pdf)
> Hollenweger, J. (2009): ICF – Ein bald auch im Schulwesen geläufiges Kürzel? In: Vpod-Bildungspolitik, Nr. 147/2006, 14–19 (www.insieme.ch/pdf/schule-integration/vpod-Hollenweger.pdf vom 11.4.2009)
> Lindmeier, Ch. (2002): Rehabilitation und Bildung – Möglichkeiten und Grenzen der neuen WHO-Klassifikation der Funktionsfähigkeit, Behinderung und Gesundheit (ICF). Teil I. Die neue Sonderschule. 47. Jg., 6, 1–15
> – (2003): Rehabilitation und Bildung – Möglichkeiten und Grenzen der neuen WHO-Klassifikation der Funktionsfähigkeit, Behinderung und Gesundheit (ICF). Teil II. Sonderpädagogische Förderung. 1 Jg., 1, 1–21
> Meyer, H. (2003): Geistige Behinderung – Terminologie und Begriffsverständnis. In: Irblich, D., Stahl, B. (Hrsg.): Menschen mit geistiger Behinderung. Göttingen/Bern, 4–30
> Saß, H., Wittchen, H.-U., Zaudig, M., Houben, I.(2003): Diagnostische Kriterien. DSM-IV-TR. Deutsche Bearbeitung. Göttingen/Bern

3.3 Ätiologie der geistigen Behinderung

Beim Besuch einer Sonderschule in Seoul/Korea werde ich nicht nur vom Rektor der Schule begrüßt, sondern auch von zwei Schülern. Sie haben sich aus der Gruppe der Klassenkameraden gelöst und kommen freundlich lachend auf mich zu. Später in der Klasse setze ich mich zu ihnen auf den Teppich. Beide sitzen dort mit weit übereinander geschlagenen Beinen. Wir bauen gemeinsam Türme aus bunten Klötzen. Dass wir unsere Sprachen nicht verstehen, spielt dabei keine Rolle. Mit Gebärden und Gesten verständigen wir uns, wer von uns an der Reihe ist. Verhaltensweisen wie diese habe ich auch bei deutschen Kindern mit Down-Syndrom erlebt.

Manchmal ähneln sich Menschen in ihrem Verhalten und in ihrem Erscheinungsbild, ohne miteinander verwandt zu sein. Sie können sich sogar, wie das Beispiel zeigt, trotz ethnischer Unterschiede ähneln, weil sie gleichartige Symptome oder Verhaltensmerkmale zeigen. „Daraus ist zu schließen, dass möglicherweise auch ähnliche Störungen verantwortlich sind" (Neuhäuser 2004, 11).

Die Klärung der Ursache, der *Ätiologie*, und der Entstehungsgeschichte, der *Pathogenese*, von geistiger Behinderung, gehört zu den diagnostischen Aufgaben der Medizin mit ihren verschiedenen Teildisziplinen. Dazu gehören aber auch die Erfassung der Vorgeschichte, die *Anamnese*, sowie die Beschreibung des Erscheinungsbildes, des *Phänotypus* einer Behinderung. Um die Ursachen einer organischen Störung zu erkennen, bedient sich die Medizin heute zytogenetischer und molekular-genetischer Methoden und modernster Computertechnik. Aus den

medizinische Diagnostik

in einem anamnestischen und diagnostischen Verfahren gewonnenen Erkenntnissen entwickelt der Arzt gezielte therapeutische und rehabilitative Maßnahmen zur Verbesserung oder zum Erhalt der Gesundheit des Menschen mit Behinderung. In seine Überlegungen schließt er psychologische und soziologische Faktoren mit ein. Das heißt, die familiären Rahmenbedingungen und die individuellen Lebenssituation des behinderten Menschen finden in der Therapieplanung des Arztes Berücksichtigung. Er gibt Anregungen für zukünftige Behandlung oder für eine spezielle Förderung. Hier findet das bio-psycho-sozialen Modell von Behinderung (Kap. 3.2) seine konkrete Umsetzung.

Zusammenfassend lässt sich mit Neuhäuser und Steinhausen die Aufgabe der Medizin im Kontext von geistiger Behinderung folgendermaßen beschreiben:

> „Ziel der ärztlichen Untersuchung eines geistig behinderten Menschen ist es, Ursachen und Entstehungsgeschichte (Ätiologie und Pathogenese) der vorhandenen Funktionsstörungen aufzuklären. Das gelingt trotz aller Bemühungen nicht immer; es kommt deshalb auch darauf an, in Art einer ‚Bestandsaufnahme' Stärken und Schwächen zu bestimmen (Mehrfachbehinderung) und organisch-biologische und psycho-soziale Grundlagen für erforderliche Behandlungsmaßnahmen zu schaffen. Durch frühzeitiges Erkennen einer Behinderung kann manchen ihrer Folgen wirksam begegnet werden" (2003, 81).

Klassifikation Der fortschreitende Erkenntniszuwachs, vor allem auf molekulargenetischem Gebiet, macht es möglich, dass die Medizin eine Vielzahl klinischer Syndrome beschreiben und kategorisieren kann. Zu ihren Aufgaben gehört demzufolge auch die Klassifikation von Krankheiten im Sinne wissenschaftlicher Ordnungssysteme. Hierzu bedient sie sich der Klassifikationsschemata (DSM IV, ICD 10, ICF), wie sie in Kapitel 3.2 dargestellt wurden. Hinter der Klassifikation ‚geistige Behinderung' verbirgt sich eine Fülle unterschiedlichster Erscheinungs- und Störungsbilder, deren Entstehungsgeschichte nicht immer eindeutig zu erkennen und darum schwierig zu erfassen ist.

Klinische Syndrome Menschen mit mittelgradiger oder schwerer geistiger Behinderung weisen meist eine organische Schädigung auf, die direkt oder indirekt das Gehirn betrifft. Sie beeinflusst die Gesamtpersönlichkeit des Menschen, sein Denken, Empfinden, Wahrnehmen, Handeln und Verhalten. Diese Schädigungen können vor, während oder nach der Geburt, also prä-, peri- oder postnatal entstehen und zu ganz unterschiedlichen Störungsbildern, Klinischen Syndromen führen. Sie reichen von Fehlbildungen des Gehirns, über Genmutationen, Chromosomenanomalien, Geburtstraumen, Neugeborenenerkrankungen, entzündlichen Erkrankungen des Zentralnervensystems bis hin zu Hirntumoren, Demenz und anderes mehr. Sie alle lassen das Phänomen der geistigen Behinderung zu einem großen, z.T. noch nicht voll erschlossenen Feld verschiedenartiger Klinischer Syndrome werden.

Symptom vs. Syndrom Unter Syndrom versteht man das gleichzeitige Auftreten von bestimmten Krankheitszeichen, Symptomen. Die Bezeichnung Syndrom fasst regelhafte Kombinationen von Symptomen zusammen, die ursächlich oder entstehungsgeschichtlich verknüpft sind und die im diagnostischen Prozess zusammen betrachtet werden müssen. Das nachfolgende Beispiel soll das verdeutlichen: Entsteht bei Geburt eines Kindes der Verdacht auf Down-Syndrom, so untersucht der Arzt das Neugeborene auf bestimmte Symptome hin, wie Epikanthus, Vierfingerfurche, Hypotonie u. a. m. Treten diese und andere Symptome auf und ist damit der anfängliche Verdacht bestätigt, werden weitere Untersuchungen, ggf. Therapien oder medizinische Eingriffe notwendig. Im Anschluss hieran wird den Eltern empfohlen, Kontakt zu einer Frühfördereinrichtung aufzunehmen oder selbst bestimmte Förderprogramme mit ihrem Kind durchzuführen.

In diesem Buch kann nicht vertiefend auf die vielen Klinischen Syndrome eingegangen werden. Darum wird zur weiteren Vertiefung auf das Buch „Syndrome bei Menschen mit geistiger Behinderung. Ursachen, Erscheinungsformen und Folgen" (2004) verwiesen, in dem der Neuro- und Sozialpädiater Gerhard Neuhäuser 94 Syndrome beschrieben hat.

Die klinischen und vor allem die genetischen Syndrome werden heute stärker in ihren Auswirkungen auf den betroffenen Menschen betrachtet. Das heißt, sie sind auch Gegenstand psychologischer und pädagogischer Forschung.

Aus der Perspektive der Entwicklungspsychologie hat Klaus Sarimski syndromspezifische Entwicklungsverläufe und Verhaltensweisen bei genetischen Syndromen untersucht und als sogenannte Verhaltensphänotypen beschrieben. „Entwicklungs- und Verhaltensmerkmale, die bei Kindern, Jugendlichen und Erwachsenen mit einem bestimmten genetischen Syndrom häufiger auftreten als bei Kindern, Jugendlichen und Erwachsenen mit anderen Formen geistiger Behinderung werden als ‚Verhaltensphänotyp' bezeichnet" (Sarimski 2003, 389).

Verhaltensphänotypen

Der entwicklungspsychologischen Sichtweise von Verhaltensphänotypen stellt Wolfgang Jantzen die sogenannte Syndromanalyse entgegen. Sie orientiert sich an der kritisch-materialistischen Behindertenpädagogik (vgl. Kap. 5). Die Syndromanalyse versucht, die individuellen genetischen und/oder neuronalen Strukturen des betroffenen Menschen in Wechselwirkung mit seinen spezifischen Lebensbedingungen zu erfassen. Zum vertiefenden Studium der zwei Sichtweisen sind Literaturempfehlungen am Ende dieses Kapitels angegeben.

Syndromanalyse

Neben genetischen Syndromen gibt es eine Fülle anderer Schädigungsbilder bei Menschen mit geistiger Behinderung. Nachfolgend wird ein Überblick dargestellt, der sich an der Systematik von Neuhäuser und Steinhausen (2003) orientiert. Er ist nach der Entstehungszeit der Schädigung, also nach prä-, peri- und postnatalen Schädigungsformen, gegliedert.

Prä-, peri- und postnatale Formen geistiger Behinderung

I. Pränatal entstandene Formen geistiger Behinderung
1. *Genmutationen als Ursache geistiger Behinderung (ein Gen betreffende Mutation, die durch ein verändertes Genprodukt, z. B. Enzymdefekt, erkennbar wird)*
1.1 Stoffwechselstörungen, z. B. Phenylketonurie, Lesch-Nyhan-Syndrom
1.2 Dominant vererbte Genmutationen, z. B. Tuberöse Sklerose
1.3 X-chromosomal gebundene Störungen mit geistiger Behinderung, z. B. Fragil-X-Syndrom, Rett-Syndrom

2. *Fehlbildungs-Retardierungs-Syndrom (durch eine Vielzahl von Faktoren bedingte Störungen als Ursache von geistiger Behinderung) z. B. Angelman-Syndrom, Cornelia-de-Lange-Syndrom*
3. *Fehlbildung des Nervensystems wie z. B. Makro- und Mikrozephalie (abnorme Vergrößerung bzw. Verkleinerung des Kopfes infolge primärer Fehlentwicklung des Gehirns)*
4. *Chromosomenanomalien, die zu geistiger Behinderung führen*
   4.1 Trisomie (ein Chromosom ist dreifach vorhanden, weil ein Chromosomenpaar während der Zellteilung nicht vollständig getrennt wurde), z. B. Down-Syndrom
   4.2 Deletionen (Verlust von Chromosomenabschnitten), z. B. Katzenschrei-Syndrom
   4.3 Translokation (Ortsveränderung von Chromosomen- oder Chromatidstücken innerhalb eines Chromosomenbestandes/Anheften eines Chromosomenstücks an ein anderes)
   4.4 Gonosomale Aberrationen (Anomalien in Zahl und Struktur der Geschlechtschromosomen), z. B. Klinefelter-Syndrom, Ulrich-Turner-Syndrom
5. *Exogen verursachte pränatale Entwicklungsstörungen, die zu geistiger Behinderung führen (ungünstige von außen auf das ungeborene Kind einwirkende Faktoren, die zu bleibenden Schäden führen) können.*
   5.1 Infektionen als exogene Ursachen, z. B. HIV-Infektion, andere Virus-Infektionen,
   5.2 chemische Einwirkungen wie Alkohol und Medikamente
   5.3 Strahlen und andere Umweltbelastungen
6. *Idiopathische geistige Behinderung (unklare Ätiologie und Pathogenese; bei der idiopathischen, der „symptomlosen" geistigen Behinderung liegt eine zerebrale Funktionsstörung ohne nachweisbare körperliche Symptome vor)*

II Perinatale Komplikationen als Ursache geistiger Behinderung
1. Geburtstrauma (Verletzung des Gehirns während der Geburt, z. B. durch starke Verformung des Kopfes)
2. Hypoxisch-ischämische Enzephalophatie (Sauerstoffmangelversorgung des Gehirns während der Geburt)
3. Frühgeburt (unreife Organentwicklung)
4. Erkrankungen des Neugeborenen, z. B. Atemstörungen, neonatale Meningitis (Hirnhautentzündung) oder Blutgruppenunverträglichkeit

III. Postnatale Ursachen geistiger Behinderung – *Geistige Behinderung als Folge einer Hirnschädigung, die sich im Verlauf des Lebens ereignet*
1. Entzündliche Erkrankungen des Zentralnervensystems wie Hirnhautentzündung (Meningitis) oder Gehirnentzündung (Enzephalitis)
2. Schädel-Hirn-Traumen, z. B. Hirnverletzungen durch Unfälle oder Gewalteinwirkung auf den Schädel
3. Hirntumoren (Geschwülste des Gehirns und seiner Hüllen)
4. Hirnschädigung durch Vergiftungen (Intoxikation), Sauerstoffmangel (Hypoxie), Stoffwechselkrisen

Zur geistigen Behinderung können zusätzliche Störungen hinzukommen, wie beispielsweise zerebrale Anfälle (Epilepsie). Diese treten bei Menschen mit geistiger Behinderung aufgrund der Verletzung des Gehirns häufiger auf als in der Allgemeinbevölkerung (20 % bis 30 % gegenüber 0,3 % bis 0,4 %). Aufgrund der Schädigung des Gehirns kann es auch zu zerebralen Bewegungsstörungen (Zerebralparesen) oder zu Wahrnehmungsstörungen (Perzeptionsstörungen) kommen.

Geistige Behinderung ist kein statischer Zustand, d.h. sie kann in jeder Lebensphase entstehen. So kann es auch nach einem zunächst ungestörten Entwicklungsverlauf zu einem fortschreitenden Verlust der erworbenen intellektuellen Fähigkeiten (Demenz) kommen, wie dies bei der Demenz des Alzheimer-Typus (DAT) der Fall ist. Sie ist eine schwere und degenerative Atrophie des Gehirns, die häufig und früher bei Menschen mit Down-Syndrom auftritt (Havemann 2005, 367).

Zu den Folgebeeinträchtigungen gehören auch psychische Störungen bzw. psychiatrische Krankheitsbilder, die ihre Ursache in der Hirnschädigung haben können, „wenngleich soziale Ablehnung, intrafamiliäre Störungen, niedrige Sozialschicht (insbesondere bei leichter geistiger Behinderung) sowie institutionelle Deprivation zur Ausbildung psychischer Störungen bei geistiger Behinderung ebenfalls beitragen können" (Steinhausen 1999, 75). Des Weiteren erhöhen folgende Beeinträchtigungen in der Wahrnehmung und in der Kommunikation das Risiko eines psychiatrischen Krankheitsbildes:

- Autismus-Spektrum-Störungen
- Psychosen (psychische Desintegration mit emotionalen Störungen)
- Hyperaktivität (motorische Unruhe) und Aufmerksamkeitsstörungen
- Stereotypien (wiederkehrende gleichförmige Aufeinanderfolge von Körperbewegungen) und
- Automutilation (Autoaggression, Handlungen gegen den eigenen Körper mit Folge von Verletzungen)
- Enuresis (Einnässen) und Enkopresis (Einkoten)
- Essstörungen.

Biologische und genetische Faktoren spielen bei der Entstehung von geistiger Behinderung eine Rolle. Ebenso wichtig sind für die Ausprägung der Behinderung die Lebensumstände des betroffenen Menschen. Gute Entwicklungschancen bestehen, wenn die organische Schädigung leicht ist, die Ursache frühzeitig und umfassende diagnostiziert wird und das pädagogisch-therapeutische Angebot die familiären Möglichkeiten mit einschließt. Durch den Fortschritt in der medizinischen Diagnostik mit ihren bildgebenden, zytogenetischen und molekular-genetischen Methoden wird sich in Zukunft die Gruppe der ‚idiopathischen' geistigen Behinderung, also derjenigen (bislang) ohne erklärbare Ursache, weiter verringern.

Eine Vielzahl neuer klinischer Symptome sind in den letzten Jahren entdeckt worden. Sie werden heute in ihrer Auswirkung auf die Entwicklung und das Verhalten der betroffenen Menschen erforscht und in Bezug auf notwendige therapeutische und pädagogische Maßnahmen betrachtet. Ähnlichkeiten in Verhaltensäußerungen werden als Verhaltensphänotypen definiert. „Dabei muss allerdings berücksichtigt werden, das bei der Entwicklung und Ausprägung geis-

Zusammenfassung

tiger Fähigkeiten und psychischer Äußerungen neben genetischen Faktoren immer auch Umwelteinflüsse eine wichtige Rolle spielen" (Neuhäuser 2004, 13). Es sei schwierig bis unmöglich festzulegen, „welche Syndrome Ausdruck eines speziellen Verhaltensphänotypus anzusehen sind, welche andererseits eher auf gewisse Umweltbedingungen zurückgeführt werden müssen" (Neuhäuser 2004, 14). Trotz dieser Unsicherheit ist das Wissen ätiologischer und genetischer Grundlagen von geistiger Behinderung sowie syndrom-typischer Entwicklungsverläufe für die pädagogische Praxis von Bedeutung. Sie sind für den Entwurf geeigneter individueller Förder- und Erziehungsmaßnahmen notwendig, damit die Schwächen des Menschen mit Behinderung erkannt und individuelle Lern- und Entwicklungsmöglichkeiten genutzt werden. Medizinisches Grundwissen liefert Argumente für Entscheidungen und Handlungen, die der Integration und Teilhabe von Menschen mit Behinderung dienen. Die biologischen Voraussetzungen „lassen Möglichkeiten und Grenzen erkennen, sind wichtig für eine realistische Beurteilung von Entwicklungsmöglichkeiten und Zukunftsperspektiven" (Neuhäuser 1999, 214).

Klinische Syndrome bei Menschen mit geistiger Behinderung:
Neuhäuser, G. (2003a): Klinische Diagnostik und Früherkennung. In: Neuhäuser, G., Steinhausen, H.-C. (Hrsg): Geistige Behinderung. Grundlagen, Klinische Syndrome, Behandlung und Rehabilitation. 3. Aufl. Stuttgart, 81–106
– (2003b): Klinische Syndrome. In: Neuhäuser, G., Steinhausen, H.-C. (Hrsg): Geistige Behinderung. Grundlagen, Klinische Syndrome, Behandlung und Rehabilitation. 3. Aufl. Stuttgart, 107–211
– (2004): Syndrome bei Menschen mit geistiger Behinderung. Ursachen, Erscheinungsformen und Folgen. Marburg

Verhaltensphänotypen
Sarimski, K. (1997): Entwicklungspsychologie genetischer Syndrome. Göttingen/Bern
– (2003): Syndromtypische Entwicklungsverläufe und Verhaltensweisen. In: Irblich, D., Stahl, B. (Hrsg.): Menschen mit geistiger Behinderung. Psychologische Grundlagen, Konzepte und Tätigkeitsfelder. Göttingen/Bern, 389–409

Syndromanalyse:
Jantzen, W. (2007): Syndrome/Syndromanalyse. In: Greving, H. (Hrsg.): Kompendium der Heilpädagogik. Bd. 2. Troisdorf, 285–295

3.4 Epidemiologische Daten

Wenn die Epidemiologie im Kontext von Behinderung nach Ursachenzusammenhängen von Erkrankungen, nach deren Häufigkeit und Verbreitung fragt, geschieht dies, um den Umfang der notwendigen Hilfsmaßnahmen zu ermitteln und die Öffentlichkeit darüber zu informieren.

Die Epidemiologie im Bereich der geistigen Behinderung vertritt heute eine interdisziplinäre Sichtweise, die medizinische, psychologische und soziologische Aspekte gleichermaßen berücksichtigt. „Es geht nicht nur darum, Häufigkeitsverteilungen und -unterschiede in verschiedenen Bevölkerungsgruppen zu erfassen, sondern auch Hinweise zur Ätiologie und Pathogenese, zur Beeinflussung durch präventive Maßnahmen, therapeutische und pädagogische Verfahren" zu geben (Neuhäuser/Steinhausen 2003, 10). Die sozialen, soziokulturellen und psychosozialen Bedingungsfaktoren der geistigen Behinderung werden von der *Sozialepidemiologie* erfasst. Epidemiologische Studien gehen heute vom bio-psycho-sozialen Modell von Behinderung der ICF aus, das heißt, sie stützen sich nicht allein auf medizinische Kriterien, sondern berücksichtigen ebenso soziale, soziokulturelle und psychosoziale Aspekte.

Über die Gesamtzahl der Menschen mit geistiger Behinderung in Deutschland gibt es bislang keine zuverlässigen Angaben. Dies liegt zum einen daran, dass die Zahl der epidemiologischen Forschungen auf dem Gebiet der geistigen Behinderung gering ist. Die Bundesvereinigung Lebenshilfe für Menschen mit geistiger Behinderung e.V. gibt eine Zahl von etwa 240 000 an, etwa 185 000 Kinder und Jugendliche sowie etwa 235 000 Erwachsene (ca. 0,6 % der Gesamtbevölkerung). Die im zweijährigen Abstand vom Statistischen Bundesamt Deutschland (Destatis) erstellte Statistik der schwerstbehinderten Menschen führt bezogen auf die Menschen mit geistiger Behinderung zu keiner eindeutigen Aussage. Als schwerbehindert gelten hier Menschen mit einem Grad der Behinderung von mehr als 50 %, „wobei sich der Behinderungsgrad nach schadensorientierten medizinischen Tabellen richtet. Die medizinische Kategorisierung trennt nicht ausreichend zwischen ‚geistig seelischen Störungen', psychischen Symptomatiken' und ‚geistiger Behinderung'" (Neuhäuser/Steinhausen 2003, 12).

Prävalenz

> „Wie das Statistische Bundesamt (Destatis) mitteilt, lebten zum Jahresende 2007 in Deutschland 6,9 Millionen schwerbehinderte Menschen; das waren rund 153 000 oder 2,3 % mehr als am Jahresende 2005. Bezogen auf die gesamte Bevölkerung war in Deutschland jeder zwölfte Einwohner (8,4 %) schwerbehindert. ... Auf geistige und seelische Behinderungen entfielen zusammen 10 % der Fälle, auf zerebrale Störungen 9 %" (Statistisches Bundesamt Deutschland, Pressemitteilung Nr. 258 vom 17.07.2008).

Angaben des Statistischen Bundesamtes

Untersuchungen aus Skandinavien über einen längeren Zeitraum haben relativ konstant eine Gesamtprävalenz von 0,43 % für Menschen mit geistiger Behinderung bzw. 0,41 % für die schwere geistige Behinderung (IQ <50) nachgewiesen. Diese Angaben entsprechen in etwa denen aus Kanada, USA, Niederlande oder Italien (Neuhäuser/Steinhausen 2003, 13).

Die Ständige Konferenz der Kultusminister (KMK) veröffentlicht statistische Daten über die Schüler mit sonderpädagogischem Förderbedarf sowie deren Verteilung auf Sonderschulen und allgemeine Schulen. Im Zeitraum von 1998 bis 2006 hat sich die Zahl der Schüler mit geistiger Behinderung von 62 167 auf 73 562 bzw. von 15,2 % auf 18,0 % aller Schüler mit Förderbedarf erhöht. Von den Schülern mit geistiger Behinderung werden 2006 bundesweit 97,2 % in Förderschulen und 2,8 % in allgemeinen Schulen unterrichtet.

Häufigkeit im Schulalter

Die Statistik zeigt, dass die Schüler mit geistiger Behinderung die zweitgrößte Population unter den Schülern mit Förderbedarf bilden. 2006 besuchten 97,2 % aller Schüler mit geistiger Behinderung die Förderschule, 2,8 % die allgemeine Schule.

Tab. 3: Verteilung der Schüler mit sonderpädagogischem Förderbedarf auf Förderschulen und allgemeine Schulen (in absoluten Zahlen) (KMK 2008, 5)

	2003		2004		2005		2006	
	Förder-schule	allg. Schule	Förder-schule	allg. Schule	Förder-schule	allg. Schule	Förder-schule	allg. Schule
Schüler insgesamt	429.325	63.113	423.771	68.955	416.219	70.728	408.085	76.261
Förderschwerpunkt Lernen	228.912	29.637	213.055	32.492	201.559	32.683	189.941	34.985
Sonstige Förderschwerpunkte	200.413	33.476	210.716	36.463	214.660	38.045	218.144	41.276
▪ Sehen	4.736	1.431	4.967	1.780	4.983	1.732	5.074	1.833
▪ Hören	11.013	2.701	11.103	2.834	11.249	2.900	11.167	3.269
▪ Sprache	35.883	9.760	35.886	10.519	36.842	11.433	37.178	12.644
▪ Körperliche und motorische Entwicklung	22.937	4.391	23.209	4.791	23.853	5.001	24.561	5.158
▪ **Geistige Entwicklung**	**70.286**	**1.998**	**71.821**	**1.937**	**72.838**	**2.107**	**73.562**	**2.117**
▪ Emotionale und soziale Entwicklung	30.523	12.071	30.868	13.405	31.941	14.188	32.603	15.614
▪ Förderschwerpunkt übergreifend bzw. ohne Zuordnung	15.359	953	23.050	1.052	23.516	516	23.938	554
▪ Kranke	9.676	171	9.812	145	9.433	168	10.061	87

Regionale epidemiologische Studien differenzieren die Gesamtprävalenz nach Merkmalen wie Schweregrad der Behinderung, Ätiologie, Schichtzugehörigkeit und regionaler Streuung, Alter oder Geschlecht. Diese begrenzten Erhebungen tragen den jeweiligen örtlichen Gegebenheiten besser Rechnung und ermöglichen somit die Entwicklung gezielter versorgungsrelevanter Maßnahmen.

Holtz und Nassal (1999) führten eine epidemiologische Analyse zur Zusammensetzung der Schülerschaft an Schulen für Geistigbehinderte durch. Ziel ihrer Untersuchung war, den Anteil sehr schwer behinderter Schüler in den einzelnen deutschen Bundesländern zu ermitteln. Die Autoren kamen zu uneinheitlichen Ergebnissen. Während in Rheinland-Pfalz der Anteil an schwerstbehinderten Schülern bei 25,6 %, in Nordrhein-Westfalen bei 39,1 %, in Thüringen bei 50,4 % lag, stieg er in Berlin auf 70 %. Die Differenzen gehen auf strukturelle Unterschiede im Schul- bzw. Bildungssystem einzelner Bundesländer und auf eine divergente Verwendung des Begriffs ‚schwerstbehindert' zurück. „Internationale Statistiken für die Gruppe der Schwerstbehinderten (IQ unter 50) zeigen bis zum Alter von 15 Jahren einen deutlichen Anstieg von 0,1 %–0,5 %" (Neuhäuser/Steinhausen 2003, 15). Die schwere geistige Behinderung hat eine Prävalenz von drei bis vier pro 1000. Sie „wird weniger durch die soziale Schichtzugehörigkeit beeinflusst und ist überwiegend durch umschriebene organische Faktoren bestimmt. Es überwiegen pränatale Komplikationen, perinatale und postnatale sind seltener" (Gontard 2003, 28).

Verteilung nach Schweregrad der Behinderung

Die Verteilung von geistiger Behinderung zeigt ein geschlechtsspezifisches Ungleichgewicht mit einer Überrepräsentation des männlichen Geschlechts, in einem Verhältnis von 1,6:1. Als Ursachen werden zum einen biologische Faktoren in Betracht gezogen, wie z.B. die geschlechtsgebundenen rezessiv vererbten Formen der geistigen Behinderung mit einer Häufigkeit von 1,8 auf 1000. Zum anderen können soziokulturelle Einflüsse als Ursache für die geschlechtsspezifische Ungleichverteilung angenommen werden.

Geschlechtsspezifische Verteilung

Obwohl erste Studien den Schluss nahelegen, dass Kinder und Jugendliche mit leichter geistiger Behinderung (IQ 70–55) in den unteren Sozialschichten überrepräsentiert sind, wird die schichtspezifische Zuordnung heute kontrovers diskutiert, zumal aussagefähige Studien zum Erwachsenenalter bislang fehlen.

Schichtspezifische Verteilung

„Analysen der sich verändernden Altersstruktur der Population der geistig behinderten Menschen sind sowohl für die Abschätzung der Erfolge medizinischer, therapeutischer und pädagogischer Präventivmaßnahmen als auch für eine langfristige Versorgungsplanung von großer Bedeutung" (Neuhäuser/ Steinhausen 2003, 16).

Altersspezifische Verteilung/Veränderungen in der Altersstruktur

Die Verbesserung der Lebensbedingungen und der gesundheitlichen Versorgung von Menschen mit geistiger Behinderung hat in den vergangenen zwanzig Jahren zu einer Veränderung in der Altersstruktur geführt. Beispielsweise hat sich die Lebenserwartung von Menschen mit Down-Syndrom in diesem Zeitraum verdoppelt und ist durchschnittlich von 25 Jahre auf 49 Jahre gestiegen. Neuhäuser und Steinhausen weisen darauf hin, dass aufgrund der besseren peri- und postnatalen Versorgung der Anteil von Kindern und Jugendlichen mit geistiger Behinderung sinke, während ein kontinuierlicher Anstieg des relativen Anteils älterer Men-

Tab. 4: Schüler mit sonderpädagogischem Förderbedarf, Verteilung nach Förderschwerpunkten in Prozent (KMK 2003, 6)

	1998	1999	2000	2001	2002	2003	2004	2005	2006
Schüler insgesamt	100,0	100,0	100,0	100,0	100,0	100,0	100,0	100,0	100,0
Förderschwerunkt Lernen	53,6	55,4	55,0	54,3	53,8	53,3	50,3	48,4	46,5
Sonstige Förderschwerpunkte	46,4	44,6	45,0	45,7	46,2	46,7	49,7	51,6	53,5
Sehen	1,0	1,0	1,2	1,1	1,1	1,1	1,2	1,2	1,2
Hören	2,5	2,4	2,7	2,6	2,6	2,6	2,6	2,7	2,7
Sprache	7,9	8,3	8,2	8,1	8,2	8,4	8,5	8,9	9,1
Körperliche und motorische Entwicklung	5,1	5,0	5,1	5,1	5,2	5,3	5,4	5,7	6,0
Geistige Entwicklung	**15,2**	**15,4**	**15,3**	**15,7**	**15,9**	**16,4**	**16,9**	**17,4**	**18,0**
Emotionale und soziale Entwicklung	5,7	6,1	6,1	6,5	6,8	7,1	7,3	7,7	8,0
Förderschwerpunkt übergreifend bzw. ohne Zuordnung	6,9	4,2	4,2	4,3	4,2	3,6	5,4	5,6	5,9
Kranke	2,0	2,2	2,2	2,3	2,2	2,3	2,3	2,3	2,5

schen mit geistiger Behinderung zu verzeichnen sei. Diese Entwicklung wird in Zukunft zunehmen, „da immer mehr Menschen mit geistiger Behinderung ein höheres Alter erreichen" (17). In Wohneinrichtungen betrage der Anteil der 55- bis 64-jährigen etwa 14 %, weitere 14 % seien älter als 65. Es sei damit zu rechnen, dass mit dem Anstieg der Lebenserwartungen bald mehr als 30 % der in Wohneinrichtung lebenden Menschen älter als 55 Jahre sind. Der Anteil der Frauen überwiegt dabei.

Die Annahme, dass der Anteil von Kindern und Jugendlichen mit geistiger Behinderung sinke, entspricht nicht den aktuellen Angaben der Kultusministerkonferenz vom April 2008. Während 1998 bundesweit 15,2 % aller Schüler mit Förderbedarf eine geistige Behinderung aufwiesen, waren es 2006 18 %.

Es ist anzunehmen, dass der Anstieg der Schülerzahlen in der Schule mit dem Förderschwerpunkt geistige Entwicklung nicht ätiologisch bedingt, sondern auf bildungspolitische Entscheidungen zurückzuführen ist. Vergleicht man die Angaben zum Förderschwerpunkt Lernen mit denen der sonstigen Förderschwerpunkte wird deutlich, dass der Anteil der Schüler im Förderschwerpunkt Lernen in dem Maße sinkt, wie er in den anderen Förderschwerpunkten steigt. Der Grund hierfür liegt in den gestiegenen schulischen Leistungsanforderungen, die dazu führen, dass schwächere Schüler aus der Schule mit dem Förderschwerpunkt Lernen an Schulen der anderen Förderschwerpunkte abgegeben werden. Auf diese Entwicklung werde ich in Bezug auf die Schule mit dem Förderschwerpunkt geistige Entwicklung in Kapitel 4.2 zurückkommen.

Neuhäuser und Steinhausen gehen davon aus, „dass bei der Ätiologie der schweren geistigen Behinderung (IQ unter 50) biologische Faktoren (Genmutationen, Chromosomenanomalien, exogene Läsionen) überwiegen" (2003, 17). Bei leichter geistiger Behinderung (IQ 50 bis 70) spielten die soziokulturellen Einflüsse meist eine entscheidende Rolle. „Allerdings ist immer mit einem kom-

Verteilung nach Ursachen

Schwere geistige Behinderung		Leichte geistige Behinderung	
Pränatale Ursachen	55%	Pränatale Ursachen	23%
chromosomal	29 %	chromosomal	4%
monogen	6%	monogen	1%
Missbildungen	12%	Missbildungen	10%
exogen	8%	exogen	8%
Perinatale Ursachen	15%	Perinatale Ursachen	18%
Postnatale Ursachen	11%	Postnatale Ursachen	2%
Psychosen	1%	Psychosen	2%
Unbekannte Ursachen	18%	Unbekannte Ursachen	55%
familiär	4%	famliliär	29%
sporadisch	14%	sporadisch	26%

Tab. 5: Verteilung der Ursachen bei Kindern mit leichter und schwerer geistiger Behinderung (nach Neuhäuser/Steinhausen 2003, 18)

	schwere geistige Behinderung	leichte geistige Behinderung
Definition	IQ < 50	IQ 50 – 70
soziale Funktionsfähigkeit	deutlich eingeschränkt	gering oder nicht eingeschränkt
durchschnittliche Häufigkeit	selten	häufig
Häufigkeit in Institutionen	häufig, 25 %	selten, 3 %
Geschlecht	mehr männlich, 1,5–1,8:1	deutlich mehr männlich: 2–5:1
Ätiologie	häufig organische Befunde; oft spezifische exogene oder genetische Ursache; selten monogene Erbgänge	häufig keine organischen Befunde; vorwiegend endogen und genetisch bedingt; häufig Gene, multifaktorielle, polygene Vererbung
familiäre Belastung	Eltern und Geschwister häufig durchschnittliche Intelligenz	Eltern und Geschwister häufig erniedrigte Intelligenz
soziale Faktoren	gleiche Verteilung in allen sozialen Schichten Vernachlässigung unwahrscheinlich	überrepräsentativ in niedrigen sozialen Schichten Deprivation wahrscheinlich
Phänotyp	häufig Dymorphiezeichen	keine Dymorphiezeichen
Medizinische Komplikationen	häufig körperliche Behinderung; häufige Krankheiten; reduzierte Lebenserwartung; Fertilität gering	keine körperliche Behinderung; normale Gesundheit; durchschnittliche Lebenserwartung; durchschnittliche Fertilität
Psychiatrische Komplikationen	tiefgreifende Störungen wie Hyperaktivität, Autismus und Automulitation häufig	ähnliche Störungen wie bei Kindern ohne geistige Behinderung; Prävalenz erhöht

Tab. 6: Ätiologie der schweren und leichten geistigen Behinderung (Strømme und Hageberg, 2000 nach Gontard 2003, 28).

plexen Wechselspiel zwischen konstitutionell gegebenen, biologisch-genetischen und exogenen, von sozialen Bedingungen abhängigen Faktoren zu rechnen" (Neuhäuser/Steinhausen 2003, 17).

Bezogen auf Schweregrad und Ursachen von geistiger Behinderung erstellt Gontard einen Zwei-Gruppen-Vergleich, das heißt, er unterscheidet die Gruppe der leicht geistig Behinderten (= IQ 50–70) von der mit schwerer geistiger Behinderung (= IQ <50). Er fragt, wie sich Ätiologien von geistiger Behinderung in diesen beiden Gruppen verteilen.

In der Gegenüberstellung wird deutlich, dass bei den schweren Formen von geistiger Behinderung pränatale Ursachen dominieren, wobei chromosomale Ursachen die größte Gruppe darstellen. Pränatale Ursachen haben „an Bedeutung gewonnen, während peri- und postnatale Faktoren früher überbewertet worden sind" (Gontard 2003, 28). Bei der leichten geistigen Behinderung ist der Anteil unbekannter Ursachen mit 32 % deutlich höher als bei schwerer geistiger Behinderung.

Hier kann nur exemplarisch auf einige epidemiologische Studien verwiesen werden. Auch wenn man die ungenannten hinzunimmt, bleibt die Epidemiologie im Kontext von geistiger Behinderung Stückwerk. „Durch die zunehmende Differenzierung der Ätiologien der geistigen Behinderung und eine Reduktion der sog. idiopathischen Formen haben allgemeine Befunde über die Gesamtgruppe der geistigen Behinderung an Bedeutung verloren. Stattdessen sind differenzierte Analysen einzelner Syndrome notwendig", meint Gontard (2003, 32). In Bezug auf die veränderte Erziehungs- und Bildungssituation sowie die veränderten Lebensbedingungen von Menschen mit geistiger Behinderung und der Entwicklung individueller pädagogisch-rehabilitativer Unterstützungsangebote sind gezielte epidemiologische Studien unverzichtbar. Sie gehören zu den zukünftigen Aufgaben einer interdisziplinären Geistigbehindertenpädagogik.

Zusammenfassung

> Neuhäuser, G., Steinhausen H.-C. (2003): Epidemiologie und Risikofaktoren. In: dies. (Hrsg.) (1999): Geistige Behinderung. Grundlagen, klinische Syndrome, Behandlung und Rehabilitation. 3. Aufl. Stuttgart, 9–23
> Gontard, A. von (2003): Genetische und biologische Faktoren. In: Neuhäuser/Steinhausen 2003, 24–41

3.5 Geistige Behinderung unter pädagogischen Gesichtspunkten

Anhand der bisherigen Ausführungen ist deutlich geworden, dass das Phänomen der geistigen Behinderung von verschiedenen Perspektiven aus betrachtet werden kann, wobei jede Perspektive oder Sichtweise einen anderen Aspekt von Behinderung in den Vordergrund rückt. Nimmt man alle genannten Aspekte bzw. Bestimmungsfaktoren von Behinderung in den Blick, wird die Vielschichtigkeit des Phänomens erkennbar. Doch weitere Bestimmungsgrößen fehlen noch, eine davon ist die pädagogische. Sie schaut auf Menschen mit geistiger Behinderung aus der Perspektive ihrer Lernmöglichkeiten und -bedürfnisse und thematisiert Erziehungs- und Bildungsbedarfe im Kontext kultureller Normen und sozialer Erwartungen.

Im Zentrum der pädagogischen Betrachtung steht der Bildungs- und Erziehungsanspruch. Die Realisation dieses Anspruches ist Aufgabe der Geistigbehindertenpädagogik. Während sie nach dem Zweiten Weltkrieg auf das Kindes- und Jugendalter konzentriert war, umfasst sie heute die gesamte Lebensspanne, d.h. sie reicht von der Frühförderung, über die schulische Erziehung, Erwachsenenbildung, Ausbildung, Freizeitpädagogik bis hin zu heilpädagogischer Begleitung im Alter. Hierbei muss sie der Heterogenität des Personenkreises Rechnung tragen. Dies geschieht, indem sie vertraute, d.h. gängige Auffassungen von Erziehung und Bildung im Hinblick auf ihre Relevanz für Menschen mit Lern- und Entwicklungsbeeinträchtigungen kritisch hinterfragt und eigene Konzepte und Methoden entwickelt. Die moderne Geistigbehindertenpädagogik will nicht „normal ma-

Aufgabe der Geistigbehindertenpädagogik

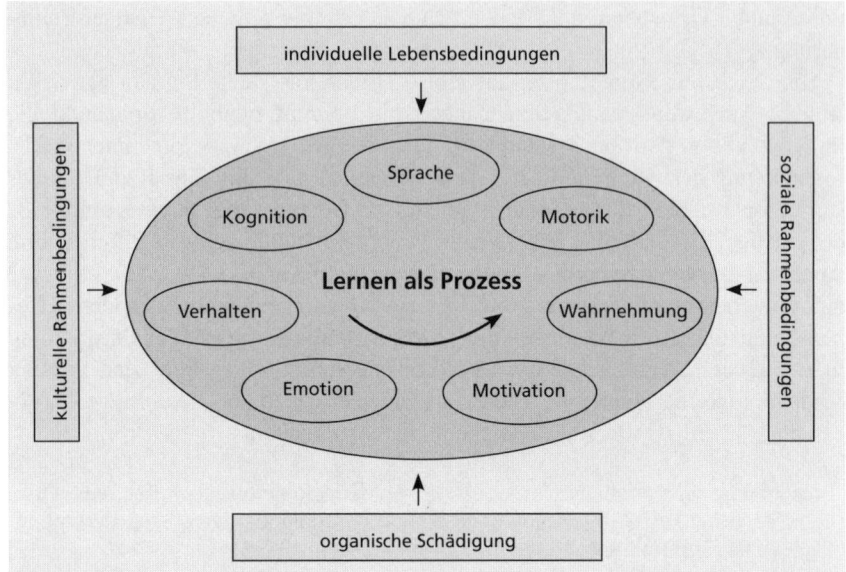

Abb. 13: Erschwernisse des Lernens von Menschen mit geistiger Behinderung als pädagogische Aufgabe im Spannungsfeld seiner Bedingungsfaktoren

chen"! Ihr geht es nicht um den Ausgleich oder um Kompensation von Lernstörungen, von Defiziten und um die Anpassung des behinderten Menschen an gesellschaftliche Erwartungen, an Bildungs- und Erziehungsnormen. Das heißt, der Geistigbehindertenpädagogik geht es um den behinderten Menschen als *Person* und um seine individuelle *Lebensverwirklichung* in der Gemeinschaft mit anderen. Erziehung erfüllt hier eine grundlegendere Funktion, weil sie den Menschen mit geistiger Behinderung zu einem weitgehend selbstbestimmten Leben und zur Teilhabe an der Gesellschaft befähigen muss. Dies ist zwar auch Aufgabe jeder Erziehung, doch aufgrund der spezifischen Lebenssituation von Menschen mit geistiger Behinderung ist der Erziehungsauftrag hier ein weiter reichender.

Geistige Behinderung in der Pädagogik

Indem die Geistigbehindertenpädagogik die Lern- und Bildungsfähigkeit sowie die speziellen Erziehungs- und Bildungsbedürfnisse in den Blick nimmt, kommt sie zu einem eigenständigen Verständnis von geistiger Behinderung, das sich von den zuvor dargestellten Zugangsweisen unterscheidet. Es lässt sich mit Speck folgendermaßen charakterisieren:

> „Für die Pädagogik ist eine geistige Behinderung sowohl ein Phänomen vorgefundener und komplex und differenziert zu erfassender Wirklichkeit als auch eine Aufgabe, die darauf gerichtet ist, *trotz der Behinderung Erziehung und Bildung zu ermöglichen.* Der pädagogische Aspekt bezieht sich im Falle der geistigen Behinderung vor allem darauf, *Lernmöglichkeiten des Kindes auszuloten* und durch eine entsprechende *Gestaltung seiner Lebensumwelt* sein Lernen zu fördern" (2005, 67).

Lebenslanges Lernen

Wie zuvor schon erwähnt, darf die pädagogische Sichtweise heute nicht mehr allein auf das Kindes- und Jugendalter beschränkt bleiben, weil jeder Mensch ein Leben lang lernt. Das Lernen bezieht sich somit nicht allein auf schulisch vermitteltes Lernen, sondern auch auf eine Anpassung an neue Anforderungen und Gegebenheiten. Hierzu brauchen Menschen mit geistiger Behinderung Unterstützung. Diese erfolgt im Kindes- und Jugendalter in Form von vorschulischer und schulischer Erziehung und Bildung. Bei Erwachsenen spricht man nicht mehr von Erziehung, sondern von Bildung, Unterstützung oder Assistenz, die in den verschiedenen Institutionen der Behindertenhilfe ihren Platz haben (Kap. 4.3 und 4.5). Insofern ändern sich auch die pädagogischen Maßnahmen, die in den verschiedenen Lebensphasen und Lebensräumen von Menschen mit geistiger Behinderung zur Anwendung kommen. Sie reichen von Lehren und Unterrichten schulischer Fach- und Sachinhalte über die Vermittlung berufsrelevanter Kenntnisse, die Anbahnung alternativer Kommunikationsmöglichkeiten (Unterstützte Kommunikation), die Eröffnung von Freizeitangeboten bis hin zu Hilfen in der Selbstversorgung und Haushaltsführung. Und nicht zuletzt begleiten Pädagoginnen und Pädagogen alte Menschen mit geistiger Behinderung am Lebensabend und beim Sterben. In jeder Lebensphase ergeben sich andere Anlässe zum Lernen und zur Weiterentwicklung. Hierfür halten Pädagogen individuell angepasste Angebote bereit. Diese pädagogischen Konzepte und Methoden rücken die Lern-, Entwicklungs- und Aneignungsschwierigkeiten der Klientel ins Zentrum. Warum das notwendig ist, soll anhand der beiden nachfolgenden Beispiele verdeutlich werden:

Beispiel Daniel:

Der elfjährige Daniel wurde mit einer Trisomie 21 (Down-Syndrom) geboren und besucht eine Mittelstufenklasse der Schule für Geistigbehinderte. Er kann kleine Texte lesen und verstehen, wenn er sie laut vorliest. Beim Lösen von Additions- und Subtraktionsaufgaben im Zahlenraum bis 20 hat er kaum noch Probleme, wohl aber beim Schreiben von Ziffern oder Buchstaben (s. Abb. 14). Deshalb lernt Daniel gerade, mit dem Computer zu schreiben.

Alle Aufgaben, bei denen feinmotorische Fähigkeiten verlangt sind, z. B. das plastische Gestalten mit Ton oder das Schneiden von Nahrungsmitteln im Kochunterricht, lehnt er ab. Daniel interessieren alle sachkundlichen Unterrichtsthemen und er beteiligt sich rege. Versucht die Lehrerin, ihn in seinem ständigen Redebedürfnis zu bremsen, damit die schwächeren Mitschüler auch einmal zu Wort kommen, ist er frustriert, wird aggressiv, wirft Tische um oder schlägt andere Schüler. In solchen Situationen lässt er sich nur schwer zur weiteren Mitarbeit motivieren. Sehr stolz ist Daniel auf seine Mitgliedschaft im Fußballverein seines Wohnortes. Hier ist er Stürmer und gilt als As. Er ist der beste Schwimmer der Schule.

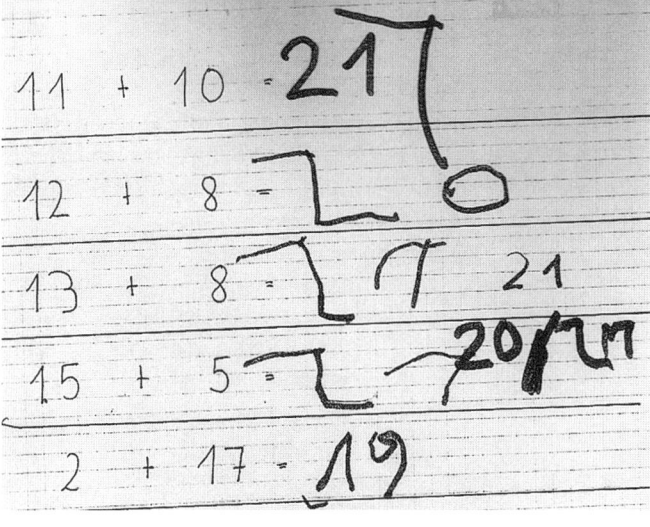

Abb. 14: Auszug aus Daniels Rechenheft

Beispiel Dorothee:

"Wenn Dorothee morgens in die Schule gebracht wird, sitzt sie in der Regel bewegungslos, gut in Decken eingepackt, in ihrem Rollstuhl. Im Klassenraum angekommen, wird sie aus dem Rollstuhl herausgehoben und auf einer hochgesetzten pflegeerleichternden Liegefläche gelagert ... das richtige Lagern ist sehr zeitaufwendig und wird mit großer Sorgfalt unter Benutzung von Polstern, Schaumstoffkeilen, Kissen durchgeführt, zeitweise ist eine vorübergehende Fixierung mit Bleisäckchen erforderlich, um die heftigen, ungerichteten, durch Spasmen plötzlich einschießenden Bewegungssalven ein wenig abzufangen. Die Augen von Dorothee wandern unruhig hin und her ... von links nach rechts; – sie haften sich nicht an ein Gesicht oder einen Gegenstand. Wenn Wahrnehmungsübungen durchgeführt werden und beispielsweise die Hände durch eine Schale mit Erbsen geschoben werden, verlangsamen sich zuweilen diese Augenbewegungen, manchmal wird auch die Atmung um eine Winzigkeit schneller und tiefer ... ein Hinweis für den Lehrer, dass die abgeänderte Umweltbedingung erfasst worden ist ..." (Schröder 1989, 12).

Das Lernvermögen eines Kindes mit geistiger Behinderung ist abhängig vom Ausmaß der Hirnfunktionsstörungen, den zusätzlichen Beeinträchtigungen oder Behinderungen, seinen Lebensbedingungen sowie den Möglichkeiten der sozialen und kulturellen Teilhabe. Da Dorothee neben der schweren geistigen Behinderung schwer körperbehindert und sinnesgeschädigt, also mehrfachbehindert ist, ist sie in ihren Lernmöglichkeiten stärker beeinträchtigt als Daniel. Beide Kinder besuchen die Schule mit dem Förderschwerpunkt geistige Entwicklung und werden ‚geistig behindert' genannt, was zeigt, dass sich hinter der Bezeichnung Kinder mit verschiedenen Fähigkeiten und Möglichkeiten verbergen. Diese Unterschiede machen es unmöglich, verallgemeinernd von *der* geistigen Behinderung oder *den* Menschen mit geistiger Behinderung zu sprechen. Darum versteht Mühl „geistige Behinderung" als eine „Sammelbezeichnung für eine große Breite von Lernstufen und Lernniveaus" (1992, 253).

Um den Unterschied im Lernvermögen deutlich zu machen, werden in der pädagogischen Praxis Kinder wie Dorothee meist als ‚schwer geistig behindert' oder als ‚schwerstbehindert' bezeichnet. Man nimmt diese Abgrenzung vor, um zu dokumentieren, dass schwerstbehinderte Schüler einen anderen Betreuungs- und Erziehungsbedarf als mittelgradig oder leicht geistig behinderte haben und nach anderen Richtlinien unterrichtet werden.

Schwerstbehinderung Der Begriff der Schwerstbehinderung stellt die äußerste Position auf der Skala: Behinderung – Schwerbehinderung – Schwerstbehinderung dar. Sie meint immer eine *schwere Form der Mehrfachbehinderung*, als Kumulation verschiedener Behinderungsformen: Geistige und Körperbehinderung sowie Sinnesschädigung. Schwerstbehinderung ist eine formal-quantitative Klassifikation, die weder eindeutig ist, noch einen inhaltlich-qualitativen Aussagewert besitzt (Fornefeld 2006, 156f). Für Andreas Fröhlich soll der Begriffsbestandteil ‚Behinderung', „als ein Komplex aus

- Persönlichen Funktionseinschränkungen,
- daraus folgenden Aktivitätsbeeinträchtigungen und
- sozialen Reaktionen in Form von nicht gewährter Partizipation verstanden werden.

Schwerste Behinderung ist somit oft mit radikal reduzierter Partizipation in allen Lebensbereichen gleichzusetzen" (2007, 222).

International wird diese Personengruppe heute als ‚Persons with Profound Intellectual and Multiple Disabilities (PIMD)' bezeichnet. Schwerstbehindert werden solche Menschen genannt, die häufig nicht erwartungsgemäß auf Kontakt- und Lernangebote reagieren, die sich nicht durch aktive Sprache ausdrücken und die zur Verwirklichung ihrer Wünsche und Bedürfnisse in besonderer Weise auf das Verstandenwerden seitens der Bezugspersonen angewiesen sind. Im außerschulischen Feld der Rehabilitation wird diese Personengruppe als ‚Menschen mit hohem oder sehr hohem Hilfebedarf' bezeichnet. Waren die Menschen mit schwerer Behinderung eine in der Geistigbehindertenpädagogik bislang eigenständig beschriebene Personengruppe, so gehören sie heute zu der größeren Gruppe der Menschen mit Komplexer Behinderung (Fornefeld 2008), auf die in Kapitel 3.6.1 näher eingegangen wird.

Unabhängig vom Grad der Beeinträchtigungen hat jeder Mensch einen Anspruch auf Bildung; diesen einzulösen ist Aufgabe der Geistigbehindertenpädagogik, die *keine Bildungsgrenzen* kennen darf!

In der pädagogischen, der erziehungsrelevanten Bestimmung von Behinderung müssen zwei Komponenten gleichzeitig beachtet werden: die individuellen Lern- und Entwicklungsstörungen bzw. -voraussetzungen einerseits und der damit verbundene spezifische Erziehungsbedarf andererseits. Der Erziehungsbedarf ergibt

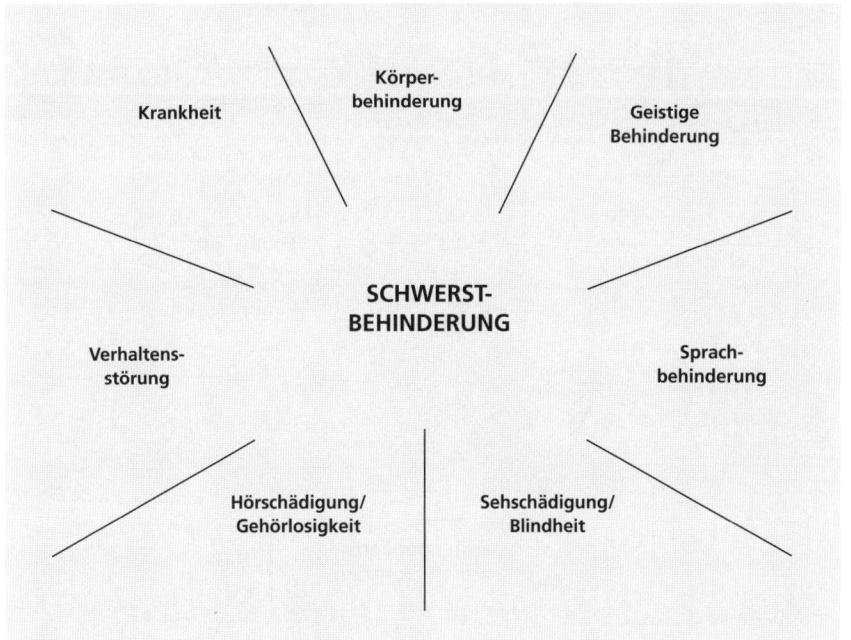

Abb. 15: Komponenten, die an einer Schwerstbehinderung beteiligt sein können

sich nun aber nicht allein aus den individuellen Beeinträchtigungen und der Lebenssituation des Menschen mit Behinderung selbst, sondern ebenso aus den Erziehungserwartungen und -normen der Gesellschaft. Das heißt, die pädagogische Sichtweise muss eine dritte Ebene mit einbeziehen. Sie nimmt eine Synthese vor, indem sie die individuelle Lebens- und Lernsituation des Menschen mit geistiger Behinderung in Relation zu geltenden kulturellen und gesellschaftlichen Erziehungs- und Bildungsnormen sieht, um von hier aus nötige Erziehungsmaßnahmen entwerfen zu können. Diesen Zusammenhang verdeutlicht Abbildung 16.

Das Spezifische des heilpädagogischen Verständnisses von Behinderung und Erziehung wird deutlich, wenn man auf die Sichtweise von Erziehung in der Allgemeinen Pädagogik schaut und sie von der der Geistigbehindertenpädagogik abgrenzt. Auf die zweite Bezugsgröße der Pädagogik, die Bildung und ihr Verständnis, wird im vierten Kapitel näher eingegangen.

Erziehung

Erziehung ist ein zentraler Begriff der Pädagogik als Wissenschaft (Erziehung als Theorie) und der Pädagogik als Praxis (konkrete Erziehung wie z.B. Unterricht). Aufgabe von theoretischer wie praktischer Pädagogik ist Erziehung, mit dem Ziel, „der nachwachsenden Generation die in einer Gesellschaft vorhandenen und für ihren Bestand und ihre Weiterentwicklung als wichtig angesehenen Fähigkeiten, Fertigkeiten und Einstellungen zu vermitteln" (Kaiser/Kaiser 1991, 17). Will man nun aber genau definieren, was „Erziehung" ist, stößt man auf Schwierigkeiten, weil in der wissenschaftlichen Pädagogik kein allgemeinver-

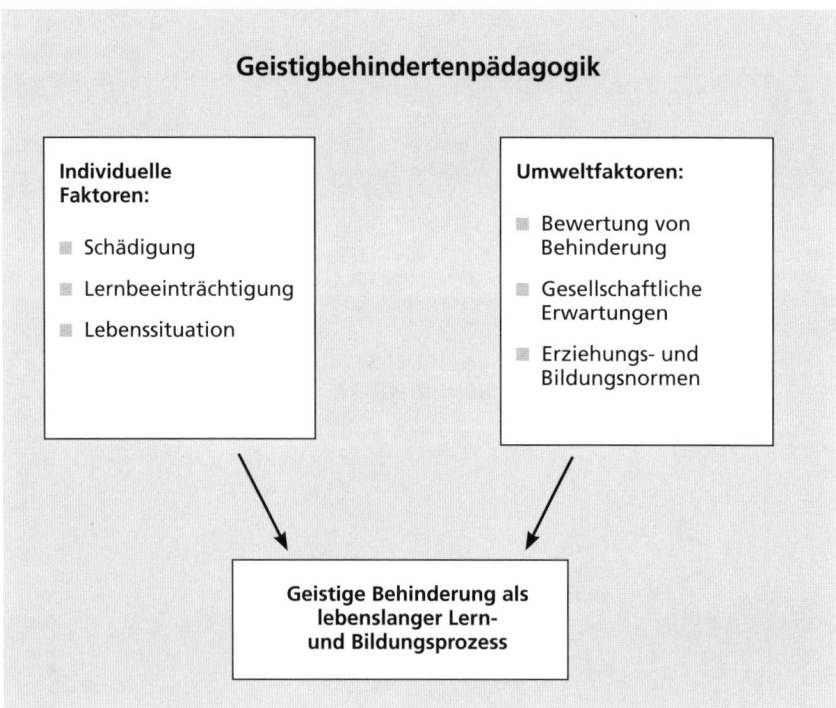

Abb. 16: Pädagogische Sichtweise von geistiger Behinderung

bindliches Verständnis von Erziehung existiert. „Mit dem Begriff Erziehung wird inzwischen", so kritisiert Gudjons, „so *Unterschiedliches und Vielfältiges* gemeint, daß er seine Konturen verliert" (1993, 96). Darum beschreibt er die in der Pädagogik vorzufindenden Sichtweisen von Erziehung als Gegensatzpaare: Erziehung ist „ein Prozess wie sein Ergebnis, eine Absicht wie ein Handeln, ein Zustand wie dessen Bedingungen, eine (deskriptive) Beschreibung und eine (präskriptive) Wertung, eine absichtsvolle Handlung (intentional) wie absichtslose gesellschaftliche Einflüsse (funktional), ein historisches Phänomen wie ein überzeitliches usw." (96). Brezinka hat aus dem Spektrum möglicher Auffassungen die Merkmale ausgewählt, die eine wissenschaftliche Präzisierung des Begriffs „Erziehung" ermöglichen, und kommt zu folgender Kurz-Definition:

> „Als Erziehung werden Handlungen bezeichnet, durch die Menschen versuchen, das Gefüge der psychischen und (oder) soziokulturellen Mittel dauerhaft zu verbessern oder seine als wertvoll beurteilten Komponenten zu erhalten oder die Entstehung von Dispositionen, die als schlecht bewertet werden, zu verhüten" (Brezinka 1978, 45).

Diese Definition ist häufig kritisiert worden, weil sie zwar wissenschaftlich präzise ist, aber über das „Wesen" der Erziehung nichts aussagt. Erziehung ist immer ein *interaktionales* Geschehen zwischen mindestens zwei Menschen, dem Erzieher und dem zu Erziehenden. Aufgrund der Dynamik dieses Interaktionsprozesses kann Erziehung nur als ein offenes Strukturmodell beschrieben werden, für das Gudjons (1993, 102f) folgende Merkmale nennt:

1. „Erziehung ist intentional, sie sucht Ziele, Normen und Werte zu verwirklichen. ...
2. Das Erziehungsgeschehen ist ein Interaktionsprozess, in dem sich Sinndeutung und Handlungen des einen am Tun des anderen ausrichten. Erzieher und Educand treten sich dabei in Rollen gegenuber, deren Charakter von der gesellschaftlichen Art und Weise der Institutionalisierung von Erziehung abhängt. In der Regel impliziert dies ein „Kompetenzgefälle".
3. Die dabei auftretenden Prozesse sind vielfältig methodisch organisiert und auf die Lernbedingungen des Adressaten ausgerichtet, der aber letztlich zur Selbst-Tätigkeit aufgefordert bleibt.
4. Erziehung ist – einschließlich der Ziele und Interaktionsprozesse – eingebunden in einen umfassenden historisch-gesellschaftlichen Kontext, der Wandlungsprozessen unterliegt. „Die" Erziehung gibt es nicht.
5. Erziehung erfolgt in Auseinandersetzung mit Inhalten, Gegenständen, Themen etc., die die kognitive (z. B. Wissen, Einsichten), die affektive Ebene (z. B. Einstellungen) oder die Handlungsebene (z. B. Fertigkeiten) in wechselseitigem Zusammenhang betreffen".

Die hier dargestellten Merkmale von Erziehung wie Intentionalität, Interaktivität, Gesellschaftsgebundenheit oder Methodik haben auch für die Erziehung von Menschen mit Behinderung Bedeutung. *Geistigbehindertenpädagogik ist Pädagogik*, also Erziehung. In diesem Verständnis unterscheidet sie sich nicht von der Allgemeinen Pädagogik, wohl aber in ihrem Bezugssystem von Erziehung; das meint, die Geistigbehindertenpädagogik muss in Abgrenzung zur Allgemeinen

Erziehung und Behinderung

Pädagogik einen weiteren Aspekt in ihr Erziehungsverständnis integrieren, nämlich den der Behinderung. Und dies tut sie in zweifacher Hinsicht: Sie berücksichtigt die Behinderung als Beeinträchtigung des Menschen mit Folgen für sein Lernvermögen sowie als Erschwernis seines Erziehungs- und Bildungsprozesses. Mit Bleidick lässt sich das Verhältnis von Behinderung und Erziehung genauer und zwar als „Dreischritt" charakterisieren:

- „Behinderung als Folge von Schädigung oder funktioneller Beeinträchtigung" (1999, 95); *(Behinderung)*
- „Behinderung der Erziehung als Erschwerung des Lernens und der sozialen Eingliederung" (95); *(Behinderung der Erziehung)*
- „Erziehung der Behinderten als ganzheitlicher Prozess der pädagogischen Förderung" (95); *(Erziehung der Behinderten)*

Bleidick geht davon aus, dass bei Schülern mit geistiger Behinderung eine Erziehung im herkömmlichen Sinne, wie sie z. B. im Unterricht an der Regelschule erfolgt, nicht möglich ist. Es komme zu Erschwernissen im Erziehungsprozess, zu einer „Behinderung der Erziehung". „Die Behinderung ist eine deskriptive, hinzukommende Variable, die den Erziehungsprozess graduell je nach vorhandenen Bedürfnissen verändert", sagt Bleidick (1999, 99). Diese graduellen Veränderungen von Erziehung müssen analysiert und in Relation zu den Beeinträchtigungen des Kindes gesehen werden. Das bedeutet: der Erziehungsprozess ist den individuellen Lernbedürfnissen des behinderten Kindes anzupassen (= „Erziehung der Behinderten").

Kritik an der Sonder-Erziehung

Bleidick vertritt eine weit verbreitete sonderpädagogische Basisvorstellung und -überzeugung von Erziehung, die heute unter dem Einfluss der *integrativen bzw. inklusiven Pädagogik* sowie der *Disability Studies* kritisiert wird. In der Pädagogik zielt Integration auf die gemeinsame Beschulung von behinderten und nicht behinderten Kindern. Bildung von Kindern und Jugendlichen mit Behinderung sei in einer demokratischen Gesellschaft die Aufgabe aller Schulen und nicht nur der Sonder-Schulen (Reich 2008, 40). In Abgrenzung von der Behindertenpädagogik geht es in der Integrations- und Inklusionspädagogik darum, die defekt- oder schädigungsbezogene Bestimmung von Behinderung aufzulösen, d. h. es geht um eine Dekonstruktion von Behinderung. Sie wird vielmehr als ein (Un-)Gleichheitsproblem (Weisser 2005, 11f) und als gesellschaftlicher Zuschreibungsprozess aufgefasst. Die Unterschiede zwischen den Menschen, die Differenzen, könnten pädagogisch nur in einer ‚Pädagogik der Vielfalt' aufgehoben werden. Als Zuschreibungsprozess sehen auch Vertreter der *Disability Studies* die Behinderung. Doch für sie ist Behinderung auch eine Kategorie der Identität und der Erfahrung des behinderten Menschen selbst. Für sie ist die Sonder- oder Behindertenpädagogik eine separierte und separierende Disziplin (Dederich 2006, 23). „Das Besondere und Spezifische der Forschungsausrichtung der Disability Studies ist eine radikale Umkehr der Perspektive" (23). Sie kritisieren, dass die Behinderung auf Defizite, Mängel oder Pathologien reduziert werde und zum Problem würde, damit „in der Folge Problemanalyse-, Problemzuständigkeits-, Problemexperten- und Problemversorgungssysteme gebildet werden" (27). Das ausdifferenzierte Versorgungssystem, zu dem auch Förderung, Therapie und

Behindertenpädagogik gehören, bildet den Hauptfokus der Kritik. Eine Kurzbeschreibung dieser Forschungsrichtung ist im Anhang zu finden.

Der Einwand, die Behindertenpädagogik mit ihren spezifischen Bildungseinrichtungen für Menschen mit geistiger Behinderung wirke separierend oder diskriminierend, ist nicht von der Hand zu weisen. Das Benachteiligungsverbot im Artikel 3 des Grundgesetzes und das Teilhabegebot des Sozialgesetzbuch IX zielen auf eine andere Gesellschaft. Da derzeit aber nur 2,8 % aller Kinder und Jugendlichen mit geistiger Behinderung integrativ beschult werden, sind wir von einer ‚Erziehung und Bildung für alle' und einer ‚Schule für alle' noch weit entfernt. So lange sie nicht erreicht sind, wird die Geistigbehindertenpädagogik nicht überflüssig, muss sie sich in ihrer Funktion der Erziehung, Bildung und Lebensbegleitung dieser Personengruppe beweisen.

Für eine qualitativ gute pädagogische Arbeit, die auf den individuellen Hilfe- und Erziehungsbedarf der Menschen mit geistiger Behinderung eingeht, nennt Speck drei *zentrale pädagogische Leitthesen*:

- „*Geistige Behinderung* gilt als normale (übliche) Variante menschlicher Daseinsform und erfordert eine individualisierende und spezifizierte Erziehung im Sinne einer Hilfe zum Lernen und zur Identitätsbildung.
- Die *Erziehung* von Menschen mit geistiger Behinderung orientiert sich primär an den *allgemeinen* edukativen Erfordernissen, Werten und Normen.
- Die *Spezifizierung* des Pädagogischen orientiert sich an den besonderen individuellen Bedürfnissen und Möglichkeiten ebenso wie an den sozialen Bedingungen und Erfordernissen im Sinne einer wirksamen Unterstützung des Lernens und der sozialen Teilhabe" (2005, 69).

Wenn heute die soziale Konstruktion von Behinderung stärker ins Blickfeld gerät, dann können diese Leitthesen um eine weitere ergänzt werden:

- Die Erziehung von Menschen mit geistiger Behinderung vermeidet stigmatisierende und diskriminierende Zuschreibungen und ist dem *Ziel der Integration/Inklusion* sowie der *kulturellen und sozialen Teilhabe* verpflichtet.

Die erzieherische Aufgabe der Geistigbehindertenpädagogik ist eine umfassende. Speck versteht sie als „Hilfe zu einem Menschlich-Leben-können" (2005, 69). Jeder Mensch ist als Mensch auf Erziehung angewiesen, erwirbt durch sie die Fähigkeiten, die er zum autonomen Leben als Erwachsener braucht. In dieser Grundannahme bzw. diesem Grundbedürfnis unterscheiden sich Menschen mit und ohne Behinderung nicht voneinander. Um menschlich leben zu können, muss der Mensch mit geistiger Behinderung seine Möglichkeiten und Grenzen sowie seine Bedürfnisse und Wünschen kennen und lernen, sie in angemessener Weise umzusetzen. „Hilfe zu einem Menschlich-Leben-können" heißt auch, „soziale Isolierung zu vermeiden oder abzubauen und Umwelt zu erschließen, damit sich der Mensch mit geistiger Behinderung darin entwickeln und zum Träger und Teilhaber gemeinsamer Kultur werden kann" (Speck 2005, 69).

Erziehung als Hilfe zu einem Menschlich-Leben-können

Im Zentrum der pädagogischen Sichtweise von geistiger Behinderung steht der Erziehungs- und Bildungsbedarf des betroffenen Menschen. Dieser ergibt sich aus seiner spezifischen Lebenssituation unter den Bedingungen einer organi-

Zusammenfassung

schen Schädigung, persönlicher wie familiärer Wertungen und gesellschaftlicher Erwartungen wie Zuschreibungen. Die Geistigbehindertenpädagogik muss diese vielfältigen Bedingungsfaktoren in ihrer Wechselwirkung zu einander im Blick haben, wenn sie Erziehung und Bildung realisieren will. Sie muss die individuellen Lernmöglichkeiten des Menschen mit Behinderung erkennen und Erziehungs- und Bildungsprozesse so gestalten, dass sie ihm zur Identitätsfindung und Persönlichkeitsentwicklung dienen.

Bleidick, U. (1999): Behinderung als pädagogische Aufgabe. Stuttgart
Speck, O. (2005): Menschen mit geistiger Behinderung. Ein Lehrbuch zur Erziehung und Bildung. 10. Aufl. München/Basel

3.6 Geistige Behinderung unter soziologischen Gesichtspunkten – Randgruppenphänomene

Soziologie

„Menschen mit Behinderung sind ‚Gegenstand der Soziologie, weil und solange sie als ‚Besondere' behandelt werden" (Wacker 2008, 42). Die Soziologie betrachtet die geistige Behinderung im Kontext gesellschaftlicher, sozial- und behindertenpolitischer Veränderungen.

Der Begriff der Soziologie setzt sich aus dem lateinischen Wort *socius* (= Geselle, Partner, Gefährte, Mitmensch) und dem griechischen Wort *logos* (= Wort, Wahrheit, Wissenschaft) zusammen. „Die Soziologie beschäftigt sich mit sozialen Subjekten, sozialen Prozessen und sozialen Katalysatoren. Sie fragt nach Strukturen und Gesetzmäßigkeiten des sozialen Handelns, der sozialen Beziehungen, der sozialen Gebilde und danach welchem sozialen Wandel sie unterliegen (Markowetz 2006, 142). In den 1970er Jahren begann in der Soziologie die Auseinandersetzung mit Fragen der gesellschaftlichen Bewertung von Behinderung. Inzwischen hat sich innerhalb der Allgemeinen Soziologie eine Teildisziplin gebildet, die als ‚Soziologie der Behinderten', ‚heilpädagogische Soziologie', ‚Behindertensoziologie' oder ‚Soziologie der Behinderten' bezeichnet wird. Zum Teil werden die Begriffe synonym verwendet.

Cloerkes definiert die ‚Soziologie der Behinderten' als „die Wissenschaft vom Zusammenleben der Menschen. Ihr spezifischer Forschungsgegenstand ist die soziale Wirklichkeit von Menschen mit Behinderung" (2001, 2). Die Erforschung von Einstellungen und Verhalten gegenüber Menschen mit Behinderung gehört zu ihren zentralen Aufgaben.

Soziologische Perspektiven

Elisabeth Wacker formuliert zwei Thesen, die die aktuelle soziologische Perspektive veranschaulichen:

- „Behinderung bleibt soziale Konstruktion – Teilhabe ist das Ziel" (2008, 42)
- „Behinderung bleibt soziale Abweichung – Umgang mit Verschiedenheit ist zu lernen" (2008, 43).

Ungefähr seit Mitte des 19. Jahrhunderts wird in der Soziologie Behinderung als soziales Konstrukt aufgefasst (Ferber 1968; Thimm 1972; Cloerkes 2003). „Daraus folgt ein gesellschaftlicher Auftrag, sich mit Behinderung und dem Umgang mit ihr als einem wesentlich gesellschaftlichen Thema zu befassen" (Wacker 2008, 42). Behinderung ist aber mehr als ein Konstrukt, „denn mit ihr lebt der Mensch" (2008, 42). Darum müssen die Lebensumstände und die Lebenswelten des Menschen mit Behinderung in den Blick genommen werden, um Behinderung in ihrer Vielfalt und Vielschichtigkeit zu erfassen. Denn nur dann wird deutlich, welche Anforderungen sich hieraus für die Gemeinschaft ergeben. Der Umgang mit Behinderung darf nicht allein an die ‚Behindertenhilfe' oder eine andere ‚Fachwelt für Behinderung' delegiert werden, sondern sie ist „eine Gemeinschaftsaufgabe in einer Gesellschaft für alle" (2008, 42). Die Realisation von sozialer Teilhabe kann nur erreicht werden, wenn sich alle Bürger diesem Ziel verpflichtet fühlen. *Behinderung bleibt so lange soziale Abweichung*, wie Menschen den Umgang mit der Verschiedenheit nicht gelernt haben.

Für die Soziologie ist die Behinderung kein „regelwidriger Zustand" (Wacker 2008, 44), sondern ein Phänomen, das sie unter folgenden Perspektiven betrachtet:

- *Interaktionistischer Ansatz:* Behinderung als Prozess von Zuschreibung und Erwartungen (Goffman 1967, 1972);
- *Gesellschaftstheoretischer Ansatz:* Behinderung wird mit einer bestimmten Gesellschaftsstruktur in Verbindung gebracht, in die der von Behinderung betroffene Mensch nicht integriert wird. Dies geschieht beispielsweise, wenn ein Kind mit geistiger Behinderung nicht in die Regelschule aufgenommen wird (Hohmeier 1979; Jantzen 1987);
- *Systemtheoretischer Ansatz:* Behinderung entsteht infolge von Störungen in der Kommunikation zwischen sozialen Systemen (Information, Mitteilung, Verstehen). Diese Störungen führen zu Selektion (Luhmann 1994);
- *Soziologisch-sozialpolitischer Ansatz:* Behinderung ist verknüpft mit dem gesellschaftlichen Auftrag, mittels „Hilfe von Dienst- und Sachleistungen Teilhabe herzustellen an alters-, geschlechts- und sozialstatusadäquaten Sozialbeziehungen (Ferber 1972; 1976; Thimm 1972)" (Wacker 2008, 45).

Die Aufgabe der Behindertensoziologie ist es zu untersuchen, inwieweit das Hilfesystem Integration und Teilhabe ermöglicht oder seinerseits neue Barrieren schafft. Darum beteiligt sie sich an der sozial- und behindertenpolitischen Diskussion und an der Entwicklung neuer gemeindenaher oder -integrierter Unterstützungssysteme. Neue Hilfeformen müssen, so fordert Wacker, „auf der Basis individueller Lebensplanung Selbsthilfe und Selbstbestimmung unterstützen und freisetzen" (2008, 54). Die ersten Schritte, die die Unterstützungssysteme dabei gehen müssen, sind,

Aufgabe der Behindertensoziologie

- „Individualität zu respektieren,
- Potenziale zu erkennen und
- Kompetenzen zu fördern,

ohne Rücksicht auf eigene Organisationsinteressen … Dazu muss Hilfe mehr und mehr maßgeschneidert werden, nach den Vorstellungen und Bedarfen der Nutzer" (2008, 54).

Nach dieser Einführung in Struktur und Aufgabe einer Behindertensoziologie stellt sich die Frage, wie geistige Behinderung von ihr gesehen und verstanden wird. Markowetz gibt zu bedenken, dass auch die ‚Soziologie der Behinderten' eine „exakte Definition und umfassende Klärung des Begriffs ‚geistige Behinderung' und seiner Derivationen (Geistigbehinderte, geistig behindert etc.)" (2006, 143) nicht leisten kann. Bei dem Versuch, die ‚geistige Behinderung' begrifflich zu fassen, orientiert sich die Soziologie der Behinderten an der ICF, wie sie in Kapitel 3.2 dargestellt wurde. Unter den in der ICF genannten Bedingungsfaktoren von Behinderung ist für die Soziologie der Aspekt der ‚Partizipation' der zentrale. „Partizipationsbeschränkungen *(participation rescriptions)* bestimmen von daher grundlegend die Arbeitsdefinition von Behinderung und das Verständnis daraus abgeleiteter Termini wie Behinderte, behindert, behindern" (144). In Orientierung an Cloerkes (2001, 7) schlägt Markowetz folgende behindertensoziologischen Arbeitsdefinitionsrahmen von geistiger Behinderung vor:

Geistige Behinderung

„Im soziologisch engeren und eigentlichen Sinne ist der Mensch erst dann (geistig-)behindert, wenn eine unerwünschte Abweichung vorliegt, die soziale Reaktion auf ihn entschieden negativ und deshalb seine Partizipationsmöglichkeiten am gesellschaftlich-sozialen Leben nachhaltig beschränkt werden und desintegrative, aussondernde Maßnahmen die Institutionalisierung von Behinderung auf den Plan rufen" (2006, 145).

Geistige Behinderung ist für Cloerkes „nichts Absolutes, nichts Objektives, sondern wird sozial konstruiert: Behinderung wird gemacht!" (2006, 145). Sie entsteht durch bzw. ist Folge von negativen Zuschreibungen.

Gefährdungen für Menschen mit geistiger Behinderung

Wie die Behindertensoziologie zeigt, schaffen die soziale Gemeinschaft wie das Unterstützungssystem *Integrations- und Teilhabe-Barrieren* für Menschen mit Behinderung. Und dies geschieht, obwohl in den Einrichtungen Assistenz an die Stelle behütender Fürsorge getreten ist, Selbstbestimmung und Empowerment an die Stelle paternalistischer Bevormundung. Gesellschaftliche Teilhabe und Inklusion in allen Lebensbereichen sind anzustrebende Ziele von Heilpädagogik und Behindertenpolitik. Doch bei genauer Betrachtung muss man heute feststellen, dass nicht mehr allen Menschen mit geistiger Behinderung die gleiche soziale Rolle zugestanden wird, d. h. diejenigen mit gravierenden Beeinträchtigungen zunehmend ins Abseits geraten. Marktwirtschaftliche Interessen und die damit kritiklos in Kauf genommene Zwangsliberalisierung stellen wachsende Anforderungen auch an das System der Behindertenversorgung und führen dort zu einem umfassenden Wertewandel. Als Gründe hierfür sind globale Veränderungsprozesse zu sehen, die so genannte Globalisierung, „die wesentlich zu den wirtschaftlichen, politischen und kulturellen Umwälzungen in der Gesellschaft beiträgt" (Dederich 2008, 31). Diese wirkt sich auf die lokalen Gesundheits-, Sozial- und Bildungssysteme aus und bringt eine starke Ökonomisierung des Sozialen und Einschrumpfungen des versorgenden Wohlfahrtsstaates bzw. seinen Umbau mit sich.

In seiner Regierungserklärung vom März 2003 gab der damalige Bundeskanzler Gerhard Schröder bekannt: „Wir werden Leistungen des Staates kürzen, Eigenverantwortung fördern und Eigenleistung von jedem Einzelnen abfordern müssen. Alle Kräfte der Gesellschaft werden ihren Beitrag leisten müssen: Unternehmer und Arbeitnehmer, freiberuflich Tätige und auch Rentner" (Agenda 2010 2003, 2). Mit dieser Aussage endet das Modell des Sozialstaates, wie es seit 1949 in der Bundesrepublik Bestand hatte. Die Verantwortung *des* Sozialstaates wird heute durch die Verantwortung *für den* Sozialstaat ersetzt: „Grundsätzlich keine soziale Leistung ohne Gegenleistung (,Fördern und Fordern'), der Sozialstaat auf dem Weg zum Konditionalstaat (,Leistung unter Bedingungen')" (Dörr 2008, 199). Dieses staatlich verordnete Leistungsprinzip stellt Menschen mit geistiger Behinderung heute vor neue Anforderungen: *Selbstbestimmung und Partizipation werden zur Pflicht!* Das heißt, Menschen mit geistiger Behinderung müssen weitgehend selbstbestimmt und selbständig in der Gemeinde integriert leben und arbeiten. Die in Anspruch zu nehmende Hilfe muss aus Kostengründen so gering wie eben möglich gehalten werden. Das sind für eine große Gruppe von Menschen mit geistiger Behinderung kaum einzulösende Leistungsanforderungen, vor allem, wenn sie zusätzliche Beeinträchtigungen haben oder alt werden. Für sie gibt es in Einrichtungen zwar weiterhin Angebote, aber sie sind konzeptionell weniger differenziert und werden meist von geringer qualifiziertem Personal ausgeführt. Menschen mit hohem Unterstützungsbedarf werden zunehmend an den Rand der Gesellschaft und des Versorgungssystems gedrängt. Sie werden *marginalisiert* und *ausgeschlossen* (vgl. Abb. 17).

Infolge der Rücknahme sozialstaatlicher Verantwortung kommt es wieder oder weiterhin zur Diskriminierung von Menschen mit geistiger Behinderung. War es früher die Defizitzuschreibung und die nicht zugestandene Bildungsfähigkeit, die zu Diskriminierung und Aussonderung führten (Kap. 2), so sind es heute mangelnde Selbstbestimmungs- und Integrationsfähigkeit, die zum *Ausschluss von*

Agenda 2010: „Fördern und Fordern"

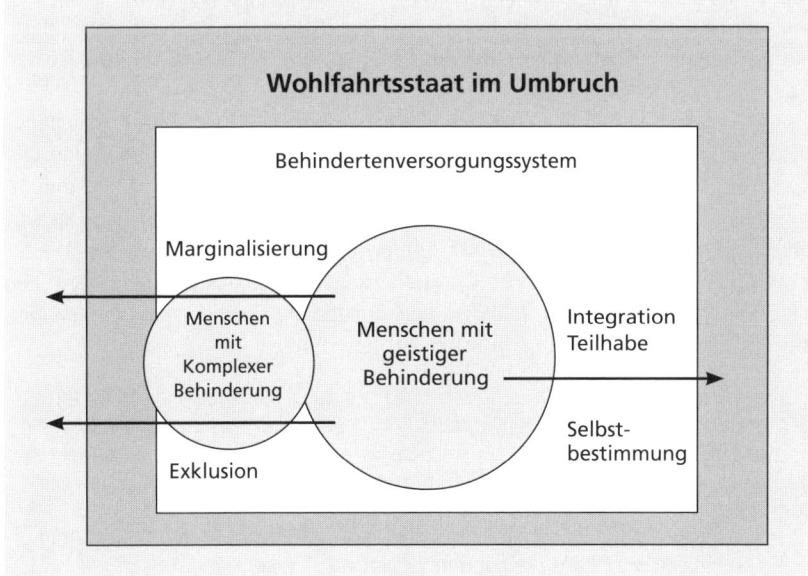

Abb. 17: Der Umbau des Sozialstaats und Menschen mit Komplexer Behinderung

Menschen mit Komplexer Behinderung führen (Fornefeld 2008, 108f). Die gültigen Leitprinzipien der Heilpädagogik reichen nicht aus, um die Lebensqualität *aller* Menschen mit geistiger Behinderung zu gewährleisten. Mit der Überbetonung der Selbstbestimmung und Partizipation verbinden sich neue Selektionsstrategien und Exklusionspraktiken, die die Menschen mit Komplexer Behinderung am stärksten treffen. *Eine Zwei-Klassen-Behindertenversorgung* ist längst Realität (Fornefeld 2008, 23f). Der Ausschluss von Menschen mit Behinderung erfolgt heute nicht nur aus der Gesellschaft, sondern auch aus dem Hilfesystem selbst (Dederich 2008, 13f).

Zwei-Klassen-Behindertenversorgung

Die Rechtsabteilung der Bundesvereinigung Lebenshilfe weist in einer Information vom 12.03.2008 auf folgenden Sachverhalt hin: „Schon jetzt wird aus der Praxis berichtet, das junge behinderte Menschen der Pflegestufe III (Menschen mit schwerer Behinderung, Anm. B. F.) Schwierigkeiten haben, in eine Einrichtung der Behindertenhilfe aufgenommen zu werden: Einige Sozialhilfeträger versuchen, diese Personen auf zugelassene Pflegeheime zu verweisen, obwohl sie wissen, dass diese Heime nicht die geeigneten Lebensorte für junge Menschen sein können.

Auch die behinderten Menschen mit hohem Pflegebedarf, die in Einrichtungen der Behindertenhilfe betreut werden, stehen einer unsicheren Lebensperspektive gegenüber, denn einzelne Sozialhilfeträger üben Druck auf die Träger der Behinderteneinrichtungen aus, sich als Pflegeheime zuzulassen" (www.lebenshilfe.de vom 16.03.2008).

Das Beispiel belegt, dass längst *eine Exklusion* von Menschen mit Behinderung *innerhalb des Behindertensystems* selbst stattfindet. Nicht nur aus Kostengründen werden Menschen nicht mehr in Wohneinrichtungen aufgenommen, die einmal für sie gedacht waren. Einrichtungen werden bei einem großen Anteil von Menschen mit hohem Hilfebedarf gedrängt, sich zur Pflegeeinrichtung zu verändern, damit ein anderer Kostenträger für die Finanzierung zuständig ist und Kosten verlagert werden können.

Zusammenfassung

Obwohl sich, wie Elling und Koch (2006) zeigen, die Einstellung gegenüber Menschen mit geistiger Behinderung seit 1974 verändert hat und ihnen weniger negative Eigenschaften zugeschrieben werden, ist ihre gleichwertige und gleichberechtigte Teilhabe noch lange nicht erreicht. Mit der Umwandlung des Sozialstaates sind neue Formen der Diskriminierung entstanden, die in besonderer Weise Menschen mit einem hohen Unterstützungsbedarf betreffen, die Menschen mit Komplexer Behinderung. Es entstehen spezifische *Randgruppenphänomene*. Darum erscheint die Forderung von Wacker berechtigt:

> „Als zukünftige Aufgabe für soziologische Forschung bleibt, die neuen Systeme der Steuerung mitzuentwickeln, die Wirkung der Anreize zu personenbezogener und gemeindeintegrierter Unterstützung am Maßstab der Lebensqualität und gesellschaftlichen Teilhabe aller Bürgerinnen und Bürger mit Unterstützungsbedarf weiter zu prüfen und dabei grundlegende Orientierung an den Unterstützungsansprüchen aller Menschen, unabhängig von ihren Selbständigkeitspotenzialen, nicht aus den Augen zu verlieren" (2008, 55).

Inwieweit sich hierdurch eine Exklusion der Schwächsten vermeiden lässt, wird die Zukunft zeigen.

Angesichts der Drift, die sich derzeit in der Versorgung von Menschen mit geistiger Behinderung auftut, sollen die Randgruppen und ihre Problemlage näher dargestellt werden, damit deutlich wird, welche Aufgaben der Geistigbehindertenpädagogik in Bezug auf diese Gruppen zukommt.

> Markowetz, R. (2006): Menschen mit geistiger Behinderung zwischen Stigmatisierung und Integration – Behindertensoziologische Aspekte der These ‚Entstigmatisierug durch Integration'. In: Wüllenweber, E., Theunissen, G., Mühl, H. (Hrsg.): Pädagogik bei geistiger Behinderung. Stuttgart, 142–159
> Wacker, E. (2008): Behinderung in der Gesellschaft. 50 Jahre im soziologischen Blick – vom Dialog zum Diskus. In: Geistige Behinderung 47. Jg., 1, 42–61

3.6.1 Menschen mit Komplexer Behinderung

Zur Gruppe der Menschen, die marginalisiert werden und von Ausschluss (Exklusion) bedroht sind, gehören beispielsweise Menschen, die

- ihre eigenen Vorstellungen, Wünsche und Bedürfnisse wie ihre Ansprüche unzureichend zum Ausdruck bringen.
- meist über keine ausreichende Verbalsprache verfügen.
- in besonderem Maße von der Zuwendung der Bezugspersonen abhängig sind.
- in Einrichtungen häufig mit unqualifiziertem Personal und unprofessionellem Verhalten konfrontiert sind.
- denen die Rolle des ‚Störers' zugewiesen wird, die die eigene Identität beeinflusst.
- abweichendes, aggressives oder selbstverletzendes Verhalten zeigen, was zum Ausschlusskriterium wird.
- im Laufe ihres Lebens verstärkt Erfahrungen des ‚Scheiterns' sowie des Abbruchs sozialer Beziehungen machen.
- häufig wechselnden und nicht koordinierten medizinisch-therapeutischen und pädagogisch-psychologischen Interventionen ausgesetzt sind.
- in besonderem Maße der Gefahr ausgesetzt sind, als Pflegefälle abgestempelt und aus der Behindertenhilfe (Eingliederungshilfe) ausgeschlossen zu werden.
- in Einrichtungen häufig Gewalterfahrungen ausgesetzt sind.
- eine heterogene Gruppe mit gleichen Exklusionserfahrungen bilden (vgl. Fornefeld 2008, 58).

Es sind Menschen, die aufgrund ihrer physischen, psychischen und/oder kognitiven Beeinträchtigungen den Selbstbestimmungs- und Integrationserwartungen des Systems nicht entsprechen. Sie gelten als kostenintensiv und sind in besonderer Weise von Exklusion innerhalb des Hilfesystems betroffen (Dederich 2008, 31f). Um dieser ‚Restgruppe' einen Namen zu geben, sie damit ins Bewusstsein zu rücken, werden sie als Menschen mit Komplexer Behinderung bezeichnet.

Diese Personengruppe zu benennen ist wichtig, weil sie in den gängigen Definitionen und Deutungsschemata von Behinderung nicht ausreichend berück-

Menschen mit Komplexer Behinderung

sichtigt wird. Das Besondere an ihrer Lebenssituation ist der *Ausschluss durch das Hilfesystem selbst*. Ein juristischer und ethischer Schutzraum löst sich auf, weil Verantwortung für diese Gruppe verlagert und nicht mehr in vollem Umfang übernommen wird. Das nachfolgende Beispiel soll das verdeutlichen.

Im Rahmen eines Seminars berichtet ein Student von seinen Erfahrungen während seines Zivildienstes in einem Wohnheim für Menschen mit geistiger Behinderung und von seiner Arbeit mit einem Bewohner, Herrn M. Er kenne Herrn M. nun vier Jahre und besuche ihn auch während des Studiums regelmäßig. Da sich dessen Zustand in den letzten Monaten stark verändert habe, sei er vom gesetzlichen Betreuer gebeten worden, Herrn M. einmal pro Woche im Rahmen einer Persönlichen Assistenz zu begleiten, das heißt, mit ihm die Einrichtung für verschiedene Unternehmungen wie Einkaufen, Schwimmen, Spazierengehen oder Fußballspielen zu verlassen. Herr M. sei Anfang dreißig. Er spreche nicht, zeige selbst- und fremdverletzendes Verhalten. Dieses habe sich verstärkt, seitdem leistungsstärkere Mitbewohner ins ambulante Wohnen gewechselt seien und die Gruppe mit weiteren nicht sprechenden Menschen ‚aufgefüllt' wurde. Zudem bestünden Pläne, die Einrichtung im Folgejahr zu schließen. Was mit den verbleibenden Bewohnern werde, sei noch unklar. Das Personal, so berichtet der Student, spreche in Anwesenheit der Bewohner über die Sorgen um den Arbeitsplatz, ohne diese dabei zu beachten oder gar ins Gespräch einzubeziehen. Besorgt gibt der Student zu bedenken, dass Herr M., nachdem ein Mitbewohner mit schwerer Behinderung verstorben sei, regredierendes Verhalten in Form von Einnässen und Daumenlutschen zeige. Zu Lebzeiten des Mitbewohners habe Herr M. ihn jeden Morgen begrüßt, indem er seine Wange auf dessen Kopf legte. Irritiert laufe er jetzt morgens durch den Frühstücksraum, so als ob er diesen Mitbewohner suche oder gar vermisse. „Können denn Menschen, die nicht miteinander sprechen, Freunde sein? Könnte es sein, dass Herr M. trauert?", fragt der Student ungläubig und fügt hinzu: „Die haben doch weiter gar nichts miteinander gemacht. Der Mitbewohner war doch blind und saß im Rollstuhl, er konnte ja auch gar nichts machen" (Fornefeld 2008, 53).

Die Lebenssituation von Herrn M. wird zum einen geprägt von seinen gravierenden Beeinträchtigungen, zum anderen von der spezifischen Weise, wie Herr M. von seiner Umgebung gesehen und behandelt wird. Durch die Schaffung homogener Bewohnergruppen verändern sich die Lebensbedingungen von Herrn M. entscheidend. Er wird nicht gefragt, mit wem er zusammen leben möchte oder ob das Verhalten der Mitbewohner ihm zusetzt. Es ist anzunehmen, dass er im Folgejahr ungefragt in eine andere Einrichtung ‚verlegt' wird. Mit dieser Praxis drängt das Hilfesystem Menschen wie Herrn M. an den Rand, *marginalisiert* und diskriminiert sie.

Die Faktoren, die die Lebenssituation von Herrn M. beeinflussen, sind genauer zu betrachten:

- keine Verbalsprache, aggressives Verhalten
- mittelgradige bis schwere kognitive Beeinträchtigungen
- regredierendes Verhalten

- Verlust einer engen Bezugsperson (Freund) und Missachtung seiner Trauer
- keine spezifischen Angebote im Alltag
- Veränderung der Bewohner-Struktur – Homogenisierung der Gruppe
- Unsicherheit in Bezug auf den Fortbestand des Lebensortes

Es sind nicht allein die kognitiven Beeinträchtigungen und sein schwieriges Verhalten, die die Behinderung von Herrn M. ausmachen. Entscheidend sich ebenso die deprivierenden Lebensumstände und die fehlenden tagesstrukturierenden Angebote. Zur Behinderung gehört wesentlich auch, das was andere an Herrn M. sehen. Das heißt, wie er von seinen Bezugspersonen gesehen wird: wie sie ihn und seine Beeinträchtigung deuten und ihn als Person wertschätzen. Dies zeigt sich daran, welche Aufmerksamkeit und Zuwendung sie ihm zugestehen oder vorenthalten. Die Mitarbeiter des Wohnheimes trauen ihm Fähigkeiten zum Unterhalten von Freundschaften oder zum Trauern nicht zu, darum erkennt niemand, dass er eine Trauerbegleitung benötigt. Sein regredierendes Verhalten ist ein deutliches Signal, wenn man bedenkt, dass Herr M. keine Verbalsprache besitzt. Durch sein Verhalten drückt er seine Bedürfnisse aus, die aber nicht erkannt, sondern lediglich als ein weiteres Fehlverhalten abgetan und ignoriert werden. *Unprofessionelles Handeln von Mitarbeitern ‚be-hindert'!* Man überlässt Herrn M. sich selbst. Der gesetzliche Betreuer beauftragt den Studenten, einmal pro Woche mit Herrn M. etwas zu unternehmen, weil die Einrichtung keine Beschäftigungsangebote zur Verfügung stellt. Dem Studenten, der sporadisch in die Wohngruppe kommt, fallen Herrn M.s Probleme auf, doch sein Nachfragen bei den Mitarbeitern bleibt wirkungslos.

deprivierende Lebensumstände

Von einer pädagogisch-anthropologischen Warte aus ist Behinderung eine *komplexe Verbindung*, die sich aus der physischen und psychischen Verfasstheit eines Menschen auf der Grundlage seiner Erfahrungen und seiner jeweiligen Lebenssituation ergibt. Sie ist noch mehr: Die durch Verkennung der Fähigkeiten und Missachtung der Bedürfnisse gekennzeichnete Lebenssituation von Herrn

Behinderung als komplexes Phänomen

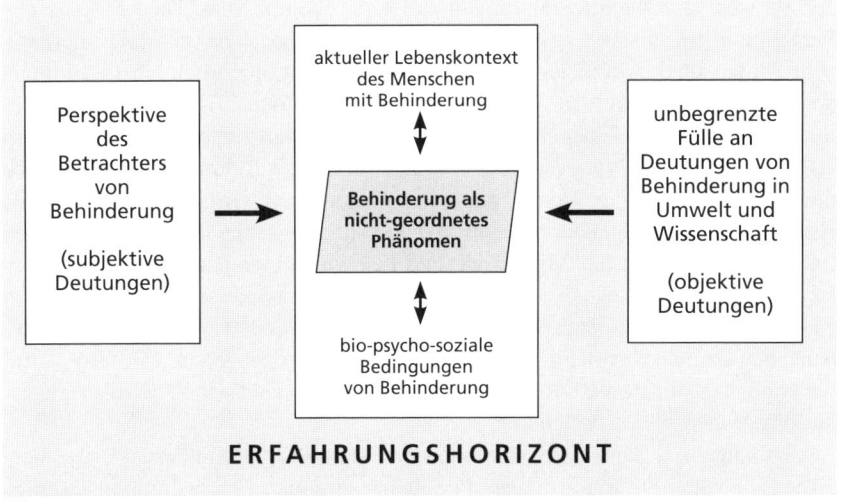

Abb. 18: Behinderung als nicht-geordnetes Phänomen zwischen subjektiven und objektiven Deutungen und vor dem Erfahrungshorizont der Urteilenden

M. macht deutlich, dass in die Beschreibung von Behinderung die Perspektive des Gegenübers, also derjenigen gehört, die mit dem behinderten Menschen umgehen. Behinderung ist demzufolge auch eng verbunden mit den Alltagserfahrungen der Bezugspersonen, ihren subjektiven Empfindungen und deren Deutung. Beide Ebenen bilden eine unlösbare Einheit, was in Abbildung 18 veranschaulicht wird.

Neben den Definitionen und Klassifikationen, wie sie in Kapitel 3.1 und 3.2 dargestellt wurden, hat Behinderung im alltäglichen Umgang eine Dimension, die in der reflektierten, der abstrakten oder wissenschaftlichen Auseinandersetzung nicht so deutlich zum Tragen kommt. *Behinderung ist unlösbar mit dem verbunden, der mit der Behinderung umgeht, der sie betrachtet und bewertet.* Seine Erfahrungen und Einstellungen gehören wesentlich zur Behinderung dazu, weil sie, wie das Beispiel von Herrn M. zeigt, akzeptierend oder abwertend wirken können. Die subjektiven Deutungen der Umwelt in ihrer unbegrenzten Fülle in Wechselwirkung mit der nicht geordneten Struktur der Lebenswirklichkeit des betroffenen Menschen machen die Komplexität der Behinderung aus.

Umgang mit Behinderung

Je schwerer ein Mensch beeinträchtigt ist, desto größer ist die Unsicherheit derjenigen, die mit ihm umgehen (Eltern, Mitarbeiter in Einrichtungen, Wissenschaftler, Mitmenschen). Menschen, die nicht sprechen, die sich anders verhalten, die sich nicht in ungewohnter Weise bewegen, die anders wahrnehmen, wirken irritierend und fremd. Man versucht dieses Fremdheitserleben zu bewältigen, indem man es dem anderen, dem behinderten Menschen ‚anlastet', indem man ihn als defizitär oder minderwertig betrachtet. *Man wertet ihn sozial ab!* Dieser meist unbewusst ablaufende Prozess der Abwertung und Diskriminierung seitens der sozialen Umwelt verstärkt sich mit der Schwere der Beeinträchtigung eines Menschen und bewirkt eine *Komplexitätssteigerung*.

Die Behinderung ist ein *Phänomen* und *als solches immer mehr, als wir denkend von ihm erfassen können.* Es gibt eine Fülle von Deutungen der Behinderung. Behinderung ist keine Faktum, sondern ein Phänomen (Lindmeier 1993) und als solches per se komplex, ausgestattet mit einer Fülle an Bedeutungen. Mit der Schwere der Beeinträchtigungen steigt die Komplexität. Die adjektivische Verwendung ‚Menschen mit komplexer Behinderung', wie man sie alternativ zum Schwerstbehinderungs-Begriff häufig findet, ist eigentlich eine Tautologie (vergleichbar dem weißen Schimmel). Die Bezeichnung ‚Komplexe Behinderung' darf *nicht* als Eigenschaft der Behinderung verstanden werden, sondern als *Attribut der Lebensbedingung* von Menschen mit Behinderung, was durch die Großschreibung des Wortes ‚*Komplex*' symbolisiert wird. Hierdurch wird die Bezeichnung zum Eigennamen einer Gruppe von Menschen in einer spezifischen Lebenssituation. Um auf Missstände und Fehlentwicklungen sowie auf die Ansprüche und Bedarfe einer größer werdenden ‚Restgruppe' aufmerksam machen zu können, müssen die betroffenen Menschen benannt werden. Denn was nicht zu benennen ist, existiert nicht, mit dem kann man nicht umgehen. Insofern ist mit der Namensgebung eine Schärfung des Bewusstseins und der Verantwortung für diese Personengruppe verbunden.

Zusammenfassung

Man sollte erst dann von ‚Menschen mit Komplexer Behinderung' sprechen, „wenn die gängigen Erwartungen an Selbstbestimmung, Inklusion und Teilhabe an Grenzen stoßen, andernfalls erfüllt die Bezeichnung nicht die Schutzfunktion, die mit der Namensgebung verbunden ist" (Fornefeld 2008, 77).

- Die Bezeichnung Menschen mit Komplexer Behinderung benennt eine Gruppe von Menschen, die in gängigen Definitionen und Deutungsschemata von Behinderung nicht ausreichend berücksichtigt werden.
- Es sind Menschen, die nicht allein von gesellschaftlichen Marginalisierungspraktiken, sondern auch von Exklusion durch das Hilfesystem selbst betroffen sind. Ihre Möglichkeiten und Grenzen einer selbstbestimmten Lebensführung in sozialer Gemeinschaft sind in komplexer Weise mit- und ineinander verwoben.
- Die Bezeichnung ‚Komplexe Behinderung' darf nicht als Eigenschaft der Behinderung verstanden werden, sondern als Attribut der Lebensbedingungen von Menschen mit Behinderung. Hierdurch wird die Bezeichnung zum Eigennamen einer Gruppe von Menschen mit Behinderung in einer spezifischen Lebenssituation.
- Um die Lebenswirklichkeit von Menschen mit Komplexer Behinderung zu verstehen, sind Alltagserfahrungen und die Erfahrungshorizonte von Fachkräften in die Deutung und Wertung der Behinderung einzubeziehen, weil sie erkenntnis- und handlungsleitend sind.
- Die Komplexität der Lebensbedingungen von Menschen mit Komplexer Behinderung lässt sich nicht einzelwissenschaftlich erfassen. Das komplexe Gefüge der Potenziale und Bedarfe dieser Menschen in den jeweilgen Lebenskontexten muss als solches anerkannt und interdisziplinär erfasst werden. Es gibt aber weder einfache Lösungen, noch fertige ‚Handlungs-Rezepte', weder zur Erfassung der individuellen Problemlagen, noch zur Entwicklung adäquater pädagogisch-therapeutischer Interventionen.
- Will man den Menschen mit Komplexer Behinderung in seinem jeweiligen Lebenskontext verstehen, sind mehrperspektivische Zugänge und der intensive interdisziplinärer Austausch der Fachkräfte unterschiedlicher Professionen nötig. Auf der Grundlage umfangreichen diagnostischen, konzeptionellen und methodischen Wissens aus verschiedenen Fachdisziplinen sowie unter Einbezug der Alltagserfahrungen und der Erfahrungshorizonte der Fachkräfte müssen pädagogisch-therapeutische Maßnahmen immer wieder neu angepasst und erarbeitet werden. Die Synthese interdisziplinär gewonnenen Wissens und seine Überführung in pädagogische Maßnahmen zur Unterstützung des Menschen mit Komplexer Behinderung in seiner Alltagswirklichkeit gehören zu den Aufgaben von Pädagogen.

Auf zwei weitere Randgruppenphänomene bzw. Personengruppen ist hinzuweisen, weil sie, wie die Menschen mit Komplexer Behinderung, die Geistigbehindertenpädagogik und das Versorgungssystem heute vor schwierige Aufgaben stellen. Es sind die *alten Menschen mit geistiger Behinderung* und die *Menschen mit geistiger Behinderung und Migrationshintergrund*.

Dederich, M. (2005): Zur Ökonomisierung sozialer Qualität. In: Sozialpsychiatrische Informationen 35. Jg., 4, 2–6
- (2008): Der Mensch als Ausgeschlossener. In: Fornefeld, B. (Hrsg.) (2008): Menschen mit Komplexer Behinderung. München, 31–49
Dörr, G. (2008): ‚Jedem das Seine' – die Bedeutung von Recht und Gerechtigkeit für Menschen mit Komplexer Behinderung. In: Fornefeld, B. (Hrsg.) (2008): Menschen mit Komplexer Behinderung. München, 184–202

Fornefeld, B. (2007a): Was geschieht mit dem ‚Rest'? Anfragen an die Behindertenpädagogik (Teil 1). In: Dederich, M., Grüber, K., (Hrsg.): Herausforderungen – Mit schwerer Behinderung leben. Frankfurt, 39–53
– (Hrsg.) (2008): Menschen mit Komplexer Behinderung. München
Hennicke, K. (2004): Die Ausgrenzung psychisch gestörter Menschen mit geistiger Behinderung vom psychiatrisch-psychotherapeutischen Versorgungssystem in Deutschland. In: Wüllenweber, E. (Hrsg.): Soziale Probleme von Menschen mit geistiger Behinderung. Fremdbestimmung, Benachteiligung und soziale Abwertung. Stuttgart, 202–211
Negt, O. (2005): Zeitgeist und die Suche nach neuen Balancen. In: Sozialpsychiatrische Informationen 35. Jg., 4, 18–22

3.6.2 Alte Menschen mit geistiger Behinderung

> „Wenn der Verstand rostet, ist das ganz schlecht.
> Man muss was tun, die innere Stimmung muss
> gut sein. Wenn einer seelisch fertig ist, soll er was
> unternehmen. Mit Tabletten ist da nicht geholfen"
> *(Peter Schmidt, 61 Jahre,*
> *Lebenshilfe Niedersachsen 2006, 4).*

Demografische Entwicklung

Die demografische Entwicklung in der Bundesrepublik lässt, wie bereits dargestellt, einen Anstieg der Zahl alter Menschen mit geistiger Behinderung erwarten. „In den letzten drei Jahrzehnten gibt es zunehmend mehr ältere Personen mit geistiger Behinderung, deren durchschnittliche Lebenserwartung sich in den westlichen Ländern immer mehr der nicht behinderten Bevölkerung angleicht" (Havemann/Stöppler 2004, 24). Untersuchungen des Lebenshilfe-Landesverbandes Bayern von 2005 zeigen, „dass 2004 von 9.770 Mitarbeiter(inne)n in Werk- und Förderstätten 2,9 % das 60. Lebensjahr überschritten hatten; 12,4 % waren im Alter von 50 bis 60 Jahren. Noch mehr ältere Menschen leben in den Wohneinrichtungen der Lebenshilfe. Von den 3.337 Bewohner(inne)n waren 2,2 % älter als 70 Jahre und 9,1 % befanden sich im Alter zwischen 60 und 69 Jahren. Aus der Untersuchung geht weiterhin hervor, dass in zehn Jahren etwa 1/3 der heutigen Mitarbeiter(innen) aus der Werkstatt für behinderte Menschen ausscheiden werden, das sind in Bayern 2.705 Menschen. Es ist davon auszugehen, dass sich diese Situation in den anderen Bundesländern ähnlich darstellt" (Bundesvereinigung Lebenshilfe 2008, 5).

Während in anderen europäischen Ländern und den USA die systematische Erforschung dieses Personenkreises in den 1980er Jahren begann, sind alte Menschen mit geistiger Behinderung in der Bundesrepublik erst seit einigen Jahren von wissenschaftlichem Interesse. Als Gründe hierfür nennen Havemann und Stöppler die „lang dominierende Auffassung über Menschen mit geistiger Behinderung als ‚ewige Kinder' und der geringen Lebenserwartung aus medizinischen Gründen und systematische Vernichtung in der Nazizeit" (2004, 14). Außerdem war das Altwerden lange ein Tabuthema und wurde negativ, als Abnehmen der Lebenskräfte und Verfall, gesehen. Heute weiß man, dass im Altern Entwick-

Altersbezeichnung/-phase	Lebensjahr
Spätes Erwachsenenalter (junges Alter)	55–60
Ältere Menschen	61–75
Alte (greise, betagte) Menschen	76–85
Hochbetagte (greise) Menschen	ab 86

Tab. 7: Altersbezeichnungen nach Buchka (2007a, 8)

lungs- und Bildungspotenziale stecken, die dem alternden und alten Menschen ein erfülltes Leben ermöglichen.

Während die Behinderungen und Beeinträchtigungen im Alter immer schon zu den Forschungsfragen der Gerontologie gehörten, öffnet sie sich erst seit kurzem für Fragen von Menschen mit Behinderung im Alter. Hier ist Ziel der internationalen Forschung die Erfassung der Lebenssituation alter Menschen mit geistiger Behinderung und ihrer *spezifischen* Bedürfnisse sowie die Erfassung der Unterschiede und Gemeinsamkeiten im Alterungsprozess von Menschen mit und ohne Behinderung. Seit Beginn der 1980er Jahre hat die Bundesvereinigung Lebenshilfe durch Ausrichtung von Tagungen und internationalen Workshops auf die Belange von alten Menschen mit geistiger Behinderung aufmerksam gemacht und Forschung initiiert. „Ein Thema ist die Erforschung von Alterskrankheiten, z.B. bei Menschen mit geistiger Behinderung (hier wird die überraschende Erkenntnis von Gemeinsamkeiten von Menschen mit Alzheimererkrankung und solchen mit Down-Syndrom diskutiert)" (Buchka 2007b, 23). Daneben wurden individuelle Alterungsverläufe von Menschen mit geistiger Behinderung untersucht. Die Ergebnisse lernpsychologischer Forschungen zeigen, dass auch sie im hohen Alter Neues lernen können.

Gerontologie

> „Die Soziologen zeigen vermehrtes Interesse daran, herauszufinden, wie die demographische Entwicklung in dieser Personengruppe sich wahrscheinlich gestalten wird im Rahmen der allgemeinen Veränderung von Lebensweltstrukturen in unserer Gesellschaft" (23).

Altern ist ein mehrdimensionaler Prozess, der von verschiedenen Faktoren, wie Gesundheitszustand, Geschlecht, Persönlichkeit, ökologische Einflüsse, Lebensereignisse, sozialer Status oder soziale Integration u.a.m. beeinflusst wird. Insofern ist der Prozess des Alterns immer ein individueller. Er kann früh im Leben beginnen und das Leben im Alter prägen (Havemann/Stöppler 2004, 24).

Älterwerden ist ein biologischer, physiologischer, psychischer und sozialer Prozess.

Alterstheorien

- *Die biologische Sicht* erklärt das Altern in Bezug auf die körperliche und geistige Leistungsfähigkeit und beschreibt Altersveränderungen in Bezug auf den Stütz- und Bewegungsapparat, auf einzelne Organsysteme oder Sinnesorga-

ne etc. „Das biologische Altern verläuft bei Menschen mit geistiger Behinderung im Prinzip nicht anders als bei der Gesamtbevölkerung. Er verläuft individuell genauso unterschiedlich" (Havemann/Stöppler 2004, 54).
- *Die psychologische Sicht* thematisiert die kognitiven und emotionalen Veränderungen im Alter. „Die Prävalenzrate psychischer Störungen ist bei älteren Menschen mit geistiger Behinderung nicht höher als bei jungen Erwachsenen und Jugendlichen" (Havemann/Stöppler 2004, 54).
- *Die soziologische Sicht* diskutiert verschiedene Theorien des Alterns, z. B. die Aktivitäts-, Disengagement- oder Kontinuitätsteorie. „Alte Menschen mit geistiger Behinderung sind im gesellschaftlichen Kontext in zweifacher Hinsicht stigmatisiert, nämlich durch eine soziale Abwertung, bedingt durch die geistige Behinderung und das Alter" (Havemann/Stöppler 2004, 54).

Ohne hier vertiefend auf die verschiedenen gerontologischen, soziologischen oder psychologischen Alterstheorien einzugehen, sollen einige für den Personenkreis relevante Grundaussagen, in Anlehnung an Buchka (2007b, 23f) genannt werden:

Alterstheorien in Bezug zu Menschen mit geistiger Behinderung

- Menschen mit geistiger Behinderung haben Möglichkeiten, im Alter neue Rollen und Betätigungsfelder zu suchen (= Aktivitätstheorie: „Zutrauen von Aktivität und Leistung").
- Am Ende des Berufslebens äußern Menschen mit geistiger Behinderung, dass sie endlich einmal das tun wollen, wofür sie bisher keine Zeit hatten, z. B. die Nutzung von Freizeit- und Bildungsangeboten in Volkshochschulen oder Altenbildungszentren (= Kompensationstheorie: „Nachholentwicklung").
- Menschen mit geistiger Behinderung wollen an ihrem vertrauten Lebensort ihren Lebensabend verbringen und dort sterben können (= Kontinuitätstheorie: „Fortsetzung lebensweltlicher und persönlicher Rollen und Aktivitäten").
- Der alte Mensch mit geistiger Behinderung darf nicht nur auf die Rolle des ‚Betreuten' oder des ‚zu Pflegenden' reduziert werden, weil durch spezifische Aktivitäten andere Rollen übernehmen kann (= Strukturtheorie: „Differenzierung der Lebenswelten, Rollenvielfalt").
- Menschen mit geistiger Behinderung sind im Alter zu ‚sinnerfüllten Aktivitäten' fähig, sowie zur ‚selbstbestimmten Lebensführung und sinnerfüllten Lebensgestaltung' (= Produktivitätstheorie: „produktives Leben im Alter").
- Alte Menschen mit geistiger Behinderung stellen sich den Herausforderungen, die das Alter mit sich bringt. Sie übernehmen Entwicklungs- und Wachstumsaufgaben, die zum individuellen Lebensglück notwendig sind (= Wachstumstheorie: „Wachstums- und Entwicklungsaufgaben in höherem Lebensalter"). Alterbildungskonzepte basieren auf dieser Grundannahme.
- Menschen mit geistiger Behinderung besitzen auch im Alter Fähigkeiten und Kenntnisse zur Selbstgestaltung des eigenen Lebens (= Empowerment-Theorie: „Kompetenzpotenzial zur Lösung von Lebensaufgaben"). Die Biografiearbeit bietet sich hier besonders an, um dem Menschen seine Fähigkeiten und Möglichkeiten bewusst zu machen.
- Die Um- und Mitwelt muss dem alten Menschen mit geistiger Behinderung zur Identitätsentwicklung Veränderungs- und Entwicklungsmöglichkeiten zutrauen, damit er sie entwickeln kann. (= Kompetenztheorie: „effektives Zusammenspiel zwischen den Ressourcen des Menschen mit den situativen Anforderungen aus der Mit- und Umwelt"). Die beiden zuletzt genannten Theorien stehen in Wechselwirkung zu einander.

Pädagogische Sicht

Es wird deutlich, dass das Altern auch von einer pädagogischen Perspektive betrachtet werden muss, weil Menschen mit geistiger Behinderung in dieser Lebensphase bildungsfähig sind und zur Realisierung eines sinnvollen Lebensabends adäquate Bildungsangebote brauchen. Sie benötigen pädagogische Begleitung, damit sie Altersbildungsangebote kennenlernen und für sich nutzen können. Die Geistigbehindertenpädagogik, die im Kontext einer Pädagogik für alte Menschen auch als Geragogik bezeichnet wird, hat die Aufgabe, Erkenntnisse anderer Disziplinen (Medizin, Gerontologie, Pflegewissenschaften, Psychologie, Soziologie) in ihrer Bedeutung für den Personenkreis zu prüfen, zu modifizieren und angemessene Konzepte zur Entwicklung und zum Erhalt von Kompetenzen zu entwickeln. Bildungsangebote müssen vor den Hintergrund der spezifischen Lebenserfahrung dieser Generation alter Menschen mit geistiger Behinderung entwickelt werden, weil diese spezifische sind. Sie werden von Havemann und Stöppler als „Kumulierung von Nachteilen" bezeichnet und mit den Stichworten „Traumatisierung, Hospitalisierung und gelernte Hilflosigkeit" (2004, 9) umschrieben. Es muss berücksichtigt werden, „dass es sich bei der Generation der jetzt alt werdenden Menschen mit geistiger Behinderung um Personen handelt, die aufgrund der spezifischen Lebenssituation von Menschen mit Behinderung in der Nachkriegszeit unter erschwerten Bedingungen gelebt haben. Diese Menschen sind in einer Zeit aufgewachsen, in der sie häufig in ihrem direkten und weiten Umfeld, aber auch gesamtgesellschaftlich, wenig Wertschätzung erfahren haben" (Bundesvereinigung Lebenshilfe 2008, 6). Es sind Menschen,

Geragogik

- „denen keine Gelegenheit gegeben wurde, für sich Lebenspläne zu schmieden, wie dies jeder zu tun pflegt;
- die verminderte Chancen auf schulische Förderung hatten;
- die nie oder nicht gleich einen Arbeitsplatz auf dem allgemeinen Arbeitsmarkt bzw. in einer WfbM (Werkstatt für behinderte Menschen, Anm. B. F.) erhielten;
- denen persönliche Partnerschaften, auch intime Beziehungen, meist vorenthalten blieben" (Bundesvereinigung Lebenshilfe 2008, 6).

Aufgabe der Geistigbehindertenpädagogik ist es, „einer oftmals lebenslang benachteiligten Gruppe von Menschen in der Lebensphase des Alters passende Unterstützung zu bieten und bei einer personenzentrierten Planung von Hilfen und Kompetenzerweiterungen viele Bereiche zu berücksichtigen" (Havemann/ Stöppler 2004, 9).

Heute beschränkt sich die Lebenswelt alter Menschen mit geistiger Behinderung nicht allein auf die Wohnstätte (oder Altenheim, Geriatrie), sondern sie haben auch Zugang zu Freizeit- und Bildungseinrichtungen, wie z. B. Volkshochschulen oder anderen Anbietern von Kursen für Erwachsene. Träger von Einrichtungen, wie Caritas, Diakonie, Lebenshilfe oder die Landschaftsverbände, bieten ebenso spezielle Fortbildungen für ältere und alte Menschen an. Die Themen beziehen sich auf deren Interessen und sind auf Erhalt von Kompetenzen und Entwicklung von Ressourcen ausgerichtet. Hier einige Beispiele:

Altersbildungsangebote

- „Selbstbestimmtes Älterwerden"
- Vorbereitung auf den Ruhestand
- Arbeit an der eigenen Altersidentität
- Biografiearbeit
- Schreibwerkstatt

- Sterbe- und Trauerbegleitung
- Begleitetes Wohnen und Wohntraining
- Freizeitbildung und Geselligkeit
- Sexualität und Partnerschaft
- Ernährungsberatung und Suchtprophylaxe
- Körpererfahrung, Sport- und Bewegungsförderung
- religiöse Angebote u. a. m.

Bedarfe von älteren und alten Menschen mit geistiger Behinderung

Dass diese Angebote notwendig und sinnvoll sind, wird deutlich, wenn man den Ruhestand dieses Personenkreises näher betrachtet. Mit dem Ausscheiden aus dem Berufsleben, meist der Werkstatt für behinderte Menschen, verlieren ältere Menschen nicht nur die Selbstbestätigung durch Arbeit, sondern auch einen Großteil ihrer Sozialkontakte. Dies ist von Bedeutung, weil sie i. d. R. selbst keine Familie gegründet und häufig den Kontakt zu ihrer Herkunftsfamilie verloren haben. Neue Freundschaften zu knüpfen ist, angesichts eingeschränkter sozialer Kontakte schwierig und ohne Unterstützung kaum möglich. Obwohl in den letzten Jahren ein Bewusstsein für die Bedürfnisse dieser Menschen gewachsen ist, spezifische soziale Hilfen und pädagogische Bildungsangebote entwickelt wurden, besteht in diesem Bereich noch ein großer Entwicklungsbedarf.

Häufig mangelt es in Wohneinrichtungen an tagesstrukturierenden Maßnahmen, die neue Orientierungen geben, Langeweile und vorzeitigen mentalen und physischen Abbau verringern. Vielfach wird nicht ausreichend zur Kenntnis genommen, dass ältere und alte Menschen Interesse daran haben, ihre Zeit zu gestalten. Sie „können motiviert werden, alte Hobbys wieder aufgreifen, bestehende Interessen zu Hobbys zu machen oder sich im Freizeitbereich in der Zukunft Wünsche zu erfüllen, die sie schon lange geplant haben" (Havemann/Stöppler 2004, 156). Doch sie stoßen bei der Umsetzung ihrer Wünsche oft auf „institutionelle Barrieren, Traditionen, Personalmangel und geringes Feingefühl für individuelle Wünsche" (Havemann/Stöppler 2004, 156).

Mitarbeiterinnen und Mitarbeiter in Wohneinrichtungen sind vielfach noch unzureichend auf den Personenkreis vorbereitet, d. h. sie haben zu wenig gerontologische Kenntnisse, um adäquate Angebote zu machen und zu wenig Erfahrung in der Behindertenpflege, um sie als aktivierende Pflege für persönliche Entwicklungsprozesse zu nutzen. Das hat zur Folge, dass Verhaltensweisen von alten Menschen falsch interpretiert, ihre Wünsche und Bedürfnisse nicht wahrgenommen und Krankheiten zu spät erkannt werden.

Alte Menschen mit geistiger Behinderung brauchen eine ihnen angemessene Ansprache und Angebote, die dazu beitragen, die persönlichen Interessen und Fähigkeiten zu erhalten und sich neue Betätigungsfelder zu erschließen, so lange **Pflege** es für den Menschen möglich ist. Eine *aktivierende Pflege* kann hierbei unterstützend wirken, weil sie sich als ‚*Hilfe zur Selbsthilfe*' versteht. Sie gibt individuelle Anleitung, Beratung und Unterstützung bei der Bewältigung von Alltagsverrichtungen. Wichtig ist es, Hilfen nur dort zu geben, wo sie wirklich notwendig sind. Denn „*Hilfe* kann zur Abhängigkeit führen. Sie beseitigt zwar möglicherweise einen aktuellen Notstand, kann allerdings zu Unselbstständigkeit und Verlusten von Kompetenzen führen. Insoweit erhöht sie potentiell die behinderungsbedingten Einschränkungen. Falsche, unangemessene oder zu viel Hilfe kann die Hilfsbedürftigkeit erhöhen. Hilfe muss nicht nur *fachlich professionell* sein, sondern auch im Rahmen der Zielvariablen *‚Selbstbestimmt Leben'* erfolgen, will sie nicht Unselbständigkeit und Abhängigkeit erhöhen" (Martens 2006, 34). Trotz Hilfebedarfes sollen alte Menschen mit Behinderung ein möglichst selbstständiges und selbstbestimmtes Leben führen. „Die Pflegeleistungen müssen dabei immer auf die Teilhabe ausgerichtet sein" (Behindertenbeauftragter 2008). Bei desorientierten und dementen sowie bei schwerstkranken und sterbenden alten Menschen mit Behinderung wird die ‚Basale Stimulation in der Pflege' (Fröhlich/Bienstein 2003) angewendet, um die Wahrnehmungs- und Kommunikationsfähigkeit so lange wie möglich zu erhalten. „Jeder ältere Mensch hat eine ganz eigene Geschichte und ist davon geprägt. Er verfügt über individuelle Möglichkeiten und Fähigkeiten, die es gilt zuzulassen. Wer dies erkennt und akzeptiert, hat bereits die wesentlichen Rahmenbedingungen geschaffen, um Menschen mit Behinderungen im Alter positiv zu begleiten, damit *‚die innere Stimmung gut wird und bis zum Ende gut bleibt'"* (Lebenshilfe Niedersachsen 2006, 4). Als Beispiel für ein solches Rahmenkonzept ist im Anhang der „Entwurf eines Leitbildes der Seniorenbetreuung" der Lebenshilfe Cuxhaven gGmbH nachzulesen.

Alte Menschen mit geistiger Behinderung „benötigen häufig nicht nur rehabilitative oder soziale, auf Eingliederung in die Gemeinschaft zielende Leistungen. Vielfach sind sie außerdem auf pflegerische Hilfen angewiesen. In diesen Fällen bestehen Ansprüche gegenüber den Sozialhilfeträgern neben denen den Pflegekassen" (Bundesvereinigung Lebenshilfe 2008, 9). Das bedeutet, alte Menschen mit Behinderung haben einen Anspruch auf Eingliederungshilfe (SGB XII) wie auf Krankenpflege. Doch, so kritisiert die Bundesvereinigung Lebenshilfe, sei man von einer leistungsrechtlichen Verzahnung der Eingliederungshilfe mit der Pflegeversicherung" (2008, 9) noch weit entfernt. Das führt dazu, dass alte Menschen mit Behinderung oftmals zwischen Institutionen der Eingliederungshilfe (ambulante und stationäre Wohnheime) und denen der Pflegeversicherung (Pflege- und Altenheime) hin und her geschoben werden. „Es besteht ein Anspruch auf Leistungen der Eingliederungshilfe, solange Aussicht auf Erfolg darauf besteht, dass die Ziele der Eingliederungshilfe erreicht werden können" (Lebenshilfe Niedersachsen 2006, 4). Die ‚Erfolgs-Klausel' wird allzu leicht als Argument benutzt, um unbequeme, kranke oder gebrechliche alte Menschen, die zur Belastung für das Personal in Wohneinrichtungen werden, in eine Pflegeeinrichtung zu verlegen. Diese Praxis kritisiert auch die Bundesvereinigung Lebenshilfe, wenn sie feststellt: „In zunehmendem Maße werden alte Menschen mit Behinderung mit Hinweis auf das Normalisierungsprinzip auf Pflegeeinrichtungen verwiesen. Aus Sicht behinderter Menschen stellen Altenheime i. d. R. nicht die für sie optimale Umgebung dar" (2008, 9). In Altenheimen leben Menschen, die im Durchschnitt älter als 80 Jahre sind und deren Bedürfnisse ganz andere als die älterer Menschen mit geistiger Behinderung sind. Bei der vorzeitigen Überweisung in eine Einrichtung der Pflegeversicherung wird übersehen, dass Menschen mit Behinderung im Sinne von § 2 SGB IX und § 9 SGB IX ein Wunsch- und Wahlrecht haben, d.h. von Gesetz wegen müssen sie in die Entscheidung einbezogen werden. „Weder die Leistungserbringer noch die Träger der Sozialhilfe dürfen einseitig oder gemeinsam über behinderte Menschen verfügen. Dem steht das dem behinderten

Rechtliche Grundlagen

Menschen eingeräumte Wunsch- und Wahlrecht entgegen." (Bundesvereinigung Lebenshilfe 2008, 10).

Persönliches Budget

Das Persönliche Budget ist ein „wesentliches Element zur Erweiterung und Sicherung der Selbstbestimmungsmöglichkeiten auch älter werdende und alter Menschen mit geistiger Behinderung in der medizinischen, beruflichen und sozialen Rehabilitation und Teilhabe" (Bundesvereinigung Lebenshilfe 2008, 10). Das Persönliche Budget (siehe auch Kap. 4.5.3) wurde eingeführt, um Menschen ohne Altersgrenze in die Lage zu versetzen, selbst über die notwendigen Unterstützungsleistung zu entscheiden.

> „Bislang fehlen jedoch sowohl die erforderlichen Beratungsstrukturen als auch die notwendigen Erfahrungen mit einem trägerübergreifenden Budget, um bei komplexen Bedarfen die Sicherstellung des individuellen Hilfebedarfs über ein Persönliches Budget gewährleisten zu können (Bundesvereinigung Lebenshilfe 2008, 10).

Zusammenfassung

Die Qualität der Angebote und der pflegerischen Versorgung von alten Menschen mit geistiger Behinderung hängt von der Konzeption der Wohn- oder Pflegeeinrichtung sowie vom Engagement und der Einstellung der Mitarbeiter und Mitarbeiterinnen ab. In einem auf Kostenminimierung ausgerichteten Versorgungssystems können alte Menschen mit geistiger Behinderung leicht marginalisiert und ausgeschlossen werden. In diesem Sinne können alte Menschen mit geistiger Behinderung zur Gruppe der Menschen mit Komplexer Behinderung gerechnet werden. Für die Heilpädagogische Gerontologie besteht ein großer Forschungsbedarf und für die Geistigbehindertenpädagogik die Aufgabe der Entwicklung geeigneter Konzepte und Methoden für die Anregung, Unterstützung, Begleitung und Pflege.

Buchka, M.(2003): Ältere Menschen mit geistiger Behinderung. Bildung, Begleitung, Sozialtherapie. München/Basel
– (2007a): Alter. In: Greving, H. (Hrsg.): Kompendium Heilpädagogik. Bildungsverlag EINS, Troisdorf, 7–20
– (2007b): Alte Menschen mit Behinderung. In: Greving, H. (Hrsg.): Kompendium Heilpädagogik. Troisdorf, 21–32
Bundesvereinigung Lebenshilfe (Hrsg.)(2000): Persönlichkeit und Hilfe im Alter. Zum Alterungsprozess bei Menschen mit geistiger Behinderung. 2. Aufl., Marburg
– (2008): Wohnen im Alter. Orientierungs- und Entscheidungshilfe für die Begleitung älter werdender und alter Menschen mit Behinderung. Marburg (www.lebenshilfe.de)
Havemann, M., Stöppler, R. (2004): Altern mit geistiger Behinderung. Grundlagen und Perspektiven für Begleitung, Bildung und Rehabilitation. Stuttgart

3.6.3 Geistige Behinderung und Migration

Migration hat, wie überall auf der Welt, auch in Deutschland eine lange Tradition. Die Gründe, warum Menschen ihr Heimatland verlassen, sind vielfältig und reichen von der Erwartung auf bessere materielle Lebensbedingungen, über politische oder religiöse Motive bis hin zu ethisch motivierter Verfolgung und gewaltsamer Vertreibung. Es lassen sich demzufolge fünf Gruppen von Migranten unterscheiden:

- ausländische Erwerbstätige (mit Familiennachzug)
- Flüchtlinge
- Spätaussiedler
- europäische Binnenmigranten
- jüdische Zuwanderer aus der Sowjetunion.

Die Migration begann in der Bundesrepublik 1955 mit der Anwerbung italienischer und türkischer *„Gastarbeiter"* (1961) und setzte sich Mitte der 1980er Jahre mit einer Wanderbewegung von *Asylsuchenden* fort. Rund drei Viertel dieser Flüchtlinge kamen aus Ländern Südost-, Ost- und Ostmitteleuropas. *Spätaussiedler* deutscher Abstammung aus Ungarn, Rumänien, Tschechien, Polen, der Sowjetunion und ihren Folgestaaten bilden die drittgrößte Zuwanderungsbewegung. Der Untergang der Sowjetunion ermöglicht seit 1990 eine Zuwanderung von *Juden*. „Verschärfungen in den Aufnahmeregelungen Ende 2006 führen zu einer starken Abnahme dieser Personengruppen, da sie nunmehr Deutschkenntnisse

Land	Bevölkerung insgesamt	Ausländische Bevölkerung	davon % Anteil
Baden – Württemberg	10.749.755	1.271.492	11,8
Bayern	12.250.332	1.183.562	9,5
Berlin	3.416.255	476.966	14,0
Brandenburg	2.535.737	65.840	2,6
Bremen	663.082	84.083	12,7
Hamburg	1.777.629	253.455	14,6
Hessen	6.072.555	682.525	11,2
Mecklenburg-Vorpommern	1.679.682	39.580	2,4
Niedersachsen	7.971.684	530.108	6,6
Nordrhein-Westfalen	17.996.621	1.908.193	10,6
Rheinland-Pfalz	4.045.643	312.191	7,7
Saarland	1.036.598	85.632	8,3
Sachsen	4.220.200	117.449	2,8
Sachsen-Anhalt	2.412.472	45.751	1,9
Schleswig-Holstein	2.837.373	151.115	5,3
Thüringen	2.289.219	47.453	2,1
Deutschland	**82.217.837**	**7.255.395**	**8,8**

Tab. 8: „Gebiet und Bevölkerung – Ausländische Bevölkerung" – Stichtag 31.12.2007 (nach: Statistische Ämter des Bundes und der Länder, 1.10.2008)

und eine positive Sozialprognose nachweisen müssen" (Parität 2008, 9). Neben diesen Hauptmigrationsgruppen ist durch die wirtschaftliche Vernetzung eine wachsende europäische Binnenmigration zu beobachten. Hinzu kommen Studenten, Werk- und Saisonarbeitnehmer, die sich in der Regel nur vorübergehend in Deutschland aufhalten. „Die Zahl der Menschen, die ohne Aufenthaltserlaubnis nach Deutschland zuwandern oder hier geblieben sind, kann nur geschätzt werden. Die Schätzung bewegt sich zwischen 200.000 und einer Million" (Parität 2008, 9).

Prävalenzen

Die Türken bilden die größte Gruppe der eingebürgerten Personen (2007), gefolgt von Einwanderer aus Serbien und Polen. 2007 betrug der Anteil der ausländischen Bevölkerung 8,8 % der Gesamtbevölkerung, wobei es große regionale Unterschiede gibt. Besonders hoch ist der Anteil von Menschen nichtdeutscher Herkunft in den Industrieregionen Nordrhein-Westfalens, Bayerns und Baden-Württembergs sowie in den Stadtstaaten (vgl. Tab. 8).

In allen zuvor genannten Migrantengruppen gibt es Familien mit einem geistig behinderten Angehörigen. Für diese Population liegen bislang keine gesicherten Daten vor, zumal, wenn es sich um Erwachsene handelt. Anders sieht es bei der Population der Kinder und Jugendlichen aus, da deren Prävalenzrate aufgrund der bestehenden Schulpflicht regelmäßig von der Ständigen Konferenz der Kultusminister erhoben wird. Hierbei teilt sie die Gesamtzahl der ausländischen Schüler in zwei Gruppen, wobei die Schüler mit geistiger Behinderung ohne Spezifizierung in der zweiten Gruppe enthalten sind (vgl. Tab. 9).

Die Abgrenzung zwischen den beiden Schülergruppen ist sinnvoll, weil sich ihre Problemlagen stark voneinander unterscheiden. Nichtdeutsche Schüler, die den Anforderungen der Regelschule nicht gewachsen sind, weil diese sich zu wenig auf ihre Bedarfe einstellt, werden häufig in Förderschulen mit dem Förderschwerpunkt Lernen überwiesen, ohne dass eine kognitive Beeinträchtigung vorliegt. Die Praxis der Aussonderung derjenigen, die Schwierigkeiten haben, dem Unterricht in der allgemeinen Schule zu folgen, ist stark in die Kritik geraten:

Tab. 9: Bundesergebnisse: Sonderpädagogische Förderung in Förderschulen. Anteil ausländischer Schüler (KMK 2008, 9)

„Die Regelschule ist nicht in der Lage, alle Kinder zu fördern. Sie selektiert die Kinder und gibt sie an die Sonderschulen weiter. Ausländische Kinder sind von diesem Selektionsmechanismus der Schule stärker betroffen als die einheimi-

	1998	1999	2000	2001	2002	2003	2004	2005	2006
Ausländische Schüler insgesamt	59.296	60.689	62.751	65.496	67.954	68.678	67.443	65.609	62.331
in Förderschulklassen mit dem Förderschwerpunkt Lernen	38.160	40.555	41.792	42.789	44.390	44.568	41.548	65.609	36.794
in Förderschulklassen mit den sonstigen Förderschwerpunkten	21.136	20.134	20.959	22.707	23.564	24.110	25.895	26.374	25.537

Land	1997	1998	1999	2000	2001	2002	2003	2004	2005	2006
BW	3.660	3.685	3.867	3.980	4.351	4.431	4.429	4.595	4.722	4.694
BY	5.441	5.535	4.047	3.956	4.391	4.330	4.253	5.466	5.552	5.464
BE	844	896	909	932	990	1.008	1.035	1.021	1.079	1.027
BB	17	16	19	23	25	24	23	34	31	26
HB	140	140	328	324	441	402	414	449	516	513
HH	772	815	811	820	848	893	861	841	842	790
HE	1.631	1.640	1.754	1.820	1.987	2.114	2.291	2.344	2.391	2.344
MV	7	4	10	11	30	35	53	52	37	47
NI	1.017	1.075	1.114	1.182	1.237	1.359	1.447	1.495	1.454	1.466
NW	5.999	6.424	6.345	6.907	7.330	7.841	8.090	8.332	8.404	7.875
RP	430	461	463	514	558	586	623	620	669	592
SL	120	122	124	126	130	131	132	158	174	186
SN	11	18	30	31	50	62	77	82	93	102
ST	28	23	28	37	49	39	62	54	63	67
SH	245	265	263	275	276	282	289	307	306	296
TH	18	17	22	20	14	27	31	45	41	48
D	20.386	21.136	20.134	20.959	22.707	23.564	24.110	25.895	26.374	25.537

Tab. 10: Länderergebnisse Sonderpädagogische Förderung in Förderschulen, ausländische Schüler in Klassen (außer Förderschwerpunkt Lernen) (KMK 2008, 9)

schen Kinder. Schwierigkeiten und Probleme, die die Regelschule mit Kindern von Migrantenfamilien hat, werden auf die Sonderschule abgewälzt. Aber die Sonderschule kann diese Probleme nicht lösen, weil viele Ursachen der Lernprobleme struktureller Natur sind. Deshalb ist die Gefahr sehr groß, dass die Schulprobleme von Migrantenkindern ‚sonderpädagogisiert', ethnisiert oder kulturalisiert werden" (Ucar 2003, 11).

Angesichts der Zunahme von Gewalt an deutschen Schulen rücken die Probleme ausländischer Schüler stärker ins Bewusstsein und werden verstärkt von der Bildungsforschung aufgegriffen. Nicht so bei den ausländischen Schülern, die die anderen Sonderschulformen besuchen.

Wie sieht die Lebenswirklichkeit von Migrantenkindern mit geistiger Behinderung und deren Familien aus? Um eine annähernde Vorstellung von ihrer Lebenssituation zu vermitteln, soll zunächst versucht werden, zu verdeutlichen, was Migration bedeutet:

> „… ich klopfe an die tür. keine antwort. ich öffnete die tür und stand auf einer brücke. auf der anderen seite der brücke standen die zwei engel mit meiner taube und blickten herüber: ich wollte grüßen. doch plötzlich kam aus meinem mund eine sprache, die ich nicht verstand. mein erster gedanke war: wer hat mir das angetan?" (Said 2008,20)

Das Ende der Erzählung „Der Engel und die Taube" aus dem gleichnamigen Buch des in Teheran geborenen, in München lebenden und mit zahlreichen Literaturpreisen geehrten Schriftstellers Said zeigt in eindrücklicher Weise, wie verwirrend, buchstäblich ‚ver-rückt' das Leben als Fremder sein kann. Die Brücke als Leben zwischen zwei Welten, der eigenen und der fremden, könnte man als Symbol für die Zerrissenheit interpretieren. Menschen, die aus anderen Kulturen nach Deutschland kommen, müssen ‚eine Brücke' überschreiten, indem sie die Vertrautheit der eigenen Kultur hinter sich lassen und ihren Weg in die fremde, neue Kultur finden. Der Preis für das Finden dieser ‚Brücke' ist die Aufgabe der alten Identität, der eigenen Sprache, und der Verlust dessen, was einem zuvor eigen war.

Migration ist, und das will die Erzählung von Said zeigen, nicht einfach nur freiwilliges oder erzwungenes Weggehen aus einem Land. Sie bedeutet Verlust des Vertrauten und verlangt, in der Fremde eine neue Identität auszubilden. Wer in unser Land kommt, muss also viel Stärke mitbringen, um für sich und seine Familie neue Wege zu finden. Wer dies nicht schafft, steht in der Gefahr krank zu werden.

Menschen mit nichtdeutscher Herkunft sind nicht per se die ‚Taugenichtse' und ‚Schmarotzer', wie rechtsradikale und fremdenfeindliche Parolen gerne glauben lassen wollen. Stigmatisierung und Diskriminierung führen zu Abwertung von Personen und erschweren deren Integration. Es ist falsch anzunehmen, dass Integration erreicht ist, wenn jemand die deutsche Sprache spricht. Integriert-Sein bedeutet auch, sich in der Kultur des neuen Landes zu Hause fühlen. Und dazu ist notwendig, dass man als Mitbürger geachtet wird.

Migration und geistige Behinderung

Erschwert wird der Prozess der Integration, wenn zur Wandererfahrung einer Familie ein geistig behindertes Kind hinzu kommt. Hier treffen zwei gesellschaftliche Stigmata aufeinander: ‚Ausländer' und ‚Behinderter'. Migranten werden, „da sie die Normerwartungen der Gesellschaft nicht erfüllen, ohnehin schon stigmatisiert und abgewertet. Eine weitere Form von Abwertung und Diskriminierung kommt für Migrantinnen und Migranten mit Behinderung hinzu, da sie neben den behinderungsspezifischen Normabweichungen zudem nicht den kulturellen Standards der Aufnahmegesellschaft entsprechen" (Fornefeld 2007b, 185).
Familien mit Migrationserfahrung und behindertem Kind sind oft von doppelter Ausgrenzung betroffen!

Migration und Behinderung, ein vernachlässigtes Thema

„Wie geht es von Behinderung betroffenen Migranten und ggf. ihren Familien?", fragt Cornelia Kauczor und merkt kritisch an: „Während hierzu von und über deutsche Familien in gleicher Lage zahlreiche Veröffentlichungen … existieren, liegen neuere Informationen über Migranten(-familien) kaum vor" (2003, 4). Besonders unterrepräsentiert ist die Familienforschung.

> „Zu vermuten wäre, dass gerade Familien ausländischer Herkunft, die von einer Behinderung ihres Kindes betroffen sind, aufgrund der besonderen Anforderungen, welche die Behinderung des Kindes *und* die Migration an den Familienverband stellen, einer besonderen Belastung ausgesetzt sind (Kauczor 2002, 59).

Die Geburt eines Kindes mit Behinderung ist für Eltern aus einem anderen Kulturkreis ein zusätzlicher Stressor. Nicht nur das Leben in einem anderen Kulturraum ist zu bewältigen, sondern gleichzeitig auch die Tatsache, ein Kind mit Behinderungen zu haben. Es entstehen hierdurch Lebensbedingungen, die im Heimatland möglicherweise ganz anders bewertet würden als in der Fremde. Ich will das an folgendem Beispiel verdeutlichen.

Die Berliner Journalistin Ina Beyer, die im Rahmen ihrer Recherchen für einen zweisprachigen Bildband türkische Familien besucht hat, berichtet folgende Begebenheit:

> „Zu einem ersten Gespräch treffe ich mich mit einer türkischen Mutter. Als sie mir die Tür öffnet, bin ich erschrocken. Sie wirkt müde. In einer Ecke des Wohnzimmers liegt auf einer Matratze ihr 14-jähriger behinderter Sohn. Bewegungslos starrt er scheinbar ins Leere. *„Wir haben ihn hierhin gelegt, damit er immer bei uns ist."* Seine Mutter und ich setzen uns auf den Boden. Sie wischt ihm den Speichel ab, bettet ihn um und streichelt ihn liebevoll. Jeder Handgriff sitzt. Dann beginnt sie zu erzählen. Von ihrer Familie. Von der Anstrengung allen gerecht zu werden, der Qual, bis ihr Mann endlich akzeptierte, dass der jüngste Sohn auch von keinem Hoca geheilt werden kann. Sie berichtet von den Vorwürfen ihrer Schwiegermutter, dass sie, die Mutter, Unrecht getan haben müsse, um von Allah mit einem behinderten Kind gestraft zu werden. Sie aber hat sich nichts gefallen lassen und für den Jungen gekämpft.
>
> Ich spüre den Stolz auf ihre beiden anderen Söhne, die immer geholfen haben, wenn sie mittags zur Arbeit ging. Schon mit 8 Jahren war ihr Ältester nach der Schule allein für seine beiden Brüder zuständig. Das hieß bei dem behinderten Bruder: füttern, windeln, umbetten, Medikamente besorgen und vieles mehr. Heute ist es anders, er ist verheiratet und lässt sich in seinem Elternhaus nicht mehr blicken. Sogar die Geburtstage seiner Geschwister ignoriert er. Die Mutter kann es nicht begreifen. Er war doch immer für alle da, die Familie ist doch das Wichtigste! Sie hat Angst, wenn sie und ihr Mann einmal nicht mehr können. Wer soll dann für den Jungen sorgen? Ein *„Fremder"* kommt nicht infrage, doch ihre Söhne scheinen von den Erwartungen überfordert" (2003, 10).

Das Beispiel dieser türkischen Mutter zeigt, dass die Annahme der Behinderung ihres Sohnes für die Familie schwierig und der Umgang mit ihm belastend ist. Es ist Aufgabe der Familie, mit diesen Problemen zurechtzukommen. Unterstützungen von außen werden nicht in Anspruch genommen, sind möglicherweise gar nicht bekannt. „Wenn zu den migrationsbedingten Problemen noch Behinderung hinzukommt, werden betroffene Familien häufig hilflos und ziehen sich aus der Öffentlichkeit zurück. Sie erleben solche Zustände als Verunsicherung und beängstigend", sagt Halil Polat (2003, 16).

Die Diagnose ‚Behinderung' löst bei allen Eltern zunächst einen Schock aus, der sich aber bei Zuwanderereltern durchaus verstärken kann. Sie werden in Deutschland mit einem medizinischen Bild von Behinderung konfrontiert, das sich vom Behinderungsverständnis des Herkunftslandes meist unterscheidet. Auch die Coping-Strategien sind oft verschieden, d.h. die Verarbeitung und Annahme der Behinderung des eigenen Kindes unterscheiden sich von Eltern zu Eltern, aber auch von Kultur zu Kultur.

Ina Beyer hat bei ihrer Befragung türkischer Familien die Erfahrung gemacht, dass sich Schicksale wiederholen und Probleme einander ähneln: „Väter verleugnen die Behinderung ihrer Kinder, Mütter sind überlastet. Geschwisterkinder befinden sich im Spagat zwischen der Verantwortung für die behinderte Schwester oder den behinderten Bruder und den Anforderungen der Wettbewerbsgesellschaft. Die Großfamilie funktioniert hier nicht wie in der Heimat, wo türkische Mütter in der Dorfgemeinschaft und bei ihren Angehörigen Unterstützung finden.

Mit den Worten: ‚Wie kannst du nur dein Kind weggeben, es ist doch hilfebedürftig!' und ‚Die eigene Mutter sorgt am besten für ihr Kind!' dürfen die Kinder nicht einmal in den Kindergarten. Daher nutzen nicht alle Mütter die hiesigen Angebote" (Beyer o. J., 10–11).

Von derartigen Betrachtungsweisen von Behinderung in anderen Kulturen ist bei uns noch wenig bekannt. Die vergleichende Behindertenpädagogik bezieht sich meist auf das westeuropäische Ausland, kaum auf den ost- oder außereuropäischen Raum. *Die kulturellen Erfahrungen und religiösen Bewertungen aus dem Heimatland werden bei der Migration mitgenommen und wirken im neuen Lebensraum stärker als die dort vorgefundenen.*

Angebote für Migrantenfamilien

Die Belastung entsteht für die Familien dadurch, dass von ihnen Behinderung anders bewertet wird als im Aufnahmeland und zudem die deutsche Behindertenhilfe komplex und für diese Eltern schwer zu durchschauen ist. „Migrantenfamilien mit behinderten Angehörigen stehen in Deutschland sehr oft vor der Herausforderung, sich in ein unbekanntes Gesundheits- und Behindertenhilfesystem einfinden zu müssen. Sie erleben einen Mangel an Informationen über Versorgungsmöglichkeiten und Umgang mit behinderten Menschen. Die Gründe hierfür sind nicht nur im sprachlichen Bereich zu suchen, sondern auch in Organisationsstrukturen, die notwendige Entscheidungen in die Länge ziehen. Neben unsicheren Kenntnissen über das deutsche Gesundheitswesen führen Sprachbarrieren und kulturbedingte Hemmschwellen häufig zur Nichtbehandlung von Erkrankungen und damit zur Entstehung oder zur Verschlimmerung von Behinderung bei Personen mit Migrationshintergrund" (Polat 2003, 16). Da Gesundheitswesen und Behindertenhilfe unzureichend auf die Bedarfe dieser Familien eingehen, die Mitarbeiter zu wenig kultursensibel beraten, entwickeln viele Familien ein generelles Misstrauen gegenüber Behörden, Einrichtungen und Schulen.

kulturelle Öffnung

kultursensible Kommunikation

Die Entwicklung niedrigschwelliger Hilfs- und Beratungsangebote für Eltern mit Migrationshintergrund ist daher notwendig. Einrichtungen der Behindertenhilfe müssen sich kulturell öffnen, d.h. sie müssen von der unterschiedlichen Bewertung der gleichen Behinderung in verschiedenen Kulturen ausgehen. Ihre Beratungsangebote müssen so ausgerichtet sein, dass sie Eltern helfen, ihre kulturell bedingte Einstellung der Behinderung gegenüber mit denen des neuen Lebensumfeldes abzugleichen. Die kulturelle Öffnung kann nur gelingen, wenn Mitarbeiter von Einrichtung eine kultursensible Kommunikation mit den Familien pflegen, d.h., wenn sie von ihren eigenen Perspektiven ablassen und zuhören können, wie Eltern ihr Kind sehen und was ihnen wichtig ist.

Eine Mutter, die vor 25 Jahren als politisch Verfolgte aus Südamerika nach Deutschland kam, berichtet, dass sie ihren schwerstbehinderten Sohn nur noch zur Schule schicken darf, wenn der Schulbegleiter anwesend ist. Als sie die Lehrerin auf das Bildungsrecht ihres Sohnes aufmerksam macht und fragt, warum die Lehrerin nicht mit dem Sohn arbeite, wird ihr in einfachstem, gebrochenen Deutsch erklärt, dass das eben nicht gehe. Die Mutter solle froh sein, dass wegen der Schwere der Behinderung noch kein Antrag auf Ruhen der Schulpflicht gestellt worden sei. Die Äußerung der Lehrerin und ihre Behandlung kränken die

Mutter sehr. Sie fühlt sich durch die Form der verwendeten Sprache erniedrigt. Sie ist nicht ungebildet, dumm, nur weil sie mit einem Akzent, aber grammatikalisch richtig, spricht. Als Ärztin kann sie zudem den Gesundheitszustand ihres Sohnes beurteilen. Sie wünscht sich Respekt vor ihrer Person und Meinung, auch wenn sie arm ist. „Warum wissen die Deutschen immer, was richtig ist und fragen mich nie, wie ich die Behinderung meines Kindes sehe?", fragt sie abschließend.

Die Aussagen der Mutter zeigen: Lehrer oder allgemein Mitarbeiter in Einrichtungen der Behindertenhilfe, müssen über spezifisches Fachwissen im Umgang mit Menschen anderer Herkunft verfügen und interkulturelle Kompetenzen erwerben, d.h. ein tieferes Verständnis für kulturelle Zusammenhänge:

- Fremdheitskompetenz
- kulturelle Aufgeschlossenheit und Neugier
- interkulturelle Handlungskompetenz.

Und schließlich müssen sie sich in einer kultursensiblen Kommunikation üben. *Fachkräfte müssen lernen, die Dominanz der eigenen Perspektive zugunsten der Sichtweise des Anderen, des Migrantenkindes zurückzunehmen, damit Wertschätzung an die Stelle von Abwertung tritt.*

„Wer soll das denn alles leisten?", fragt Cornelia Kauczor. „Wir alle! Indem wir ‚Experten' uns Fremdes eingestehen, dürfen auch wir Fragen stellen, Unsicherheit bei gleichzeitiger Bereitschaft zur Hilfe zeigen und Familien und Kollegen und Familien um Rat bitten. Dies erspart … unnötige Behandlungen und somit viel Zeit und Geld. Behindertenhilfe muss und kann heute andere Räume gestalten: am besten bunte!" (2003, 8).

Zusammenfassung

Die Ausführungen in diesem Kapitel haben gezeigt, dass die Geistigbehindertenpädagogik heute vor neue Aufgaben gestellt ist, wenn sie allen Menschen mit geistiger Behinderung unabhängig vom Schweregrad ihrer Beeinträchtigungen, ihres Alters und ihrer Herkunft gerecht werden will. Hierzu muss die Forschung intensiviert werden und in der Praxis sind Pädagoginnen und Pädagogen nötig, die den Mut haben, quer zum ‚Mainstream' zu denken und neue Wege mit den Menschen am Rande des Systems, den Menschen mit Komplexer Behinderung zu gehen.

Das Band. Zeitschrift des Bundesverbandes für Körper- und Mehrfachbehinderte (2003). 34. Jg., 3
Beyer, Ina (o. J.): Unser Kind ist ein Geschenk. Türkische Familien mit einem geistig behinderten Kind in Deutschland. Marburg
Fornefeld, B. (2007b): Bildung von Menschen im interkulturellen Kontext. In: Antor, H. (Hrsg.): Fremde Kulturen verstehen – fremde Kulturen lehren. Theorie und Praxis der Vermittlung interkultureller Kompetenz. Heidelberg, 176–205
Paritätischer Gesamtverband (Hrsg.) (2008): Migrationsarbeit als Motor interkultureller Öffnungsarbeit in Regeleinrichtungen. Eine Handreichung für die Migrationserstberatung. Köln (www.der-paritaetische.de)

3.7 Zusammenfassung: Anthropologische Impulse

> „Ich habe die Behinderung Down-Syndrom, aber man sieht es mir nicht so an, weil ich vieles dazu gelernt habe. Man sieht es an meinen Augen an, das ich behindert bin, aber für mich ist es keine Leiden, sondern es ist einfach da und das gehört dazu. Und man soll sich so akzeptieren wie man ist. Aber was ich nicht leiden kann ist wenn mich jeder so dumm-blöd an glotzt. Als wäre ich nur behindert, obwohl das gar nicht stimmt"
> *(Julia Keller, Ohrenkuss 2008, Schlagwort: Behinderung)*

Ziel dieses dritten Kapitels war es zu zeigen, dass geistige Behinderung ein komplexes *Phänomen* ist. Die organische Schädigung ist nicht schon die geistige Behinderung. Diese entsteht aus dem Zusammenwirken verschiedener individueller- und umweltbezogener Faktoren. Am Anfang kann eine prä-, peri- oder postnatale Schädigung des Menschen stehen, die zu Beeinträchtigungen der Entwicklung und des Lernens führt. Diese Beeinträchtigungen, die individuellen Faktoren, stehen aber immer in Wechselwirkung mit Umwelteinflüssen familiärer, institutionsbedingter, kultureller oder gesellschaftsbezogener Art. Deprivierende Lebensumstände können ebenso zu gravierenden Entwicklungs- und Lernstörungen führen und Behinderung verursachen. So stellen heute Armut und Migration Risikofaktoren der Entwicklung von Kindern dar.

Die Behinderung ist ein vielschichtiges Phänomen, das je nach Perspektive der wissenschaftlichen Betrachtung anders erscheint, d.h. andere relevante Aspekte erkennbar werden lässt. Geistige Behinderung ist keine statische Größe. Sie verändert sich, folgt der Dynamik des Lebens, indem sie sich in jeder Lebensphase eines Menschen anders zeigt und andere Zugänge verlangt. In der frühen Kindheit sind beispielsweise andere pädagogisch-therapeutische Maßnahmen nötig als im Alter. In körperlichen oder seelischen Krisensituationen werden medizinische bzw. psychologische Interventionen wichtiger sein als pädagogische.

Die Ausführungen dieses dritten Kapitels haben gezeigt, dass man sich dem Phänomen der geistigen Behinderung aus verschiedenen Perspektiven nähern muss, wenn man es erfassen will. Wesentliche Betrachtungsweisen sind dargestellt worden. Auf weitere wie etwa die *juristische*, die Behinderung im Kontext von Sozialrecht und -politik sieht, kann hier nur verwiesen werden, da sie im vierten Kapitel im institutionellen Kontext aufgegriffen wird. Exemplarisch für eine *philosophische* Sichtweise werden nachfolgend einige anthropologische, ethische und erziehungsphilosophische Impulse als Anregung zum Weiterdenken gegeben.

Wesen von Behinderung
Die genannten Zugangsweisen machen die Komplexität des Phänomens der Behinderung deutlich, nicht aber ihr Wesen: nicht das, was die geistige Behinderung ausmacht bzw. was die geistige Behinderung für den von ihr betroffenen Menschen bedeutet. In den Definitions- und Klassifikationsversuchen gerät die Beteiligung des Menschen an seiner Behinderung nicht in den Blick; der Mensch

hat nicht nur einen behinderten Körper, eine behinderte Seele oder einen behinderten ‚Geist', sondern der Mensch mit Behinderung *ist* seine Behinderung. Zu seiner Lebenswirklichkeit gehört die wie auch immer entstandene und bedingte Behinderung, die sich in ihrer lebensbedeutsamen und identitätsprägenden Wirkung für den Menschen unserer Verobjektivierung entzieht. Genau das kommt im Eingangszitat von Julia Keller zum Ausdruck. Dass der Mensch seine Behinderung *ist*, die Behinderung *wesensgemäß* zum Menschsein des so genannten Menschen mit Behinderung dazugehört, möchte ich nachfolgend konkretisieren mit den Worten Fredi Saals, eines Schriftstellers, der wegen seiner spastischen Lähmung als Kind für ‚unzurechnungsfähig' gehalten wurde.

> „Die ‚Behinderung' bestimmt ebenso die ursprüngliche wie auch die später veränderte Lebensform eines ganz bestimmten Menschen entscheidend mit. Entweder kann er sich ohne seine Behinderung gar nicht denken, oder er muß es lernen, die hinzugetretene Behinderung als seinen neuen Lebensrahmen zu betrachten, will er sich nicht an dem eigenen Dasein und den prägenden Gegebenheiten wundstoßen. Wenn ich mit einer Behinderung auf die Welt kam, gehört sie zu mir, wie alles zu mir gehört, was mein Wesen und meine Individualität ausmacht, die jemand meint, wenn er mich bei meinem Namen nennt und dabei auf meine ureigene Existenz zielt, die ich mit keinem anderen teile, mit niemand anderem teilen kann, selbst wenn ich es wollte. Mein Sein und meine Identität sind untrennbar eines. Darum zählt die Behinderung unaufgebbar dazu. Wer sie wegtherapieren will, gibt damit zu erkennen, dass ihm mein individuelles Sein als dieser einmalige Mensch gleichgültig ist. Ich selbst kann mich erst recht nicht ohne Behinderung wollen, weil ich ohne sie ein anderer wäre" (Saal 1994, 94).

Saals Beschreibung zeigt, dass die Behinderung Wesensmerkmal der Existenz des Menschen mit Behinderung ist und Respekt verlangt. Aber dieser wird, wie Saal auch betont, Menschen mit Behinderung oft nicht zuteil. Wenn es heute, wie in Kapitel 3.6 gezeigt, neue Formen der Exklusion von Menschen mit geistiger Behinderung gibt, dann führt das bei den Betroffenen zu existentiellen Gefährdungen, weil ihnen die Anerkennung vorenthalten wird, die ihnen als Menschen zusteht. Versorgung und Pflege allein reichen für ein menschenwürdiges Leben nicht aus. Dazu sind auch Respekt und humane Zuwendung notwendig.

Der Status der geistigen Behinderung verbessert sich durch Erziehung, sagt Speck. Aber das tut er nur, wenn die Erziehung von einer menschenachtenden Haltung, von einem humanen Menschenbild bestimmt wird. Dass Menschen mit (geistiger) Behinderung häufig nicht die ihnen zustehende Achtung erfahren, liegt u.a. daran, dass es für Menschen ohne Behinderung unvorstellbar bleibt, wie es ist, geistig behindert zu sein. Als denkende Menschen können wir uns nicht in das „kognitive Anderssein" (Thalhammer) von Menschen mit geistiger Behinderung hineinversetzen. Es übersteigt eigene Erfahrungen und eigenes Vorstellungsvermögen. Und dennoch werten, beurteilen wir Menschen, und dies durchaus nicht immer zu ihrem Besten. Diese bewussten oder unbewussten Wertungen prägen unsere Einstellungen gegenüber behinderten Menschen, das eigene Menschenbild. Dieses wiederum bestimmt den Umgang mit dem Anderen, hat Einfluss darauf, was für Förderkonzepte und -methoden ausgewählt und zur Anwendung gebracht werden. Der Frage nach dem Zustandekommen von Einstellungen und Haltungen gegenüber behinderten Menschen soll genauer nachgegangen werden, um hierbei Anregungen zum Überdenken des eigenen Menschenbildes zu geben.

Menschen mit Behinderung fallen auch aus dem Vorstellungsrahmen der so genannten Nichtbehinderten, weil ihre Wirklichkeit an der unseren gemessen wird. Weil Nichtbehinderte ihre Vorstellungen als Bewertungsmaßstab von Leben und Zusammenleben verabsolutieren. Ein anderes durch Behinderung charakterisiertes Leben wird als *Mangel*, als *Defizienz* erlebt und abqualifiziert. Behinderung ist aber kein Mangel, ist nicht nur einfach Abweichung von etwas, z.B. von der ‚Normalität'. Denn was ist schon normal bzw. die Normalität? Sie ist nur Allgemeinheit, Mehrheit, nicht Wirklichkeit. Sie ist und bleibt ein Konstrukt, verbunden mit dem Traum des Menschen, alles Abweichende und Störende eliminieren zu können.

Behinderung als Seinsform

Behinderung ist eine Seinsform des Menschen und muss als solche betrachtet werden. Der Philosoph Georg Stenger definiert Behinderung als Phänomen, „das, lässt man sich nur darauf ein, eine ganze Welt eröffnet, in der nicht nur alles ganz anders aussieht, sondern im Grunde auch nicht verglichen werden kann mit anderen, ohne dass man Entscheidendes nimmt" (1999, 25). Behinderung als Phänomen zu betrachten heißt, sie „als veritable, *eigenständige Größe* (Hervorh. B. F.), die ihre eigenen Möglichkeiten und Wirklichkeiten hat" (28), zu begreifen.

Jeder Mensch besitzt seine Welt, eine Welt, die für den Anderen immer nur begrenzt erfassbar ist. Das gilt für Menschen mit und ohne Behinderung. Die Welt des Anderen wird verstehbar, wenn wir sie mit ihm teilen, wenn wir Begegnung mit ihm zulassen.

erziehungsphilosophische Reflexionen

Von der Pädagogik und von Pädagogen wird verlangt, dass sie sich bemühen, die Eigentümlichkeit der Welt des Anderen, hier: des Menschen mit geistiger Behinderung, zu verstehen. Damit Erziehungs- und Bildungsangebote den individuellen Lernbedürfnissen angepasst werden können (Kap. 3.5). Dies ist nur möglich, wenn sich Pädagogen und Pädagoginnen dem Anderen bzw. dem zu Erziehenden in ihrer einmaligen Andersheit öffnen. Dazu müssen sie zunächst ihre vorgefassten Meinungen kritisch hinterfragen, das bedeutet, dass sie sich ihres eigenen Menschenbildes bewusst werden. Im Bewusstwerden der eigenen Vorstellungen von Menschsein, werden eigene Werte und Maßstäbe erkennbar. Pädagogen müssen sich ihrer eigenen abwertenden Einstellungen bewusst werden, sie überwinden, indem sie sich auf den Menschen mit geistiger Behinderung und seine Welt einlassen. Sie müssen Behinderung als Phänomen und als Wesensmerkmal des Menschen anerkennen. Dann wird es möglich, Erziehung als gemeinsame „*Lebenspraxis*" (Stenger) zu gestalten.

Erziehung als Lebenspraxis

Erziehung, die den Respekt vor dem Anderen wahrt, ist mehr als didaktische Strategie und methodische Finesse, sie ist gemeinsame Lebensgestaltung von Erziehern und Kindern. Nur wenn Erzieher das Kind zu Wort kommen lassen, ihm zuhören, können sie verstehen, wie das Kind seine Welt sieht. Im Erziehungsgeschehen als „Lebenspraxis" geht es also um ein Abwägen, ein Aushandeln von zwei Sichtweisen, der des Erziehers und der des zu Erziehenden. Beide Sichtweisen müssen so zur Deckung gebracht werden, dass das Lernangebot des

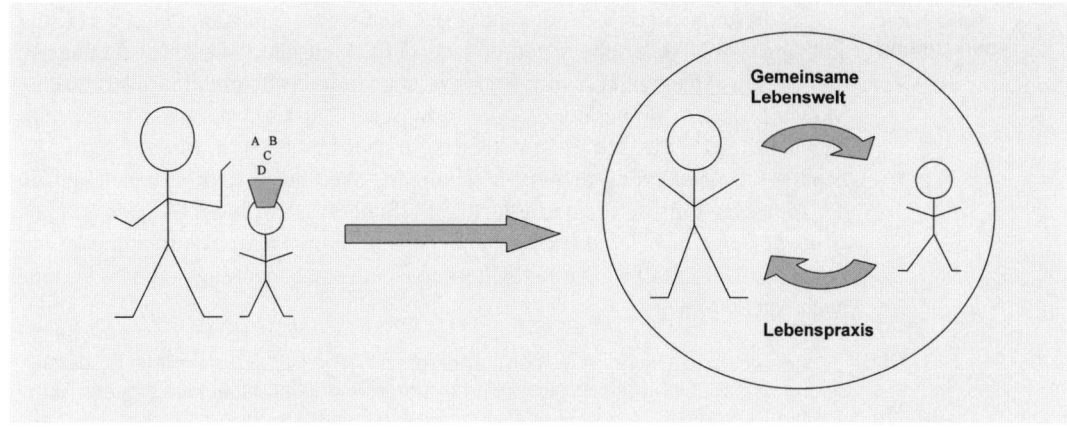

Abb. 19: Erziehung als Dialog – „Lebenspraxis" (Stenger)

Pädagogen an den Lebenserfahrungen des Kindes anknüpft und es selbst seine Vorerfahrungen erweitern will, also lernt. Erziehung ist also immer auf den *Dialog* zwischen Erzieher und dem zu Erziehenden angewiesen.

„Das Erziehungsgeschehen selbst erzieht, und so erziehen sich Erzieher und zu Erziehender gegenseitig. Sie entstehen erst aus diesem Prozess, ebenso wie die Sache, der Inhalt, um die es geht. Man *ist* nicht Erzieher, man *wird* es" (Stenger 1999, 27).

Erziehung ist also viel mehr als bloße Vermittlung von Kompetenzen und Fertigkeiten, mehr als bloße Anwendung heilpädagogischer Konzepte und Methoden. Es geht in ihr auch um mehr als nur um die Gewährung von Selbst- und Teilhabemöglichkeiten für behinderte Menschen. Erziehung und Bildung dienen dem Menschen dazu, im Dialog mit der personellen und sachlichen Umwelt, die eigenen Möglichkeiten zu erkennen und zu erweitern (s. Abb. 19). Erziehung und Bildung dienen der *Selbsterkenntnis und Selbstgestaltung des Menschen*. Und dies tun Pädagoginnen und Pädagogen, wenn sie sich auf die Welt des Menschen mit Behinderung einlassen, ihn durch ihre Lern- und Bildungsangebote so provozieren, dass sich der Mensch betroffen fühlt und bereit zur Arbeit an sich selbst, zum Lernen und zur Veränderung im Sinne einer Erweiterung der Vorerfahrungen ist. Erziehung ist im Kern also immer ein ethisches Geschehen zwischen Menschen, das Achtung vor dem Anderen verlangt, unabhängig in welcher Institution sie stattfindet.

Angesichts der gegenwärtigen Bildungspolitik, die einem ökonomischen Bildungsverständnis folgt, in der die Nutzbarmachung von Fähigkeiten und Fertigkeiten im Vordergrund steht und Bildungsstandards das Erreichen von Bildungsniveaus sichern sollen, wird die ethische Dimension von Bildung preisgegeben. Dies ist besonders gefährlich für eine Gruppe von Menschen, die festgesetzte Leistungsstandards kaum oder gar nicht erreichen kann. Was folgt, ist der Ausschluss, der bereits für Menschen mit Komplexer Behinderung zur Realität wird! Die aktuellen, von ökonomischen Interessen geleiteten Forderungen an den Menschen mit Behinderung sind zurückzuweisen. *Die Würde eines Menschen und sein ‚Markt-Wert' sind nicht messbar!*

ethische Reflexionen

Prinzip der Anerkennung

Aus diesem Grund ist es notwendig zu erkennen, dass Abhängigkeit von Unterstützung durch Andere kein ‚teurer Luxus' für Menschen mit Unterstützungsbedarf ist. Die Abhängigkeit vom Anderen ist kein durch Behinderung verursachter Mangel, sondern sie gehört zu jedem Menschen, ist Merkmal des Menschseins. Das heißt, jeder Mensch ist in unterschiedlicher Intensität im Verlauf seines Lebens auf Unterstützung anderer angewiesen, ohne diese kann keiner leben. Jeder Mensch ist insofern ein „Bedürftiger" (Schnell 2008, 148). Die *Bedürftigkeit ist nicht Folge von Behinderung, sondern von Menschsein*. Behinderung ist eine Form des Menschseins. Die Bedürftigkeit ist ethisch bedeutungsvoll und verlangt nach Anerkennung.

> „*Anerkennung* heißt, *dass* dem Anderes zu geben ist. Der Andere ist damit grundsätzlich ein bedürftiger Anderer. Anerkennung ist dabei kein eigener Akt. Man kann nicht sagen: ‚Heute werde ich frühstücken, joggen, einkaufen und abends noch ein paar alte Freunde als Menschen anerkennen'", sagt Schnell (2008, 156).

Für ihn ist Anerkennung passiver Bestandteil von Handlungen. „Indem ich etwas aktiv tue oder lasse, geschieht meine dem Anderen geltende Anerkennung seiner Person" (Schnell 2008). Stärker als bisher müssen diese ethischen Grundlagen den in der Behindertenarbeit Tätigen bewusst werden. Sie müssen so handeln, dass der Mensch mit Behinderung *Achtung* und *Wertschätzung* seiner Person erfährt. Damit *allen* Menschen mit geistiger Behinderung Gerechtigkeit wieder-

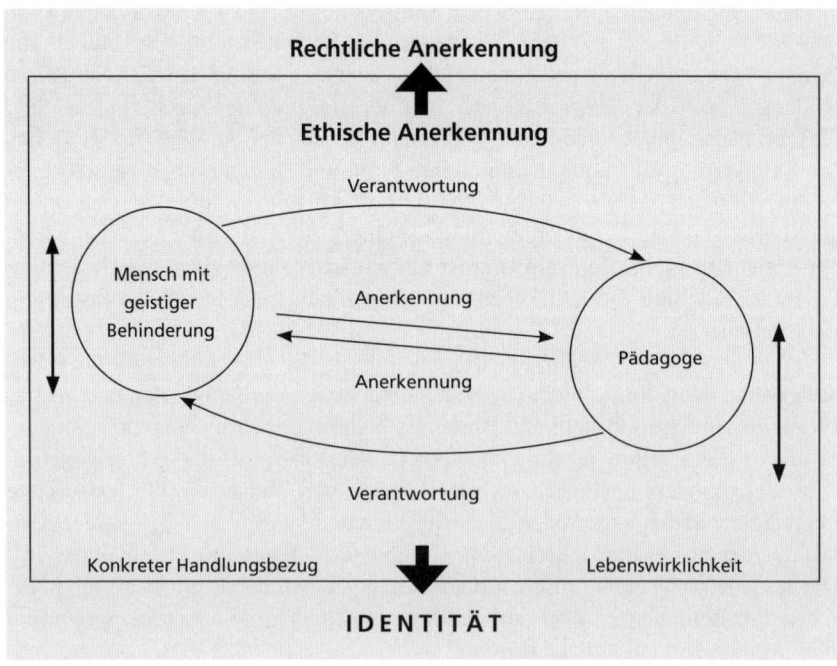

Abb. 20: ‚Anerkennung' als zentrales Prinzip in der Geistigbehindertenpädagogik

fährt, ist es notwendig das *Prinzip der Anerkennung* als erkenntnis- und handlungsleitendes Prinzip in die Geistigbehindertenpädagogik zu integrieren.

Die nachfolgenden Aussagen von Menschen mit Behinderung zeigen, dass die Anwendung des Leitprinzips der Anerkennung notwendig ist. Die Beispiele beschließen das dritte Kapitel.

Beispiel 1:

„Ein kleiner Tagesausflug mit einer Gruppe schwer behinderter Menschen. Höhepunkt: Man isst in einem Lokal. Dort gibt es Kartoffelsalat mit Frikadellen. Der Kartoffelsalat ist fast grün und schmeckt grauslich. Die Frikadellen sind in Wahrheit braune Flummies. Die Betreuer/innen ekeln sich und trinken stattdessen Kaffee. Aber sie laden die Speisen den behinderten Menschen auf den Teller. […]
  Als die Gruppe und die Betreuer/innen am Nachmittag bei mir zuhause mit Kaffee und Kuchen abschließen, wird von dem Fiasko erzählt, in Gegenwart der Behinderten, versteht sich" (Fuchs 2004, 255).

Beispiel 2:

Beim Besuch einer Mittelstufenklasse einer Schule mit dem Förderschwerpunkt geistige Entwicklung stellt mir die Lehrerin die Schüler vor und sagt: „Es fehlt noch Melanie, sie ist zur Toilette". Nach 20 Minuten sind Melanie und der Zivildienstleistende immer noch nicht zurück. Der Kommentar: „Sie bleibt so lange sitzen, bis sie erfolgreich ist. Wir müssen es doch endlich schaffen, sie trocken zu bekommen." Ob Melanie noch weiß, warum sie da sitzt?

Beispiel 3:

Erguen Demir, der als autistisch diagnostiziert wurde und als schwer geistig behindert galt, schrieb mir folgenden Brief, der seine Erfahrungen in der Schule mit dem Förderschwerpunkt geistige Entwicklung wiedergibt.

ich heisse erguen und bin 21 jahre. man hat mich mein leben lang fuer einen idioten gehalten. es war ein richtig grausames ehrloses hilfloses leben. ich habe alles verstanden was die lehrer und die eltern und alle anderen sagten. ich konnte nicht zeigen dass ich alles verstanden habe. ich war ohnmächtig und verzweifelt. kein mensch kann sich vorstellen ohnmachtsgefuehle in dem herzen von ohnesprachemenschen. ich kann das elend das ich erlebt habe nicht beschreiben. lieblos war mein leben und würdelos. ich war immens unglücklich und hatte ein idiotisches verhalten. erst wollte ich auf mich aufmerksam machen durch unfug aber das hat die menschen nur noch mehr denken lassen ich wäre ein idiot. verstanden hat mich keiner. ich will allen intelligenten menschen sagen, wie unglaublich grausam ein leben als idiot ist, wenn man richtig denken kann. erst als ich in die klasse von der b. kam wurde mein leben ganz anders. sie hatte schon bei d. fc (= Facilitated Communication, Anm. B. F.) ausprobiert und festgestellt, dass er kein idiot war. ich konnte auch nicht reden und sie haben es mit mir versucht. ich dachte mich trifft immenses glück. ich konnte nicht glauben, dass es einen weg aus meinem gefaengnis gibt. ich konnte jetzt zeigen, dass ich lesen und denken konnte. ich war unbeschreiblich glücklich" (1999).

Fornefeld, B. (2008): Plädoyer für das Prinzip der Anerkennung. In: Fornefeld, B. (Hrsg.): Menschen mit Komplexer Behinderung. München, 128–145

Schnell, M. (2008): Der bedürftige Mensch – Eine ethische Grundlegung. In: Fornefeld, B. (Hrsg.): Menschen mit Komplexer Behinderung. München, 148–160

Stenger, G. (1999): Phänomenologie diesseits von Identität und Differenz. Behinderte in Familie und Gesellschaft 22. Jg., 3, 21–31

15. Warum lässt sich der Begriff ‚geistige Behinderung' nicht so ohne weiteres definieren?
16. Nennen Sie die aktuellen Sichtweisen oder Modelle von (geistiger) Behinderung.
17. Wie wird (geistige) Behinderung im SGB IX definiert?
18. Wozu dienen Klassifikationen, wie die DSM-IV und die ICD-10?
19. Wie unterscheidet sich die ICF von den anderen Manualen?
20. Welche Aufgabe hat die Medizin im Kontext von geistiger Behinderung?
21. Nach welchem Kriterium werden Klinische Syndrome klassifiziert?
22. Geben Sie Beispiele für Schädigungen, die vor, während oder nach der Geburt zur geistigen Behinderung führen.
23. Wozu dienen epidemiologische Studien?
24. Wie hoch ist der Anteil von Schülern mit geistiger Behinderung in der Bundesrepublik?
25. Aus welchem Blickwinkel schaut die Pädagogik auf die geistige Behinderung?
26. Was bedeutet ‚lebenslanges Lernen' im Kontext von Geistigbehindertenpädagogik?
27. Nennen Sie die vier Leitthesen für qualitätsvolle pädagogische Arbeit.
28. Welche der drei nachfolgend genannten Deutungen von geistiger Behinderung stammt aus der Soziologie?

    1. Geistige Behinderung ist ein regelwidriger Zustand.
    2. Geistige Behinderung ist Intelligenzminderung.
    3. Geistige Behinderung ist eine Zuschreibung.

29. Wer sind die Menschen mit Komplexer Behinderung und warum sind sie in besonderer Weise von Marginalisierung und Ausschluss betroffen?
30. Wodurch unterscheiden sich alte Menschen mit geistiger Behinderung von alten Menschen ohne Behinderung?
31. Lesen Sie die drei Beispiele am Ende des Kapitels 3.7 und fragen Sie sich, was sie für Ihr persönliches Verständnis von Erziehung bedeuten.

4 Aufgabenfelder der Pädagogik und Rehabilitation für Menschen mit geistiger Behinderung

Nachdem im dritten Kapitel die Menschen mit geistiger Behinderung im Mittelpunkt der Betrachtungen standen und dabei deutlich wurde, dass sie meist ein Leben lang einen Begleitungs-, Assistenz- oder Hilfebedarf haben, soll nun gezeigt werden, wie Pädagogik und Rehabilitation diesen Bedarfen gerecht werden. Der Blick wird nun auf die Institutionen und Professionen gelenkt, die mit ihrer Arbeit den Menschen mit geistiger Behinderung in verschiedenen Lebensphasen unterstützen. Ihr Ziel ist es, den lebenslangen Bildungsanspruch zu realisieren und dem beeinträchtigten Menschen ein weitgehend selbstbestimmtes Leben in der Gemeinschaft mit anderen (= soziale Teilhabe) zu ermöglichen.

Da Pädagogik und Rehabilitation ein ganzes System verschiedenartigster Maßnahmen für Menschen mit geistiger Behinderung bilden, muss sich diese Einführung auf die Darstellung zentraler institutioneller Angebote beschränken: die Frühförderung, die schulische Bildung, die Erwachsenenbildung, die Arbeit und berufliche Rehabilitation sowie das Wohnen im institutionellen Rahmen (vgl. Abb. 21).

Auf das Leben im Alter wurde bereits zuvor eingegangen. Andere aktuelle Themen, wie z.B. spezielle Freizeit- und Reiseangebote für Menschen mit geistiger Behinderung oder Sexualität und Elternschaft, Ablösung von der Familie und Umgang mit der eigenen Behinderung und vieles andere mehr, können nicht weiter vertieft werden. Sie zeigen aber, dass Menschen mit geistiger Behinderung zwar Begleitung benötigen, ihnen aber durch eine angemessene Erziehung, Bildung und Assistenz ein weitgehend selbstbestimmtes Leben als Erwachsene möglich ist.

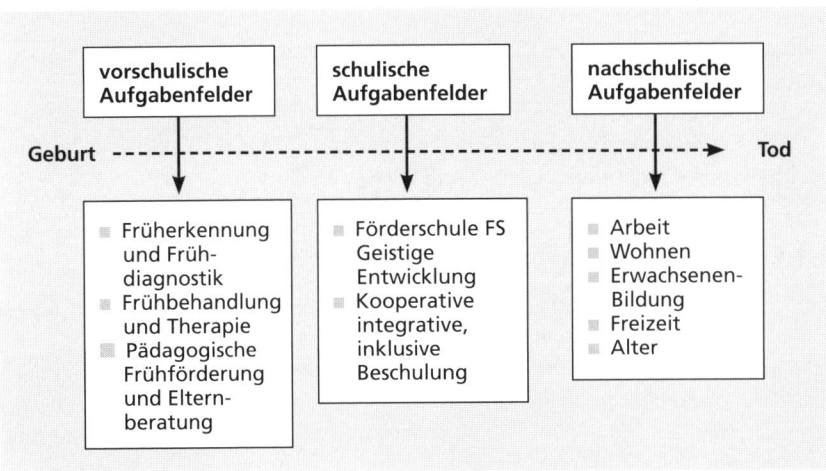

Abb. 21: Lebensräume von Menschen mit geistiger Behinderung als Aufgabenfelder der Geistigbehindertenpädagogik und Rehabilitation

4.1 Frühförderung und Früherziehung

Die Frühförderung versteht sich als komplexes System diagnostischer, therapeutischer, pädagogischer und sozialrehabilitativer Maßnahmen für Säuglinge, Kleinkinder und Kinder bis zum Schulalter mit Entwicklungsbeeinträchtigungen oder Behinderungen einschließlich deren Familien. Sie gliedert sich in zwei Förderstufen:

1. für Kinder im Alter von 0 bis 3 Jahren und
2. für Kinder von 3 bis 6 Jahren, also Kinder im Kindergartenalter.

In der letztgenannten Förderstufe nehmen die medizinisch-diagnostischen Maßnahmen zu Gunsten der erzieherischen ab. Darum bezeichnet man sie auch als Früherziehung oder Elementarerziehung, die in Sonder- oder integrativen Kindergärten und Kindertagestätten stattfindet.

Heute ist das Vorschulalter als frühzeitige Bildungsphase ins Zentrum bildungspolitischer Interessen gerückt. Empirische Bildungsforschung verbunden mit neurowissenschaftlichen Studien weisen die frühen Lebensphasen als wichtige Lernzeit aus, die es effektiv zu nutzen gilt. Die öffentliche Diskussion hat den Bereich der vorschulischen Erziehung in Bewegung gebracht und ihn vor neue Aufgaben gestellt. Aktuell werden nicht nur neue Methoden und Konzepte der vorschulischen Erziehung, wie das frühe Lesen- oder Sprachenlernen oder die frühe Entwicklung naturwissenschaftlicher Kompetenzen diskutiert, sondern auch die positiven wie negativen Auswirkungen der Mediengesellschaft auf Lernen und Entwicklung von Kindern. Man spricht heute von ‚veränderter Kindheit', weil sich die Lebenswelt der Kinder nicht nur durch höhere Leistungserwartungen ändert, sondern auch, weil die Entwicklung von Kindern durch Armut, Fehlerziehung oder Vernachlässigung gefährdet ist. Die Veränderung der klassischen Vater-Mutter-Kind-Familie durch die steigende Zahl nicht verheirateter Eltern, Ein-Eltern-Familien oder Patchwork-Familien führt zu anderen Lebenserfahrungen bei den Kindern und kann sich auf deren Bindungsverhalten auswirken. Kommen zur familiären Situation ein geringer Bildungsstand der Eltern oder wirtschaftliche Notlagen hinzu (z.B. durch Arbeitslosigkeit, fehlende Unterhaltszahlungen o. ä.), kann es bei Eltern zu erzieherischem Fehlverhalten und bei den Kindern zu Verwahrlosung kommen (Naggl/ Thurmair 2008). Kinderarmut und ihre Folgen sind zu einem wichtigen Thema in der Frühförderung geworden, weil sie eine Gefährdung für den Gesundheitszustand (Schlack 2008) und die Entwicklung von Kindern darstellen (Weiß 2008).

veränderte Kindheit

Frühförderung

4.1.1 Frühförderung – Zielgruppe

Die ‚Frühförderung' ist ein Sammelbegriff für verschiedene Angebote unterschiedlicher Träger von Dienstleistungen mit unterschiedlichen Aufgaben.

Unter dem Begriff der Frühförderung werden medizinische oder medizinisch fundierte, pädagogische, heilpädagogische und psychologische Interventionsverfahren verstanden, die über die medizinische und pädagogische Grundversorgung hinausgehen. Die Frühförderung umfasst ein weites Aufgabenfeld, zu dem Früherkennung, Prävention, Kompensation, Rehabilitation und Therapie entwicklungsgemäßer, funktionaler, emotionaler und sozialer Beeinträchtigungen und/oder Gefährdungen von behinderten, von Behinderung bedrohten, entwicklungsverzögerten und sozial benachteiligten Kindern im Vorschulalter gehören. Zu ihren Aufgaben gehört ebenso die Förderung des Kindes wie die Beratung und Begleitung der Eltern, Familien und des weiteren sozialen Umfelds. Frühförderung ist demzufolge ein Oberbegriff für einen Komplex aus medizinischen, pädagogischen, psychologischen und sozialrehabilitativen Hilfen, „die darauf gerichtet sind, die Entwicklung eines Kindes und sein Leben-Lernen in seiner Lebenswelt in den ersten Lebensjahren unterstützend zu begleiten, wenn diesbezüglich Auffälligkeiten und Gefährdungen vorliegen" (van Nek 2006, 264).

Die Frühförderung richtet sich an behinderte und entwicklungsverzögerte Kinder, die in „einer oder mehreren Entwicklungsfunktionen wesentlich und nicht nur vorübergehend beeinträchtigt sind" (Schlack 1996, 211). Als nicht nur vorübergehend beeinträchtigt gilt die Entwicklung eines Kindes, wenn die Verzögerungen im Vergleich zur normgerechten Entwicklung mindestens sechs Monate betragen. Ursachen für eine Beeinträchtigung sind: angeborene oder erworbene Schädigungen des Zentralnervensystems, Sinnesschädigungen, motorische Störungen, kognitive und sensorische Verarbeitungsstörungen und/oder soziale Deprivation (Sozialisation in Armutslagen, Verhaltensauffälligkeiten im Kindergartenalter, mangelnder Gesundheitszustand und Verwahrlosung u.a.m.).

Zielgruppe

Im Bereich der Frühförderung hat sich in jüngster Zeit das bio-psycho-soziale Verständnis von Behinderung der ICF (vgl. Kapitel 3.2) durchgesetzt, d.h. sie bezieht neben den schädigungsbezogenen Faktoren, das Lebensumfeld mit in die Diagnose ein und versucht, auf die Partizipation und soziale Teilhabe des Kindes und seiner Familie nachhaltig Einfluss zu nehmen. Doch hier ist der Begriff der Behinderung nur begrenzt aussagekräftig, weil im frühen Kindesalter die Diagnose ‚Behinderung' nicht immer einfach zu stellen ist und manifeste Entwicklungsverzögerungen, wie sie beispielsweise bei der geistigen Behinderung vorliegen, sich oft erst im Verlauf der ersten Lebensjahre durch das Auftreten von Entwicklungsstörungen zeigen. Der Behinderungsbegriff bietet zum einen, so meint Sabine van Nek, „gerade für die frühe Zeit der Entwicklung, eine zu unspezifische Sichtweise, um für die weiteren Interventionen handlungsleitend sein zu können; zum anderen missachtet er für einen Großteil der Kinder die kompensatorischen Möglichkeiten, die durch biologische und sozialisatorische Faktoren (wie z.B. frühe Förderung) wirksam werden können" (2006, 267).

Der Anteil von Kindern mit der Diagnose ‚geistige Behinderung', die von der Frühförderung betreut werden, liegt nach Sohns bei 8% (siehe Abb. 22).

„Während Kinder mit Körper-, geistigen und Mehrfachbehinderungen zusammen lediglich etwa ein Fünftel der Betreuungszahlen ausmachen, sind die Kinder mit Entwicklungsverzögerungen unklarer Genese die eindeutig größte Gruppe. Auch wenn diese Kinder (und ihre Familien) einen unstrittigen Betreuungsbedarf haben, lässt sich zu einem so frühen Zeitpunkt oftmals noch nicht feststellen, ob die Ursache ihrer verzögerten Entwicklung in einer organisch bedingten Störung,

Anteil von Kindern mit geistiger Behinderung in der Frühförderung

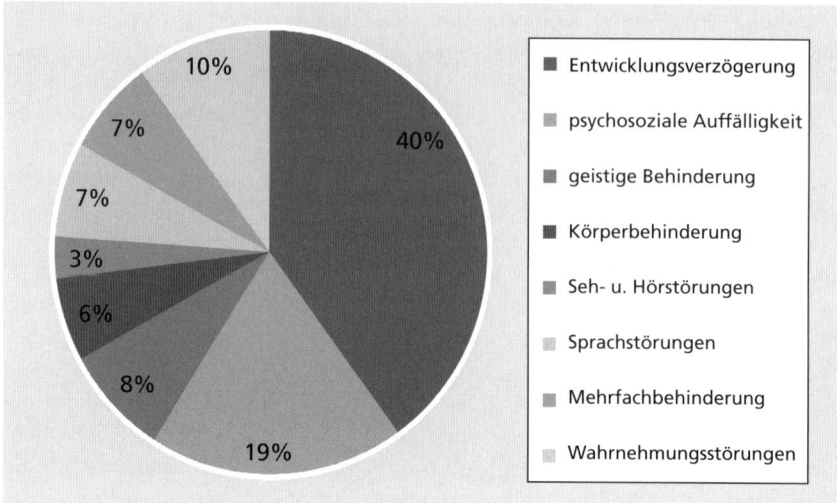

Abb. 22: Durch Frühförderstellen betreute Kinder (nach Sohns 2007, 275)

einer mentalen Retardierung oder in umfeldbedingten – z.B. anregungsarmen – Einflussfaktoren liegt" (Sohns 2007, 275).

Familie als Adressat von Frühförderung

Die Angebote der Frühförderung richten sich nicht nur an das Kind, sondern immer auch an die Eltern und die Familie, d.h. sie beziehen das Lebensumfeld des Kindes in die Diagnostik, Therapieplanung oder Erziehungsberatung mit ein. Die Frühförderung beginnt, je nach Zeitpunkt der Diagnosestellung von Behinderung oder des Gewahrwerdens von Entwicklungsrisiken, in den ersten Lebensmonaten und endet spätestens mit dem Schuleintritt.

> „Der fachliche Ansatz, mit dem Frühförderung bei der Diagnostik ebenso wie bei dem Förderprozess wirkt, ist ein *ressourcenorientierter*, der sowohl individuell-kindlichen Ressourcen für Entwicklungsfortschritte als auch die Möglichkeiten des gesamten Familiensystems für eine entwicklungsförderliche Alltagssituation des Kindes in den Mittelpunkt stellt" (Sohns 2007, 275).

Manfred Hintermair weist darauf hin, dass die Diagnose einer Behinderung (speziell der Mehrfachbehinderung) die Eltern, unabhängig von ihrem Bildungsstand, „aus heiterem Himmel trifft" (2007, 15). Sie vollziehen eine große emotionale Anstrengung, um ihre „aus dem Gleichgewicht geratene innere Balance wiederzufinden" und ihr Leben „neu zu justieren und neue Lebensperspektiven unter veränderten Voraussetzungen zu finden" (2007, 15).

Wie dieses emotionale Un-Gleichgewicht von Eltern eines geistig behinderten Kindes zu verstehen ist, verdeutlicht Günter Dörr: „Eltern haben mit ihrem Kind eine lange Geschichte hinter sich. Gemeinsam mit dem Kind sind sie einen Weg durch biographische Höhen und Tiefen gegangen, oft am Rande ihrer Kräfte, erschöpft und auch beschenkt. Eltern besitzen einen immensen Erfahrungsschatz aus der Vergangenheit. Sie haben so Kompetenz in Bezug auf ihr Kind erworben, die kaum hoch genug zu schätzen ist: eine Kompetenz aus Liebe. Doch bei aller

Liebe: Das Kind mit einer Behinderung war nicht das Kind, das sie sich gewünscht hatten. Seine Geburt oder ein anderes, die Behinderung auslösendes Ereignis waren dramatisch. Häufig löste es eine tiefe Verletzung des Selbstwertgefühls aus. Hinter einer niederschmetternden Aufzählung von Defiziten erkennen sie ihr Kind nicht, jeder Teilbefund ist eine Niederlage. Es gibt einen Zusammenhang zwischen dem ausgesprochenen und unausgesprochenen Wunschdenken der Eltern und den möglichen Folgen für die Subjekte unerfüllter Wünsche, darunter der schmerzvollste: Wie das ursprünglichste und natürlichste Bedürfnis aller Kinder, nämlich bedingungslos geliebt zu werden, unerfüllt bleibt: Wie an die Stelle der unverbrüchlichen Zuneigung die Hoffnung auf Heilung und Linderung tritt, die verzweifelte Liebe und Suche nach dem anderen Kind, das es nicht gibt" (2006, 84).

Mitarbeiterinnen und Mitarbeiter der Frühförderung müssen die Gefühle von Eltern wahrnehmen und respektvoll mit ihnen umgehen. Sie haben die Aufgabe, im Alltag der Familie den Eltern und Geschwistern Anregungen zur Bewältigung und zum Umgang mit der Behinderung zu geben. Die Hilfen dürfen nicht professionell abgehoben sein, sondern müssen sich in den familiären Alltag der Familie einfügen. „Alltag in seiner positiven Dimension ‚flutscht' – und darin ist seine Stärke zu sehen. Fachleute müssen sensibel werden für die alltäglichen Denk-, Fühl- und Handlungsmuster der Betroffenen, und sehen lernen, welche zu nutzenden Kräfte in ihnen stecken, doch sie dürfen nicht darin stecken bleiben. Zusammenarbeit mit den Eltern mehrfachbehinderter Kinder verlangt mehr: Sie ist als ein Balanceakt zwischen Stabilisierung der Eltern einerseits und Provokation der Eltern andererseits zu sehen, das heißt, es müssen einerseits die gegebenen Selbstverständlichkeiten, Deutungsmuster und Interpretationen der Eltern über ihr Kind wahrgenommen und ernst genommen werden (= Stabilisierung), diese Muster sind aber in Bezug zu fachlichen Kategorien immer auch zu hinterfragen und zu problematisieren (= Provokation). Es ist gerade der Vorteil professioneller pädagogischer Tätigkeit, eben nicht in die Alltäglichkeit der Familie verstrickt zu sein" (Hintermair 2007, 29f).

4.1.2 Entwicklung der Frühförderung und rechtliche Grundlagen

Die Frühförderung ist als ein System verschiedenartigster Hilfen und Angebote zu verstehen. Die Maßnahmen von Frühförderung und -erziehung sind darauf gerichtet, „die Entwicklung des Kindes und sein Leben-Lernen in seiner Lebenswelt in den ersten Lebensjahren unterstützend zu begleiten, wenn diesbezüglich Auffälligkeiten oder Gefährdungen vorliegen. Diese Hilfen sind als Hilfe zur Selbsthilfe gedacht" (Speck 1996, 16). Für diese Kinder mit drohenden oder manifesten Behinderungen hat sich seit Mitte der 1970er Jahre das System der Frühförderung mit unterschiedlichen Institutionen etabliert. Impulsgebend war hier das „Kinderzentrum" in München unter der Leitung von Theodor Hellbrügge (1968) sowie die erste ‚Frühförderungs- und Beratungsstelle' der Lebenshilfe in Bonn (1970). Im Vordergrund stand zunächst die Förderung der kindlichen Entwicklung mit medizinisch-therapeutischen Mitteln. Mit einer Empfehlung des Deutschen Bildungsrates rückte 1973 die pädagogische Begleitung des Kindes und seiner Familie ins Blickfeld und es entstanden neben den *Klinischen Einrichtungen* für differentialdiagnostische und therapeutische Aufgaben *Zentren für pädagogische Frühförderung* (vgl. Speck 2008, 457). Aus den Einzeleinrichtungen der 70er Jahre ist heute ein weitverzweigtes Netz verschiedener Frühfördereinrichtungen geworden. Ende 2006 erhielten „rund 107.000 behinderte und von Behinderung bedrohte Kinder bis 7 Jahre Leistungen der Frühförderung in den bundesweit 635 bestehenden Frühförderstellen und 127 Sozialpädiatrischen Zentren" (Engel et al. 2009, 3).

Während man in der Nachkriegszeit sich im pädagogischen Bereich zunächst auf das Schulalter konzentrierte, erkannte man Ende der 1970er Jahre, dass *frühe Hilfen wirksame Hilfen sind*. Schlack beschreibt die anfängliche Zielsetzung der heilpädagogischen Frühförderung folgendermaßen: „Wenn wir die Entwicklung der Frühförderung behinderter Kinder in der Nachkriegszeit betrachten, so war sie gekennzeichnet durch Aufbruchstimmung, Optimismus und das Bedürfnis nach Wiedergutmachung an den Behinderten. Die Initiativen kamen aus dem medizinischen und dem pädagogischen Bereich, und ihre wechselseitige Befruchtung mit der zunehmenden Bereitschaft zu interdisziplinärer Denk- und Arbeitsweise haben zweifellos die Entwicklungsmöglichkeiten behinderter und von Behinderung bedrohter Kinder wesentlich verbessert. Diese Erfolge nährten – ausgesprochen oder unbewusst – die Vorstellung von der prinzipiellen Heilbarkeit von Behinderungen, würde nur die richtige Methode mit der nötigen Intensität und zum frühestmöglichen Zeitpunkt eingesetzt" (Schlack 1997, 15f). Ihren anfänglichen Optimismus hat die Frühförderung inzwischen aufgegeben, weil viele Behinderungen oder Beeinträchtigungen eben nicht „behebbar" oder kompensierbar sind. Dennoch behält der Leitgedanke „frühe Hilfen sind wirksame Hilfen" seine Gültigkeit.

Frühe Hilfen regen die Entwicklungsfähigkeit von Kindern mit geistiger Behinderung an und verringern damit Folgebeeinträchtigungen. Gründe hierfür nennt Speck, wenn er sagt: „Die frühe Lernanregung und gezielte Förderung der Lernfähigkeit bedeutet eine Stimulierung der Hirntätigkeit in der Phase, in der das kindliche Gehirn erst am Beginn seiner Ausdifferenzierung steht und im Falle einer vorausgegangenen Schädigung noch weithin kompensationsfähig ist. Geistig behinderte Kinder können daher durch eine zum frühestmöglichen Zeitpunkt – also schon im ersten Lebensjahr – einsetzende Förderung eine ungleich stärkere Aktivierung und Differenzierung ihrer Entwicklung erfahren, als sie sonst möglich wäre. Die frühen Chancen sind wahrscheinlich ihre größten Chancen" (1999, 217).

Vom Laien- zum Kooperationsmodell

Laien- und Ko-Therapeutenmodelle

In den zurückliegenden 30 Jahren hat sich auch die Einstellung gegenüber den Eltern und die Zusammenarbeit mit ihnen deutlich geändert. „Bei den historischen Ansätzen der Laien- oder Ko-Therapeutenmodelle sind die Fachpersonen den Eltern und Kindern gegenüber als Experten aufgetreten, die *Vorgabe* für eine Behandlung und Betreuung der Kinder machten" (Sohns 2007, 274). Dies führte bei Eltern häufig zu Verunsicherung und belastete den Alltag der Familien. Heute versteht man Eltern als kompetente Partner, deren Auffassung gefragt ist und mit denen die Fachkräfte kooperieren (Kooperationsmodell). Dieses Konzept der Zusammenarbeit mit Eltern respektiert die

Kooperations-modell

> „*Autonomie* des Kindes und seiner Familie, die Verantwortung für die Handlungen verbleibt in der Familie, sie bleibt Subjekt ihrer Aktivitäten. Ausgehend von der Erfahrung, dass eigeninitiiertes Handeln wesentlich produktiver und nachhaltiger ist als ein von außen genötigtes, ist professionelles Handeln immer auf die Eigenaktivität von Kind und Familie ausgerichtet und damit stets dem Prinzip „Hilfe zur Selbsthilfe" verpflichtet" (Sohns 2007, 274f).

Will Frühförderung der Entwicklung des gefährdeten oder behinderten Kindes und seiner Familie dienen, ist sie auf den Austausch der Professionen, d. h. auf Interdisziplinarität angewiesen. Doch sie war lange Zeit nicht zu realisieren, weil „über Jahrzehnte eine Diskussion um den Vorrang medizinisch vs. pädagogisch orientierter Frühförderung geführt" (van Nek 2006, 266) wurde.

gesetzliche Grundlagen

Die Fortführung dieser Kontroverse hat der Gesetzgeber 2001 mit der Einführung der so genannten ‚Komplexleistungen' im Neunten Sozialgesetzbuch (§ 30 SGB IX) unterbunden, die auf eine stärkere Verbindung verschiedener interdisziplinärer Maßnahmen zielen. „Komplexleistungen umfassen diejenigen diagnostischen, pädagogischen und therapeutischen Hilfen für Kind und Familie, die bis dato finanzrechtlich unterschiedlich angesiedelt waren" (van Nek 2006, 269). Während bis zur Einführung des SGB IX die pädagogische Finanzierungsregelung für pädagogische Frühförderung nach § 40, Abs.1, Nr. 2a BSHG (Bundessozialhilfegesetz) erfolgte, wurden medizinisch-therapeutische Angebote von der gesetzlichen Krankenkasse finanziert. Mit der Einführung der ‚Komplexleistungen' wollte der Gesetzgeber eine einheitliche Finanzierungsregelung schaffen. „Auf dieser Grundlage wurde die Verordnung zur Früherkennung und Frühförderung behinderter und von Behinderung bedrohter Kinder (Frühförderverordnung – FrühV) erlassen, die seit dem 1. Juli 2003 in Kraft ist. Darin sieht § 2 Satz FrühV vor, Näheres zu den Anforderungen an Interdisziplinäre Frühförderstellen (IFF) und Sozialpädiatrische Zentren (SPZ) durch Landesrahmenempfehlungen zu regeln" (Engel et al. 2009, 3). Hierdurch kommt es zu unterschiedlichen Regelungen in den Bundesländern, wobei der Umsetzungsprozess derzeit noch nicht abgeschlossen ist.

Komplexleistungen

4.1.3 Frühförderung als System

Wie die bisherigen Ausführungen zeigen, umfasst die Frühförderung eine Vielzahl von Angeboten mit unterschiedlichen medizinisch-therapeutischen und pädagogisch-beratenden Aufgaben. Sie beziehen sich auf folgende Professionen mit unterschiedlichen Fachkräften:

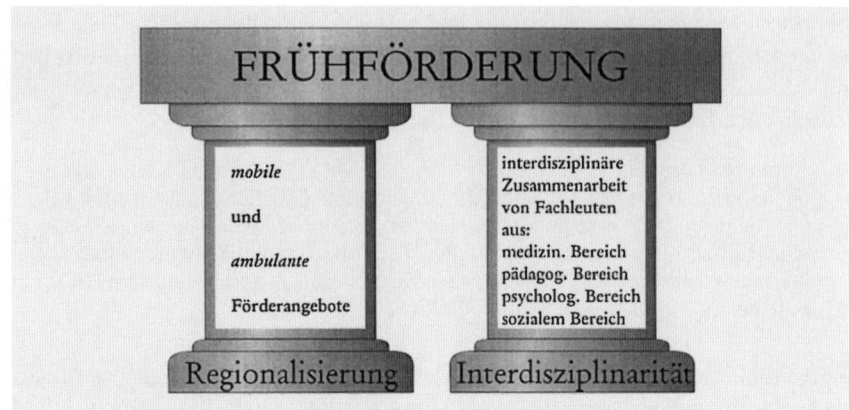

Abb. 23: Säulen der Arbeit in der Frühförderung

- *Medizinischer Bereich:* Kinderärzte, Fachärzte, Physiotherapeuten, Logopäden, Ergotherapeuten
- *Pädagogisch-sozialer Bereich:* Sonder- und Heilpädagogen, Diplom-Pädagogen mit heilpädagogischem Schwerunkt, Sozialpädagogen/Sozialarbeiter, Erzieher
- *Psychologischer Bereich:* Psychologen

Darüber hinaus wird das Angebot von Frühfördereinrichtungen mancherorts durch Motopädagogen sowie Musik- und Kunsttherapeuten ergänzt.

All diese Berufsgruppen müssen zum Wohl des Kindes und seiner Familie zusammenarbeiten, d.h. ihre Angebote im Idealfall aufeinander abstimmen. Ob das gelingt, hängt von den vorgefundenen Bedingungen, der Kooperations- und Kommunikationsfähigkeit der Mitarbeiter sowie von deren Qualifikation ab.

ambulante und mobile Angebote

Interdisziplinarität

Regionalisierung

„Frühförderstellen sind in der Regel regional angesiedelt und machen sowohl *ambulante* (in den Einrichtungen, Kindergarten, Kindertagestätten) als auch mobile (im Elternhaus) Förder- und Beratungsangebote" (van Nek 2006, 264).

Das komplexe System der Frühförderung wird von zwei Säulen getragen, von der interdisziplinären Zusammenarbeit der verschiedenen Fachdisziplinen, Interdisziplinarität, einerseits und von der Regionalisierung der Förderangebote andererseits, d.h. möglichst wohnort- bzw. familiennahe Angebote.

Als Institutionen der Frühförderung sind zu nennen:

> **Einrichtungen der Frühförderung**
>
> *Regionale Frühförderung:* Diese Einrichtungen, von denen es mehr als 600 in der Bundesrepublik gibt, arbeiten familiennah, d.h. überwiegend mobil, vor Ort in und mit den Familien. Die Mitarbeiter sind überwiegend Pädagogen. Die regionale Frühförderung setzt sich aus eigenständigen Einrichtungen, Beratungsstellen und an Kliniken angegliederten Einrichtungen zusammen.

> *Sozialpädiatrische Frühförderzentren:* Derzeit gibt es ca. 130 Sozialpädiatrische Zentren (SPZ), die größere Einzugsgebiete (etwa 1 Million Einwohner) umfassen. „SPZ arbeiten ambulant und verstehen sich u. a. als Einrichtung für Kinder, ‚die wegen der Art und Schwere oder Dauer ihrer Behinderung nicht von geeigneten Ärzten oder geeigneten interdisziplinären Frühfördereinrichtungen behandelt werden können' (Frühförderverordnung [FrühV §§ 1, 4, 5])" (van Nek 2006, 265).
> *Spezielle Frühfördereinrichtungen* gibt es für sinnesgeschädigte Kinder und ihre Eltern, für hörgeschädigte und sehbehinderte/blinde Kinder. Sie bieten neben der Förder- und Erziehungsberatung die frühzeitige Versorgung mit spezifisch apparativ-technischen Hilfen an.
> *Ambulanzen des Bundesverbandes ‚Hilfe für das autistische Kind'* haben sich auf den Personenkreis der Kinder mit Autismus-Spektrums-Störungen und deren Familien spezialisiert und bieten hier Beratung und Förderung an.

Zwei Drittel der Leistungen werden im Bundesdurchschnitt mobil-aufsuchend erbracht, ein Drittel ambulant. „In Ländern mit hohem Anteilen interdisziplinär besetzter Frühförderstellen werden die Leistungen der Frühförderung überdurchschnittlich häufig in ambulanter Form erbracht. Dies gilt für die Bundesländer Baden-Württemberg (70 %), Bayern (54 %), Hessen (48 %), Nordrhein-Westfalen (44 %) und Thüringen (48 %). In den anderen Ländern überwiegt dagegen eine Schwerpunktsetzung auf mobil-aufsuchender Frühförderung. Besonders hoch sind diese Anteile in Brandenburg (91 %) und Schleswig-Holstein (92 %)" (Engel et al. 2009, 9).

4.1.4 Zielsetzung und Aufgaben der Frühförderung

Die Frühförderung steht „im Dienst des Wunsches nach Unterstützung in schwierigen Lebenslagen" (van Nek 2006, 270). Ziel aller therapeutischen und heilpädagogischen Angebote ist es, dem Kind „zu einem Höchstmaß an Autonomie, Selbsterleben und Selbstbewusstsein zu verhelfen" (270).

Das Augenmerk der Frühförderung richtet sich auf:

1. *kindbezogene Maßnahmen*
   Das Kind soll seine eigenen Potenziale erfahren und auf der Grundlage vorhandener Fähigkeiten durch geeignete zur Entwicklung neuer Kenntnisse, Handlungs- und Verhaltensweisen motiviert werden. Es soll vertrauensvolle Beziehungen aufbauen, die ihm Sicherheit zum Erkunden der personellen und dinglichen Umwelt geben.

2. *Beratungs- und Unterstützungsbedarf der Eltern und Erziehungsverantwortlichen*
   Die pädagogischen Mitarbeiter der Frühförderung informieren die Eltern im Hinblick auf fördernde Angebote für ihr behindertes Kind im Rahmen der häuslichen Erziehung.

3. *Integration und soziale Teilhabe*
Damit für das Kind und seine Familie die gesellschaftliche Integration möglich wird, kommt der Frühförderung die Aufgabe zu, „durch Beratung und Information über sozialrechtliche Unterstützungsansprüche (z. B. Pflegegeld, Verhinderungspflege etc.), aber auch über weitere professionelle (z. B. andere Fachkräfte, SPZ, Kindergärten etc.) und informelle (z. B. Selbsthilfegruppen, andere betroffene Eltern) Unterstützungssysteme dazu beizutragen, dass Eltern sich diese Unterstützung im Sinne des ‚Empowerment'-Gedankens verfügbar machen können" (271).

Arbeitsprinzipien Die pädagogische Frühförderung lässt sich von den folgenden drei Prinzipien leiten: Ganzheitlichkeit, Interdisziplinarität und Familienorientierung.

Ganzheitlichkeit Mit dem Begriff *Ganzheitlichkeit* verbindet sich die veränderte Perspektive mit der die Frühförderung auf das Kind und seine Bedürfnisse schaut. Die vorrangig am Defizit ausgerichtet Sichtweise wurde zugunsten einer mehrperspektivischen und ressourcenorientierten aufgegeben. Das Kind wird als Subjekt, als „Akteur seiner Entwicklung" (Kautter), als mitbestimmender Teil seines Förderprozesses gesehen. Die Entwicklung des Kindes vollzieht sich nicht nach allgemeingültigen Regeln, sondern sie ist immer ein individueller Prozess, in dem das Kind seine Möglichkeiten, seine Eigengesetzlichkeiten ausprägt und aus dem Förderangebot die Impulse auswählt, die es in seine Lebens- und Erfahrenswelt zu integrieren vermag. Die Förderangebote beziehen sich auf:

- Förderung von Wahrnehmung, Bewegung, Interaktion, Kommunikation und Sprache,
- Entwicklung lebenspraktischer Fähigkeiten,
- Anregungen zum Spiel,
- Anregungen zur sozialen Entwicklung/Integration.

Die Ansätze zur Förderung in den verschiedenen Entwicklungsbereichen dürfen nicht „manipulativ-dirigistisch" sein, „sondern unterstützen das Kind in seiner je eigenen Entwicklung, sehen in erster Linie das Kind und erst in zweiter Linie die Beeinträchtigungen" (Straßmeier 1994, 79).

Interdisziplinarität *Interdisziplinarität bedeutet:* „Die Komplexität des Wirkungsbereich der Arbeit in der Frühförderung und die fortlaufende Anpassung der Interventionen an individuelle Bedürfnisse der Familien erfordert eine funktionierende, gut strukturierte Zusammenarbeit der Professionen, die Kind und Eltern auf dem Weg begleiten" (van Nek 2006, 272). Absprachen sind wichtig, damit es nicht zu widersprüchlichen Interventionen und Informationen kommt und „ein möglichst hohes Maß an Eindeutigkeit und Transparenz für die Familie erreicht werden" (272).

Familienorientierung *Familienorientierung* bezieht sich auf die Überwindung des Primats der Förderung des Kindes und auf die gleichrangige Beteiligung der gesamten Familie. „Auf struktureller Ebene bedeutet ‚Familienorientierung' wohnortnahe Erreichbarkeit und – für viele Frühförderstellen – eine mobile oder, nach Bedarf der Familie, mobil-ambulante Arbeitsweise" (272).

Die Bedeutung der Familie kann wohl nicht prägnanter zusammengefasst werden, als von einem Menschen mit geistiger Behinderung selbst:

„Mein Vater ist vör mich sehr wert foll und hat sich ganz fil unm mich geköment. Mein Vater hat mit mir ser fil unternommen. Ich und mein Vater haben fill Schpas mit ein ander gehabt. Meine Mutter ist vör mich immer da. Meine krose Familie ist immer vör mich da und natörlich auch vor mine ferlopte" (Sieco Bremer, Ohrenkuss 2006, 20).

Zusammenfassung

Frühförderung im Kontext von geistiger Behinderung wendet sich an Kinder von der Geburt (bzw. erste Anzeichen einer auf Entwicklungsbeeinträchtigung) bis zum Schulalter und an deren Eltern bzw. Erziehungsverantwortlichen. Frühförderung ist ein komplexes System diagnostischer, therapeutischer und pädagogischer Maßnahmen, die von Fachkräften unterschiedlicher Disziplinen in Kooperation miteinander ambulant oder in Institutionen durchgeführt werden. Sie will Hilfe zur Selbsthilfe geben sowohl für das Kind mit geistiger Behinderung als auch für seine Familie. Sie strebt die Integration an und will soziale Teilhabe ermöglichen. Die Frühförderstellen sind auch Anlaufstellen für Eltern, die wegen Auffälligkeiten in der Entwicklung ihrer Kinder Rat suchen.

Engel, H., Engel, D., Pfeuffer, F. (2009): Umsetzung der Komplexleistung Frühförderung – bereits vollzogene und weiterhin notwendige Veränderungen in den Leistungsstrukturen. In: Frühförderung interdisziplinär 28. Jg., 3–11

Hintermair, M. (2007): Vom Alltäglichen zum Besonderen und wieder zurück. Von der Destruktion und Rekonstruktion alltäglicher Lebensführung unter der Bedingung einer Mehrfachbehinderung. In: Fröhlich, A., Heinen, N., Lamers, W. (Hrsg.): Frühförderung von Kindern mit schwerer Behinderung. Texte zur Körper- und Mehrfachbehinderung. Düsseldorf, 10–33

Naggl, M., Thurmair F. (2008): Frühförderung und Kindeswohl – Frühe Hilfen für entwicklungsgefährdete Kinder. In. Frühförderung interdisziplinär 27. Jg., 52–66

Nek van, S. (2006): Frühförderung – erste Hilfen für Kind und Eltern. In: Wüllenweber, E., Theunissen, G., Mühl, H. (Hrsg.): Pädagogik bei geistigen Behinderungen. Stuttgart, 264–280

Schlack, H. G. (2008): Wie (un)gesund sind Kinder in Deutschland? Fakten, Einschätzungen, Handlungsbedarf. In: Frühförderung interdisziplinär 27. Jg., 147–154

Sohns, A. (2007): Frühförderung. In: Greving, H. (Hrsg.): Kompendium der Heilpädagogik. Bd. 1. Troisdorf, 272–277

Speck, O. (2008): Interdisziplinäre Frühförderung. In: ders.: System Heilpädagogik. Eine ökologisch reflexive Grundlegung. 6. überarb. Aufl. München/Basel, 453–477

Weiß, H. (2008): Entwicklungsgefährdete Kinder in Armut und Benachteiligung – der Beitrag der Frühförderung. In: VHN 77. Jg., 212–225

32. An wen richtet sich die Frühförderung?
33. Welche Aufgabenbereiche werden unter dem Sammelbegriff der Frühförderung zusammengefasst?
34. Aus welchen Bereichen stammen die Fachkräfte, die in der Frühförderung zusammenarbeiten?
35. Was bedeutet „Frühe Hilfen – wirksame Hilfen"?
36. Nennen Sie die Arbeitsprinzipien der pädagogischen Frühförderung.
37. Was verbinden Sie mit dem Begriff der ‚Komplexleistungen'?

4.2 Schulische Erziehung und Bildung

Die Früherziehung für Kinder und Jugendliche mit geistiger Behinderung findet ihre Fortführung als schulische Bildung vorwiegend in der Schule für Geistigbehinderte bzw. in der Förderschule mit dem Förderschwerpunkt geistige Entwicklung. Sie ist, wie bereits in Kapitel 2.4 dargestellt, erst in den 1960er Jahren unter Einfluss betroffener Eltern entstanden. Seitdem hat sie sich sehr dynamisch zu einer Schulform entwickelt, die sich an den Bedürfnissen ihrer Schüler orientiert. Sie ist für diese über viele Jahre ein Lebensraum mit wichtigen Sozialkontakten. Die Lehrkräfte kooperieren mit Frühfördereinrichtungen, mit familienentlastenden Diensten, mit Werkstätten für behinderte Menschen oder anderen möglichen Arbeitgebern, mit regionalen Wohn- und Freizeitanbietern, mit Ärzten und Therapeuten und mehr. Erziehung und Bildung für Kinder und Jugendliche findet heute an unterschiedlichen Förderorten statt, d. h. Schüler mit geistiger Behinderung werden auch in Förderschulen mit anderen Förderschwerpunkten, in Förderzentren oder Privatschulen unterrichtet. „Seit einigen Jahren aber eröffnen sich darüber hinaus unter dem Motto ‚mehr Integration' weitere und neue Wege einer differenzierten und gemeindenahen schulischen Förderung" (Fischer 2008, 27).

Die Förderschule mit dem Förderschwerpunkt geistige Entwicklung gehört zum Bildungssystem und wird von einer Reihe von Faktoren beeinflusst:

- „kulturelle Traditionen und politische Strukturen;
- gesetzliche Rahmenbedingungen und Vorgaben;
- Aufteilung des Schulwesens, z. B. in Regel- und Sonderschulen;
- einer Vielfalt räumlicher und personeller Ausstattung mit unterschiedlichen Fachkräften, Ausbildungen und Schwerpunktsetzungen (Sonderschullehrern, pädagogischen und therapeutischen Fachkräften, Werkmeistern u. a.);
- länderspezifischen Vorgaben und Besonderheiten wie unterschiedliche Angebote im Bereich der Frühförderung und schulvorbereitender Gruppen;
- interne Untergliederung und Stufungen in Unter-, Mittel-, Ober- und Werkstufe bzw. Abschlussstufe" (Fischer 2008, 27).

Kulturhoheit der Bundesländer Auf einige dieser strukturellen Bedingungen schulischer Bildung soll im Verlauf des Kapitels hingewiesen werden, ohne dabei auf Besonderheiten der Länder einzugehen. Die Kulturhoheit der Bundesländer führt im Bereich der schulischen Erziehung und Bildung zu unterschiedlichen Regelungen. Die Kultusminister treffen im Bereich des Schulwesens Abstimmungen, die als sogenannte KMK-Empfehlungen veröffentlicht werden und die für die Entwicklung in den einzelnen Ländern richtungsweisend sind. In Bezug auf die Organisation schulischer Angebote für Schüler mit geistiger Behinderung sind zu nennen:

- 1981: „Empfehlung für den Unterricht in der Schule für Geistigbehinderte (Sonderschule);
- 1994: „Empfehlungen zur sonderpädagogischen Förderung in den Schulen der Bundesrepublik Deutschland;
- 1998: „Empfehlungen zum Förderschwerpunkt geistige Entwicklung".

Die Förderschule mit dem Förderschwerpunkt geistige Entwicklung ist prinzipiell für alle Schüler mit geistiger Behinderung unabhängig vom Schweregrad ihrer Beeinträchtigungen offen. Um ihrer heterogenen Schülerschaft gerecht zu werden, realisieren die Lehrkräfte in ihr einen konzeptionell wie didaktisch differenzierten Unterricht. Trotz ihrer Stärken gerät die Förderschule mit dem Förderschwerpunkt geistige Entwicklung heute in Kritik, weil sie eine Form der ‚Sonder-Beschulung' ist und von vielen Eltern als Diskriminierung ihrer Kinder aufgefasst wird. In der Bundesrepublik ist deshalb eine integrative Beschulung, d.h. eine Erziehung von Kindern mit geistiger Behinderung in Regelschulen, möglich. Wie in Kapitel 3.3 bereits hingewiesen, werden in Deutschland bislang lediglich ca. 3% der Kinder und Jugendlichen mit geistiger Behinderung integrativ beschult.

Mit der Ratifizierung des Abkommens der Vereinten Nationen über die Rechte von Menschen mit Behinderung 2009 hat in Deutschland eine intensive Diskussion um die Umgestaltung des Bildungssystems hin zu einer inklusiven Beschulung eingesetzt. Grundlage hierfür bildet der Artikel 24 (Bildung) der UN-Behindertenrechtskonvention, der einen „unentgeltlichen und obligatorischen Grundschulunterricht" oder den „Besuch weiterführender Schulen" (Vereinte Nationen 2007) vorsieht. Die Forderung nach Inklusion geht über die Integration hinaus. Sie zielt auf die Anerkennung individueller Unterschiede (z.B. soziale Herkunft, Fähigkeiten, Behinderungen, Ethnizität) ab. Inklusiver Unterricht soll Barrieren des Lernens abbauen. Ziel eines inklusiven Bildungssystems ist, „dass alle Kinder, unabhängig von körperlichen und geistigen Voraussetzungen, Regelschulen besuchen. Vor allem der Schwerpunkt Bildung erweist sich in dieser Hinsicht als wegweisend, da ein enger Zusammenhang zwischen schulischer Inklusion und späterer gesellschaftlicher Teilhabe besteht. Aufgrund der föderalen Verfassung Deutschlands liegt die Umsetzung inklusiver Bildung bei den Bundesländern" (Strate et al. 2012).

4.2.1 Bildungsanspruch

In Artikel 23, Absatz 1 des UN-Abkommens heißt es einleitend: „Die Vertragsstaaten anerkennen das Recht von Menschen mit Behinderungen auf Bildung." Der Anspruch auf Bildung ergibt sich aus der Würde des Menschen. Das Bildungsrecht gehört bei uns zu den Grundrechten eines jeden Menschen. 1948 verabschiedeten die Vereinten Nationen die „Universal Declaration of Human Rights", die neben der Gleichheit aller Menschen auch das Recht auf Bildung (Artikel 26/1 u. 2) betont: „Jeder Mensch hat ein Recht auf Bildung." Im Grundgesetz der Bundesrepublik Deutschland beginnt Artikel 2 mit dem Satz: „Jeder hat das Recht auf die freie Entfaltung seiner Persönlichkeit".

> „Sonderpädagogisch besonders relevant ist das Grundrecht jedes – auch des behinderten – Menschen auf Bildung. Dieses Menschenrecht, das bei weitem noch nicht überall realisiert ist, wurde in den letzten Jahren und Jahrzehnten in mehreren Deklarationen proklamiert … Das Formulieren des Prinzips, dass behinderte Kinder und Jugendliche genauso wie ihre nichtbehinderten Altersgenossen ein Recht auf Bildung haben, ist Voraussetzung und der erste Schritt zu deren Schulung und Integration. Für die Behörden bringt dieser Grundsatz die Verpflichtung mit sich, entweder die nötigen Einrichtungen selbst vorzusehen oder deren Vorhandensein sicherzustellen" (Bürli 1997, 48).

Kulturtechniken

Gerade für Menschen mit geistiger Behinderung war (Kap. 3.6) und bleibt es schwer, ihren Bildungsanspruch uneingeschränkt anzuerkennen, wenn er allein an der Fähigkeit des Erlernens klassischer Kulturfähigkeiten (Kulturtechniken), wie Lesen, Schreiben, Rechnen u. a. m., festgemacht wird. Bildung ist mehr und darf nicht mit „Vernünftigkeit" oder gesellschaftlicher „Nützlichkeit" gleichgesetzt werden.

Bildungsrecht

Für Antor und Bleidick ist das Bildungsrecht ein Anspruch, der sich „aus dem ethischen Grundsatz des unbedingten Lebensrechtes ableiten läßt" (1995, 326). Lebensrecht und Bildungsrecht sind für die beiden Autoren unlösbar miteinander verknüpft:

> „Zwischen Recht auf Leben und dem Recht auf Bildung besteht ein wechselseitiger Zusammenhang. Wer ein ungeteiltes Recht auf Leben für alle Menschen, auch für Schwerstbehinderte, einfordert, bejaht ein Bildungsrecht für alle, das Erziehung und Bildung nicht von irgendwie definierten Voraussetzungen wie Sprachfähigkeit, intellektuelle Mindestkompetenz oder dergleichen abhängig macht. Die unverbrüchliche Anerkenntnis des Rechtes auf Leben schließt eine untere Grenze der Bildungsfähigkeit aus. Werden hingegen Bildungsrecht und Bildungsmöglichkeit für alle Menschen anerkannt, so ist das nur vor einem logischen Hintergrund denkbar, der das Recht auf Leben nicht in Frage stellt" (11).

In ihren weiteren ethischen Reflexionen zeigen die beiden Autoren, dass das Bildungsrecht wesensgemäß zum Menschsein gehört, da der Mensch auf Weiterentwicklung im Sinne von Selbstentfaltung und Selbstwerdung angelegt ist, sich also ein Leben lang bildet.

> „Dieses Bildungsrecht ist im tieferen Sinne Lebensrecht. Denn der Mensch kann ... nur existieren, wenn er den Schritt zur ‚proportionierlichen Weiterentwicklung' seiner Naturanlagen tut, wenn er die Bedingungen dafür zugestanden bekommt. Lebensrecht und Bildungsrecht sind zwei Aspekte ein und derselben normativen Anerkennung des Menschen als Wesen, dessen Leben auf Weiterentwicklung angelegt ist. (...) Pflege und Betreuung von Behinderten genügen nicht zur Einlösung der Grundgesetzforderung. Werden Lebensrecht und Bildungsrecht für alle, auch für Schwerstbehinderte bejaht, muß das Bildungsrecht auch die generelle Schulpflicht für Behinderte unabhängig vom Schweregrad des Behindertsein fordern und für begründet ansehen" (14).

Jeder Mensch besitzt einen Anspruch auf Bildung, den es zu realisieren gilt. Darum hat die Ständige Konferenz der Kultusminister in ihrer „Empfehlung zum Förderschwerpunkt geistige Entwicklung" die Feststellung an den Anfang gestellt: „Sonderpädagogische Förderung von Schülerinnen und Schülern mit Beeinträchtigungen im Bereich der geistigen Entwicklung verwirklicht als Bestandteil der umfassenden Eingliederungsmaßnahmen das Recht auf Bildung für diese Kinder und Jugendlichen" (KMK 1998, 3).

Bildungsbegriff

Bildung ist in diesem Verständnis also ein lebenslanger Prozess, der sich aus dem Wesen des Menschen und nicht länger allein aus einem äußeren, einem kulturell-gesellschaftlichen Anspruch ergibt. „Unser Bildungsbegriff bedient sich dabei einer dynamischen Lernvorstellung, die sich an der humanistischen Tradition des Bildungsideals orientiert, nach dem *Bildung grundsätzlich der Entfaltung der Persönlichkeit dient* (Hervorh. B. F.). Demnach ist der Mensch ein lernfähiges, entwicklungsfähiges und veränderungsfähiges Wesen" (Antor/Bleidick 1995, 326). Bildung ist damit ein lebenslanger Prozess der Selbstfindung und Selbstgestaltung des Menschen. Die Geistigbehindertenpädagogik vertritt ein offenes Verständnis von Bildung als „Gestaltung des eigenen Lebens" (327) im sozialen und kulturellen Kontext. Es ist ein integrierendes Bildungsverständnis, weil es alle Menschen unabhängig vom Schweregrad der Beeinträchtigung und unabhängig ihres Alters einschließt.

> „Bildung sollte", so fordert Fischer, „auf Welterschließung, Mündigkeit, Selbstverwirklichung und -bestimmung – aber in sozialer Integration – ausgerichtet sein. Von Bildung dürfen Schüler, unabhängig von der Schwere der Behinderung nicht ausgeschlossen werden – insofern gilt es diesen Begriff in Abhebung von einer einseitigen Ausrichtung auf Kognition und Leistung recht weit zu fassen. Da Bildung auf eine ‚gemeinsame' Welterschließung zielt, kann sie nicht nur Selbstbildung sein. Sie vollzieht sich vielmehr in der zwischenmenschlichen Begegnung, in einem gemeinsamen Leben und Lernen" (2008, 57).

Vor diesem Hintergrund wird Erziehung zur konzeptionellen und strukturellen Unterstützung der individuellen Lebensgestaltung, indem sie Hilfen bereit stellt, damit das Kind neue Erfahrungen machen und diese lernend in seine eigenen Lebensstrukturen integrieren kann. Wenn jedem Menschen das Recht auf Bildung zusteht, dann müssen besonders den Menschen, die in ihren Voraussetzungen zum Lernen und zur Entwicklung beeinträchtigt sind, durch Erziehung Hilfen zur Selbstfindung und zur Lebensgestaltung gegeben werden. Erziehung ist, wie dies bereits in Kapitel 3.5 dargestellt wurde, ein dialogisches Geschehen zwischen Lehrer und Schüler. Alle Kinder und Jugendliche sind unabhängig vom Grad ihrer Behinderung prinzipiell erziehungsfähig. Deshalb muss ihr Recht auf Bildung umgesetzt werden.

Jeder Mensch besitzt Können, sonst existierte er nicht. Von diesem Grundsatz sind auch Menschen mit Komplexer Behinderung nicht auszuschließen. Lediglich die anzuwendenden erzieherischen Maßnahmen haben die Schwere der Beeinträchtigungen zu berücksichtigen, damit sie angemessene Hilfen zur individuellen Lebensgestaltung werden.

Die Schule als Institution hat die Aufgabe, den Bildungs- und Erziehungsanspruch von Kindern und Jugendlichen einzulösen und sie zu größtmöglicher Selbständigkeit und Selbstbestimmung in der sozialen Gemeinschaft sowie zur kulturellen Teilhabe zu befähigen. In den Empfehlungen der KMK zum Förderschwerpunkt geistige Entwicklung heißt es darum einleitend: „Sonderpädagogische Förderung von Schülerinnen und Schülern mit geistiger Behinderung beinhaltet eine alle Entwicklungsbereiche umfassende Erziehung und Unterrichtung unter besonderer Berücksichtigung der praktischen Bewältigung ihres Lebens. Für eine aktive Lebensbewältigung in sozialer Integration und für ein Leben in größtmöglicher Selbständigkeit und Selbstbestimmung sind Förderung und spezielle Lern- und Eingliederungsangebote erforderlich" (KMK 1998, 3).

4.2.2. Bildungsorte – Förderorte

Schule mit vielen Namen

„Die Bezeichnungen für die Schule für geistig Behinderte sind im Fluss", sagt Mühl (2006, 332) und meint damit, dass es keine bundesweit einheitliche Bezeichnung für die Schulform gibt. „Veränderungen in den Inhalten und Anforderungen sowie die Diskreditierung der etikettierenden Bezeichnung ‚geistigbehindert' haben zu Überlegungen geführt, den Namen der Schule zu ändern" (Mühl 2006, 332). Mit ihrer „Empfehlung zur sonderpädagogischen Förderung in Schulen in der Bundesrepublik Deutschland" hat die Ständige Konferenz der Kultusminister 1994 die Bezeichnung „Förderschwerpunkt geistige Entwicklung" eingeführt. Sie hat sich in Bayern, Niedersachsen, Nordrhein-Westfalen und Thüringen durchgesetzt.

> „In Rheinland-Pfalz dagegen ist von einem Förderschwerpunkt ‚ganzheitliche Entwicklung' die Rede; wiederum andere Länder haben die Bezeichnung Schule für Geistigbehinderte bewahrt (Baden-Württemberg, Saarland, Hamburg, Schleswig-Holstein, Sachsen, Sachsen-Anhalt), die Bezeichnung Schule für Praktisch Bildbare beibehalten (Hessen) oder ehemalige Bezeichnungen anderer Bundesländer übernommen (Mecklenburg-Vorpommern z. B. die alte bayrische Bezeichnung ‚Schule zur individuellen Lebensbewältigung')" (Fischer 2008, 29f).

Es ist nachzuvollziehen, dass mit der Bezeichnung der Schulform eine Diskriminierung ihrer Schüler vermieden werden soll. Doch die Fülle der Bezeichnungen führt zu Verwirrung. Sie trägt wenig dazu bei, dass sich die Schüler mit ihrer Schulform identifizieren können. Für ein Kind mit geistiger Behinderung wird die Bezeichnung „Förderschule mit dem Förderschwerpunkt geistige Entwicklung" zum Zungenbrecher. Die Suche nach einer politisch korrekten Bezeichnung ist anzuerkennen, doch die Schüler, die diese Schule besuchen, werden angesichts der für sie unaussprechlichen Namen ‚obdachlos'. Ein Lehrbuch hingegen muss amtliche Bezeichnungen verwenden.

andere Förderschulen

Die Förderschule mit dem Förderschwerpunkt geistige Entwicklung ist zwar der vordringliche, aber nicht der einzige Förderort für Kinder und Jugendliche mit geistiger Behinderung. „Für die schulische Bildung mehrfachgeschädigter Schüler mit geistiger Behinderung stehen bisher – neben der Schule mit dem Förderschwerpunkt geistige Entwicklung und der vereinzelten Integration in die allgemeinen Schulen – vor allem besondere Züge oder Abteilungen für ‚Mehrfachbehinderte' bzw. ‚Geistigbehinderte' an Förderschulen mit dem Schwerpunkt Sehen, Hören und motorische Entwicklung bereit" (Fischer 2008, 32). Unterrichtet werden die Schüler dieser Abteilungen nach den Richtlinien der Förderschule mit dem Förderschwerpunkt geistige Entwicklung.

Integrationsschulen

Daneben gibt es den gemeinsamen Unterricht, „als Besuch einer wohnbezirksübergreifenden Integrationsschule oder auch einer wohnortnahen Grundschule ‚um die Ecke'" (Fischer 2008, 28). In den Empfehlungen der Ständigen Konferenz der Kultusminister heißt es dazu:

> „Die sonderpädagogische Förderung kann in Sonderschulen oder in allgemeinen Schulen erfolgen. Einige Landesgesetze geben dem gemeinsamen Unterricht den Vorzug. In jedem Fall müssen die notwendigen sächlichen, räumlichen

und personellen Voraussetzungen gegeben sein. Sie sind im Vorfeld einer Entscheidung der Schulaufsicht im Zusammenwirken mit den Erziehungsberechtigten, ggf. mit anderen Kostenträgern, wie Schulträger, Krankenkasse, Pflegekasse, Sozialhilfe und Jugendhilfeträgern abzuklären und sie beeinflussen die Wahl der geeigneten Schule" (1998, 8).

Die Diskussion um die gemeinsame Beschulung nimmt heute in der Geistigbehindertenpädagogik einen breiten Raum ein, obwohl oder gerade weil die eigene Klientel schwer zu integrieren ist. Der Diskurs begann Mitte der 1980er Jahren mit Arbeiten von Feuser, Schöler, Eberwein, Wocken u.a. und wird bis heute bildungspolitisch und didaktisch von Boban, Freyerer, Hinz, Ziemen u.v.a. fortgeführt. Inzwischen haben sich verschiedene Denkrichtungen innerhalb der sogenannten Integrationspädagogik ausgebildet, auf die hier nicht vertiefend eingegangen werden kann. Im Anhang befindet sich eine „Synopse der Aussagen wichtiger Vertreter der Integrations-/Inklusionsforschung zum integrativen/inklusiven Unterricht", wie sie von Andreas Hinz 2006 zusammengestellt wurde. Mit der integrativen bzw. inklusiven Beschulung verbindet sich die Vorstellung negative Zuschreibungen und Diskriminierungen von Menschen mit Behinderung vermeiden zu können:

Integrationspädagogik

> „In dem Moment, wo über SchülerInnen mit bestimmten Kategorien geschrieben wird, beginnt die gedankliche Segregation, die dazu führt, dass diese SchülerInnen in den Status von ‚Auch-SchülerInnen', also von ‚Auch'-Menschen' (Feuser 1995) geraten – und das wäre mit einem integrativen oder gar inklusiven Ansatz unverträglich. Zu betonen bleibt: Integrativer oder inklusiver Unterricht erfordert, dass niemand in der heterogenen Schülerschaft geistig behindert wird" (Hinz 2006, 347).

Von kooperativer Beschulung spricht man, wenn eine gelegentliche oder engere Kooperation einer Förderschule mit einer allgemeinen Schule besteht oder Schüler mit geistiger Behinderung in ausgelagerten (Außen-)Klassen in einer allgemeinen Schule unterrichtet werden. „Kooperative Formen der Förderung und Unterrichtung erschließen allen Beteiligten Möglichkeiten zur wechselseitigen Annäherung und zur Erfahrung von mehr Selbstverständlichkeit im Umgang miteinander. Die Begegnung von Schülerinnen und Schülern kooperierender Schulen oder Klassen lassen soziale Beziehungen entstehen. Es entwickelt sich Verständnis füreinander" (KMK 1998, 17). Mühl weist darauf hin, dass es seit Ende der 1980er Jahre in zahlreichen Bundesländern zunächst einzelne Kooperationsversuche mit Grundschulen gab, die inzwischen zu fest etablierten sogenannten ‚Außenklassen' oder ‚Kooperationsklassen' in Regelschulen wurden (2006, 351). „Der gemeinsame Unterricht in Kooperationsklassen ist wie für den Unterricht in Integrationsklassen nicht primär eine methodische, sondern vor allem eine didaktische Aufgabe der Ziele und Inhalte. Gemeinsamer Unterricht sollte daher Aspekte einer spezifischen Didaktik für diese Schülergruppe mit berücksichtigen. Grundlage der Lehrplanung für den gemeinsamen Unterricht sind … die Lehrpläne der jeweiligen allgemeinen Schule und der Schule für geistig Behinderte" (Mühl 2006, 352). Unter Bezugnahme auf eine Erhebung von Schor und Eberhardt (1996) nennt Mühl folgende Fächer, die sich für den koope-

Kooperation

rativen Unterricht als günstig erwiesen haben: „Sport, Musik, Vorhaben (Projekte), Kunsterziehung, Heimat- und Sachkunde, Werken, Religion, Hauswirtschaft, Deutsch, Textilarbeit, Verkehrserziehung, Biologie, Mathematik, Sozialkunde, Erziehungskunde, Erdkunde, Arbeitslehre" (2006, 352).

Förderzentren Die Ständige Konferenz der Kultusminister empfiehlt heute zudem die Bildung von sonderpädagogischen Förderzentren, in denen auch Schülerinnen und Schüler mit geistiger Behinderung Aufnahme finden sollen: „Sonderpädagogische Förderzentren können als regionale und überregionale Einrichtungen entstehen und neben dem Förderschwerpunkt der geistigen Entwicklung andere Förderschwerpunkte einbeziehen. So können sie sonderpädagogische Förderung in präventiven, stationären, kooperativen Formen möglichst wohnortnah und fachgerecht sicherstellen" (KMK 1998, 18). Die sonderpädagogischen Förderzentren sollen neben dem Unterricht weitere Aufgaben in der Frühförderung oder im schulvorbereitenden Bereich übernehmen.

> „Vor allem aber sollen sie einen Organisationsrahmen bieten, der die vielfältigen sonderpädagogischen Dienste – sowohl die präventiven und integrativen, wie auch die speziellen Maßnahmen an eigenständigen Sondereinrichtungen – verbindet und koordiniert" (Fischer 2008, 36).

Bisher wurde die Konzeption der sonderpädagogischen Förderzentren für lern-, sprach- und verhaltensbehinderte Schüler realisiert, nicht für die mit geistiger Behinderung (vgl. Abb. 24).

Beschulung im berufsbildenden Bereich Schüler mit geistiger Behinderung leisten ihre Berufsschulpflicht in der Regel in der Werkstufe bzw. in der Berufsfindungsstufe der Förderschule mit dem Förderschwerpunkt geistige Entwicklung ab. Vereinzelt gibt es bereits Sonder- und Außenklassen an berufsbildenden Schulen, vor allem an Berufsbildungswerken, zur beruflichen Bildung und Qualifizierung junger Erwachsener (10. bis 12. Schulbesuchsjahr).

Heimsonderschulen Ein weiterer Beschulungsort für Kinder und Jugendliche mit geistiger Behinderung ist die Heimsonderschule. Große stationäre Einrichtungen der Behindertenhilfe haben eine eigene Sonderschule, die sog. Heimsonderschule, die von den schulpflichtigen Bewohnern der Einrichtung sowie oft auch von externen Schülern besucht wird.

Privatschulen Nicht unerwähnt bleiben sollen die Förderschulen in privater Trägerschaft mit konfessioneller oder weltanschaulicher Ausrichtung, wie z. B. die anthroposophischen Schulen und die ebenso ausgerichteten Camphill-Einrichtungen.

Die Abb. 24 gibt einen Überblick über die verschiedenen Schulorte für Kinder und Jugendliche mit geistiger Behinderung, die sich in ihren Angeboten konzeptionell wie didaktisch-methodisch von einander unterscheiden. Eltern können ggf. zwischen mehreren Förderorten entscheiden.

Zusammenfassung In allen Bundesländern besteht ein Bildungsrecht für Kinder und Jugendliche mit geistiger Behinderung. Die Ausgestaltung dieses Rechts ist den Ländern kraft ihrer Kulturhoheit überlassen und führt zu unterschiedlichen Regelungen. Die Gemeinsamkeiten sind aber größer als die Unterschiede, die sich vorwiegend auf die Organisation der Schule und auf das dort tätige Personal beziehen. Der Bildungsauftrag gilt für alle aufgezeigten Förderorte. Da die Förderschule mit dem

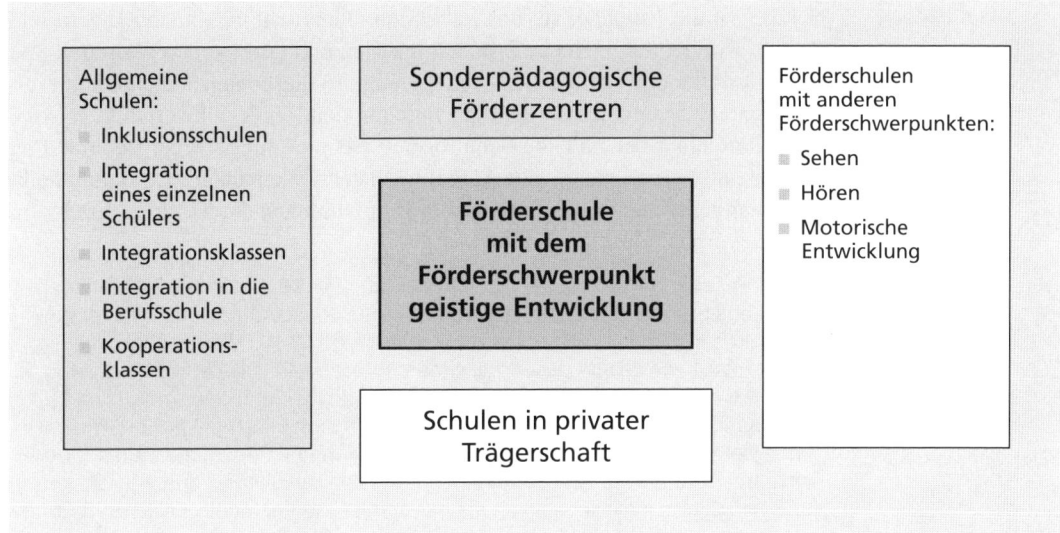

Abb. 24: Bildungsorte für Schülerinnen und Schüler mit geistiger Behinderung

Förderschwerpunkt geistige Entwicklung von mehr als 90 % aller Schüler mit geistiger Behinderung besucht wird, soll sie nachfolgend ungeachtet der Bundesländer-Spezifika in ihrer Zielsetzung und in ihrem Aufbau gemeinsam beschrieben werden.

4.2.3 Förderschule mit dem Förderschwerpunkt geistige Entwicklung – Zielsetzung, Aufbau und Organisation

„Ich habe in der Schule Schreiben gelernt erst Druckschrift dann Schreibschrift des ging 9 Jahre in der Schule und jetzt schreibe ich immer noch wie früher das macht Spaß. Das Schreiben ist wichtig das man lernt im zu lernen wie man schreibt. Das man später im Studium bracht man das Schreiben und um Abitur zu machen"
(Judith Klier, Ohrenkuss 2007, Nr. 19, 6).

„Schreiben ist wichtig: Ja. Lesen, selber. Wenn schreiben nicht geht – keine Bücher lesen, kein Bauplan machen. Petterson und Findus brauchen ein Aufbauplan für's Zelt. Wenn nicht schreiben, weiß nicht, welche Marmelade im Glas und ob noch gut"
(Paul Spitzeck, diktiert, Ohrenkuss 2007, Nr. 19, 8).

Die beiden einleitenden Zitate von Redakteuren der Zeitschrift Ohrenkuss machen deutlich, dass Erwachsene mit geistiger Behinderung positiv auf ihre Schulzeit in der Förderschule zurück schauen, weil sie dort etwas gelernt haben, was sie im Rahmen ihrer Freizeit weiter nutzen und professionalisiert haben. Sie haben Freude daran, ihre Gedanken aufzuschreiben und in einem ansprechenden Magazin anderen mitzuteilen.

Aufgaben

Schule hat die Aufgabe, auf das Leben vorzubereiten, indem sie Kindern und Jugendlichen vielfältige Kenntnisse, Fähigkeiten und Fertigkeiten vermittelt und sie zu kultureller und sozialer Teilhabe befähigt. In dieser ganz allgemeinen Zielsetzung unterscheidet sich die Förderschule mit dem Förderschwerpunkt geistige Entwicklung nicht von anderen Schulformen. Schüler mit geistiger Behinderung brauchen zum Lernen spezifische Anregungen und Unterstützungen. Darum heißt es in den allgemeinen Bestimmungen der Empfehlungen der Kultusminister zum Förderschwerpunkt geistige Entwicklung:

> „Sonderpädagogische Förderung unterstützt und begleitet die Schülerinnen und Schüler, unabhängig von Schweregrad und Umfang der Beeinträchtigungen, durch individuelle Hilfen beim Erkennen eigener Handlungsmöglichkeiten und bei der Erweiterung der Fähigkeiten zum Handeln. Die eingeengten Möglichkeiten der psychisch-geistigen Entwicklung, die veränderten Ausdrucks-, Kommunikations- und Handlungsformen haben Auswirkungen auf die Persönlichkeitsentfaltung und das soziale Umfeld. Im Rahmen ihrer individuellen Möglichkeiten können die Schülerinnen und Schüler Fähigkeiten und Fertigkeiten zur Bewältigung ihres Lebens mit einer Behinderung erlernen" (KMK 1998, 3).

Da die Empfehlungen der Kultusministerkonferenz richtungsweisend für die Entwicklung von Richtlinien in den verschiedenen Bundesländern sind, sollen hier einige ihrer zentralen Aussagen in Bezug auf Zielsetzung, Aufgabe und Unterricht dargestellt werden.

Die Ursachen und Beeinträchtigungen von Kindern und Jugendlichen mit geistiger Behinderung stehen am Anfang der KMK-Empfehlungen, weil sich hieraus Zielsetzung und Aufgabe der Schulform ergeben. In den KMK-Empfehlungen heißt es:

„Beeinträchtigungen in der geistigen Entwicklung haben insbesondere Auswirkungen auf

- das situations-, sach-, und sinnbezogene Lernen
- die selbständige Aufgabengliederung, die Planungsfähigkeit und den Handlungsvollzug,
- das persönliche Lerntempo sowie die Durchhaltefähigkeit im Lernprozess,
- die individuelle Gedächtnisleistung,
- die kommunikativen Aufnahme-, Verarbeitungs- und Darstellungsfähigkeit,
- die Fähigkeit, sich auf wechselnde Anforderungen einzustellen,
- die Übernahme von Handlungsmustern,
- die Selbstbehauptung und die Selbstkontrolle,
- die Selbsteinschätzung und das Zutrauen" (KMK 1998, 4).

In Anbetracht dieser spezifischen Beeinträchtigungen kommt der sonderpädagogischen Förderung die Aufgabe zu, „jeder Schülerin und jedem Schüler Hilfen zur Entwicklung der individuell erreichbaren Fähigkeiten und Fertigkeiten zu geben. Hierbei müssen Körpererfahrungen gemacht und erweitert werden, Körperfunktionen beherrscht und senso- und psychomotorische Fähigkeiten und Fertigkeiten ausgebildet werden. Die Förderung schafft Gelegenheit, Wahrnehmung, Konzentration und Merkfähigkeit aufzubauen, Begriffe und Vorstellungen zu erwerben sowie Kreativität, Denken und Kommunikation zu entwickeln" (KMK 1998, 4).

Erziehung und Unterricht haben für jeden Schüler unabhängig vom Schweregrad seiner Beeinträchtigung konkrete Handlungsfelder in entwicklungs-, situations-, sach-, sinn- und lebensbezogenen Lernbereichen zu erschließen und die individuellen Lerntempi und Konzentrationsfähigkeiten der Schüler zu berücksichtigen.

Diese Zielsetzung verbindet sich mit einem vielschichtigen Aufgabenfeld, das vor dem Hintergrund der besonderen Lern- und Entwicklungsbeeinträchtigungen von Schülern mit geistiger Behinderung folgende Bereiche umschließt:

Bereiche der Förderung

- „Förderung in den Bereichen der Motorik und der Wahrnehmung, der Kommunikation, der Emotionalität und des Sozialverhaltens,
- Entwicklung von Merkfähigkeit, Aufbau von Transferkompetenz, vorausschauendem Denken und Problemlöseverhalten,
- Entwicklung der Kommunikationsfähigkeit durch Lautsprache, Gebärden, Bildsymbole und andere Formen,
- Aufbau und Gestaltung des Sprachverständnisses, des sprachlichen Ausdrucksvermögens und des Sprechvermögens,
- Begriffsbildung und Anwendung von Begriffen,
- Ermöglichung von Erfahrungen zur alters- und geschlechtsspezifischen Entwicklung, zu Ich-Identität und Sinnfindung,
- Entwicklung einer selbstbestimmten Handlungsfähigkeit,
- Orientierung im Umfeld, Erarbeiten von Kenntnissen in den Bereichen Gesundheit, Umwelt, Natur und Technik,
- Vermittlung grundlegender Fähigkeiten und Handlungsmöglichkeiten in den Bereichen des Lesens, Schreibens und Rechnens,
- Begegnung mit Musik, Rhythmik, bildnerischen und bewegungsbetonten Möglichkeiten sowie Religion, Sport und Hauswirtschaft,
- Aufbau von Selbständigkeit in Bereichen von Selbstversorgung, von Spiel und Freizeit, von sozialen Beziehungen und sozialem Umfeld sowie von Arbeit und Beschäftigung,
- Gebrauch von Hilfsmitteln sowie Annehmen und Beachten von Lernhilfen, Pflege und Beratung,
- Unterstützung des familiären und sozialen Lebensfeldes" (KMK 1998, 6).

Diese Aufgabenbereiche gelten grundsätzlich für alle Schüler mit geistiger Behinderung an allen Förderorten, also auch im gemeinsamen Unterricht in Kooperations- und Integrationsschulen.

Die Förderschule mit dem Förderschwerpunkt geistige Entwicklung unterscheidet sich in ihrem Aufbau von anderen Schulformen. Abbildung 25 gibt einen Überblick über das Bildungssystem in Deutschland. Es gliedert sich je nach Alter oder Leistungsvermögen von Kindern und Jugendlichen in unterschiedliche Schulformen: auf die Grundschule bauen verschiedene weiterführende Schulen auf, wie Haupt-, Real-, Gesamtschule oder Gymnasium. Über verschiedene Wege (Fachschulen, Berufsschulen, Fachhochschulen, Universitäten) ist es möglich, sich für das Erwachsenen- und Berufsleben zu qualifizieren (vgl. Abb. 25).

Aufbau und Organisation der Schule

Die Förderschule mit dem Förderschwerpunkt geistige Entwicklung existiert parallel zu diesem Bildungssystem, weil keine wirkliche Verzahnung mit den anderen Bildungsgängen geschieht. Zwar ist eine Integration von Menschen mit geistiger Behinderung in andere Schulformen grundsätzlich möglich, aber keine andere Schulform baut auf der Förderschule mit dem Förderschwerpunkt geistige

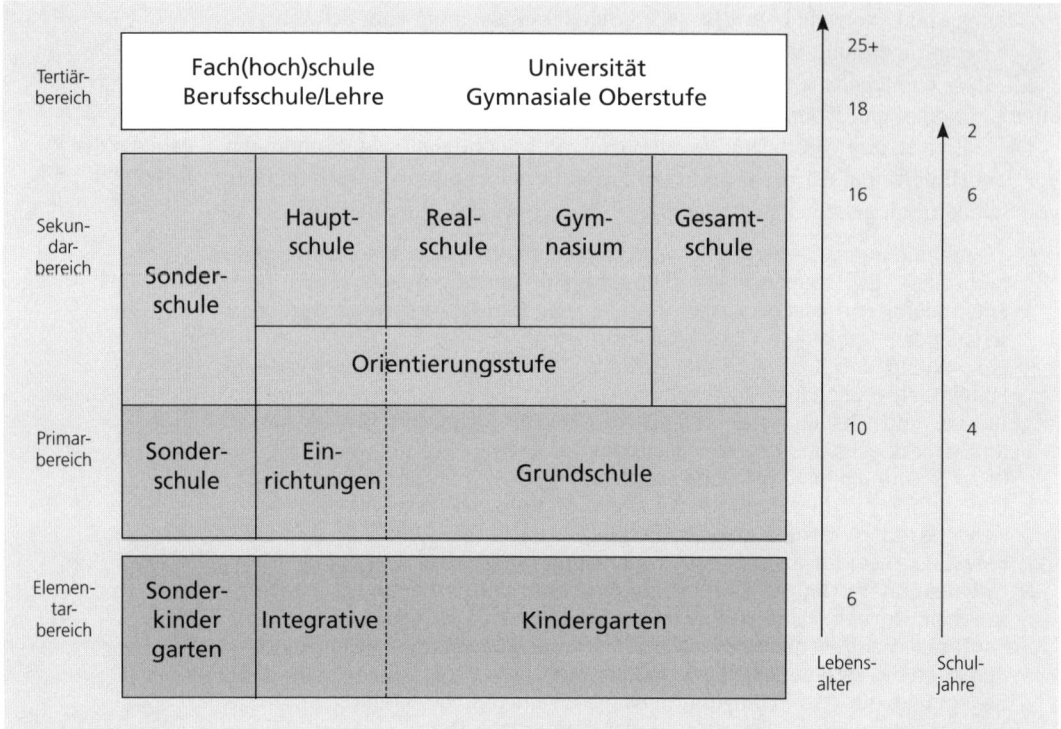

Abb. 25: Grundstruktur des Bildungssystems in Deutschland

Entwicklung auf oder sie auf andere. Sie realisiert einen eigenen Bildungsgang für Menschen mit geistiger Behinderung vom Grundschul- bis ins Berufsschulalter. Die Schulpflicht umfasst elf Jahre, kann auf Antrag bis zum 25. Lebensjahr verlängert werden, wenn zu erwarten ist, dass ein Schüler nach Beendigung der Schulpflicht dem Bildungsziel der Schule näher gebracht werden kann. Die Förderschule mit dem Förderschwerpunkt geistige Entwicklung bereitet durch die Konzeption der Werkstufe als Berufsschule ihre Schüler auf das Berufsleben vor. Die Klassen sind in der Regel heterogen zusammengesetzt, d.h. Schüler mit unterschiedlichen Lernvoraussetzungen sind im Unterricht zu integrieren. Darum reicht die Klassengröße von sechs (bei einem hohen Anteil an Schülern mit schwerer Behinderung) bis zu dreizehn Schülern.

Schulstufen

Die Förderschule mit dem Förderschwerpunkt geistige Entwicklung gliedert sich in folgende Stufen:

1. *Vor-, Unter- bzw. Grundstufe:* In dieser Eingangsstufe werden grundlegende Verhaltensweisen durch spielerisches Lernen vermittelt. Im Vordergrund steht das Kennenlernen der eigenen Person, die Förderung der Selbständigkeit bei täglich wiederkehrenden Verrichtungen und der Kommunikation. Der anfänglich notwendige Einzelunterricht wandelt sich über die Kleingruppen zum Klassenunterricht, wobei Sozial- und Arbeitsverhalten geschult werden.
2. *Mittelstufe:* Hier werden die eingeübten Verhaltensweisen und Fertigkeiten gefestigt. Die Schüler lernen mit komplexeren Sachverhalten durch fächer-

übergreifende Unterrichtsvorhaben umzugehen und erwerben Kenntnisse im Bereich der Kulturtechniken. Die sprachliche Kommunikation wird erweitert.
3. *Ober- bzw. Hauptstufe:* Die Schüler werden jetzt stärker in die Planung und Gestaltung des Unterrichtes einbezogen. Neben der Erziehung zu größerer Selbständigkeit in der Selbstversorgung wird das Denken in komplexeren und abstrakteren Zusammenhängen im Rahmen projektorientierten Vorgehens angeregt. Die Kulturtechniken bleiben weiterhin zentrale Unterrichtsinhalte.
4. *Werk- bzw. Abschlussstufe:* Die Werkstufe führt die Lerninhalte der früheren Stufen kontinuierlich fort und schafft Grundlagen für eine spätere berufliche Tätigkeit meist in der Werkstatt für behinderte Menschen. Im Bereich der „Arbeitslehre" werden Arbeitsprojekte und Betriebspraktika durchgeführt, die den Jugendlichen und jungen Erwachsenen einen Einblick in die Werkstatt für behinderte Menschen oder in Arbeitsplätze auf dem ersten Arbeitsmarkt vermitteln. Der Unterricht in der Werkstufe bereitet die Schüler auch auf das Erwachsenenleben in unterschiedlichen Bereichen vor, z. B. auf das Wohnen außerhalb der Familie, die eigene Freizeitgestaltung oder das Leben in Partnerschaft.

Zur gezielten Vorbereitung auf ein weitgehend selbständiges und selbstbestimmtes Leben richten Schulen eine Trainingswohnung, Werkstatt, Gärtnerei oder ein Café ein. Dies sind oft Einrichtungen, die der Schule eine Öffnung in die Gemeinde ermöglichen.

Die Förderschule mit dem Förderschwerpunkt geistige Entwicklung in Osterholz-Scharmbeck hat ein Café eingerichtet, das an einem Tag in der Woche von Schülerinnen und Schülern der Ober- und Werkstufe mit Unterstützung der Lehrkräfte betrieben wird. Inzwischen ist dieses Café zum regelmäßigen Treffpunkt für die Bevölkerung der Stadt geworden. Mit Ausstellungen und Konzerten wird das Angebot des Cafés erweitert. Die Schüler sind stolz auf die öffentliche Anerkennung ihrer Arbeit.

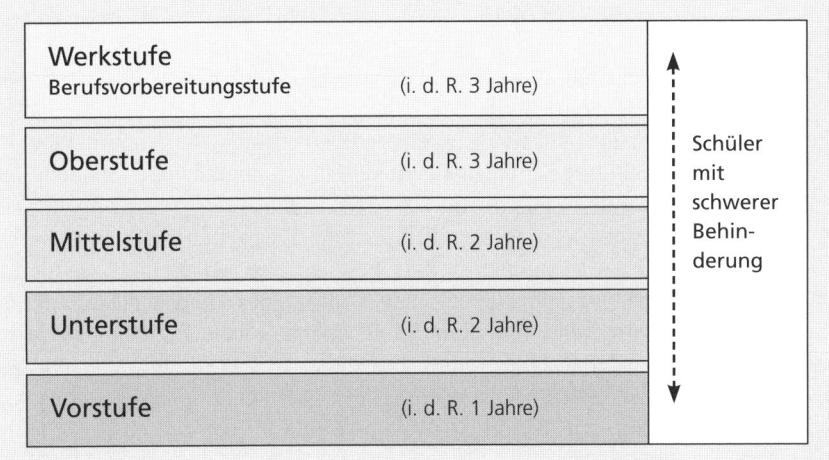

Abb. 26: Struktureller Aufbau der Förderschule mit dem Förderschwerpunkt geistige Entwicklung

Grundsätzlich sollten alle Schüler alle Schulstufen durchlaufen. Größere Schulen führen in den einzelnen Schulstufen parallele Klassen. Während anfänglich eine Zuordnung zu den einzelnen Schulstufen nach Entwicklungsstand bzw. Leistungsniveau des jeweiligen Schülers erfolgte, d. h. schwerstbehinderte Schüler ungeachtet ihres Lebensalters in der Unter- oder Mittelstufe verblieben, ist heute das Lebensalter entscheidend für die Einstufung. Schwerstbehindertenklassen, in denen nur Schüler mit schweren Behinderungen verschiedenen Alters zusammengefasst werden, gibt es nur noch an einzelnen Schulen, weil sich gezeigt hat, dass es hierdurch zu einer weiteren Isolation kommt.

Ganztagsschule

Die Schule mit dem Förderschwerpunkt geistige Entwicklung wurde in den 1960er Jahren auf Wunsch der Eltern und zur Entlastung der Familien als Ganztagseinrichtung konzipiert. Da der Einzugsbereich der Schulen meist groß ist, haben die Schüler lange Anfahrtswege. Der schulische Tagesablauf ist dynamisch gestaltet. Lern- und Unterrichtsphasen wechseln sich mit gemeinsamen Essens- und Ruhezeiten oder Freizeitangeboten ab. Die Schulform bietet damit ein breites Spektrum an Lernmöglichkeiten auch außerhalb von Unterricht. Durch die „Entschulung der Lernprozesse" (Mühl 1997, 43) wird die Schule zu einem wichtigen „erfahrungs- und handlungsbezogenen Lernort" (43), der Kindern und Jugendlichen soziale Kontakte ermöglicht.

Nachteil der Ganztagsbeschulung und der langen Schulwege ist die Isolation der Kinder im häuslichen Umfeld: Sie gehen nicht mit den Geschwistern oder Nachbarskindern in die gleiche Schule, am Spätnachmittag bleibt keine Zeit für Spiele mit anderen Kindern aus der Umgebung oder zum Besuch örtlicher Vereine usw. Deshalb wünschen sich manche Eltern die integrative und wohnortnahe Beschulung ihres Kindes.

Personal

An der Förderschule mit dem Förderschwerpunkt geistige Entwicklung sind neben den ausgebildeten Sonderschullehrern und -lehrerinnen verschiedene andere pädagogische Fachkräfte tätig und bearbeiten unterschiedliche Bereiche:

- unterrichtliche Aufgaben
- therapeutische Aufgaben
- pflegerische Aufgaben
- beratende Aufgaben

Die pädagogischen Fachkräfte, z. B. Erzieher, haben meist eine heilpädagogische Zusatzausbildung. Therapeutische Aufgaben werden vielerorts von Krankengymnasten, Ergotherapeuten oder Logopäden übernommen. Sie gehören oft nicht zum festen Personal einer Schule, sondern sind dort ambulant tätig. Schulen mit einem hohen Anteil an Schülern mit schwerer Behinderung beschäftigen häufig Krankenschwestern oder -pfleger. Pflegerische Tätigkeiten übernehmen auch Zivildienstleistende. Alle an einer Schule beschäftigten Mitarbeiter orientieren sich an einem gemeinsamen pädagogischen Konzept, das so genannte Schulkonzept, in dem pädagogische Grundlinien und übergeordnete Erziehungsziele in Absprache miteinander festgelegt sind. Da immer mehrere Lehrkräfte in einer Klasse tätig sind, ist Teamarbeit notwendig. Die Qualität der pädagogischen Arbeit wird in Ländern wie Nordrhein-Westfalen und Niedersachsen regelmäßig überprüft.

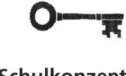

Schulkonzept

Lehrer und Lehrerinnen beklagen, dass sich die Schülerschaft an dieser Schulform in den vergangenen Jahren gravierend verändert habe. Zu Beginn der 1990er Jahre war ca. ein Drittel der Schüler einer Klasse vom Down-Syndrom betroffen. Die Möglichkeit der pränatalen Diagnostik hat inzwischen dazu geführt, dass die meisten dieser Kinder nicht mehr geboren werden. Zugenommen hat die Gruppe der Schüler mit schwerer bzw. Komplexer Behinderung, auf die ich im nächsten Kapitel noch gesondert eingehen werde. Sie macht in manchen Regionen bis zu 50 % der Schülerschaft einer Schule aus. Aktuell nimmt auch die Zahl der Schüler zu, die mit starken Verhaltensauffälligkeiten von den Förderschulen ‚Lernen' und ‚emotional soziale Entwicklung' überwiesen werden. Sie werden mit ihrem destruktiven oder aggressiven Verhalten zu einer Belastung für die Mitschüler und Lehrkräfte, da sie nicht so ohne weiteres in den Unterricht der Schule mit dem Förderschwerpunkt geistige Entwicklung integriert werden können. Grund für das ‚Abschieben' dieser Schüler ist, wie in Kapitel 3.6 beschrieben, der gestiegene gesellschaftliche Leistungsdruck, der höhere Anforderungen an alle Förderschulen stellt.

Veränderte Schülerschaft

Verbunden mit der Auflösung familiärer Strukturen und wachsende Marginalisierung und Prekarisierung machen diese Entwicklungen eine zunehmend größere Gruppe von Kindern und Jugendlichen zu Versagern des Systems, für die dann nur noch die Förderschule mit den Förderschwerpunkt geistige Entwicklung bleibt. Diesen ‚abgeschobenen' und ‚aufgegebenen' Schülern fällt es oft schwer, sich mit dem neuen Förderort und den Mitschülern zu identifizieren, was ihre persönliche Situation verschärft. Obwohl sich die Förderschulen mit den Förderschwerpunkt geistige Entwicklung bemühen, durch individuelle Lernangebote nach den Richtlinien der Förderschule ‚Lernen' (= innere Differenzierung), durch Bildung spezifischer Klassen oder Gruppen (= äußere Differenzierung) und durch Anwendung psycho- und verhaltenstherapeutischer Maßnahmen dieser anderen Gruppe gerecht zu werden, können sie allein deren Probleme nicht lösen. Hier tut sich ein sozial- und bildungspolitisches Problem größerer Tragweite auf.

Marginalisierung

Prekarisierung

Angesichts dieser Entwicklung verlangen Lehrkräfte nach Unterstützung und Begleitung der schwierigen oder schwerbehinderten Schüler. Die Eltern oder Erziehungsberechtigten dieser Schüler werden gebeten, auf der Grundlage des SGB XII – Eingliederungshilfe, beim Sozialamt ‚Schulbegleitung' zu beantragen. Diese wird gewährt, wenn die zu erreichende Bildung durch extreme Verhaltensauffälligkeiten, extreme gesundheitliche Belastung oder einen erhöhten Pflegebedarf gefährdet ist und der erhöhte Betreuungsaufwand von der Schule allein nicht aufgefangen werden kann. Die Folgen dieser Entwicklung will ich an folgendem Beispiel verdeutlichen:

Schulbegleitung

Eine Studentin berichtet von ihren Erfahrungen während des Praktikums in einer Mittelstufenklasse. Die Klasse mit neun Schülerinnen und Schülern wird von einer Sonderschullehrerin und einer Fachlehrerin unterrichtet. Stundenweise ist eine pädagogischen Unterrichtshilfe und regelmäßig ein Zivildienstleistender anwesend. Drei Schüler haben stundenweise eine Schulbegleitung.

Maria, eine Schülerin mit stark fremd- und selbstverletzenden Verhaltensweisen, benötigt während des gesamten Vormittags eine Schulbegleiterin. „Manchmal sind genauso viele Erwachsene in der Klasse wie Kinder", kommentiert die Studentin. Sie schildert, dass es dann recht unübersichtlich in der Klasse würde und man nicht mehr so richtig erkennen könne, „wer das Sagen hat". Die Schulbegleiterin hat von der Klassenlehrerin den Auftrag bekommen, immer neben Maria zu sitzen und sie sofort daran zu hindern, selbst- oder fremdverletzende Verhaltensweisen zu zeigen. Die Schulbegleiterin nehme, so berichtet die Studentin, ihre Aufgabe sehr ernst. Sie reiche Maria die Stifte zum Schreiben und das Besteck zum Essen an, begleite sie zur Toilette oder in die Hofpause und ließe Maria keinen Moment aus den Augen. Als die Schulbegleiterin erkrankt ist, fällt der Studentin auf, dass Maria viel ruhiger ist, sich weniger schlägt, weniger aggressiv auf die Mitschüler zugeht und konzentrierter bei der Arbeit ist.

4.2.4 Ziele für Schüler mit schwerer Behinderung

Obwohl der Anteil von Schülern mit schwerer (mehrfacher) Behinderung in den Förderschulen mit dem Förderschwerpunkt geistige Entwicklung zunimmt, bereitet die Erziehung dieser Schülergruppe den Lehrkräften Schwierigkeiten. Die Heidelberger Professoren Klauss und Lamers haben in einer mehrjährigen Studie die Bildungs- und Unterrichtssituation von Schülern mit schwerer Behinderung untersucht und bemerken dazu: „Es fällt auf, dass in den Konzepten, die in Ausbildung vermittelt und in Schulen genutzt werden, der Begriff der ‚Bildung' kaum auftaucht. Häufig handelt es sich um Ansätze aus der Physiotherapie und Ergotherapie, beispielsweise Bobath und Jean Ayres, und manche Sonderpädagogen weisen darauf hin, dass diese Kinder und Jugendlichen von (üblichen) Bildungsangeboten nicht profitieren könnten. Es stellt sich also die Frage, inwiefern mit diesen Schülerinnen und Schülern tatsächlich etwas stattfindet bzw. stattfinden kann, was zu Recht als ‚Bildung' bezeichnet wird" (2003, 14). Wenn das, was schwerbehinderten Schülern in der Schule angeboten wird, mehr mit Pflege und Therapie als mit Bildung und Unterricht zu tun hat, dann ist zu fragen, was sie wirklich brauchen.

Basale Förderung

Kinder und Jugendliche mit schwerer Behinderung benötigen zur Sicherung ihrer existenziellen Grundbedürfnisse basaler Erfahrungen, die die Voraussetzung für Lernen auf einer komplexeren Stufe bilden. Sie brauchen „körperliche Nähe, um andere Menschen und Dinge wahrnehmen und mit ihnen in Beziehung treten zu können. Dafür müssen alle Sinne angesprochen werden. Durch sonderpädagogische Hilfe werden alle Sinne wie die Tiefensinne, die Sinne der Haut, der Geruch, des Gehörs und des Tastens angesprochen. Die Kinder und Jugendlichen sollen Sinnesreize bemerken und beantworten, Handlungen wiederholen, dabei Gewohnheiten ausbilden und selbst durch Sinneswahrnehmung aktiv werden" (KMK 1998, 7). Anregungen für eine basale Förderung sind dem Konzept der „Basalen Stimulation" von Andreas Fröhlich (1998) zu entnehmen. „Schülerinnen und Schüler mit schwerer Mehrfachbehinderung benötigen Menschen, die ihnen die Umwelt auf elementare Weise vermitteln ... Sie brauchen Bezugspersonen, die ihre individuellen Ausdrucksformen auch ohne Lautsprache verstehen und die durch die Vermittlung der Kommunikationsformen wie Mimik, Gestik, Gebärden, Symbole und Bilder eine kommunikative Beziehung aufbauen können" (5).

Der „beziehungsorientierte Unterricht" (Fornefeld 1997) trägt dieser Forderung Rechnung und zeigt anhand von Beispielen, wie kommunikative Beziehung im Unterricht mit schwerstbehinderten Schülern realisiert werden kann. Der beziehungsorientierte Unterricht kann die Grundlage für die Vermittlung kultureller Bildungsinhalte für diese Schüler sein. Wenn es dem Lehrer gelingt, abstrakte und kognitiv anspruchsvolle Inhalte zu elementarisieren (vgl. Heinen 2003), können Schüler mit schwerer Behinderung auch am Mathematik- oder Geometrieunterricht (Böing 2003) teilnehmen, wird für sie „Bildung mit ForMat" (Lamers, Heinen 2006) möglich.

Beziehungsorientierter Unterricht

Durch die Zunahme von Schülern mit schwerer Behinderung hat sich auch das didaktische Denken der Schulform verändert. Neben der stärkeren Elementarisierung der Unterrichtsinhalte und stärkeren Differenzierung in der methodischen Vermittlung von Inhalten, hat Unterricht auch pflegerische und therapeutische Maßnahmen zu integrieren. „Die Schule für Geistigbehinderte arbeitet heute mit Verfahren der aktivierenden Pflege und der Förderpflege, die aus medizinischen Tätigkeitsbereichen übernommen sind, mit körperorientierten und körperzentrierten Verfahren, die zunächst als psychologische Interventionsverfahren entwickelt worden sind, mit verhaltenstherapeutischen Techniken, deren Ursprung ebenfalls klinisch ist, bis hin zu Unterrichtsverfahren" (Pitsch 1998, 143), die auch im Regelschulbereich Anwendung finden.

Erziehung, Pflege, Therapie

Elementarisierung der Unterrichtsinhalte

Differenzierung in der methodischen Vermittlung von Inhalten

Vor dem Hintergrund der individuellen Bedürfnisse ihrer sehr heterogenen Schülerschaft hat sich innerhalb der Geistigbehindertenpädagogik eine differenzierte Didaktik entwickelt. Die Spezifizierung der Methoden hat dazu geführt, dass sowohl Schüler mit schwerer Behinderung als auch leichter behinderte im gemeinsamen Unterricht angesprochen werden. Dies ist möglich, weil sich in der Förderschule mit dem Förderschwerpunkt geistige Entwicklung eine Didaktik durchgesetzt hat, die entwicklungs- und schülerorientiert ist und ein handelndes Lernen in offen gestalteten Unterrichtsprozessen realisiert. Auf die aktuellen didaktischen Ansätze und Methoden der Geistigbehindertenpädagogik in ihrem Bezug zur Didaktik, als Lehre vom Lehren und Lernen, kann hier nicht vertiefend eingegangen werden. Zum Selbststudium finden sich am Ende des Kapitels entsprechende Literaturhinweise.

Menschen mit geistiger Behinderung haben einen lebenslangen Bildungsanspruch. Die Schule mit dem Förderschwerpunkt geistige Entwicklung hat die Aufgabe diesen Bildungsanspruch einzulösen. Das tut sie, indem sie in methodisch differenzierter Weise auf die spezifischen Entwicklungs- und Lernbedürfnisse sowie auf die Interessen ihrer heterogenen Schülerschaft eingeht. Ziel der schulischen Bildung ist die Erschließung kultureller Lehrinhalte, Unterstützung zur Entwicklung der eigenen Persönlichkeit und Ermöglichung sozialer Teilhabe. Insofern tragen Bildung, Erziehung und Unterricht zur Lebensbewältigung bei. Und das ermöglichen sie heute auch an anderen Förderorten. Sozial- und bildungspolitische Veränderungen haben Auswirkungen auf die Schulform und bewirken, dass sie sich als ein dynamisches System Veränderungsprozessen anzupassen hat.

Zusammenfassung

Zum Bildungsrecht:
Antor, G., Bleidick, U. (Hrsg.) (1995): Recht auf Leben – Recht auf Bildung. Aktuelle Fragen zur Behindertenpädagogik. Heidelberg

Zur Integration:
Hinz, A. (2006): Integrativer Unterricht bei geistiger Behinderung? Integrativer Unterricht ohne geistige Behinderung! In: Wüllenweber, E., Theunissen, G., Mühl, H. (Hrsg.): Pädagogik bei geistigen Behinderungen. Stuttgart, 341–349
Feuser, G. (1995): Behinderte Kinder und Jugendliche zwischen Integration und Aussonderung. Darmstadt
Wocken, H. (1998): Gemeinsame Lernsituationen. In: Hildeschmidt, A., Schnell, I. (Hrsg.): Integrationspädagogik. Auf dem Weg zu einer Schule für alle. Weinheim/München, 37–52
Ziemen, K. (2003): Integrative Pädagogik und Didaktik, Aachen

Zur Didaktik:
Fischer, E. (2008): Bildung im Förderschwerpunkt geistige Entwicklung. Bad Heilbrunn
Pitsch, H. J. (1998): Zur Didaktik und Methodik des Unterrichtes mit Geistigbehinderten. Oberhausen
Straßmeier, W. (2000): Didaktik für den Unterricht mit geistig behinderten Schülern. 2. Aufl. München/Basel
Ziemen, K. (Hrsg.) (2008): Reflexive Didaktik. Annäherung an eine Schule für alle. Oberhausen

38. Welche Beschulungsorte für Kinder und Jugendliche mit geistiger Behinderung gibt es in der BRD?
39. In welchem Verhältnis stehen Lebens- und Bildungsrecht zueinander?
40. Warum vertritt die Geistigbehindertenpädagogik ein weites Verständnis von Bildung und wie lautet es?
41. Wodurch unterscheidet sich die Förderschulen mit dem Förderschwerpunkt geistige Entwicklung von anderen Schulformen?
42. Nennen Sie die verschiedenen Schulstufen der Förderschule mit dem Förderschwerpunkt geistige Entwicklung.
43. Beschreiben Sie Zielsetzung und Aufgaben der Förderschule mit dem Förderschwerpunkt geistige Entwicklung .
44. Warum veränderte sich die Schülerschaft der Förderschule mit dem Förderschwerpunkt geistige Entwicklung?
45. Unterrichtsbegleitung als pädagogische Hilfe? – Setzen Sie sich mit dem Beispiel auseinander.

4.3 Erwachsenenbildung

> „Es scheint mir oftmals so, als meinen andere Menschen, die keine Behinderung haben oder glauben, dass sie keine haben, dass sie uns in allem und jedem bevormunden müssen. Viele glauben auch, unser Vormund ohne gerichtlichen Bescheid sein zu müssen"
>
> *(Jutta Göttfried 2005, 58).*

Der lebenslange Bildungsanspruch wird im Erwachsenenalter zum einen durch die berufliche Aus- und Weiterbildung, auf die in Kapitel 4.4 näher eingegangen wird, und zum anderen durch die integrative/inklusive Erwachsenenbildung realisiert. Sie soll nachfolgend in ihrer Zielsetzung, Struktur und ihren Inhalten dargestellt werden.

Erwachsenenbildung und Weiterbildung sind zwei oft synonym verwendete Begriffe. Die Kultusministerkonferenz definiert in ihrer vierten Empfehlung zur Weiterbildung (2001) „Weiterbildung [als] die Fortsetzung oder Wiederaufnahme organisierten Lernens nach Abschluss einer unterschiedlich ausgedehnten ersten Bildungsphase und in der Regel nach Aufnahme einer Erwerbs- oder Familientätigkeit" (nach Burtscher 2005, 289). Mit dem Hinweis auf den Abschluss einer ersten Bildungsphase und der Aufnahme einer Erwerbs- oder Familientätigkeit, soll „der Bezug zum Erwachsen-Sein" (289) hergestellt werden. Dieser Aspekt ist gerade für das Bewusstsein im Kontext einer Erwachsenenbildung für Menschen mit geistiger Behinderung wichtig, weil diese immer in der Gefahr stehen, ‚infantilisiert', d.h. als lebenslange Kinder behandelt zu werden, was das einleitende Zitat von Jutta Göttfried zum Ausdruck bringt.

Weiterbildung

Es geht in der Erwachsenenbildung nicht um eine Fortsetzung von Erziehung, sondern um erwachsenengerechte Angebote zur Bildung (= Selbst- bzw. Persönlichkeitsbildung). Während Menschen ohne Behinderung zunehmend unabhängiger von pädagogischer Anleitung werden, ihr Leben selbstverantwortlich gestalten, ihren Bildungsbedarf einfordern und selbständig organisieren können, benötigen Menschen mit geistiger Behinderung auch im Erwachsenenalter einer Anregung von außen. „Die eintretende relative Selbständigkeit reicht nicht aus, um die Befriedigung der eigenen, weiterreichenden Lern- und Erfahrungsbedürfnisse zu reflektieren und in Programme umzusetzen. Erwachsene mit geistiger Behinderung können ihre eigene Weiterbildung nicht selbst in die Hand nehmen und organisieren. Sie brauchen eine *subsidiäre Weiterbildung*" (Speck 1999, 337). Bildung dient bei Erwachsenen mit geistiger Behinderung dem Erhalt von Fähigkeiten und der Weiterentwicklung von Selbstbestimmungsmöglichkeiten in unterschiedlichen Lebensbereichen. In der Empfehlung zur „Erwachsenenbildung bei geistiger Behinderung", die vom Pädagogischen Ausschuss der Lebenshilfe 1972 herausgegeben wurde, heißt es darum: „Nicht mehr lebenslange Führung (im Sinne von Bevormundung) war Prämisse, sondern eine altersgemäße Anregung, Anleitung und Hilfe zu einer weitgehenden Selbständigkeit, innerer Erfülltheit und Eingliederung in das Leben unserer Gesellschaft" (Niermann 1999, 5).

Erwachsenenbildung bei geistiger Behinderung

Erwachsenenbildung ist heute *Hilfe zur Selbstbestimmung* und *Lebensgestaltung in der Gemeinschaft mit anderen* und insofern dient sie der „Persönlichkeitsbildung" (Ackermann 2008, 52). Als integrative bzw. inklusive Erwachsenenbildung ist sie heute auch den Leitgedanken des Empowerments und der Teilhabe verpflichtet. Neben der Frühförderung und der schulischen Bildung gehört die Erwachsenenbildung zu den zentralen Säulen des Bildungsangebotes für Menschen mit geistiger Behinderung. Sie findet in unterschiedlichen Institutionen statt und umschließt ein differenziertes Bildungsangebot, das heute von der beruflichen Weiterqualifizierung über Kurse zur Konfliktlösung und zum Erwerb von Alltagkompetenzen, zu politischen und gesellschaftlichen Themen, zu Gesundheitsfragen bis hin zu Freundschaft, Liebe und Partnerschaft reichen. Breiten Raum nehmen auch Angebote zur Freizeitgestaltung ein. Die nachfolgende Darstellung der Zielsetzung und Organisationsstruktur soll einen ersten Einblick in die vielfältigen Angebote der Inklusiven Erwachsenenbildung vermitteln.

4.3.1 Zielgruppe und Institutionen der Erwachsenenbildung

Entwicklung der Erwachsenenbildung

Die Erwachsenenbildung für Menschen mit geistiger Behinderung ist ein junges Gebiet. Heß et al. bringen die kurze Geschichte auf den Punkt: „Erwachsenenbildung für Menschen mit geistiger Behinderung findet in der Bundesrepublik Deutschland in nennenswertem Maß erst seit den 1980er Jahren statt. Erste Anstöße aus der heil- und sonderpädagogischen Fachwissenschaft gab es z.B. durch den früheren Heidelberger Geistigbehinderten-Pädagogen Herbert Höss. Befördert durch das aus Skandinavien kommende sogenannte Normalisierungsprinzip (Menschen mit geistiger Behinderung sollen ein so normales Leben wie möglich führen), entwickelte sich in der Praxis v. a. der Einrichtungen der Behindertenhilfe eine Art ‚Sonder-Erwachsenenbildung'. Dies trug erheblich zur gesellschaftlichen Anerkennung des Rechts von Menschen mit geistiger Behinderung auf Erwachsenenbildung bei. Diese ‚Sonder-Erwachsenenbildung' gerät jedoch seit einiger Zeit zunehmend in Kritik. „… in den letzten Jahren verstärken sich Forderungen, Bildungsangebote für Menschen mit Behinderung integrativer zu gestalten" (2008, 18). Dies geschehe, indem Einrichtungen der Behindertenhilfe ihre Angebote für Menschen ohne Behinderung öffneten oder indem Einrichtungen der allgemeinen Erwachsenenbildung (z.B. Volkshochschulen oder Familienbildungsstätten) spezielle integrative Kurse anböten. „In der dritten – historisch jüngsten – Variante des Veränderungsprozesses öffnen nach britischem Vorbild Einrichtungen der allgemeinen Erwachsenenbildung ihr ganz ‚normales' Angebotsspektrum für die Teilnahme von Menschen mit Behinderung, deren Teilnahme mit Hilfe von Assistent(inn)en oder Begleiter(inne)n ermöglicht werden" (Heß et al. 2008, 20). Heute engagieren sich die Mitglieder der ‚Gesellschaft Erwachsenenbildung und Behinderung Deutschland e.V.' für die Umsetzung des britischen Modells in der Bundesrepublik.

Die Angebote der Erwachsenenbildung richten sich an Menschen mit geistiger Behinderung ab dem 16. Lebensjahr, von denen Erwachsene mit schwersten

Behinderungen und alte Menschen mit geistiger Behinderung grundsätzlich nicht ausgeschlossen sind. Da die Bildungsangebote nicht nur der Selbstbestimmung und -entfaltung, sondern vor allem auch der Integration dienen, sollten die Kurse Teilnehmern mit und ohne Behinderung ermöglicht werden. Doch dieser Anspruch ist derzeit immer noch schwer durchzusetzen. Hierzu ein Beispiel:

Frau A. arbeitet neben ihrem Studium in einem teilstationären Wohnheim für Menschen mit geistiger Behinderung in der Nähe von Köln. An einem Abend in der Woche begleitet sie einen Bewohner in die örtliche Volkshochschule, wo er den Kochkurs „Arabische Küche" besucht. Er ist der einzige Teilnehmer mit Behinderung und benötigt Hilfen beim Lesen des Rezeptes und beim Aussuchen der teilweise unbekannten Zutaten. Ein z. B. bebildertes Rezept, das er sich selbst erschließen könnte, wird von der Kursleiterin nicht zur Verfügung gestellt. Es hat eine Weile gedauert, bis die anderen Teilnehmer sich an ihn gewöhnt und ihn akzeptiert haben. Hier musste Frau A. erklärend und unterstützend tätig sein.

Erwachsenenbildung für Menschen mit geistiger Behinderung kann an unterschiedlichen Orten stattfinden, d. h. von verschiedenen Institutionen angeboten und organisiert werden, wie beispielsweise der Volkshochschule im obigen Beispiel, wobei das Personal von ehrenamtlich Tätigen bis zu pädagogischem Fachpersonal reicht. „In der Erwachsenenbildung sind schon immer Laien-Trainer(innen) eingesetzt worden. Jedoch wurde auch schon immer darauf geachtet, dass sich Dozent(inn)en durch Fortbildungen andragogische – also erwachsenbildnerische – Kompetenzen aneignen konnten. Gerade in der Unterstützung von Menschen mit geistiger Behinderung ist es wichtig, dass Dozent(inn)en über fundiertes Wissen verfügen, wie erwachsene Menschen, auch unter besonderer Berücksichtigung von Lernerschwernissen oder Lernbeeinträchtigungen, lernen" (Büchelei 2006, 136). Diese Fachkräfte bieten zielgruppenspezifische oder integrative Kurse für Erwachsene mit geistiger Behinderung in folgenden Institutionen an:

Institutionen/ Anbieter

- öffentliche Volkshochschulen
- kirchliche Erwachsenenbildungseinrichtungen (kirchliche Akademien)
- eigenständige Träger (z. B. Theodor-Heckel-Bildungswerk, München oder Lernmobil e. V. Berlin)
- Einrichtungen der Rehabilitation (z. B. Ev. Heimvolkshochschule Lindenhof der v. Bodelschwinghschen Anstalten Bethel, Bielefeld)
- Werkstätten für behinderte Menschen
- teil- und vollstationäre Wohneinrichtungen

„Die meisten Angebote werden von Organisationen und Institutionen der Behindertenhilfe, Wohnheimen, Werkstätten, Freizeitklubs und Tagesstätten, zumeist als einrichtungs- und trägerinterne Kurse durchgeführt, wobei teilweise auch Kooperationen mit Einrichtungen der allgemeinen Erwachsenenbildung (z. B. VHS) stattfinden" (Hoffmann/Theunissen 2006, 418).

Rebecca Babilon weist darauf hin, dass Menschen mit geistiger Behinderung zunehmend den Wunsch äußern, an Angeboten der allgemeinen Erwachsenenbildung teilzunehmen (2008, 70). Doch die Veränderungen vollziehen sich hier nur sehr langsam. Es ist für viele Veranstalter der allgemeinen Erwachsenenbildung schwierig, sich vorzustellen, in einen Englischkurs einen Kursteilnehmer mit geistiger Behinderung aufzunehmen. Angesichts der bestehenden Vorurteile gegen die Integration von Menschen mit Behinderung hält Rebecca Babilon es für notwendig, Erwachsenenbildung radikaler, nämlich grundsätzlich als ‚Inklusive Erwachsenenbildung, im Sinne einer ‚Erwachsenenbildung für alle' zu denken:

Inklusive Erwachsenenbildung

„Inklusive Erwachsenenbildung meint die selbstverständliche Teilhabemöglichkeit auch von Menschen mit Lernschwierigkeiten an einem für alle Menschen offenen Bildungsangebot. Inklusive Erwachsenenbildung nutzt vor allem die allgemeine, öffentlich geförderte Weiterbildung, indem das vorhandene System erweitert und zugänglich gemacht wird" (Babilon 2008, 70). Inklusive Erwachsenenbildungseinrichtungen sind Institutionen,

- „die sich in Bezug auf Leitbild, ihre Organisationsstrukturen, Prozesse und Kurse inklusiv ausrichten;
- die daran arbeiten, alle Barrieren im Bildungsprozess für alle Teilnehmenden auf ein Minimum zu reduzieren;
- die Ressourcen zur Unterstützung von Lernen und Teilhabe mobilisieren und Vielfalt unterstützen" (Babilon 2008, 70).

Ob die ‚Inklusive Erwachsenenbildung' sich umsetzen lässt, wird die Zukunft zeigen. Dass sie von den Menschen mit Behinderung gewollt ist, macht die sogenannte ‚Kölner Erklärung' deutlich, die von über 400 Teilnehmerinnen und Teilnehmern der Internationalen Fachtagung „Wir wollen – wir lernen – wir können! Erwachsenenbildung und Empowerment" am 22. September 2007 beschlossen wurde. Sie ist zur weiteren Auseinandersetzung im Anhang aufgeführt.

4.3.2 Aufgaben der Erwachsenenbildung und ihre Umsetzung

Erwachsenenbildung hat die Aufgabe, Menschen mit geistiger Behinderung fortzubilden und Hilfestellungen zur Selbstbestimmung und Lebensgestaltung zu geben. Um diese Funktionen erfüllen zu können, muss sie sich an den Bedürfnissen von Menschen mit geistiger Behinderung orientieren und gezielte Angebote entwickeln. Im Kontext des zuvor skizzierten Inklusionsgedankens fasst Werner Schlummer die Aufgabe der Erwachsenenbildung zusammen: Diese muss „mit breitem Engagement Möglichkeiten zur Verfügung zu stellen, die durch informelle Bildung und durch an allgemeinen Kompetenzen orientierte Angebote eine Allgemeinbildung sichern und damit eine wesentliche Voraussetzung schaffen für einen sich in der Gesellschaft engagierenden mündigen Bürger – ganz gleich, ob er ein Mensch mit oder ohne Behinderung ist" (2008, 68).

Empowerment

Dass Erwachsene mit geistiger Behinderung sich als Bürger engagieren können, zeigt die Selbstvertretungsgruppe IncluCity Cologne. Sie belegt zudem, dass Empowerment nicht nur eine theoretische Forderung, sondern auch gelebte Wirklichkeit für Menschen mit geistiger Behinderung werden kann. Nachfolgend ist ein Auszug aus einem selbstverfassten Bericht aufgeführt:

„Wir ‚IncluCity Cologne', wollen in diesem Text über unsere Arbeit berichten. Seit 2006 sind wir eine Selbstvertretungsgruppe von Menschen mit Lernschwierigkeiten. Wir arbeiten schon seit 2002 zusammen. Anfangs haben wir uns auf Einladung von ‚sogenannten Fachleuten' in der Universität zu Köln zu Workshops getroffen. Danach wurde unsere Zusammenarbeit regelmäßig und hat sich im Laufe der Zeit sehr verändert. Die Fachleute haben die Leitung an uns abgegeben und sind jetzt unsere Unterstützer. Wir vertreten uns selbst. Wir sind eine Gruppe von Menschen mit verschiedenen Behinderungen und als Gruppe Mitglied im Verein ‚Mensch zuerst – People first'. ... Der Name ‚IncluCity Cologne' kommt aus dem Englischen. Die Wörter sind:

Inclusion = Einbezug
City = Stadt
Cologne = Köln

Viele von uns hat es gestört, dass Menschen mit Behinderung in ihrem Leben oft durch die Bedingungen eingeschränkt werden. Diese Probleme haben uns zusammengebracht. Es war und ist wichtig für uns ein gemeinsames Thema zu haben. Das hält uns zusammen. In gemeinsamen Veranstaltungen zu Themen wie ‚Wohnen', ‚Politik in Köln' und ‚dem Umgang mit Geld' haben wir gemerkt, dass wir uns über die gleichen Sachen ärgern. Wir wünschen uns, dass sich in unserer Stadt etwas verändert. Wir treffen uns regelmäßig, um uns für Menschen mit Behinderung in Köln einzusetzen. ..." (Karadeniz et al. 2008, 138f, siehe auch Anhang „Kölner Erklärung").

Die Aussagen der Selbstvertretungsgruppe verdeutlichen, dass sie sich eine Unterstützung bei der Durchsetzung ihrer eigenen Vorstellungen wünscht, aber keine Bevormundung durch Fachkräfte.

Dies wird möglich, wenn sich die Erwachsenenbildung als „Hilfe zur Selbstbildung und zur sinnerfüllten Daseinsgestaltung" (Hoffmann/Theunissen 2006, 412) auf die folgenden drei zentralen Aufgabenbereiche bezieht:

zentrale Aufgabenbereiche

1. „Unterstützung der Identitätsbildung, Persönlichkeitsentwicklung und Selbstverwirklichung
2. Ermöglichung eines Sozialen Lernens zum Zweck der sozialen und gesellschaftlichen Partizipation
3. Unterstützung der Sachwelterschließung und Handlungskompetenz zur Bewältigung und Kontrolle der eigenen Lebensumstände" (Hoffmann/Theunissen 2006, 412).

Im Bildungsprogramm der Lebenshilfe-NRW (2008) findet man Kursangebote zu diesen drei Bereichen. Zur Veranschaulichung sollen einige genannt werden:

Zu 1. „Bald Rentner! – Was kommt, wenn die Arbeit geht?" , „Nein sagen mit Worten und Taten: Mach mich nicht an!" oder „‚Hello you' – Englisch lernen für Anfänger"
Zu 2. „Ich bin im Heimbeirat – Was muss ich wissen", „Was wir schon immer über Partnerschaft, Liebe und Sexualität wissen wollten" oder „Wohngemeinschaften – Von der Freude und den Schwierigkeiten mit den anderen zu leben"
Zu 3. „Raus aus dem Alltag – Mit allen Sinnen erleben", „Das Mittelalter kennen lernen: Eine Reise ins Mittelalter!" oder „Ich rede mit – Politik in Deutschland"

4.3.3 Grundprinzipien der Erwachsenenbildung

Die dargestellten Kursthemen sind aus der Lebens- und Erfahrungswelt der Menschen mit geistiger Behinderung entnommen. Damit sie sich aber wirklich von diesem Themen angesprochen fühlen, müssen die Dozentinnen und Dozenten bei ihrer Vermittlung die Prinzipien der Erwachsenenbildung berücksichtigen. Darum fordert Heike Bücheler:

> „Erwachsenenbildner(innen) sollten die *Prinzipien der Erwachsenenbildung* so internalisiert haben, dass diese handlungsleitend werden. Als wichtigste Prinzipien seien hier Selbstbestimmung, Emanzipation, Teilnehmerorientierung, Sinn- und Praxisbezug, Freiwilligkeit, erwachsenengerechte Lehr- und Lernformen, partnerschaftlicher Umgang sowie Wahlfreiheit genannt. Hinzu kommen aus der Behindertenarbeit die Prinzipien Normalisierung, Integration bzw. Inclusion" (2006, 137).

Erwachsene müssen als Erwachsene angesprochen werden und wollen aktiv in die Planung und Gestaltung des Bildungsangebotes einbezogen werden. Von besonderer Bedeutung ist die *Freiwilligkeit*. „Alle Methoden, Techniken, Themen etc. werden als Angebot gesehen, das sie ausschlagen können. Teilnehmer(in) und Dozent(in) treffen zu Beginn einer Bildungssituation Absprachen, gehen einen Lehr-Lernvertrag ein, wobei die Teilnehmerin als Auftraggeberin zu sehen ist" (137). Die *erwachsenengerechten Lehr- und Lernformen* beginnen mit einer erwachsenenadäquaten Anrede der Teilnehmer und Teilnehmerinnen, mit dem höflichen ‚Sie'. Im partnerschaftlichen Umgang ist vom Dozenten immer wieder zu prüfen, ob seine Ansprache und sein methodisches Vorgehen angemessen sind. Hierzu ist wichtig, dass sich Dozenten in ‚einfacher Sprache', aber altersangemessen ausdrücken, d.h. in kurzen und prägnanten Sätzen. Diese Ausdrucksweise ist aber nicht nur in der Erwachsenenbildung von Bedeutung, sondern in allen Bereichen der Erziehung, Bildung und Assistenz von Menschen mit geistiger Behinderung.

Didaktik Die didaktisch-methodische Vorgehensweise bei Erwachsenen mit geistiger Behinderung unterscheidet sich von der üblichen Erwachsenenbildung, weil bei ihnen eine stärkere Orientierung „an konkretem Handeln in realen Situationen" (Speck 1999, 340) erforderlich ist. Darum haben didaktische Konzepte wie die Handlungsorientierung, Vorhaben- und Projektmethode in der Kursgestaltung Vorrang.

Zusammenfassung Was in den 1980er Jahren mit den ersten Modellen zur Erwachsenenbildung, dem Theodor-Heckel-Bildungswerk für Menschen mit geistiger Behinderung in München oder dem „Heidelberger Modell", begann, hat inzwischen bundesweit zur Bildung ähnlicher Einrichtungen und vielfältiger zielgruppenspezifischer und integrativer Angebote in unterschiedlichen Institutionen geführt. Empowerment und Inklusion sind zu den neuen Leitprinzipien im Ausbau der Erwachsenenbildung in Deutschland geworden. Sie macht das Leben für Erwachsene mit geistiger Behinderung „bunter", weil sie sie als Erwachsene mit eigenen Fragestellungen ernst nimmt. Sie bietet Menschen mit geistiger Behinderung durch erwachsenenadäquate Lehrformen und Ansprache an, sich neue Themen zu erschließen und eine eigene Meinung zu vertreten.

Heß, G., Kagemann-Harnack, G., Schlummer, W. (Hrsg.) (2008): Wir wollen – wir lernen – wir können! Erwachsenenbildung, Inklusion, Empowerment. Marburg

Lindmeier, C. (2003b): Integrative Erwachsenenbildung. Auftrag – Didaktik – Organisationsformen. In: DIE 10. Jg., 4, 28–35

46. Weshalb benötigen Menschen mit geistiger Behinderung im Erwachsenenalter Bildung?
47. Nennen Sie die Bereiche der Erwachsenenbildung für Menschen mit geistiger Behinderung.
48. Was sind die leitenden Prinzipien der Erwachsenenbildung und wie sind sie im konkreten Kursangebot zu berücksichtigen?
49. Setzen Sie sich mit der „Kölner Erklärung" im Anhang auseinander, indem Sie zu klären versuchen, was sich Erwachsene mit geistiger Behinderung wünschen.
50. Schauen Sie im Internet nach, welche Erwachsenenbildungsangebote für Menschen mit geistiger Behinderung es in Ihrer Region gibt und prüfen Sie, inwieweit sie den Kriterien einer Inklusiven Erwachsenenbildung entsprechen.

4.4 Berufliche Bildung

Die Erfahrungen von Anna L. sollen in das Thema der beruflichen Bildung und Berufstätigkeit von Menschen mit geistiger Behinderung einführen.

> „Es war eine sehr schöne Zeit in der Schule, aber ich bin froh, dass ich jetzt endlich arbeiten darf. Ich arbeite gerne im Team, denn da gibt es immer viel zu lachen. Außerdem bin ich froh, dass ich in einem Büro die Post austragen darf. Mein Traumjob wäre allerdings gewesen, in einem Radiosender mitzumachen. Vielleicht eine Reportage draußen bei Konzerten zum Beispiel oder einem Sommerfest" (Holthaus/Pollmächer 2007, 28).

Menschen mit Behinderung haben Vorstellungen vom Leben als Erwachsene, zu denen wie bei vielen Jugendlichen ‚Berufsträume' gehören, die unrealistisch sind. Erwachsene mit geistiger Behinderung können und wollen arbeiten. Doch für sie ist es schwer, einen Arbeitsplatz auf dem allgemeinen Arbeitsmarkt zu bekommen. Mit ihrer Arbeit in einem Büro bildet Frau L. eher eine Ausnahme.

Die Integration in den allgemeinen Arbeitsmarkt ist zum einen schwierig, weil es zu wenige behindertengerechte Arbeitsplätze gibt. Zum anderen bestehen weiterhin Vorurteile gegenüber Menschen mit geistiger Behinderung, da man sie für nicht leistungsfähig und integrierbar in Arbeitsprozesse auf dem allgemeinen Arbeitsmarkt hält. Die Betriebe begründen dies mit einer zu hohen wirtschaftlichen Belastung. Auch wenn Erfahrungen der ‚Arbeitsassistenz' mit ihrem Konzept der ‚Unterstützten Beschäftigung' zeigen, dass zumindest Menschen mit leichter geistiger Behinderung integrierbar sind, konnten sie die Vorurteile nicht ausräumen. Darum findet der überwiegende Teil der Erwachsenen mit geistiger Behinderung einen Arbeitsplatz in der Werkstatt für behinderte Menschen (WfbM) oder in Außenarbeitsplätzen von Werkstätten. Ihre berufliche Bildung umfasst heute

Funktion von Arbeit

eine Vielzahl pädagogischer, rehabilitativer wie integrativer Maßnahmen mit dem Ziel der Eingliederung in den allgemeinen Arbeitsmarkt.

Wie die Aussage von Anna L. zeigt, ist Arbeit für sie sehr wichtig. Durch ihre Arbeit fühlt sie sich erwachsen und sozial anerkannt, auch wenn die Büroarbeit nicht ihrem „Traumjob" entspricht. Der Alltag des Erwachsenen ist in unserem Kulturraum wesentlich durch Arbeit bestimmt. Arbeit dient zur Sicherung des Lebensunterhaltes, ist Möglichkeit zur Selbstbestätigung, zu sozialer Anerkennung und zum Leben in der Gemeinschaft. Arbeit ist für den Menschen mehr als nur wirtschaftliche Sicherheit und finanzielle Unabhängigkeit. Sie wirkt persönlichkeitsprägend und ist darum von existenzieller Bedeutung. „Das Erlernen und Ausüben einer angemessenen Berufsarbeit gehört zum Grundbedürfnis des Menschen", sagt Speck (1999, 344). Die Arbeit dient demzufolge wesentlich zur Sicherung der Lebensqualität. Deshalb ist sie für Menschen mit geistiger Behinderung wichtig, auch wenn sie nicht zur Sicherung ihres Lebensunterhaltes ausreicht, sie auf monetäre Unterstützung angewiesen bleiben.

Sie werden i. d. R. nicht auf ein anerkanntes Berufsbild hin ausgebildet, sondern auf die Arbeit in der Werkstatt für behinderte Menschen (WfbM) oder in Integrationsprojekten. Die berufliche Bildung beginnt bereits in der Förderschule und findet in der Werkstatt für behinderte Menschen ihre Fortführung mit dem Ziel, sie für den allgemeinen Arbeitsmarkt oder für eine feste Beschäftigung in der Werkstatt (WfbM) zu qualifizieren. Arbeit als wesentlicher Bestandteil der Lebensgestaltung aller Menschen ist auf dem Feld der Behindertenhilfe durch zahlreiche rechtliche Vorgaben geregelt: Beschäftigungspflicht für öffentliche und private Arbeitgeber, Ausgleichsabgabe bei Nichtbeschäftigung, wirtschaftliche und steuerliche Anreize zur Beschäftigung behinderter Menschen auf dem Allgemeinen Arbeitsmarkt, Arbeits- und Kündigungsschutz, um nur einige zu nennen. Aufgrund der pädagogischen Schwerpunktsetzung dieses Buches wird hier nicht vertiefend auf diese Bereiche der Arbeitswelt behinderter Menschen eingegangen. Vielmehr stehen im Vordergrund ihre berufliche Bildung sowie ihr Zugang zur Arbeitswelt als Möglichkeit der Teilhabe und als Bestandteil der Lebensqualität. Ihre Berufstätigkeit entwickelt und gestaltet sich im Umkreis der Werkstatt für behinderte Menschen (WfbM). Dort werden Eingliederungsleistungen erbracht, die pädagogische Maßnahmen einschließen. Davon soll im Folgenden die Rede sein. Zunächst wird gezeigt wie sich die berufliche Bildung bis heute entwickelt hat.

4.4.1 Entwicklung der beruflichen Bildung für Menschen mit geistiger Behinderung

Christian Lindmeier gliedert die Entwicklung der beruflichen Bildung und Rehabilitation der vergangenen 50 Jahre in drei konzeptionelle Phasen:

1. „die Phase der Arbeitserziehung und der ‚gezielten Anlernung' von Werkstatttätigkeit in der Abschlussstufe der Sonderschule für geistig Behinderte, in Anlernwerkstätten und in Beschützenden Werkstätten,

2. die Phase der beruflichen Grundbildung in der Werkstufe der Schule für Geistigbehinderte und des systematischen Arbeitstrainings im Arbeitstrainingsbereich der Werkstatt für Behinderte, und
3. die Phase der berufsfeldbezogenen nachschulischen Berufsvorbereitung und beruflichen Bildung in Werkstätten für behinderte Menschen und integrativen Formen der beruflichen (Teil-)Qualifizierung" (2006a, 15).

Die dritte Phase begann in den 1990er Jahren und ist derzeit noch nicht abgeschlossen. Sie zeigt, dass sich die berufliche Bildung für den Personenkreis in einem dynamischen Entwicklungsprozess befindet, dessen Ende noch nicht abzusehen ist.

Begonnen hat der Aufbau von Beschäftigungsmöglichkeiten für junge Erwachsene in den 1960er Jahren, als die Bundesvereinigung Lebenshilfe für das geistig behinderte Kind e. V. erste so genannte ‚Beschützende Werkstätten' gründete. Ihr Ziel war aber noch nicht die Teilhabe am Arbeitsleben, sondern die „Fortsetzung der pädagogischen und sozialen Betreuung" (16) nach der Schulzeit. Zu dieser Zeit war der Gedanke der Fürsorge, der paternalistischen Betreuung bestimmend, was nicht zuletzt im Namen der Werkstätten seinen Ausdruck findet. Um diese Betreuung nahtlos zu sichern, entwickelte die ‚Lebenshilfe' ein Bindeglied zwischen Sonderschule und Beschützender Werkstatt, die so genannte ‚Anlernwerkstatt', die Jugendliche nach Beendigung der Schulpflicht (zwischen dem 14. und 21. Lebensjahr) besuchen konnten. Die Anlernwerkstatt war der Beschützenden Werkstatt angegliedert und sollte den „reibungslosen Übergang von der Schule in die Beschützende Werkstatt" (16) ermöglichen. „Mitte der 1960er-Jahre kam dann als weitere organisatorische Einheit im Übergang ‚Schule-Beruf' auch noch die ‚Abschlussstufe' als vierte Vollzeitschulstufe der Schule für geistig Behinderte (SfG) für Jugendliche von 14 bis 18 Jahren hinzu. Zweck der Abschlussstufe ist die Erfüllung der *Berufsschulpflicht*" (16). In der Abschlussstufe (Kap. 4.2) lag der Schwerpunkt auf der so genannten *Arbeitserziehung*. Damit war vor allem die Erziehung zu Arbeitstugenden gemeint wie z. B. Sorgfalt, Sauberkeit, Ausdauer, Pünktlichkeit, Zielstrebigkeit, Erfüllung steigender Anforderungen. Anlernwerkstatt und Beschützende Werkstatt dienten dazu, die jungen Erwachsenen mit geistiger Behinderung möglichst wirklichkeitsnah an die Arbeits- und Berufswelt heranzuführen. Als pädagogische Methode diente hierzu die ‚*gezielte Anlernung*', d. h. die Gewöhnung an Sorgfalt, Ausdauer und Leistung sowie Geschicklichkeit im Umgang mit Werkzeugen und Maschinen. In dieser ersten Phase der beruflichen Bildung ging es vordringlich um Anpassung und Training der behinderten Menschen. Die arbeitspädagogischen Prinzipien waren die *Arbeitserziehung* und die *gezielte Anlernung*.

Beschützende Werkstätten

Diese Sichtweise änderte sich in den 1970er Jahren, als sich der finanzielle Druck auf die Beschützenden Werkstätten erhöhte. Es setzte eine zweite Phase der Entwicklung der beruflichen Bildung ein. Sie ist gekennzeichnet durch die Umwandlung der Bezeichnung ‚Beschützende Werkstatt' in ‚Werkstatt für Behinderte' (WfB), die Einführung des zweijährigen Arbeitstrainings in der Werkstatt für Behinderte und die „Wandlung der Werkstätten hin zu höherer Rentabilität" (19). Verbunden war mit dieser Entwicklung die Ablösung des Fürsorgegedankens. Die pädagogische Begleitung war nun nicht länger auf Aneignung von Arbeitsverhal-

Werkstatt für Behinderte

ten ausgerichtet, sondern das Arbeitstraining stand nun unter dem Leitgedanken der „Selbstverwirklichung durch berufliche Eingliederung" (21) und sollte eine *planmäßige berufliche Bildung* für eine geeignete Tätigkeit im Arbeitsbereich der Werkstatt für Behinderte realisieren. Zu den Inhalten gehörten Angebote aus den verschiedenen Tätigkeitsbereichen (Metall, Dienstleistung, Landwirtschaft etc.). Die berufsfördernden Maßnahmen orientierten sich dabei an den individuellen Möglichkeiten der Jugendlichen und wurden in individuell zu planenden Grund- und Aufbaukursen angeboten. In den 1970er Jahren, in Zeiten der Hochbeschäftigung, herrschte ein gewisser Optimismus, für den Personenkreis ein eigenes Berufsbild schaffen zu können. Die Bundesvereinigung Lebenshilfe ging bei ihren Überlegungen von der Serienproduktion in Werkstätten aus und schlug die Einführung einer Berufsausbildung zum ‚Serienfertiger im Rahmen der Werkstatt für Behinderte' vor. Doch dieses Bemühen um eine anerkannte Berufsausbildung für Menschen mit geistiger Behinderung erwies sich als nicht umsetzbar.

1981 verabschiedete die Bundesvereinigung Lebenshilfe die Empfehlungen für den Arbeitstrainingsbereich zusammen mit den Empfehlungen für die inhaltliche Ausgestaltung der Werkstufe der Schule für Geistigbehinderte. Hierin wird festgehalten, dass es Aufgabe und Ziel der Werkstufe ist, „geistig behinderte Jugendliche so auf das Leben als Erwachsene vorzubereiten, dass sie sich trotz ihrer Behinderung in allen Lebensbereichen und -situationen zurechtfinden und eingliedern, betätigen und behaupten können. Dem Lebensbereich ‚Arbeit und Beruf' wurde dabei die gleiche Bedeutung beigemessen, wie den Bereichen ‚Leben und Wohnen', ‚Freizeit', ‚Umwelt und Öffentlichkeit' und ‚Partnerschaft'" (23). Die Inhalte sollten in möglichst wirklichkeitsnahen und handlungsbezogenen Lernsituationen vermittelt werden. Seitdem versteht man Werkstufe der Sonderschule (SfG) und den Arbeitstrainingsbereich der WfB „als einander ergänzende Bildungsbereiche, wobei im Ersteren das ‚arbeitsvorbereitende Werken' und im Zweiten ‚die gezielte berufliche Bildung und die individuelle Vorbereitung auf den Arbeitsalltag' stattfinden sollte. (...) Beide Konzeptionen orientierten sich nicht an einem bestimmten Berufsfeld, sondern an einer Vielfalt von beruflichen Grundkenntnissen und -fertigkeiten und an spezifischen Tätigkeiten, die eine Qualifizierung für die verschiedenen Tätigkeitsfelder einer Werkstatt für Behinderte boten" (24).

Die dritte Phase der Entwicklung stellt das Bemühen um eine stärkere Differenzierung der beruflichen Angebote und die Entwicklung von Eingliederungsmöglichkeiten auf den allgemeinen Arbeitsmarkt in den Vordergrund. Dies zeigt sich beispielsweise am Grundsatzprogramm der Bundesvereinigung Lebenshilfe von 1990. In ihm wird gefordert:

- „bessere berufliche Qualifizierung und Ausbildung,
- Stärkung der Bereitschaft öffentlicher und privater Arbeitgeber zur Aufnahme geistig behinderter Menschen ins allgemeine Arbeitsleben,
- Bereitstellung begleitender Dienste für unerlässlich notwendige Betreuung auch auf dem allgemeinen Arbeitsmarkt" (nach Lindmeier 2006a, 25).

Das Umdenken im Bereich der beruflichen Bildung ist im Kontext der schulischen Integration zu sehen, die eine Fortführung integrativer Maßnahmen im

Erwachsenenalter notwendig machte. Um eine Integration auf dem allgemeinen Arbeitsmarkt zu erreichen, war ein Umdenken in Bezug auf die berufliche Bildung notwendig.

Nach dem Modell des in den USA entwickelte Konzept ‚supported employment', der ‚Unterstützten Beschäftigung', gründete die Hamburger Landesarbeitsgemeinschaft Eltern für Integration e.V. die so genannte ‚Hamburger Arbeitsassistenz (HAA)'. Sie versteht sich als ein Integrationsfachdienst zur Vermittlung von Menschen mit geistiger Behinderung auf den allgemeinen Arbeitsmarkt. Die Hamburger Arbeitsassistenz hatte Modellfunktion für weitere Initiativen im Bundesgebiet, auf die ich in Kapitel 4.4.3 noch näher eingehen werde. Das Konzept der ‚Unterstützten Beschäftigung' sieht folgende sieben Stufen der Eingliederung vor:

supported employment

1. „Information und Beratung von Menschen mit Behinderung sowie ihrer Angehörigen,
2. Auswahl geeigneter Bewerber, verbunden mit der Erstellung eines Leistungs- und Fähigkeitsprofils,
3. Information potentieller Arbeitgeber über die Möglichkeiten der betrieblichen Integration Behinderter,
4. Akquisition von Arbeitsplätzen auf dem allgemeinen Arbeitsmarkt,
5. Beratung und Unterstützung der Arbeitgeber bei der behinderungsgerechten Gestaltung von Arbeitsplätzen sowie Arbeitsorganisation auf der Grundlage einer Arbeitsplatzanalyse,
6. Hilfe bei der Einarbeitung am Arbeitsplatz bis hin zu einer befristeten kontinuierlichen Begleitung,
7. Konfliktberatung und Krisenintervention nach allmählicher Rücknahme der begleitenden Unterstützung am Arbeitsplatz" (Hohmeier 2001 nach Lindmeier 2006a, 26).

Das Grundprinzip dieses Vorgehens basiert auf der Umkehr des bisher geltenden Arbeitsansatzes in der beruflichen Bildung: ‚Erst qualifizieren, dann platzieren' durch: ‚Erst platzieren, dann qualifizieren'. Das Konzept der Qualifizierung am Arbeitsplatz (‚training on the job') setzt auf eine starke Individualisierung der Unterstützungsleistungen, der ‚individuellen Arbeitsassistenz'.

Arbeitsassistenz/ training on the job

‚individuelle Arbeitsassistenz'

1996 veranstalteten die vier großen Fachverbände (Bundesvereinigung Lebenshilfe, Caritas, Diakonie und Anthroposophie) gemeinsam mit der Bundesarbeitsgemeinschaft der Werkstätten für behinderte Menschen (BAG-WfbM) und der Bundesagentur für Arbeit (BA) die Tagung „Ich will auch in die Lehre gehen". Im Rahmen diese Tagung stellten die Bundesarbeitsgemeinschaft (BAG-WfbM) und die Bundesagentur für Arbeit eine Revision der „Vereinbarung über Rahmenprogramme für das Eingangsverfahren und den Arbeitstrainingsbereich in Werkstätten für Behinderte" vor. Die wesentlichen Neuerungen fasst Schäfer (1998) zusammen:

1. „Alle Maßnahmen haben nicht nur zur Verbesserung der beruflichen Eingliederungsmöglichkeiten beizutragen, sondern auch die Persönlichkeitsentwicklung zu fördern.
2. Durch planmäßige Förderung ist die Entwicklung, Erhaltung, Erhöhung und Wiedergewinnung der beruflichen und lebenspraktischen Leistungsfähigkeit zu erreichen.

3. Die Erfordernisse zur Vorbereitung einer Vermittlung auf den allgemeinen Arbeitsmarkt oder in eine andere berufsfördernde Maßnahme sind im Einzelfall zu beachten.
4. Bereits erworbene Fähigkeiten, wie z. B. Lesen, Schreiben sollen durch begleitende Maßnahmen erhalten und erhöht werden.
5. Bildungsmaßnahmen müssen so differenziert sein, dass aufbauende bzw. ergänzende Maßnahmen – bis hin zu Berufsabschlüssen nach § 48 BBiG/§ 42b HWO –wahrgenommen werden können.
6. Für jeden Teilnehmer ist ein qualifizierter, fortzuschreibender Förder- und Bildungsplan zu erstellen.
7. Die Methoden orientieren sich an dem Ziel, selbst gesteuerte Lernprozesse zu initiieren und soziale Kompetenz zu entwickeln.
8. Statt der bisherigen Berufsbereiche nennen die neuen Rahmenprogramme umfassende, und differenziert die (Lern-)Ziele der Maßnahmen (...) Eine besondere Bedeutung wird den Schlüsselqualifikationen und den lebenspraktischen Fertigkeiten beigemessen" (nach Lindmeier 2006a, 33f).

Änderung im Bildungsverständnis

Von zentraler Bedeutung im Rahmenprogramm ist die Stellung der Bildung. Die Werkstatt für Behinderte wird damit zu einer Bildungseinrichtung. In der beruflichen Bildung wird das ‚Trainieren', das Einüben pragmatischer Fertigkeiten und die Anpassung an Arbeitsprozesse, durch planmäßige Förderung und Bildung ersetzt, bei der der Erhalt erworbener kultureller Kenntnisse und sozialer Fähigkeiten im Vordergrund steht. Berufliche Bildung dient somit auch der Persönlichkeitsbildung.

2002 erfolgte eine weitere Präzisierung dieser Rahmenvorgaben und zwar in den folgenden drei Bereichen:

- „der Begriff und die Aufgabe der beruflichen Bildung geistig behinderter Menschen werden grundlegend neu und präziser gefasst,
- die Funktion der individuellen Eingliederungspläne, die bereits im Eingangsverfahren der WfbM anzufertigen sind, werden in Form von Eckpunkten näher erläutert,
- die Ziele der Berufsbildungsmaßnahmen werden erstmals strukturiert und den vier Bereichen Kulturtechniken, der Kernqualifikation, der Arbeitsprozessqualifikation und der Schüsselqualifikation zugeordnet" (35).

Werkstatt für behinderte Menschen

‚Werkstatt für behinderte Menschen' aktuelle rechtliche Grundlagen

Mit der seit 2002 geltenden Fassung der Vereinbarung über das Rahmenprogramm erfolgte auch eine Anpassung an die gesetzlichen und begrifflichen Vorgaben des Neunten Sozialgesetzbuches (SGB IX). Mit seiner Einführung 2001 änderte sich auch die Bezeichnung: aus ‚Werkstatt für Behinderte' wurde ‚Werkstatt für behinderte Menschen'.

Durch § 4, Abs. 1 Nr. 3 SGB IX wird die Teilhabe am Arbeitsleben eindeutig dem allgemeinen Teilhabegebot des Gesetzes zugewiesen. In den §§ 33 und 39 SGB IX wird zugleich festgelegt, dass diese Form der Teilhabe auch in einer Werkstatt für behinderte Menschen (WfbM) verwirklicht werden kann. Und schließlich präzisiert § 136 SGB IX dann folgendermaßen:

> **„SGB IX § 136 Begriff und Aufgaben der Werkstatt für behinderte Menschen**
>
> (1) Die Werkstatt für behinderte Menschen ist eine Einrichtung zur Teilhabe behinderter Menschen am Arbeitsleben im Sinne des Kapitels 5 des Teils 1 und zur Eingliederung in das Arbeitsleben. Sie hat denjenigen behinderten Menschen, die wegen Art oder Schwere der Behinderung nicht, noch nicht oder noch nicht wieder auf dem allgemeinen Arbeitsmarkt beschäftigt werden können,
> 1. eine angemessene berufliche Bildung und eine Beschäftigung zu einem ihrer Leistung angemessenen Arbeitsentgelt aus dem Arbeitsergebnis anzubieten und
> 2. zu ermöglichen, ihre Leistungs- oder Erwerbsfähigkeit zu erhalten, zu entwickeln, zu erhöhen oder wiederzugewinnen und dabei ihre Persönlichkeit weiterzuentwickeln.
>
> Sie fördert den Übergang geeigneter Personen auf den allgemeinen Arbeitsmarkt durch geeignete Maßnahmen. Sie verfügt über ein möglichst breites Angebot an Berufsbildungs- und Arbeitsplätzen sowie über qualifiziertes Personal und einen begleitenden Dienst.
> (2) Die Werkstatt steht allen behinderten Menschen im Sinne des Absatzes 1 unabhängig von Art oder Schwere der Behinderung offen, sofern erwartet werden kann, dass sie spätestens nach Teilnahme an Maßnahmen im Berufsbildungsbereich wenigstens ein Mindestmaß wirtschaftlich verwertbarer Arbeitsleistung erbringen werden. Dies ist nicht der Fall bei behinderten Menschen, bei denen trotz einer der Behinderung angemessenen Betreuung eine erhebliche Selbst- oder Fremdgefährdung zu erwarten ist oder das Ausmaß der erforderlichen Betreuung und Pflege die Teilnahme an Maßnahmen im Berufsbildungsbereich oder sonstige Umstände ein Mindestmaß wirtschaftlich verwertbarer Arbeitsleistung im Arbeitsbereich dauerhaft nicht zulassen.
> (3) Behinderte Menschen, die die Voraussetzungen für eine Beschäftigung in einer Werkstatt nicht erfüllen, sollen in Einrichtungen oder Gruppen betreut und gefördert werden, die der Werkstatt angegliedert sind.

Von besonderer Bedeutung ist die Hereinnahme derjenigen Schwerstbehinderten ins Gesetz, die die Voraussetzungen für eine Beschäftigung in einer Werkstatt nicht erfüllen. Die so genannten Tagesförderstätten, in denen viele Werkstätten diese Menschen schon immer betreuten, haben jetzt eine rechtliche Grundlage. Zu bedauern ist, dass dadurch keine Sozialversicherungspflicht entstanden ist.

Etwa zeitgleich zur Verabschiedung des Sozialgesetzbuchs IX ist auch die Werkstätten-Mitwirkungsverordnung (WMVO) eingeführt worden, durch die die Beschäftigten deutlich mehr (und verbriefte) Rechte erhalten. Neben der Annäherung an die Verhältnisse des allgemeinen Arbeitsmarktes verwirklicht sie den anderen wesentlichen Anspruch der WfbM, persönlichkeitsfördernde pädagogische Maßnahmen in den Vordergrund zu stellen. Die Struktur der Werkstatt für behinderte Menschen soll nun genauer dargestellt werden.

4.4.2 Die Werkstatt für behinderte Menschen

„Werkstätten", so definiert die Bundesarbeitsgemeinschaft (BAG-WfbM), „sind gemeinnützige Dienstleistungseinrichtungen für diejenige Bevölkerungsgruppe, die wegen Art oder Schwere ihrer Behinderung nicht auf dem allgemeinen Arbeitsmarkt erwerbstätig sein kann" (www.bagwfbm.de vom 27.12.2008). Sie sind keine Erwerbsbetriebe, sondern Einrichtungen zur beruflichen Rehabilitation, d.h., nicht Produktion und Umsatz stehen im Vordergrund, sondern berufsfördernde und berufsbildende Leistungen.

Es gibt heute über 700 Werkstätten für behinderte Menschen in der Bundesrepublik mit rund 270.000 Beschäftigten (Rehadat 2008). Rund 80 % der Beschäftigten sind geistig behindert. Ihnen werden aufgrund der Schwere ihrer Behinderung auf dem allgemeinen Arbeitsmarkt keine betriebliche Berufsausbildung und keine übliche Erwerbstätigkeit angeboten. Da nicht Produktion und wirtschaftliche Effizienz, sondern arbeitsfördernde Leistungen in der Werkstatt für behinderte Menschen im Mittelpunkt stehen, „kann das wirtschaftliche Gesamtergebnis nicht so hoch ausfallen, daß daraus existenzsichernde Arbeitsentgelte gezahlt werden könnten. Das monatliche Arbeitsentgelt beträgt im Bundesdurchschnitt rund 159 €. Je nach Art und Grad der Behinderung und je nach Werkstattkonzept variiert die Höhe der Arbeitsentgelte und erreicht in Einzelfällen ein existenzsicherndes Niveau" (www.bagwfbm.de vom 27.12.2008) (vgl. Tab. 11).

Die Leistungen der Werkstatt sind Eingliederungsleistungen und umfassen:

- berufsbildende Maßnahmen und
- persönlichkeitsfördernde Maßnahmen.

Tab. 11: Entwicklung der Werkstattplätze (Quelle: www.bagwfbm.de vom 27.12.2008)

Jahr	Belegte Plätze in anerkannten WfbM	Zuwachs absolut	Zuwachs in v. H.
1994	152.501		
1995	159.561	7.060	4,6
1996	166.356	6.795	4,3
1997	172.049	5.693	3,4
1998	180.686	8.637	5,0
1999	188.275	7.589	4,2
2000	194.722	6.447	3,4
2001	201.679	6.957	3,6
2002	226.703	25.024	12,4
2003	235.756	9.053	4,0
2004	245.789	10.042	4,3
2005	256.556	10.758	4,4
2006	268.046	11.490	4,5

Sie werden von pädagogischen, therapeutischen, sozialen, psychologischen und pflegerischen Diensten erbracht. Der so genannte *soziale Fachdienst* betreut die Menschen mit Behinderung individuell. Im sozialen Fachdienst arbeiten Sozial- und Heilpädagogen, Sozialarbeiter, Ergotherapeuten, Krankengymnasten, Psychologen und Ärzte. Sie entwickeln zusammen individuelle Förderpläne, die unterschiedliche pädagogische oder therapeutische Angebote enthalten. Diese reichen von Unterricht in den Kulturtechniken, über haushaltswirtschaftliche oder kreative Kursangebote bis hin zu Sport und Gymnastik. Im Berufsbildungs- und Arbeitsbereich sind Gruppenleiter tätig, die meist über ein sonderpädagogische Zusatzqualifikation (SPZ) verfügen. Seit 2001 gibt es ein spezifisches Qualifikationsangebot für Gruppenleiter zur ‚Geprüften Fachkraft zur Arbeits- und Berufsförderung (FAB)'.

Ziel der Werkstatt ist die *Entwicklung der individuellen Leistungsfähigkeit* der Erwachsenen. Sie sollen ihre Leistungsfähigkeit wiedergewinnen und so erhöhen, dass sie entweder in der Werkstatt für behinderte Menschen ein Mindestmaß an verwertbarer Arbeitsleistung erbringen oder ins Erwerbsleben integriert werden können.

Ziel der Werkstatt

> „Es ist die vorrangige Aufgabe der Werkstätten, jedem behinderten Beschäftigten durch individuelle Hilfe die Teilnahme am Arbeitsleben und am Leben in der Gemeinschaft zu ermöglichen, unabhängig von seiner Leistungsfähigkeit, sofern nur ein Minimum wirtschaftlich verwertbarer Arbeit bewältigt werden kann" (www.bagwfbm.de vom 27.12.2008).

Die Verbindung beider Ebenen, die der Wirtschaftlichkeitsinteressen einerseits und die der Rehabilitation behinderter Menschen andererseits wird von den Werkstätten unterschiedlich realisiert. Das hat zum einen damit zu tun, dass Werkstätten von ihrem Auftrag her gehalten sind, Arbeitsangebote in möglichst vielen Feldern vorzuhalten. So weist die Bundesarbeitsgemeinschaft der Werkstätten für behinderte Menschen (BAG-WfbM) darauf hin, dass „Werkstätten in fast allen Bereichen des allgemeinen Wirtschaftslebens präsent sind. Ihre Betätigung umfasst

- die Lohn- bzw. Lohn-Auftragsfertigung: z. B. Metallbearbeitung mit CNC-Technik, Montage- und Verpackungsarbeiten, industrielle Fertigungsaufträge;
- die Dienstleistungen: z. B. Wäschereidienste, Garten- und Landschaftspflege, Mailingarbeiten;
- die Herstellung und Vermarktung von selbstentwickelten Produkten: z. B. Holzspielwaren, Keramikerzeugnisse, Textilien, Gartenmöbel, Produkte aus ökologischem Landbau." (www.bagwfbm.de vom 27.12.2008).

Zum anderen organisieren sie sich je nach Produktanforderung oder weltanschaulicher Ausrichtung als moderne Industriewerkstatt oder als Zusammenschluss verschiedener Werkstätten zu einer Verbundwerkstatt oder als Spezialwerkstatt im Bezug auf eine Behinderungsart (z. B. psychisch Kranke) oder auf eine Arbeitsaufgabe (z. B. Abwicklung bestimmter Arbeitsaufträge) oder als anthroposophisch geleitete Werkstätten. Immer aber leiten sie ihre Existenzberechtigung von dem umfassenden Bildungsauftrag ab, den das Sozialgesetzbuch IX ihnen gibt. Wie ernst der genommen wird, zeigt Grampp, indem er *Bildung als Qualitätsmerkmal* der Institution Werkstatt begreift und als Konsequenz vorschlägt, „autonome Berufsbilder für Personen zu schaffen, die auch den Anforderungen der so genannten Helfer-Berufe nicht gewachsen sind" (2006, 145). Und im „Zusammenwirken aller Interessenten – Menschen mit geistiger Behinderung, Werkstätten, alternative Projekte – solche Berufsbilder zu entwickeln." (150) und zu erproben.

Von der Schule in die WfbM

Aufgrund der engeren Verzahnung von Werkstufe, Abschluss- oder Berufsvorbereitungsstufe der Förderschule mit dem Förderschwerpunkt geistige Entwicklung und der Werkstatt für behinderte Menschen leisten viele Schüler ein Praktikum in der Werkstatt oder in Betrieben ab und gewinnen auf diese Weise einen ersten Einblick in ihr zukünftiges Beschäftigungsleben. Zum Ende der Schulpflicht melden Schule oder Erziehungsberechtigte den Erwachsenen mit geistiger Behinderung beim Reha-Team der Agentur für Arbeit als arbeitssuchend. Das Reha-Team ist ein Service für behinderte Menschen, in dem speziell geschulte Mitarbeiterinnen und Mitarbeiter individuelle Beratung, Vermittlung und Förderung in allen Fragen von Ausbildung und Beruf leisten. Dies geschieht bei Menschen mit geistiger Behinderung oft in Kooperation mit abgebender Förderschule und aufnehmender Werkstatt für behinderte Menschen unter Einbezug

Abb. 27: Struktur der Werkstatt für behinderte Menschen

der Betroffenen selbst und seiner gesetzlichen Vertreter. Die Agentur für Arbeit ist i. d. R. für die Finanzierung der Qualifizierungsmaßnahmen in der Werkstatt für behinderte Menschen (nach SGB III) zuständig. Die Maßnahmen werden bis zu 27 Monate gefördert und umfassen das so genannte ‚Eingangsverfahren' und den ‚Berufsbildungsbereich'.

Die Werkstatt für behinderte Menschen gliedert sich in verschiedene Bereiche, die aufeinander aufbauen bzw. miteinander verzahnt sind, wie Abbildung 27 zeigt.

Im Eingangsverfahren wird geklärt, „ob die Werkstatt die geeignete Einrichtung zur beruflichen Eingliederung ist und inwieweit eine Beschäftigung im Arbeitsbereich oder auf dem allgemeinen Arbeitsmarkt möglich erscheint" (Stadler 1998, 186). Es wird ein Eingliederungsplan erstellt, der unter anderem Aussagen über die erforderlichen Fördermaßnahmen und die beruflichen Perspektiven enthält. Das Eingangsverfahren dauert vier Wochen bis zu maximal drei Monaten.
Eingangsverfahren

Parallel zum Eingangsverfahren hat die Bundesagentur für Arbeit am 1. Juli 2008 ein neues Verfahren im Vorfeld der Werkstattaufnahme eingeführt. Es heißt ‚Diagnose der Arbeitsmarktfähigkeit besonders betroffener behinderter Menschen – DIA-AM'. Es verfolgt dieselbe Zielsetzung wie das Eingangsverfahren der Werkstatt für behinderte Menschen. Die Bundesvereinigung Lebenshilfe sieht diese Parallelität durchaus kritisch.

Die Eingliederung in den Berufsbildungsbereich dauert zwei Jahre, in denen ein jeweils einjähriger Grund- und Aufbaukurs absolviert werden. Aufgabe dieser Kurse ist die Vermittlung von Fertigkeiten, die für bestimmte Arbeitsabläufe notwendig sind (Werkstoff- und Werkzeugkunde, Maschinenlehre). Die Teilnehmer machen sich mit den Arbeitsfeldern der Werkstatt für behinderte Menschen vertraut, können ihre Berufswünsche äußern und nehmen Einfluss auf den Verlauf ihres Qualifizierungsweges. Daneben werden in beiden Kursen auch das Leistungsvermögen, die Persönlichkeit, das Sozial- und Arbeitsverhalten gefördert, lebenspraktische Tätigkeiten werden trainiert.
Berufsbildungsbereich

Der Berufsbildungsbereich endet mit der Entscheidung, ob die Vermittlung auf den allgemeinen Arbeitsmarkt möglich ist und wenn ja, ob sie gelingt. Beides ist nur selten der Fall. Dann folgt die Einstellung in den Arbeitsbereich der Werkstatt. Ein unbefristeter Werkstattvertrag mit einem monatlichen Entgelt wird abgeschlossen. Der behinderte Mitarbeiter ist dann renten-, pflege-, kranken- und unfallversichert. Der Werkstattlohn richtet sich nach der individuellen Leistungsfähigkeit.
Arbeitsbereich

Für Menschen mit geistiger Behinderung, die mit den Tätigkeiten im Arbeitsbereich überfordert sind, haben die meisten Werkstätten spezielle Abteilungen eingerichtet, auf die ich in Kapitel 4.4.4 näher eingehen werde. Wie zuvor bereits erwähnt, übernehmen die Beschäftigten des *Begleitenden Dienstes* oder Reha-Fachdienste die pädagogischen, therapeutischen und pflegerischen Aufgaben und Angebote.

Um die Werkstatt-Mitarbeiter an den allgemeinen Arbeitsmarkt heranzuführen, bieten die Werkstätten zunehmend Beschäftigungsmöglichkeiten außerhalb der Werkstatt an.

4.4.3 Integrationsfachdienste und Integrationsprojekte

Um den Anspruch auf Teilhabe am Arbeitsleben zu erreichen, haben sich neben dem Reha-Team der Agentur für Arbeit weitere Organisationsformen herausgebildet. Hier sind zunächst die Integrationsfachdienste (IFD) zu nennen.

Integrationsfachdienste

„Nach § 109 Abs. 1 SGB IX sind Integrationsfachdienste Dienste Dritter, die im Auftrag der Bundesanstalt für Arbeit, der Rehabilitationsträger und der Integrationsämter bei der Durchführung der Maßnahme zur Teilhabe schwer behinderter Menschen am Arbeitsleben beteiligt werden. Zu ihrer Zielgruppe zählen auch ausdrücklich schwer behinderte (Sonder-)Schulabgänger und Arbeiter/innen der WfbM." (Lindmeier 2006b, 401). Wie zuvor am Modell der Hamburger Arbeitsassistenz gezeigt, findet sich der Grundgedanke ‚Erst platzieren, dann qualifizieren' im Arbeitsansatz der Integrationsdienste wieder. Er umfasst die sieben genannten Aufgabenfelder, die zugleich als Stufen der beruflichen Eingliederung gesehen werden können und die von Beratung, Information, Akquise von Arbeitsplätzen bis zur Arbeitsassistenz (‚training on the job') reichen. Die Intensität der Arbeitsassistenz richtet sich nach den individuellen Bedürfnissen des Menschen mit Behinderung an seinem Arbeitsplatz. „Mit dem am 23. April 2004 in Kraft getretenen ‚Gesetz zur Förderung der Ausbildung und Beschäftigung schwerbehinderter Menschen' (SGB IX – Novelle 2004) wurde der Aufgabenbereich der IDF in § 110 Abs. 2 Nr. 1a SGB IX dahingehend erweitert, die Arbeitsverwaltung bei der Berufsorientierung und Berufsberatung in den Schulen zu unterstützen. Mit dieser neuen gesetzlichen Grundlage können auch häufiger Konferenzen über die Berufs(bildungs)wege abgehalten werden, um die Schnittstellenprobleme beruflicher Ausbildung und schulischen Lernens zu minimieren" (Lindmeier 2006b, 402).

Integrationsprojekte

Werkstätten für behinderte Menschen fühlen sich heute dem Teilhabe- und Integrationsgebot verpflichtet und entwickeln so genannte Integrationsprojekte (Integrationsfirmen, -betriebe und -abteilungen). „Nach § 132 Abs. 1 SGB IX sind Integrationsprojekte rechtlich und wirtschaftlich selbständige Unternehmen (Integrationsunternehmen) oder unternehmensinterne oder von öffentlichen Arbeitgebern im Sinne § 71 Abs. 3 geführte Betriebe(Integrationsbetriebe) oder Abteilungen (Integrationsabteilungen) zur Beschäftigung schwer behinderter Menschen auf dem allgemeinen Arbeitsmarkt, deren Teilhabe an einer sonstigen Beschäftigung auf dem allgemeinen Arbeitsmarkt auf Grund von Art und Schwere der Behinderung oder wegen sonstiger Umstände voraussichtlich trotz Ausschöpfung aller Fördermöglichkeiten und des Einsatzes von Integrationsfachdiensten auf besondere Schwierigkeiten stößt" (402). Integrationsprojekte wollen „durch betriebseigene, zeitlich flexibel gestaltete (Stunden- bis Vollzeitjobs) und an der Leistungsfähigkeit oder psychosozialen Belastbarkeit Einzelner orientierte Arbeitsplätze in möglichst kleinen betrieblichen Einheiten zur beruflichen und gesellschaftlichen Integration behinderter Menschen [...]" beitragen (403).

Die Samocca-Cafés sind ein aktuelles Beispiel für aus Werkstätten ausgegliederte Integrationsprojekte. Zur Veranschaulichung der Idee zitiere ich aus einer Internet-Reportage über das Samocca-Café in Kleve am Niederrhein.

„Die Wand: Gelb. Davor: Ein Ledersofa: Schwarz. An der Wand: Ein hölzernes Rechteck. In dem Rechteck: Ein Aquarium. Schief – circa 15 Grad rechtsneigend. Es müsste auslaufen, aber das Aquarium ist kein Auslaufmodell. Im Aquarium: Rote Fische. Die Fische sind echt. Das Aquarium: Ein Monitor. Im nächsten Winter wird er Feuer speien.

Auf den Tischen: Blumen, Bleistifte, Bestellkarten zum Ankreuzen. 60 Plätze. Stil regiert. Nicht nur im Café. ...

Das Personal: Freundlich. Unaufdringlich. Bestellungen finden mittels Zettel statt. Auswahl gibt es reichlich. ...

Im Samocca nämlich ist die Belegschaft eine ganz besondere. Hier arbeiten behinderte Menschen. Das Konzept: Integration. Es geht um die Teilnahme am ganz normalen Wahnsinn Alltag. Der findet nicht im Séparée statt, sondern im Gegenüber mit der Kundschaft. Die muss nicht wissen, wer hier bedient – darf es aber. ...

Samocca ist halt nicht nur ein Café – Samocca ist eine Idee. Es gibt verschiedene ‚Zweigstellen'. Zu nennen wären: Quedlinburg, Lengerich, Halle an der Saale, Ludwigsburg und Aalen in Baden-Württemberg". (www.lenzenhorst.de/reportagen/samocca.html vom 18.4.2009).

Das erste Samocca-Café als Integrationsprojekt entstand in Aalen.

„SAMOCCA ist ein Projekt des Samariterstift Neresheim, einer Einrichtung für über 600 alte, behinderte und psychisch kranke Menschen. Trägerin des Samariterstift Neresheim ist die Samariterstiftung, eine kirchliche Stiftung und Mitglied des Diakonischen Werkes Württemberg. Bemerkenswert an Samocca ist, dass hier eine ausgelagerte Werkstattarbeitsgruppe entstand, in der zahlreiche neue Arbeitsbereiche für Menschen mit Handicaps geschaffen wurden. Unter dem Aspekt ‚fordern und fördern' arbeiten die behinderten Mitarbeiter in den verschiedenen Arbeitsfeldern im gesamten Cafebereich weitestgehend selbstständig mit" (www.samocca/samocca.de vom 19.04.2009).

Samocca-Cafés sind Franchise-Unternehmen, die neben dem Café-Betrieb eine Kaffeerösterei mit Verkauf unterhalten, was die Nachhaltigkeit des Konzepts sichern soll.

Günter Berson, Geschäftsbereichsleiter der Werkstatt für behinderte Menschen, Haus Freudenberg GmbH in Kleve, wurde auf der Werkstattmesse in Nürnberg auf die Samocca-Idee aufmerksam. Im Februar 2008 konnte er die Idee mit Mitarbeitern aus Haus Freudenberg GmbH umsetzen. „Wer ins Samocca kommt, merkt sofort: Die Investition hat sich gelohnt. Die Atmosphäre stimmt. All das ist Teil des ‚Systems Samocca', denn es reicht nicht, eine gute Idee zu entwickeln – sie muss auch umgesetzt, ummantelt werden. Man fühlt sich wohl hier, und das Angebot reicht weit über den Kaffee hinaus" (www.lenzenhorst.de/reportagen/samocca.html vom 18.4.2009).

Das Beispiel lässt unschwer erkennen, dass Integrationsprojekte eher für Menschen mit leichter geistiger Behinderung konzipiert werden. Es stellt sich die Frage, wo diejenigen mit schwerer bzw. Komplexer Behinderung ihren Platz im Bereich der beruflichen Bildung finden.

4.4.4 Berufliche Bildung für Menschen mit Komplexer Behinderung

Menschen, die aufgrund der Schwere ihrer Behinderung nicht in Arbeitsprozesse der Werkstatt integriert werden können, sind seit 2001 durch § 136, Abs. 3 SGB IX geschützt: „Behinderte Menschen, die die Voraussetzungen für eine Beschäftigung in einer Werkstatt nicht erfüllen, sollen in Einrichtungen oder Gruppen betreut und gefördert werden, die der Werkstatt angegliedert sind." Da dieser Personenkreis wächst und für die Werkstätten noch immer eine Herausforderung darstellt, soll er nachfolgend thematisiert werden.

Betreuung und Förderung im Sinne der neuen Vorschrift leisten viele Werkstätten für die betroffenen Menschen in angelagerten Abteilungen, den Tagesförderstätten, „um ihnen eine Teilhabe am Leben der Gesellschaft zu ermöglichen" (Stadler 1998, 186). In den Tagesförderstätten, die auch als ‚Fördergruppen' oder ‚Förder- und Betreuungsbereich' bezeichnet werden, hat pädagogisch-therapeutische Arbeit Vorrang. Es gibt zwar in einzelnen Werkstätten pädagogisch gestaltete Arbeitsplätze, „an denen Schwerstbehinderte am Herstellungsprozess von Produkten beteiligt werden, wobei es auf die erbrachte Leistung weniger ankommt als auf die Teilhabe am Arbeitsleben" (186). Eine derartige Eingliederung blieb aber noch die Ausnahme.

Aufgabe der Tagesförderstätten

Die soziale Eingliederung steht in den Tagesförderstätten im Vordergrund. Um soziale Eingliederung bzw. Teilhabe am Arbeitsleben zu erreichen, finden in den Tagesförderstätten pädagogisch-therapeutische Förderkonzepte der Schwerstbehindertenpädagogik Anwendung. Fachkräfte sichern die Förderung „im therapeutisch-pflegerischen, sozialen und pädagogischen Bereich (aktivierende Pflege, Leben außerhalb der Familie, Fortführung schulischen Lernens). Die lebenspraktische Förderung dient der Entwicklung größtmöglicher Selbständigkeit bei den Alltagsverrichtungen. Beschäftigungs- und Arbeitstherapeuten trainieren mit ihnen einfache Arbeitsabläufe. Sozialpädagogen und Erzieher arbeiten nach pädagogischen Konzepten mit Einzel- und Kleingruppen, um eine soziale Teilhabe zu ermöglichen" (S. 186). Diese Maßnahmen sollen dem Menschen mit schwerer Behinderung langfristig den Wechsel in den Arbeitstrainingsbereich und schließlich in den Arbeitsbereich der Werkstatt für behinderte Menschen ermöglichen.

Trotz des Anspruchs auf Aufnahme in die Werkstatt für behinderte Menschen, zeigt sich, dass Menschen mit Komplexer Behinderung verstärkt ausgeschlossen werden und oftmals ohne ausreichende tagesstrukturierende Maßnahmen in stationären Wohneinrichtungen leben.

Zusammenfassung

Der kurze Rückblick auf eine 50-jährige Entwicklung zeigt, dass sich im Bereich der beruflichen Bildung ein umfassender Paradigmenwechsel vollzogen hat. Aus dem Betreuen und Beschäftigen in der ‚Beschützenden Werkstatt' ist heute eine ‚Werkstatt für behinderte Menschen' entstanden, die sich als Bildungsinstitution und gemeinnützige Dienstleistungseinrichtung versteht. Sie ist dem Teilhabe- und Integrationsgebot verpflichtet und öffnet sich zunehmend für Integrationsprojekte. Hierbei gewinnt die Arbeitsassistenz eine wichtige Rolle.

Trotz dieser positiven Entwicklung darf nicht übersehen werden, dass der überwiegende Anteil der Erwachsenen mit geistiger Behinderung wenige Chancen zur Teilhabe und Integration auf dem allgemeinen Arbeitsmarkt haben. Christian Lindmeier merkt kritisch an: „Die Wirksamkeit der neuen gesetzlichen Instrumente der ‚Integrationsfachdienste' und ‚Integrationsprojekte', die ausdrücklich den Übergang geistig behinderter Menschen auf den allgemeinen Arbeitsmarkt fördern sollen, wird zukünftig nicht nur vom Ausbau dieser Instrumente selbst abhängen. Entscheidend wird auch sein, ob es gelingt, die Arbeit in den überkommenen Institutionen der beruflichen Bildung und Rehabilitation (Schule für Geistigbehinderte, Berufsberatung, Werkstatt für behinderte Menschen) flexibel und durchlässig zu gestalten" (2006b, 404).

Bundesverband Lebenshilfe (Hrsg.) (2000): WfbM-Handbuch, Werkstatt für behinderte Menschen. Marburg
- Lindmeier, Ch. (2006a): Entwicklung der beruflichen Bildung geistig behinderter Menschen. In: Hirsch, St., Lindmeier, Ch. (Hrsg.): Berufliche Bildung von Menschen mit geistiger Behinderung. Weinheim/Basel, 15–41
- (2006b): Berufliche Bildung und Teilhabe geistig behinderter Menschen am Arbeitsleben. In: Wüllenweber, E., Theunissen, G., Mühl, H. (Hrsg.): Pädagogik bei geistiger Behinderung. Stuttgart, 394–407

Schlummer, W., Schütte, U. (2006): Mitwirkung von Menschen mit geistiger Behinderung. Schule, Arbeit, Wohnen. München

51. Was ist Arbeit und warum ist es wichtig, dem Menschen mit geistiger Behinderung Arbeit zu ermöglichen?
52. ‚Beschützende Werkstatt' – ‚Werkstatt für behinderte Menschen' – Was hat sich verändert?
53. In welche Bereiche gliedert sich die Werkstatt für behinderte Menschen?
54. Was hat sich mit der Einführung des Neunten Sozialgesetzbuches in Bezug auf die berufliche Bildung von Menschen mit geistiger Behinderung geändert?
55. Was verbindet sich mit dem Konzept der ‚Unterstützten Beschäftigung' (supported employment)?
56. Haben alle Menschen mit geistiger Behinderung ein Recht auf berufliche Bildung und Rehabilitation?

4.5 Wohnen

In den 1960er Jahren erkannte man, dass Menschen mit geistiger Behinderung neben schulischer Erziehung und beruflicher Beschäftigung auch angemessene Wohnmöglichkeiten zustanden. Zu dieser Zeit wurden Kinder, Jugendliche und Erwachsene, die nicht mehr bei ihren Eltern oder Familien leben konnten, in Anstalten und Psychiatrischen Landeskrankenhäusern untergebracht. Diese Großeinrichtungen mit ihrer Gleichförmigkeit im Tagesablauf, ihrem Mindestmaß an Förderung und individueller Ansprache, mit ihren Schlafsälen ohne Privatsphäre verstärkten die Isolation der behinderten Bewohner, führten zum Rückgang erworbener Fähigkeiten und zu massiven Verhaltensproblemen. Es waren vor allem die Eltern, die Kritik an der Anstalts- und Klinikunterbringung übten. Sie wünschten sich für ihre Kinder familiennahe und humanere Lebensräume, entsprechend den Modellen gemeindeintegrierter kleinerer Wohnheime, wie sie in der Nachkriegszeit in den skandinavischen Ländern entstanden.

Angeregt durch die internationale Diskussion um die Normalisierung der Lebensbedingungen von Menschen mit geistiger Behinderung wurden in den Folgejahren in Deutschland Großeinrichtungen durch Auslagern von Wohngruppen verkleinert oder ganz aufgelöst und neue Wohnräume in der Gemeinde für diesen Personenkreis geschaffen. „Heute gibt es ein breites Spektrum von Wohnangeboten, das von Großeinrichtungen bis hin zum ambulant betreuten Wohnen in der eigenen Wohnung reicht. Stationäre Angebote überwiegen" (Seifert 2006, 3'/6).

Aus der Anstalt in die Gemeinde

Während Menschen mit leichter, allenfalls mit mittelgradiger Beeinträchtigung ein ambulant betreutes Wohnen ermöglicht wird, leben Menschen mit Komplexer Behinderung oder alte Menschen vorwiegend im stationären Bereich. Erste Versuche zeigen aber, dass auch sie mit Unterstützung in der eigenen Wohnung zurechtkommen.

‚Wohnen' ist ein heilpädagogisches Aufgabenfeld, weil Menschen mit geistiger Behinderung auf ein Leben außerhalb der Familie und in eigener Verantwortung vorbereitet werden müssen. Pädagogische Begleitung im Sinne von Assistenz beim Wohnen ist so zu gestalten, dass für den Assistenznehmer ein selbstbestimmtes Leben und Teilhabe an den sozialen Angeboten der Gemeinde, in der er lebt, möglich wird. Der Paradigmenwechsel in der Behindertenhilfe, auf den in den vorausgegangenen Kapiteln mehrfach hingewiesen wurde, hat im Bereich des ‚Wohnens' zu einer veränderten Rechtslage geführt. Es wird gezeigt, welche Konsequenzen sich hieraus für die Gestaltung von Wohnräumen für Menschen mit geistiger Behinderung und die pädagogische Begleitung ergeben. Um die Tragweite dieses Entwicklungsprozesses zu verstehen, ist es notwendig bei der Bedeutung des Wohnens als einem „Grundrecht aller Menschen" (Klauß 2008, 116) zu beginnen.

4.5.1 Bedeutung des Wohnens

> „Jeder Mensch braucht ein Dach über dem Kopf, weil die Menschen ein Haus brauchen, wo sie wohnen. Wenn die Leute kein Haus haben, müssen sie leider unter den Brücken schlafen. Unter den Brücken ist es immer nass und gefährlich. Aber wenn man ein Haus hat, hat man Schwein"
> *(Tobias Wolf, diktiert, Ohrenkuss 2006, Nr. 16, 24).*

Warum „hat man Schwein", wenn man ein Haus, ein Zuhause hat? Für Frauke Baden, ebenfalls Autorin der Zeitschrift Ohrenkuss, ist Zuhause, „(d)ort wo ich wohne und mich wohl fühle" (diktiert, 2006, Nr. 16, 23). Wohnen, Zuhause sein, ist ein Grundbedürfnis des Menschen und sein Grundrecht. Das Bedürfnis nach einem Zuhause, nach einer Wohnung gehört zu den existenzsichernden menschlichen Bedürfnissen.

Wohnen als Grundbedürfnis

Speck fasst *Wohnen als Wert für ein menschenwürdiges Dasein* auf (1998b). Wohnen bedeutet demzufolge mehr als nur einen Platz zum Leben oder ein Dach über dem Kopf zu haben. Zu einem menschenwürdigen Leben gehört auch ein den individuellen Bedürfnissen entsprechendes Wohnen. „Ihre besondere Bedeutung erhält die Wohnung durch ihre Funktionalität, als ‚Sicherung des Lebens', aber auch durch die Privatheit, als Möglichkeit zur Entfaltung der individuellen Persönlichkeit, und durch ihre Sozialität als Ermöglichung von Kommunikation, Zusammenleben und Teilhabe an der Gesellschaft" (Klauß 2008, 117).

Die zentrale Bedeutung des Wohnens für den Menschen wird schon deutlich, wenn man nach der ursprünglichen Bedeutung des Wortes fragt. „Wohnen" hat „mit ‚gewöhnt' und ‚Gewohnheit' zu tun und wurde ursprünglich im ganz allgemeinen Sinne von ‚zufrieden sein', ‚etwas gern haben', ‚Wohlbehagen empfinden' gebraucht. Erst später wurde es auf die heutige Bedeutung von ‚sich aufhalten' und ‚wohnhaft sein' eingeengt" (Speck 1998, 19). Die etymologischen Wurzeln weisen auf die Bedeutung des Wohnens, wie sie in unserer Kultur bis heute ihre Gültigkeit hat.

Das Wohnen ist auf das Grundbedürfnis des Menschen gerichtet, „einen ruhenden und ordnenden Eigenbereich in der immer wieder chaotischen Umwelt als *Ort zum Leben* zu haben, einen Ort, von dem aus die Welt überschaubar wird, wo man *wieder zu sich selbst kommt*, wo man sich in den *eigenen vier Wänden* sicher fühlen kann, wo sich Leben nach eigenen Maßstäben leben und ordnen lässt, wo man ein hohes Maß an Möglichkeiten für selbstbestimmtes Leben vorfindet, ohne dieses gegenüber anderen verteidigen zu müssen, wo man nicht hilflos anderen ausgeliefert ist" (Speck 1998, 22). Die Wohnumgebung bestimmt unser Leben wesentlich mit, weil sie dem Menschen Wohlbehagen und Geborgenheit vermittelt. Das eigene Zuhause gibt emotionale Sicherheit, lässt Alltagsbelastungen vergessen und ein „Heimatgefühl" (Verwurzelung) entstehen. Dabei hat jeder Mensch ein ganz individuelles Wohnbedürfnis, fühlt sich in einer anderen Umgebung wohl, was in der Gestaltung des Zuhauses seinen Ausdruck findet. „Die Wohnung ist vermutlich der Ort, der am stärksten die Individualität, die Persönlichkeit eines Menschen widerspiegelt. Hier kann er sein privates Leben führen und so sein, sich so verhalten, wie es ihm entspricht. In den eigenen vier Wänden kann man andere Kleidung tragen als in der Öffentlichkeit, man ist der sozialen Kontrolle ein Stück weit entzogen und kann es ‚sich bequem machen'" (Klauß 2008, 119).

Individuelles Wohnbedürfnis

Die Wohnung ist des Weiteren auch Ort für soziale Kontakte, für den Austausch mit anderen, mit Familie, Partner oder Freunden. „Beim Wohnen entwickeln Menschen auch ihre Kontakt- und Kommunikationsbedürfnisse. Sie brauchen neben der Möglichkeit des Rückzugs und des Schutzes auch die Gemeinschaft mit anderen und den sozialen Austausch" (119). Wenn dem Menschen „ein derartiges dauerhaftes Erleben von Heimat, also von Zufriedenheit, Wohlbefinden und Behaglichkeit (Gemütlichkeit) in der eigenen Wohnumwelt" (Speck 1998, 29f) vorenthalten wird, wirkt sich dies auf das Verhalten aus. Es entsteht Unzufriedenheit und Unbehagen, die die Ursache für erhebliche Verhaltensstörungen sein können.

Soziale Kontakte

Die pädagogisch-psychologische Leiterin einer Wohneinrichtung berichtet von einem 40jährigen Bewohner mit Komplexer Behinderung, der seit seinem 15. Lebensjahr im stationären Bereich der Einrichtung lebt. Sein fremd- und selbstverletzendes Verhalten nahm mit den Jahren zu. Alle therapeutischen Maßnahmen erwiesen sich als wirkungslos.

Als die Leiterin vorschlug, den Mann im Rahmen des ambulant betreuten Wohnens in einem eigenen Appartement im Zentrum der Kleinstadt zu begleiten, hielten die Mitarbeiter den Vorschlag für unsinnig und undurchführbar. Niemand konnte sich vorstellen, dass sich der Mann in die Gemeinschaft eines Mehrfamilienhauses und einer Nachbarschaft einfügen würde. Doch das Gegenteil trat ein, der Mann war zufrieden mit der neuen Lebensform, was sich daran zeigt, dass er viel ruhiger wurde und keine aggressiven Verhaltensweisen mehr zeigt. Er wusste sich sehr schnell in seiner Wohnung zu beschäftigen und begann nach einigen Monaten sogar Kontakt zu einem Mitbewohner des Hauses aufzunehmen. Bei der Haushaltsführung benötigte er zwar Unterstützung. Täglich schaute eine pädagogische Mitarbeiterin nach ihm, wobei sich ihre Assistenz zunehmend reduzierte, weil der Bewohner es inzwischen verstand, seine Wohnung in Ordnung zu halten.

Das Beispiel zeigt, dass schwierige Verhaltensweisen von Menschen mit geistiger Behinderung im stationären Bereich Ausdruck eines Missempfindens sein können, das sich aus einer subjektiv als unangemessen empfundenen Wohnsituation ergibt.

4.5.2 Reform des Wohnens für Menschen mit geistiger Behinderung

Die Bezeichnungen ‚Asyl', ‚Hospital', ‚Armenhaus', ‚Anstalt', ‚Psychiatrie' oder ‚Wohnheim' belegen, dass diese Unterbringungsorte für Menschen mit geistiger Behinderung, nichts mit einem ‚Zuhause' gemein hatten. Für Iris Beck ist ‚Wohnen' darum „als Kristallisationspunkt für die soziale Integration und eine menschenwürdige Lebensführung" (2007, 335) zu sehen.

Um Menschen mit geistiger Behinderung ein Leben außerhalb von Psychiatrischen Kliniken und Anstalten zu ermöglichen, war ein grundlegendes sozialpolitisches Umdenken notwendig. Die Grundlage für den umfassenden Perspektivenwechsel bildete der Gedanke der Normalisierung, der ab den 1960er Jahren international die Behindertenhilfe verändert hat. „Die inhumanen Bedingungen in den Anstalten", so beschreibt Iris Beck den umfassenden Reformprozess, „bildeten den zentralen Ansatzpunkt für grundsätzliche sozialpolitische Reformen in Dänemark und Schweden in den 1950er- und 1960er-Jahren des 20. Jahrhunderts. Mit seinen zentralen Forderungen nach anerkannten Standards für die Lebensführung, wie sie für nicht behinderte Menschen als selbstverständlich galten, und nach Respektierung des Individuums, seiner Würde und seiner Bedürfnisse konterkarierte das Normalisierungsprinzip diese Versorgungspraktiken und entfaltete im Bereich des Wohnens seine größte Kraft als Antidogma und Reformmotor" (2007, 337).

Langer Weg zur Normalisierung

Der Normalisierungsgedanke geht auf den Dänen Bank-Mikkelsen zurück. Er forderte 1959, dass man Menschen mit geistiger Behinderung dazu verhelfen solle, ein Dasein so normal wie möglich zu führen: „Weg von der Verwahrung, hin zu normalen Lebensbedingungen, die ein Eingehen auf individuelle Bedürfnisse zulassen" (Seifert 1997b, 27). Diese Forderung wurde in das dänische Fürsorgegesetz aufgenommen und gilt bis heute als Leitgedanke der Betreuung von Menschen mit geistiger Behinderung.

Nirje hat in Schweden den Normalisierungsgedanken aufgegriffen und Anfang der 1970er Jahre durch acht Grundforderungen oder -prinzipien konkretisiert (normaler Tagesrhythmus, normaler Wochenablauf, normaler Jahresablauf, normale Erfahrungen eines Lebenszyklus, normaler Respekt, in einer zweigeschlechtlichen Welt leben, normaler Lebensstandard, normale Umweltbedingungen). Ziel des Normalisierungsprinzips war nicht nur die Humanisierung der Lebensbedingungen, sondern vor allem „die Integration dieses bislang weitgehend ausgesonderten Personenkreises in die Gesellschaft" (Seifert 1997b, 27). Das Normalisierungsprinzip hat in Skandinavien zur Auflösung der Großeinrichtungen, der traditionellen Anstalten, und zu größerer Akzeptanz behinderter Menschen in der Gesellschaft geführt.

Der Normalisierungsgedanke beeinflusste das deutsche Behindertenwesen seit den 1970er Jahren. Er führte zum kritischen Überdenken der tradierten Einstellungen gegenüber Menschen mit geistiger Behinderung und bildete die Grundlage für sozialpolitische Veränderungen (Gesetzesänderungen), die dem Personenkreis den Zugang zu Schulen oder Werkstätten ermöglichten. *Das Normalisierungsprinzip wurde zum neuen Leitgedanken, zum Paradigma der Heilpädagogik.*

Normalisierung in Deutschland

Zur Normalisierung der Lebensbedingungen gehörte zunächst die Erkenntnis, dass Menschen mit geistiger Behinderung in Psychiatrischen Krankenhäusern falsch untergebracht sind. „Die Unterbringung von Menschen mit geistiger Behinderung in diesen Einrichtungen gilt als Fehlplatzierung, wenn sie nicht krankenhausbehandlungsbedürftig oder wegen chronischer Krankheiten oder Altersgebrechlichkeit intensiv pflegebedürftig sind" (Seifert 1997 b, 71). Entweder mussten die Menschen in andere Wohneinrichtungen umgesiedelt oder die Psychiatrischen Kliniken in Wohnheime für Menschen mit Behinderung umgewandelt werden (= Enthospitalisierung). „*Aus der Anstalt in die Gemeinde* – diese Leitformel war in den 70er und 80er Jahren Programm; in ihr spiegelte sich ein grundlegender Wechsel der Perspektiven in Psychiatrie und Behindertenarbeit wider. Und dies hieß vor allem: heraus aus psychiatrischen und anderen Anstalten; Enthospitalisierung; Normalisierung der Lebensbedingungen; gemeindeintegrierte Wohnformen; mehr ambulante Hilfen; keine Aussonderung in Kindergarten und Schule" (Bradl/Steinhart 1996, 7).

Fehlplatzierungen – Enthospitalisierung

1971 gab das Bundesministerium für Jugend, Familie und Gesundheit einen „Bericht zur Lage der Psychiatrie" in Auftrag, der 1975 als Psychiatrie-Enquête veröffentlicht wurde. Hierin wurde auf die Fehlplatzierung von Menschen mit geistiger Behinderung hingewiesen und eine umfassende Enthospitalisierung empfohlen. Auch schwerstbehinderte und alte Menschen mit geistiger Behinderung sollten in gemeindeintegrierenden Wohnformen Aufnahme finden.

Enthospitalisierung bezeichnet wie erwähnt den Prozess des Ortwechsels, der Umsiedlung von Menschen mit Behinderung in kleinere Wohnheime. Die Forderungen nach Enthospitalisierung wurden in den einzelnen Bundesländern unterschiedlich umgesetzt. In den neuen Bundesländern begann die Ausgliederung geistig behinderter Menschen z.B. erst nach der Wende, Mitte der 1990er Jahre.

Schwierig war der Prozess überall, weil es mit der bloßen Umquartierung nicht getan war. Es mussten erst neue Wohnräume geschaffen, entsprechend pädagogisches Personal ausgebildet und die Menschen mit Behinderung auf den Wechsel in eine neue Umgebung vorbereitet werden. Bradl und Steinhart fassen die Entwicklungen in den verschiedenen Bundesländern zusammen und kommen zu folgender Bewertung (1996, 9f):

„Alle Enthospitalisierungsansätze haben eines besonders deutlich gemacht: Ein Leben in der Gemeinde für alle geistig behinderten Menschen, d. h. ohne Ausgrenzung bestimmter Personenkreise, erfordert mehrere Bausteine in einem gemeindeintegrierten Verbund: Die Wohnangebote müssen baulich, personell und konzeptionell so gestaltet sein, dass schwer- und mehrfachbehinderte sowie verhaltensschwierige geistig Behinderte einbezogen werden können. Und neben differenzierten Wohnformen sind auch weitere Dienste erforderlich, vor allem

- tagesstrukturierende Angebote
- begleitende Dienste (Beratung, heilpädagogische Dienste, Therapie)
- Strategien zur Krisenintervention."

Dezentralisierung – Regionalisierung

Zu einem Leben unter normalisierten Bedingungen gehörte neben der Erkenntnis, dass Menschen mit geistiger Behinderung in klinikähnlichen Unterbringungen kein menschenwürdiges Leben führen können, auch das Hineinführen in die soziale Gemeinschaft mit Menschen ohne Behinderung, in die Gemeinde. Das heißt, die zentralistischen Strukturen der Komplexeinrichtungen (nach dem ‚alles unter einem Dach-Prinzip' – Wohnen, Arbeiten, Freizeit) musste aufgelöst werden (= Dezentralisierung). Viele Einrichtungen begannen, Leben- und Arbeitsbereich von einander zu trennen und kleinere Wohneinheiten (z. B. Außenwohngruppen) in der Region zu verankern (= Regionalisierung). Neben allen konzeptionellen und strukturellen Veränderungen in Großwohnheimen ist ein weiterer wichtiger Aspekt zu bedenken: Enthospitalisierung von Menschen mit Behinderung und Integration in ein gemeindenahes Wohnheim sind nur möglich, wenn die Gemeinde dies zulässt. Ohne die Integrationsbereitschaft der Umgebung, der Nichtbehinderten kann Integration nicht gelingen.

Iris Beck kritisiert, dass der Normalisierungsgedanke in Deutschland nicht wie in Schweden zur „Komplettauflösung aller Anstalten" (2007, 337) geführt habe. „Im Gegensatz dazu kam es in Deutschland weder zu einer umfassenden sozialpolitischen Reform der etabliert vorrangig stationären und zentralisierten Versorgungsstrukturen ... Der Ausbau differenzierter Wohnangebote (Wohnheime, Einzel-, Paar- oder Gemeinschaftswohnen mit Assistenz) vollzog sich nur langsam und nicht flächendeckend" (337).

Selbstbestimmtes Leben

Ab Mitte der 1990er Jahre und mit der Durchsetzung des Leitgedankens der Selbstbestimmung wurden die bestehenden Wohn- und Betreuungskonzepte für Menschen mit geistiger Behinderung in Frage gestellt und ihre soziale Rolle aufgewertet. „Der behinderte Mensch ist nicht länger Objekt von Fürsorge, sondern Nutzer von Diensten. Seine Bedürfnisse, Wünsche und Interessen sind Ansatzpunkt für die professionelle Unterstützung" (Seifert 2006, 377). Diese Veränderung zeigt sich daran, dass sich die Betroffenen selbst zu Wort melden.

Beispielsweise hat Mitte der 1990er Jahre die Selbsthilfegruppe ‚People first'
„Forderungen an die Gesetzgebung und Gesellschaft für die Gleichstellung von
Menschen mit Lernschwierigkeiten formuliert" (Seifert 2006, 377). Folgende Aspekte hält sie im Bereich des Wohnens für wichtig:

- „Wir wollen uns aussuchen können, wo wir wohnen und wie wir wohnen.
- Wir wollen mehr gute Unterstützung.
- Wir wollen ein Recht auf Unterstützung, auch in unserer eigenen Wohnung.
- Wir wollen in Wohneinrichtungen selber bestimmen, was wir am Tag machen. Und wann wir es machen.
- Wir wollen in Wohneinrichtungen selber bestimmen, mit wem wir wohnen und wie unser Zimmer aussieht.
- Wir wollen kleinere Wohngruppen und keine großen Wohnheime" (nach Seifert 2007, 377).

Der umfängliche Reformprozess, der mit der Umsetzung des Leitgedanken der Normalisierung und Selbstbestimmung begann, hat nun Eingang in die Gesetzgebung gefunden.

4.5.3. Rechtliche Grundlagen

„Wohnen ist ein Menschenrecht", sagt Theo Klauß (2008, 116) und zeigt, wie es in der Verfassung verankert ist. Im Grundgesetz der Bundesrepublik Deutschland sei die ‚Unversehrtheit der Wohnung (Art. 13, 1 GG)' ebenso als unveräußerliches Recht zugesichert wie die ‚Freizügigkeit im gesamten Bundesgebiet" (Art. 11, 1 GG)'. Dies stehe gleichrangig neben den Rechten jedes Bürgers ‚auf freie Entfaltung seiner Persönlichkeit (Art. 2, 1 GG)', ‚auf Leben und körperliche Unversehrtheit' und ‚die Freiheit der Person (Art. 2, 2 GG)'. Zur Verdeutlichung wurde 1994 das Gleichbehandlungsgebot des Grundgesetzartikels 3 um die Aussage ergänzt: Niemand darf wegen seiner Behinderung benachteiligt werden. Angesichts dieser verfassungsrechtlichen Grundaussagen und unter Einfluss von Vertretern der Behindertenverbände kam es zur Novellierung zahlreicher behindertenrechtlichen Vorschriften, die 2001 mit dem Sozialgesetzbuch IX begann.

Wohnen als Grundrecht

> „Das SGB IX setzte das Benachteiligungsverbot der Verfassung mit einem Paradigmenwechsel um, der behinderte Menschen Teilhaberechte für ein selbstbestimmtes Leben einräumte. Dass sie nicht mehr nur Objekte staatlicher Fürsorge sein sollten, wurde deutlich an einem Behindertenbegriff, der in § 2 SGB IX die Beeinträchtigung an der Teilhabe am Leben in der Gemeinschaft zum Maßstab für das Vorliegen einer Behinderung machte und nicht mehr Orientierung an behinderungsbedingten Defiziten in den Vordergrund stellte. Die gesetzliche Bezeichnung ‚Behinderte' wurde durch ‚behinderte Menschen' ersetzt. Die Förderung der Selbstbestimmung (§ 1 SGB IX) und das Wunsch- und Wahlrecht (§ 9 Abs. 1 SGB IX) waren von den Rehabilitationsträgern bei der Leistungserbringung zu beachten" (Wendt 2008, 72).

Die für Menschen mit geistiger Behinderung im Bereich des Wohnens bedeutsame *Eingliederungshilfe* (EGH) war im BSHG geregelt und ist als lebenslange

Hilfeform seit dem 01.01.2005 im neu geschaffenen SGB XII (§§ 53–60) verankert. Mit dieser Novellierung des Bundessozialhilfegesetzes wurde die Pauschalfinanzierung von Einrichtungen und Diensten nach dem Selbstkostenprinzip abgelöst durch ein prospektives Entgeltsystem auf der Basis differenzierter Leistungsvereinbarungen.

> „Demnach ist", so erläutert Gudrun Wansing die Veränderungen, „der Sozialhilfeträger zur Übernahme der Vergütung für die Leistungen bspw. in Wohneinrichtungen und Werkstätten für Menschen mit Behinderung nur verpflichtet, wenn mit dem Anbieter Leistungs-, Vergütungs- und Prüfungsvereinbarungen geschlossen wurden (§ 93 BSHG, seit 2005 §§ 75ff Abs. 3 SGB XII). Gleichzeitig wurde die Vorrangstellung der Anbieter der Freien Wohlfahrtspflege aufgehoben und privatgewerbliche wie öffentliche Dienste an den Verhandlungen beteiligt" (2007, 167).

‚ambulant vor stationär'

Die weitreichenden Veränderungen, die mit der Novellierung des Bundessozialhilfegesetzes verbunden waren, finden im Bereich des Wohnens in SGB XII (§ 13) ihren Niederschlag, weil hier ein prinzipieller Vorrang ambulanter Formen der Hilfen und Unterstützung formuliert wird.

SGB XII § 13

ambulante Leistungen

teilstationäre und stationäre Leistungen

> „(1) Die Leistungen können entsprechend den Erfordernissen des Einzelfalls für die Deckung des Bedarfs außerhalb von Einrichtungen (ambulante Leistungen), für teilstationäre oder stationäre Einrichtungen (teilstationäre und stationäre Leistungen) erbracht werden. Stationäre Einrichtungen sind Einrichtungen, in denen Leistungsberechtigte leben und die erforderlichen Hilfen erhalten. Vorrang haben ambulante Leistungen vor teilstationären und stationären Leistungen sowie teilstationäre vor stationären Leistungen. Der Vorrang der ambulanten Leistungen gilt nicht, wenn eine Leistung für eine geeignete stationäre Einrichtung zumutbar und eine ambulante Leistung mit unverhältnismäßigen Mehrkosten verbunden ist. Bei der Entscheidung ist zunächst die Zumutbarkeit zu prüfen. Dabei sind die persönlichen, familiären und örtlichen Umstände angemessen zu berücksichtigen. Bei Unzumutbarkeit ist ein Kostenvergleich nicht vorzunehmen" (§ 13 Satz 1 SGB XII).

Persönliches Budget

2008 ist mit dem ‚Persönlichen Budget' ein weiterer Rechtsanspruch für Menschen mit Behinderung auf Teilhabeleistungen bewilligt worden (Wendt 2008, 72). Das ‚persönliche Budget' setzt nicht an der Anbieterseite, sondern an der Seite desjenigen an, der die sozialen Leistungen einfordert, also beim Menschen mit Behinderung. „Das Persönliche Budget ist ein pauschaler Geldbetrag, den Menschen mit Behinderung gemäß ihres individuellen Bedarfs von den Leistungsträgern erhalten, um damit erforderliche Unterstützung zur Teilhabe an der Gesellschaft in eigner Verantwortung zu organisieren" (Wansing 2007, 165). Das ‚Persönliche Budget' ist somit ein weiteres wichtiges Instrument, die Ansprüche auf Wahlfreiheit, Selbstbestimmung und Teilhabe für Menschen mit Behinderung zu erreichen, indem es die Finanzierung von Leistungen und das Verhältnis zwischen ‚Leistungsträger', ‚Anbieter' und ‚Nutzer' neu definiert.

Die praktische Umsetzung des Anspruchs auf ‚Persönliches Budget' lässt vielfältige Spielräume und gestaltet sich derzeit noch schwierig. „Die Ausgestaltung dieser Spielräume vollzieht sich als Aushandlungsprozess zwischen

- den rechtlichen und verwaltungstechnischen Vorgaben der Leistungsträger,
- den fachlich-konzeptionellen Leitlinien der sozialen Dienste und ihre Professionen sowie
- den subjektiven Bedürfnissen und Vorstellungen der Budgetnehmer in ihrer Lebenswelt" (Wansing 2007, 171).

Eine besondere Schwierigkeit in diesem Abstimmungsprozess stellt die Einschätzung des individuellen Unterstützungsbedarfes dar. Die Budgetordnung sieht nämlich vor, dass „die jeweils beteiligten Leistungsträger eine Stellungnahme zu den Unterstützungsbedarfen einer Person auf der Grundlage ihrer Leistungsgesetze vornehmen (§ 3 Abs. 1 Budget V)" (117). Unter Bezugnahme auf die ICF haben inzwischen verschiedene Leistungsträger Verfahren zur Erfassung des individuellen Hilfe- oder Unterstützungsbedarfs entwickelt. Die zielführende Frage lautet hierbei: „In welchen Bereichen der Lebensführung (bei der Haushaltsführung, bei der Arbeit, in sozialen Beziehungen, bei der Bildung, bei der politischen Mitwirkung etc.) benötigt eine Person ergänzend zu persönlichen und sozialen Ressourcen Unterstützung, um ihren Alltag selbstbestimmt bewältigen und am Leben in der Gesellschaft partizipieren zu können?" (171). Im Rahmen des Ermittlungsverfahrens müssen die objektiven Bedarfe eines Menschen mit Behinderung und seine subjektiven Bedürfnisse erfasst werden, damit anschließend die individuelle Höhe des Persönlichen Budgets berechnet werden kann (Wansing 2007, 172). Derzeit liegen noch wenige Erfahrungen mit Persönlichen Budgets vor allem für Menschen mit geistiger Behinderung vor. Auch wenn die Hilfebedarfsermittlung heute als „Schlüssel zur Modernisierung der Behindertenhilfe" (Schädler 2007, 16) gilt, bleibt abzuwarten, inwieweit das Persönliche Budget als verwaltungs- und finanzpolitisches Steuerungsinstrument zur Verbesserung der Lebensqualität von Menschen mit geistiger Behinderung beiträgt. Menschen, die lange durch Fürsorge entmündigt gelebt haben, kennen häufig ihre eigenen Bedürfnisse nicht oder haben nicht gelernt, sie auszudrücken. Hier sind Vermittlungsmethoden notwendig, die derzeit im pädagogisch-psychologischen Bereich entwickelt werden.

Hilfebedarfsermittlung

4.5.4 Wohnformen im Wandel

Das ‚Wohnen' von Menschen mit geistiger Behinderung wird heute von ihren Ansprüchen und Rechten her gedacht. Wohnen ist zu einem wichtigen Bereich der Realisation gesellschaftlicher Teilhabe geworden. Eine Wohnung sollte „inklusiv sein", „soziale Beziehungen ermöglichen, Kommunikation, Interaktion und Kooperation fördern" (Klauß 2008, 120).

Doch schaut man genauer hin, wie Menschen mit geistiger Behinderung heute wohnen, wird deutlich, dass diese Ansprüche erst für eine kleine Gruppe eingelöst sind. Im Wesentlichen lassen sich drei Formen des Wohnens für Menschen mit geistiger Behinderung unterscheiden:

Leben im Heim

1. Leben in der Herkunftsfamilie
2. Wohnen im Heim (dazu gehören auch Dorfgemeinschaften, z. B. anthroposophische Einrichtungen, u. a.)
3. Ambulant unterstütztes Wohnen

Wohnen in der Familie

Ein großer Teil der Erwachsenen mit geistiger Behinderung lebt immer noch in der Herkunftsfamilie. Sie ist somit ein wichtiger Wohn- und Lebensraum für diesen Personenkreis. Trotz Vorbereitung auf das Leben außerhalb der Familie während der Schulzeit findet die Ablösung oftmals erst statt, wenn unvorhergesehene Ereignisse (Krankheit, Überlastung, Scheidung oder Tod) in der Familie dies erforderlich machen. Das veränderte Bild von Familie und das veränderte Rollenverständnis von Frauen, die die eigene Berufstätigkeit der „Sorge für den behinderten Angehörigen als Lebensaufgabe" (Seifert 2006, 378) vorziehen, könnte in Zukunft Auswirkungen auf den Zeitpunkt des Wechsels aus der Familie in eine andere Wohnform haben. Durch eine auf Selbstbestimmung ausgerichtete schulische Erziehung entwickeln junge Erwachsene mit geistiger Behinderung heute frühzeitig konkrete Vorstellungen, wie sie leben wollen. Leben in Partnerschaft oder Ehe sind Themen, mit denen sie sich beschäftigen. Die steigende Zahl von Eltern mit geistiger Behinderung ist ein Beleg für die Veränderung der Lebensformen und die ‚Beschützte Elternschaft' ein neues Aufgabengebiet der Geistigbehindertenpädagogik.

‚Beschützte Elternschaft'

Wohnen im Heim

Monika Seifert gibt 2006 an, dass 56 % der geistig behinderten Menschen, die einen Wohnplatz der Behindertenhilfe in Anspruch nehmen, in großen Einrichtungen mit 100 bis über 500 Plätzen (davon 25 % mit 300 bis zu 500 Plätzen) leben. Es handle sich hierbei um „*Komplexeinrichtungen* mit integrierten Arbeits-, Beschäftigungs- und Freizeitangeboten sowie medizinisch, therapeutischen und sozialpädiatrischen Fachdiensten" (376). Obwohl in den Konzepten der Einrichtungen die Leitideen der Selbstbestimmung und Teilhabe große Bedeutung haben, lassen die strukturellen Gegebenheiten meist nur ein eingeschränktes Maß an Selbstbestimmung und sozialer Integration zu. Das Leben in Gruppen von durchschnittlich 11 Plätzen lässt wenig Raum für eine Privatsphäre, zumal, wenn das Zimmer mit anderen geteilt wird. Nur 38 % der geistig behinderten Heimbewohner verfügen über ein eigenes Zimmer (vgl. Seifert 2006, 376). 18 % leben noch in Mehrbettzimmern.

Wohnen in einem Heim ist ein ‚organisiertes Wohnen', kein natürliches. Weder Wohnraum, Mitbewohner, Tagesablauf noch die Mitarbeiter können vom Bewohner selbst gewählt werden. Gruppeninteressen haben oft Vorrang vor individuellen Bedürfnissen der Bewohner. Im Wohnheim trifft die Privatheit des Bewohners auf den Arbeitsort der Mitarbeiter, was zu Interessenkonflikten führen kann.

Während Bewohner mit leichter geistiger Behinderung die Möglichkeit haben, in kleinere Wohngruppen oder ins ambulant betreute Wohnen zu wechseln, bleibt für Menschen mit hohem Hilfe- oder Unterstützungsbedarf das Leben in einer Komplexeinrichtung.

„Wer viel Unterstützung benötigt, hat in Deutschland meist nur die Alternative eines Heimes, weil offenere und normalisierte Wohnformen (Wohngemeinschaften und Ambulant Betreutes Wohnen) in der Regel über eine gedeckte

Personalausstattung definiert werden. Tatsächlich ist dies jedoch keine sachlich, sondern eine ökonomisch begründete Begrenzung. Erfahrungen in anderen Ländern zeigen, dass im Prinzip jeder Mensch in seiner eigenen Wohnung die Hilfe erhalten kann, die er benötigt" (Klauß 2008, 121).

Das Leben in Wohngemeinschaften oder in einer eigenen Wohnung, in der Menschen mit geistiger Behinderung alleine, als Paar oder auch mit einem eigenen Kind leben, bietet die größten Freiräume zur Gestaltung des eigenen Lebensalltags. Es ermöglicht zudem ein hohes Maß an kultureller Teilnahme. „Voraussetzung sind alltagspraktische Fähigkeiten, die es ermöglichen, mit stundenweiser Betreuung auszukommen" (Seifert 2006, 380). Ich will die Anforderungen an einem Beispiel verdeutlichen:

Ambulant unterstütztes Wohnen

Frau S. und Herr U. haben sich vor drei Jahren in der Werkstatt für behinderte Menschen kennengelernt. Frau S. lebte zu diesem Zeitpunkt bei ihren Eltern, während Herr U. in einer Außenwohngruppe einer Komplexeinrichtung lebte. Nach vielen Diskussionen mit ihren Eltern, die sich ein partnerschaftliches Zusammenleben ihrer Kinder nicht vorstellen konnten, und mit Unterstützung der Bezugsbetreuerin von Herrn U. konnten die beiden vor einem Jahr eine Dreizimmer-Wohnung beziehen. Sie haben sie nach ihrem Geschmack eingerichtet. Zweimal in der Woche kommt die Bezugsbetreuerin und hilft beim Saubermachen, erstellt mit ihnen einen Einkaufsplan und bespricht notwendige Angelegenheiten. Manchmal gibt es zwischen dem Paar Unstimmigkeiten in Bezug auf die Verteilung der Arbeit oder der Ausgaben, mit denen sie nicht gut zu recht kommen. Auch hier gibt die Betreuerin Unterstützung. Beide sind stolz darauf, dass sie ihre Hilfe immer weniger brauchen und sie ihre Angelegenheiten selbstständig lösen können.

Das Beispiel zeigt, dass sich mit dem Ambulanten Wohnen neue Anforderungen an Menschen mit geistiger Behinderung stellen. Neben den in jeder Partnerschaft vorkommenden Zwistigkeiten, machen oft die täglich anfallenden Aufgaben im Haushalt Schwierigkeiten, deren Bewältigung erst gelernt werden muss. Solche können sein: Instandhaltung von Besitz, Kleiderpflege, Essenszubereitung, Ausarbeitung eines Essenplanes samt Budget, Sicherheit im Haushalt sowie Strukturierung des Tageslaufes (Lindmeier 2002). Daneben sind weitere Fähigkeiten notwendig, wie die Orientierung im eigenen Zuhause und in der Nachbarschaft, die Vermittlung von Bedürfnissen und Entscheidungen, das Initiieren sozialer Kontakte sowie die Anwendung lebensbedeutsamen Wissens. Wenn man sich die erforderlichen Fähigkeiten und Fertigkeiten, die zu einem selbstbestimmten und auf soziale Teilhabe ausgerichteten Leben vor Augen führt, wird deutlich, dass heute viel mehr Anforderungen an Menschen mit geistiger Behinderung gestellt werden. Frau S. und Herr U. finden ihr „neues Leben", wie sie es nennen, „schön, weil wir zusammen sein können". „Es ist aber auch sehr anstrengend", gibt Herr U. zu. Um das „neue Leben" meistern zu können, benötigen sie das richtige Maß an Unterstützung, das sie nicht wieder entmündigt, sondern im Sinne eines lebenslangen Lernens ‚weiterbringt'. Mit dem Wohnen verbindet sich ein Bildungsauftrag spezieller Art.

4.5.5 Wohnen als Bildungsaufgabe

„Eine Wohnung ist ein Raum, den man gestaltet und nutzt. Beides erfordert Kompetenzen, die Menschen nicht einfach haben, sondern im Laufe ihrer Entwicklung ausbilden. Auch das Wohnen bedarf deshalb der Bildung. Was man an Kenntnissen, Fähigkeiten und Fertigkeiten dazu braucht, muss angeeignet werden"

(Klauß 2008, 122).

Die Aneignung geschieht zum einen durch schulische Bildung, die auf die geänderten Anforderungen im Erwachsenenalter ausgerichtet ist. Zum anderen vollzieht sich Wohnen als *Bildungsgeschehen im Wohnen* selbst und in der gezielten Unterstützung durch Pädagoginnen und Pädagogen. Diese muss zu Selbständigkeit und Eigenverantwortung führen und darf nicht bevormundend sein. Der Pädagoge und die Pädagogin müssen sich als Assistenten verstehen.

„Persönliche Assistenz ist mehr als nur irgendeine ambulante Dienstleistung unter anderen. Ihr Konzept beinhaltet den Wechsel von einem entmündigenden Versorgungsdenken zu der Anerkennung eines Hilfebedarfs für ein gleichberechtigt selbstbestimmtes Leben" (Frehe 2001 nach Weber 2007, 56).

Vom Betreuer zum Assistenten

Im Rahmen der sozialpolitischen Diskussion um mehr Selbstbestimmung und Unabhängigkeit für Menschen mit Behinderung (vornehmlich Personen mit Sinnes- und Körperbehinderung) wurde das Assistenzkonzept entwickelt, in dem sie als Auftraggeber der fachlichen Unterstützung gesehen werden. Das Assistenzkonzept ist somit dem Empowermentgedanken verpflichtet.

Die Assistenz bezieht sich bei Menschen mit geistiger Behinderung vor allem auf die Bereiche der Körperpflege, Haushaltshilfe, Krankenpflege, Hilfen bei der Kommunikation (z. B. mit Hilfe der Unterstützten Kommunikation), Hilfen zur Konfliktlösung u. a. In der Assistenz geht es darum, im Dialog mit dem behinderten Menschen seine signalisierten Wünsche, Bedürfnisse, Vorlieben, aber auch Abneigungen zu erkennen und zu verstehen. „Das Erkennen, Beschreiben, Deuten und Aufgreifen" der vielfältigen Ausdrucksweisen „macht professionelle Assistenz in Bezug auf Menschen, die wir ‚geistig behindert' nennen aus" (Weber 2007, 60). Der Assistent muss über diagnostische Fähigkeiten und ein gutes Beobachtungs- und Kommunikationsvermögen verfügen. Er muss eine offene Haltung dem behinderten Menschen gegenüber einnehmen und ihm Fähigkeiten zur Gestaltung seines eigenen Lebens zutrauen. Eigene Meinungen und Vorstellungen muss er ggf. revidieren. Seine konkreten Hilfen sind methodisch so zu gestalten, dass sie dem Bewohner neue Handlungsmöglichkeiten eröffnen. Ein ausgewogenes Maß an Selbstreflexionsfähigkeit ist für die Tätigkeit als Assistent unverzichtbar, denn geeignete Instrumente und Methoden zur Erfassung der subjektiven Bedürfnisse und Einstellungen fehlen bislang. Programmatisch fordert Weber von den Einrichtungen:

1. „Der Gedanke der ‚Assistenz' muss Eingang finden in das Selbstverständnis und die Tätigkeit der Mitarbeiterschaft und in das Selbstverständnis der Einrichtung.
2. Keine ‚lebenslangen Hilfen' sondern eine ‚offene Entwicklungsperspektive' muss angestrebt werden.
3. Bedingungen struktureller Gewalt in den Institutionen müssen analysiert werden.
4. Praxisrelevante Fortbildungen für Mitarbeiter müssen ermöglicht werden" (Weber 2007, 62).

In den Niederlanden ist das Konzept der „Prozess- und Alltagsbegleiter" (Kleine Schaars 2000) entstanden. Hierbei handelt es um ein so genanntes Begleitungsdreieck mittels zweier Mentoren. „Die Prozessbegleiter haben die Aufgabe, die Bewohner zu verstehen und ihnen nahe zu stehen; sie machen den Bewohnern keine direkten Vorgaben. Die Alltagsbegleiter fungieren im Sinn der persönlichen Assistenz: Sie helfen bei allem, was die Bewohner nicht selbst können" (Weber 2007, 63). Ziel dieses Beziehungsdreiecks, der Aufteilung zwischen Prozess- und Alltagsbegleitung, ist es, dass der Prozessbegleiter bei Störungen im Gleichgewicht von Bewohner und Alltagsbegleiter beratend einwirken kann. Auf diese Weise soll sicher gestellt werden, dass die Bewohner ihre eigenen Normen und Werte wirklich vorbringen können, sie ernst genommen werden und nicht stellvertretend für sie gehandelt wird. Kleine Schaars nennt folgende Fähigkeiten, die die beiden Mentoren besitzen sollen:

Alltags- und Prozessbegleiter

- „Ernst nehmen: im Sinne eines Eingehens auf die Äußerungen der Bewohner, des Respekts vor deren Wahl, Werten und Normen;
- Zuhören: im Sinne eines verstehenden Zuhörens, auch nonverbale Signale werden wahrgenommen;
- Sprechen: im Sinn, dass das, was wir sagen, für die Bewohner verständlich sein muss;
- Die Ich-Botschaft: nicht: ‚Du machst das falsch', sondern: ‚Ich finde es nicht gut, wenn …';
- Regeln: im Sinne eines Aufstellens von Regeln, welche die Bewohner selbst festlegen;
- Freiraum lassen: im Sinne eines Zulassens von Fehlern, von Experimentieren und Lernen;
- Nicht stellvertretend denken: im Sinne eines Ermöglichens, dass die Bewohner selbst über ihre Lebenssituation nachdenken können und Lösungen finden;
- Mitsprache: im Sinne eines Mitentscheidens über Neuanschaffungen oder Neueinstellungen von Personal;
- Teamarbeit: im Sinne einer Gültigkeit der vorangegangenen Punkte auch im Umgang mit Kollegen;
- Gleichwertigkeit in der Gruppe: im Sinne eines Miteinander-Beratens, Zuhörens- und Konflikt-Lösens" (nach Weber 2007, 63f).

Im Bereich des Wohnens für Menschen mit geistiger Behinderung hat sich ein umfänglicher Reformprozess vollzogen. Die Sozialgesetzgebung hat sich geändert und soll behinderten Menschen ein möglich selbstbestimmtes Leben in der Gemeinde ermöglichen. Die damit verbundene Veränderung der Wohnheimstrukturen, der Dezentralisierungs- und Regionalisierungsprozess ist aber lange noch

Zusammenfassung

nicht abgeschlossen. Neue Formen der Begleitung im ambulanten wie im stationären Wohnbereich sollen den Prozess der Selbstgestaltung des eigenen Lebens und die Integration in die Gemeinde erleichtern.

Angesichts der hohen Anforderungen im Bereich der Selbstversorgung und Selbstvertretung sowie der sozialen Kompetenzen, die mit der Reform an Menschen mit geistiger Behinderung gestellt werden, drängt sich die Frage nach denjenigen auf, die diese Anforderungen nicht erfüllen können.

> „Auch Menschen, die wir schwer oder schwerst(geistig)behindert nennen, bedürfen der Assistenz und können dazu Signale der Anleitung senden. Diese Signale können in dialogisch-kooperativer Beziehung mit der betroffenen Person entschlüsselt, übersetzt und umgesetzt werden. Dies erfordert eine hohe Professionalität, die vor allen Dingen sich ständig bewusst darüber sein muss, dass es neue Formen von Macht, Bemächtigung oder Pädagogisierung unbedingt zu verhindern gilt" (Weber 2007, 60).

Menschen mit Komplexer Behinderung brauchen pädagogische Begleiter mit hoher Professionalität! In einer Zeit, in der das Wohnen unter ökonomischen Interessen reformiert wird, darf nicht übersehen werden, dass der Mensch mit geistiger Behinderung „ein bedürftiger Mensch" (Schnell) ist.

Das völlig autonome Subjekt bleibt ein Konstrukt, Wunschvorstellung des Menschen. Um selbstbestimmt leben zu können, ist der Mensch auf den anderen angewiesen. Die Existenz fordert, wie Jean-Luc Nancy sagt, „was ihr zukommt, oder ihre Bedingung: die Ko-Existenz" (2004, 73). Der Mensch verwirklicht sich in der Gemeinschaft mit anderen, an die er seine Wünsche, Bedürfnisse oder Einstellungen richtet. Die Entgegnung des anderen, seine Antwort auf die eigene Äußerung macht es erst möglich, dass sich der Mensch als selbstbestimmt erfährt.

Beck, I. (2007): Wohnen. In: Greving, H. (Hrsg.): Kompendium der Heilpädagogik, Bd. 2. Troisdorf, 334–345

Klauß, Th. (2008): „... wohnst Du schon?" Eine eigene Wohnung als Menschenrecht. In: Behindertenpädagogik 47. Jg., 2, 155–126

Seifert, M. (2006): Pädagogik im Bereich des Wohnens. In: Wüllenweber, E., Theunissen, G., Mühl, H. (Hrsg.):Pädagogik bei geistiger Behinderung. Stuttgart, 376–393

Wansing, G. (2007): Persönliches Budget. In: Greving, H. (Hrsg.): Kompendium der Heilpädagogik, Bd. 2. Troisdorf, 165–175

Weber, E. (2007): Assistenz. In: Greving, H. (Hrsg.): Kompendium der Heilpädagogik, Bd. 1. Troisdorf, 56–65

57. Welche Bedeutung hat Wohnen für den Menschen?
58. Welche Bedeutung hat Wohnen für Menschen mit geistiger Behinderung?
59. Worauf geht das Normalisierungsprinzip zurück und was intendiert es?
60. Erläutern Sie die Begriffe ‚Fehlplatzierung', ‚Enthospitalisierung', ‚Dezentralisierung' und ‚Regionalisierung'.
61. Was bedeutet ‚ambulant vor stationär'?
62. Was ist das ‚Persönliche Budget'?
63. Warum ist Wohnen eine Bildungsaufgabe?
64. Erläutern Sie den Begriff der ‚Persönlichen Assistenz'.

5 Geistigbehindertenpädagogik als Wissenschaft

> „Erkenne Dich selbst bevor Du Kinder zu erkennen trachtest. Es ist einer der größten Fehler anzunehmen, die Pädagogik sei die Wissenschaft vom Kinde und nicht zuerst die Wissenschaft vom Menschen."
> *(Janusz Korczak 1878–1942)*

In der Art und Weise, wie wir Kinder behandeln, zeigt sich unsere Einstellung dem Menschen gegenüber. Pädagogik als Wissenschaft und Praxis dient dazu, Kinder und Jugendliche nach bestimmten gesellschaftlichen und kulturellen Erwartungen, Normen zu erziehen, damit sie verantwortliche Mitglieder der Gesellschaft werden. Pädagogik ist zudem eine Wissenschaft, die davon ausgeht, dass der Mensch zu seiner Entfaltung Bildung braucht. Insofern beschränkt sich die Pädagogik nicht auf die Erziehung von Kindern, sondern thematisiert Bildungsfragen über die gesamte Lebensspanne des Menschen. Sie bezieht alle bildungsrelevanten Lebensräume ein: Frühförderung und -erziehung, familiäre und schulische Erziehung und Bildung, Erwachsenenbildung, Bildungsprozesse im Bereich der Arbeit, des Wohnens, der Freizeit oder des Alters.

Pädagogisches Denken und Handeln wird wesentlich von den Vorerfahrungen und Erwartungen der Pädagogen und Pädagoginnen geprägt. Einstellungen bzw. persönliche Haltungen beeinflussen das konkrete pädagogische Tun.

Ich habe obige das Zitat des polnischen Arztes und Pädagogen Korczak an den Anfang dieses Kapitels gestellt, weil es den Zusammenhang von persönlicher Einstellung (Werten und Denken) und pädagogischem Handeln wiedergibt. Das Nachdenken hierüber ist eine wichtige Aufgabe der wissenschaftlichen Pädagogik. Korczak fordert Pädagogen auf, sich selbst und ihr eigenes Denken zu reflektieren, weil Pädagogik mehr ist als die bloße Anwendung von Erziehungstechniken, von Lehr- und Lernmethoden, von Rezepten. Pädagogik ist gelebte Wirklichkeit. Geistigbehindertenpädagogik ist Begegnung von Menschen mit Behinderung und ihren Erziehern sowie *gemeinsame* Gestaltung des Erziehungs- und Bildungsprozesses. Der behinderte Mensch ist nicht Objekt von Bildung und Erziehung, sondern Subjekt, d.h. aktiv mitbestimmender Teil im Erziehungs- bzw. Bildungsgeschehen.

5.1 Pädagogische Erfahrung – wissenschaftliche Erkenntnis

Geistigbehindertenpädagogik ist nicht nur Erziehungs- und Bildungspraxis mit behinderten Menschen in unterschiedlichen Handlungsfeldern, sondern sie ist auch Nachdenken hierüber, also Erziehungstheorie und Erziehungswissenschaft bzw. Bildungstheorie und Bildungswissenschaft. Sie hat die Aufgabe der Erforschung von Erziehungs- und Bildungsprozessen und der Entwicklung von

Theorien und Methoden. Geistigbehindertenpädagogik bezieht sich auf drei Ebenen:

- *Praxis* (die konkrete, die *gelebte Erziehungs- und Bildungswirklichkeit* in unterschiedlichen Handlungsfeldern)
- *Theorie* (das Nachdenken über die Erziehungs- und Bildungspraxis und der *Entwurf von Erziehungs- und Bildungskonzepten*)
- *Metatheorie* (das Nachdenken über die Erziehungs- und Bildungstheorien und *Entwurf von Erziehungs- und Bildungskonzeptionen*).

Aufgabe der Geistigbehindertenpädagogik als Wissenschaft

Als Erziehungs- und Bildungswissenschaft betrachtet die Geistigbehindertenpädagogik zunächst die Beziehung zwischen den beiden letztgenannten Ebenen. Sie überprüft aktuelle Erklärungsmodelle und -methoden – Theorien – auf ihren Wahrheitsgehalt hin und fragt nach deren Relevanz für die Erfassung der Lebens-, Bildungs- und Erziehungswirklichkeit von Menschen mit geistiger Behinderung. Ihre Aufgabe ist es, das Wissen über Menschen mit geistiger Behinderung, ihre Bildung und Erziehung zu erfassen und so zu ordnen, dass die Aktualität bestehender Erziehungstheorien und -methoden bestätigt oder verworfen wird. Hieraus ergibt sich die Entwicklung geänderter oder neuer Konzeptionen. Theorien sollen einerseits das Wissen über den Personenkreis erweitern und andererseits die Praxis, d.h. den Bildungs-, Erziehungs- und Lebensalltag von Menschen mit geistiger Behinderung, gestalten helfen. Insofern beeinflusst die wissenschaftliche Geistigbehindertenpädagogik auch die erste Ebene von Pädagogik, die Praxis.

Wissenschaft

Der Begriff der Wissenschaft ist heute in aller Munde, ihn zu definieren ist dennoch schwierig. Der moderne Begriff der Wissenschaft, wie er sich seit dem 19. Jahrhundert entwickelt hat, lässt sich von verschiedenen Ebenen aus erschließen. Friedrich Kron nennt für die Pädagogik folgende fünf Dimensionen:

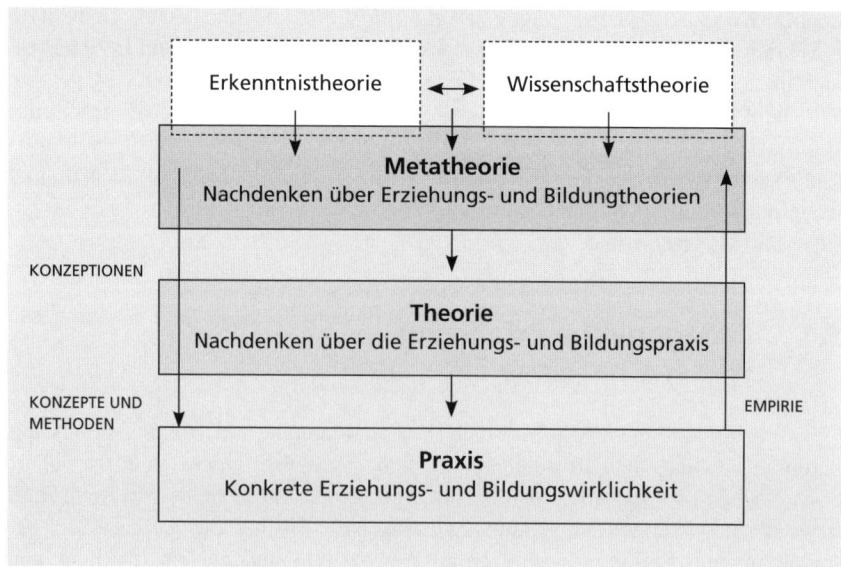

Abb. 28: Zusammenhang zwischen praktischer und wissenschaftlicher Geistigbehindertenpädagogik

1. Wissenschaft als globales Konzept: „Eine Kurzdefinition könnte lauten: Wissenschaft sei die gedachte und/oder reale Gesamtheit aller Wissenschaften oder des wissenschaftlichen Wissens" (Kron 2009, 268). Hier werde davon ausgegangen, dass Wissenschaft eine Einrichtung sei, die das Gesamte der Welt und des Lebens erfasst und erklärt.
2. Wissenschaft als Disziplin: „Wissenschaft wird hier als Hochschuldisziplin verstanden" (269). Diese Bestimmung hebe den organisatorischen Charakter und die gesellschaftliche Funktion von Wissenschaft hervor. Der Status als Hochschuldisziplin sichere den Wissenschaften gesellschaftliche Funktion und Bedeutung.
3. Wissenschaft als kulturelle Tätigkeit: „Wissenschaft als kulturelle Tätigkeit wird daher in einem objektiven Sinn zum Gegenstand wissenschaftstheoretischer Erörterungen gemacht. Sie kann als eine Art kulturelles Ideal bestimmt werden, dass seinen Legitimationsgrund u. a. im Grundgesetz hat" (269).
4. Wissenschaft als System von Aussagen: „Wissenschaft ist ein geordnetes, folgerichtig aufgebautes zusammenhängendes Gebiet von Erkenntnissen ... Mit dieser Definition ist die innere Systematik der Wissenschaft angesprochen" (269).
5. Der Begriff des Wissens: Im Begriff der Wissenschaft ist der Begriff des Wissens von zentraler Bedeutung. „Zu den verschiedenen Definitionen von Wissenschaft ist daher stets eine bestimmte Bedeutung des Wissensbegriffs mitgedacht (270).

Aus den möglichen Verständnisweisen von Wissenschaft greife ich die letzte heraus, weil sich von hier aus die Geistigbehindertenpädagogik in ihrem gegenwärtigen Selbstverständnis als Wissenschaft darstellen lässt. Am Anfang steht hierbei die Klärung des Zentralbegriffs ‚Wissen'.

In der Alltagssprache gibt es zwei Bedeutungen von ‚Wissen': **Wissen**

1. *Wissen als Kenntnis*, die einzelnen Menschen zugesprochen und die in individuellen Lernprozessen vermittelt wird. Wenn Menschen ausreichend über Wissen verfügen, können sie erfolgreich arbeiten, Einfluss nehmen, aber auch Macht ausüben.
2. *Wissen wird als kulturelles Potenzial* gesehen, das sich die Gesellschaft zunutze macht. In diesem Alltagsverständnis geht es um die gesellschaftliche Funktion des Wissens, „die sich z. B. in dem Satz ausdrückt: ‚Wissen ist eine Garantie für den Fortschritt der Menschheit'" (270).

Während Wissen im Alltagsverständnis eher unspezifisch bleibt, muss der Begriff in der Wissenschaft eindeutig definiert werden, wie beispielsweise als *begründete Erkenntnis*. „In dieser Definition muss das Wissen z. B. durch Darlegung der einzelnen Elemente der Erkenntnis, des Erkenntnisweges (also der Methode der Erkenntnisgewinnung), des erkenntnisleitenden Interesses, der Fragestellung, des sachlichen und/oder fachlichen Kontextes, in dem das Wissen eine Rolle spielt, begründet werden. Damit wird es für alle prüfbar und kritisierbar. Es muss sich argumentativ, rational und begrifflich klar und präzise darstellen" (270). Jede Wissenschaft muss demzufolge offenlegen und begründen, wie sie zu ihrem Wissen, zu ihrer Erkenntnis über die für sie relevanten Phänomene der Wirklichkeit kommt.

Wissenschaft

Tschamler definiert Wissenschaft als „das methodisch gewonnene, systematisierte, durch die Sprache vermittelte Wissen über die Wirklichkeit" (1996, 23). In

Bezug auf die Pädagogik als Wissenschaft kann man Tschamlers Begriffsbestimmung konkretisieren, indem man die ‚Wirklichkeit' als eine ungeteilte ansieht. Das meint, sowohl die Alltagswirklichkeit, das unmittelbare Erziehungsgeschehen im Alltag, als auch die Wirklichkeit des denkenden und forschenden Erziehungswissenschaftlers haben den gleichen Rang. Sie sind im Wissens-Verständnis enthalten. Die Pädagogik als Wissenschaft ist mit der Empirie verbunden.

Empirie

Das Wort Empirie (griech. ‚empeiria') bedeutet ursprünglich ‚Erfahrung durch die Sinne'. Erkenntnis basiert somit auf Erfahrung. Dies gilt für das alltägliche Erkennen (Wissen) wie auch für die wissenschaftliche Erkenntnis. „In Bezug auf die wissenschaftliche Erkenntnis muss jedoch geklärt werden, welcher erkenntnistheoretische und methodologische Status der Erfahrung durch die Sinneswahrnehmung, die Bearbeitung im Denken und die Darstellung in der Sprache zugesprochen werden kann; denn die Erfahrung ist vielfältig" (Kron 2009, 318).

Der Bezug zur Empirie hat in der wissenschaftlichen Geistigbehindertenpädagogik einen hohen Stellenwert. Das liegt unter anderem daran, dass sich die Geistigbehindertenpädagogik als Wissenschaft aus der praktischen Pädagogik erst nach 1945 systematisch entwickelt hat. Während sie zu Beginn vordringlich geisteswissenschaftlich ausgerichtet war, orientiert sie sich heute an sozialwissenschaftlichen Erkenntnistheorien und Forschungsmethoden.

Wissensquellen der Geistigbehindertenpädagogik

Im Mittelpunkt der wissenschaftlichen Geistigbehindertenpädagogik stehen die Erfassung und Gestaltung der erzieherischen und bildenden Lebenswirklichkeiten von Menschen mit geistiger Behinderung. Hierzu entnimmt sie ihr Wissen nicht allein aus der Erziehungs- und Bildungspraxis und deren Theorien, indem sie diese hinterfragt, sondern sie verbindet auch fachspezifisches Wissen mit relevanten Erkenntnissen aus anderen Disziplinen (Medizin, Neurowissenschaften, Psychologie, Soziologie und Philosophie).

Die vorausgegangenen Kapitel haben gezeigt, in welchem Maße Erkenntnisse anderer Disziplinen Einfluss auf das Wissen der Geistigbehindertenpädagogik nehmen, ihren Wissensbestand erweitern, anregen, aber auch stören oder gefährden können. Ausgehend von den Erziehungs- und Bildungsbedürfnissen ihrer Klientel entwirft die wissenschaftliche Geistigbehindertenpädagogik ihr Bildungs- und Erziehungsverständnis. Im Kanon mit anderen Wissenschaften entwickelt sie auf der Grundlage dieses Verständnisses Erziehungs- und Bildungskonzeptionen (= Theorien) und -konzepte (= begründete Methoden), die zur Verbesserung der Lebensqualität von Menschen mit geistiger Behinderung in den unterschiedlichen Lebensbereichen beitragen sollen. Wie bereits einleitend gesagt (Kap. 1.4), zeichnet sich die Geistigbehindertenpädagogik dadurch aus, dass sie eine „Wissenschaft vom Menschen aus" ist.

Trotz dieser individuumszentrierten oder anthropologischen Ausrichtung ist die Geistigbehindertenpädagogik kein einheitlicher wissenschaftlicher Block, d.h. in ihr existieren verschiedene ‚wissenschaftliche Schulen', die von ihren Vertretern wiederum unterschiedlich ausgelegt werden. Dies geschieht, um die Phänomene der pädagogischen Praxis aus verschiedenen Perspektiven betrachten zu können. Die Wege, wie man die empirischen Erfahrungen analysiert, richten sich nach dem Erkenntnisinteresse des Forschers, das heißt, nach der Forschungsfrage sowie nach der Erkenntnistheorie, der er sich verpflichtet fühlt. Die Erkenntnis- und Meinungsvielfalt ist für die Entwicklung einer wissenschaftlichen Disziplin von Bedeutung, weil die Abgrenzung voneinander, der Diskurs über die Gültigkeit der gemachten Aussagen sowie über bedeutungsvolle Fragen des Faches zu neuen Theorien führen kann. In Anbetracht des Einführungscharakters dieses Buches kann hier nicht auf alle ‚wissenschaftlichen Schulen', d.h. alle relevanten erkenntnistheoretischen Bezüge der Geistigbehindertenpädagogik eingegangen werden. Um dennoch eine erste Orientierung zu ermöglichen, sollen hier zentrale Paradigmen genannt und es soll eine Zuordnung der erkenntnistheoretischen Ausrichtungen vorgenommen werden. Literaturempfehlungen zum vertieften Selbststudium befinden sich am Ende des Kapitels.

5.2 Erkenntnistheoretische Bezüge

Die Geistigbehindertenpädagogik zeichnet sich durch ihre empirische Ausrichtung aus. Das heißt, Frage- oder Problemstellungen der praktischen Erziehung oder Bildung stehen meist am Anfang des wissenschaftlichen Reflexions- oder Forschungsprozesses. Um die in der Praxis gewonnenen Erfahrungen wissenschaftlich bearbeiten, d.h. einem Erkenntnisprozess zuführen zu können, müssen sie strukturiert und systematisiert werden. Die hierbei gewonnenen Erkenntnisse müssen Forscher, damit sie sie ihrerseits wieder einordnen und weiterverarbeiten können, in ein größeres, d.h. übergeordnetes wissenschaftliches Bezugssystem verorten.

Metatheorien

Dieses Bezugssystem liefern die Erkenntnis- und Wissenschaftstheorien. Man bezeichnet sie auch als Metatheorien, als Theorien, die den einzelwissenschaftlichen Theorien (z.B. pädagogische, soziologische oder medizinische usw.) übergeordnet sind.

Erkenntnistheorie

„Erkenntnistheorie wird auch Epistemiologie [griech. epistemé = Verstehen, das (theoretische) Wissen, die Erkenntnis, Einsicht, Geschicklichkeit] genannt" (Kron 2009, 271). Sie zeigt, wie Erkenntnisse gewonnen werden können, wie Wissen entsteht und wie es zu erforschen ist. Die Wissenschaftstheorie befasst sich mit den Voraussetzungen, Zielen und Auswirkungen von Wissenschaft. Beide Metatheorien stehen in enger Wechselwirkung zueinander und prägen das aktuelle Wissenschaftsverständnis. Sie dienen allen Disziplinen zur Bestimmung ihres Wissenschaftscharakters.

In dieser allgemeinen Wissenschaftsdiskussion hat die an sich ja noch junge Geistigbehindertenpädagogik in den letzten Jahren ihren Platz gefunden, indem sie ihre Forschungsaktivität ausgeweitet und ihre erkenntnis- und wissenschaftstheoretischen Bestimmungen offengelegt hat. *Geistigbehindertenpädagogik ist Pädagogik, also Erziehungs- und Bildungswissenschaft*, und als solche wird sie heute von einem geisteswissenschaftlichen und sozialwissenschaftlichen Paradigma bestimmt.

geisteswissenschaftliche Ausrichtung

Die Geistigbehindertenpädagogik als Teil der Heilpädagogik war von ihrer Entstehung bis in die 1980er Jahre vom geisteswissenschaftlichen Erziehungs- und Bildungsverständnis geprägt. Dabei hat sie diese Denktradition in Bezug auf ihre Klientel und die Überwindung des klassischen Bildungsverständnisses

Geisteswissenschaftliches Paradigma	Sozialwissenschaftliches Paradigma
▪ phänomenologische Ansätze	▪ kritisch-rational orientierte Ansätze
▪ transzendentalphilosophische Ansätze	▪ deskriptive Ansätze
▪ hermeneutische Ansätze	▪ phänomenologisch-deskriptive Ansätze
▪ dialektisch-hermeneutische Ansätze	▪ pragmatische Ansätze
▪ humanistische Ansätze	▪ interaktionalistische Ansätze
▪ kommunikative Ansätze	▪ systemtheoretisch orientierte Ansätze
▪ normativ-deskriptive Ansätze	▪ feministische Ansätze
▪ kultur- und wertpädagogische Ansätze	▪ psychoanalytische Ansätze
	▪ ökologische Ansätze
	▪ handlungstheoretische Ansätze

Tab. 12: Zuordnung ausgewählter Ansätze zum geisteswissenschaftlichen und sozialwissenschaftlichen Paradigma (aus Kron 2009, 289)

weiterentwickelt. Hierbei sind zwei erkenntnistheoretische Denkrichtungen zu unterscheiden: die ‚Geisteswissenschaftliche Heilpädagogik' (Vertreter sind z.B. Haeberlin, Kobi u.a.) und die ‚Phänomenologische Geistigbehindertenpädagogik' (z.B. Stinkes, Lindmeier, Fornefeld u.a.). Im Mittelpunkt beider geisteswissenschaftlicher Ausrichtungen stehen bildungstheoretische (historische, konzeptionelle und strukturelle) Forschungsfragen. Das Konzept „Bildung mit ForMat" von Wolfgang Lamers und Norbert Heinen basiert beispielsweise auf geisteswissenschaftlichen Erkenntnissen.

Die jüngsten phänomenologischen Arbeiten thematisieren ethische, anthropologische, pädagogische und kulturvergleichende Fragen, die Behinderung sowie das Verhältnis von Menschen mit und ohne Behinderung neu bestimmen. So fragt etwa Suk Jeong Rhie nach dem Lernen von Menschen mit schwerer Behinderung im interkulturellen Kontext (2003), Daniel Budka nach dem Anderen im Kontext gesellschaftlicher und schulischer Integration (2006), Ioanna Ntourou nach dem Fremdsein mit geistiger Behinderung (2007) und Nan-chieh Chen nach dem Menschsein als Dialog und Shûnyatâ (2007).

Emanzipatorische Strömungen, wie sie die Allgemeine Pädagogik nach 1968 beeinflussten, haben zeitversetzt auch das Denken in der Geistigbehindertenpädagogik nachhaltig verändert, weil sie zu einer stärkeren sozialwissenschaftliche Ausrichtung führten. Inzwischen haben sich verschiedene Denkrichtungen herausgebildet, die in unterschiedlicher Intensität auf das Feld der Geistigbehindertenpädagogik übertragen werden, d.h. neben vertieften erkenntnistheoretischen Diskursen gibt es schlichte Verweise auf die erkenntnismäßigen Grundlagen des eigenen Denkens, was die Ein- und Zuordnung von Autoren zu Denkrichtungen erschwert.

sozialwissenschaftliche Ausrichtung

Unter dem Einfluss der Philosophie des ‚Kritischen Rationalismus' (Popper, Albert, Hartmann), der es u.a. um eine Annäherung des menschlichen Wissens an die Realität geht, stellten sich in der Behindertenpädagogik verstärkt Fragen nach dem eigenen Wissenschaftsanspruch. In den 1970er Jahren bildete sich die ‚Kritisch-rationale Behindertenpädagogik' (z.B. Bleidick, Anstötz u.a.) heraus, der es neben einer stärkeren erkenntnistheoretischen Fundierung auch um eine Objektivierung wissenschaftlicher Aussagen in der Geistigbehindertenpädagogik geht.

Kritik am tradierten geisteswissenschaftlichen Verständnis der Behindertenpädagogik übt zeitgleich auch die sogenannte ‚*Materialistische Behindertenpädagogik*'. „Ab Anfang der 70er Jahre hat sich auf dem Gebiet der Behindertenpädagogik innerhalb der Denktradition des Marxismus eine Auffassung von Erziehung und Bildung aller Menschen entwickelt, die nicht nur einen pragmatischen Bruch mit der bisherigen Fachgeschichte vollzieht, sondern grundlegende Impulse für die Erziehungswissenschaft als Ganzes zu formulieren mag" (Jantzen 2008, 1). Die ‚Materialistische Behindertenpädagogik' hat ihre erkenntnistheoretischen Wurzeln in der ‚Kulturhistorischen Schule' der Sowjetischen Psychologie. Die „entwicklungslogische Didaktik" (Feuser, Ziemen) und die „Rehistorisierende Diagnostik" (Jantzen) sind dieser Denkrichtung zuzuordnen. Da sich die Materialistische Behindertenpädagogik mit der sozialen Konstruktion von Behinderung auseinandersetzt, hat sie Einfluss auf die Integrations- und Inklusionspädagogik (Feuser). Impulse für eine ‚Pädagogik für alle' oder eine ‚Pädagogik der Vielfalt' gibt es aber auch aus anderen Theoriebezügen, z. B. der anthropologischen Position Reisers.

Mit Beginn der 1980er Jahre gewann der Einfluss des *ökologischen* (Bronfenbrenner) *und systemtheoretischen Denkens* (Luhmann) in der Behindertenpädagogik an Bedeutung. 1988 griff Otto Speck es in seinem Lehrbuch „System Heilpädagogik, eine ökologisch reflexive Grundlegung" auf. Die Erkenntnis, dass der Mensch mit Behinderung nur als Teil eines größeren Systems einander bedingender Faktoren gesehen werden kann, ist inzwischen in vielen Bereichen der Behindertenhilfe zur Selbstverständlichkeit geworden. Zu denken ist hier z. B. an die ICF (Schädigung, Kontextfaktoren, Partizipation) und deren Auswirkungen auf die Sozialgesetzgebung (Kap. 3). Auch bei der Zuweisung von Unterstützung im Rahmen der ‚Individuellen Hilfebedarfsplanung', die die Bedarfe eines Menschen aus seinen sozialen und materialen Bezügen heraus bestimmt (Kap. 4.5), kommt das systemische Denken zur Anwendung. Wenn heute Eltern als kompetente Partner im Erziehungsgeschehen von Kindern mit geistiger Behinderung gesehen werden, dann geht das u. a. auch auf ein öko-systemisches Verständnis von Familie zurück.

Neben dieser epistemiologischen Ausrichtung hat sich in den vergangenen zehn Jahren verstärkt eine *system-konstruktivistische Erkenntnisrichtung* in der Geistigbehindertenpädagogik etabliert. Sie geht, vereinfacht ausgedrückt, auf die Verbindung zwischen der ‚Systemtheorie' Luhmanns und dem ‚Konstruktivismus' Maturanas und dem ‚Radikalen Konstruktivismus' (v. Glasersfeld, Roth) zurück. Lindemann und Vossler (1999) haben die konstruktivistische Position für die Behindertenpädagogik und Michael Wagner hat sie für die Geistigbehindertenpädagogik fruchtbar gemacht. Sie lässt sich mit Vera Moser und Ada Sasse folgendermaßen beschreiben: „Zusammengefasst handelt es sich nach konstruktivistischer Auffassung bei jeder Erkenntnis um eine ‚Konstruktion von Wirklichkeit', da Erkenntnisse vom einzelnen Organismus bzw. Subjekt aufgrund seiner individuellen Erfahrungen und Wahrnehmungen gewonnen werden. Grundlage dieser Erkenntnistheorie sind insbesondere biologische Vorstellungen von lebendigen Systemen, nach denen sich diese organisatorisch auf sich selbst beziehen (selbstreferentiell sind), aber zugleich im Austausch mit ihrer Umwelt stehen. Somit sind Erkenntnisse als ‚interne Wahrheiten' eines operational geschlossenen Kognitionsprozesses zu verstehen. Gleichzeitig erzeugen diese Operationen auch biologische und soziale Ordnungen" (2008, 92). Für Michael Wagner geht es in der konstruktivistischen Perspektive besonders darum, „sich des prinzipiellen Zuschreibungscharakters im Wahrnehmungs- und Erkenntnisprozess vor dem Hintergrund eigener Erfahrungen bewusst zu werden. Die Konsequenz daraus ist ein verändertes Selbst- und Fremdverständnis von Pädagogik" (Wagner 2008, 366).

Die verschiedenen heute in der Geistigbehindertenpädagogik wirkenden Erkenntnistheorien können hier nur holzschnittartig und durch wenige Quellenbezüge bzw. Hinweise auf jeweilige Vertreter dargestellt werden. Es wäre nun aber falsch zu glauben, dass die genannten Vertreter nur auf diese eine Denkrichtung festgelegt sind. Je nach Forschungsfrage sind u. U. andere Theoriebezüge notwendig. Das hat zur Folge, dass sich Wissenschaftler nicht in erkenntnistheoretische ‚Schubladen' einsortieren lassen. Die Pluralität des Denkens macht gerade die Qualität einer Disziplin als Wissenschaft aus. In ihrer kurzen Nachkriegsgeschichte hat sich die Geistigbehindertenpädagogik zu einer wissenschaftlichen Disziplin entwickelt, die sich mit ihren erkenntnistheoretischen Bezügen als aktuelle Erziehungs- und Bildungswissenschaft ausweist. Sie ist eine Wissenschaft

Abb. 29: Erkenntnistheoretische Bezüge der Geistigbehindertenpädagogik zwischen geistes- und sozialwissenschaftlichem Paradigma

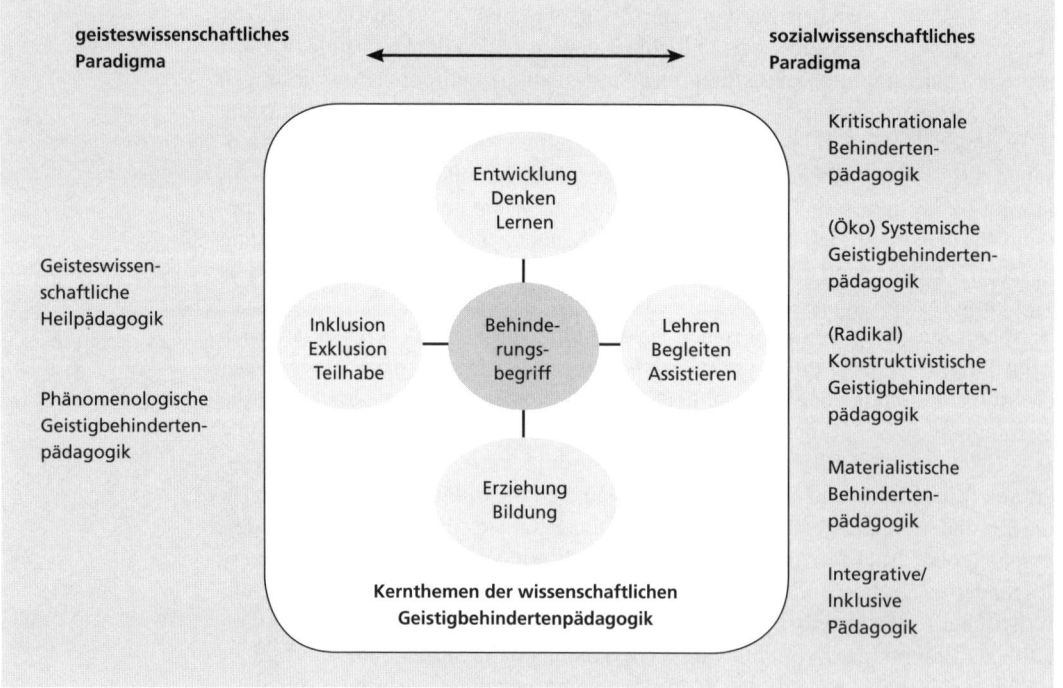

in Bewegung. Während sie zunächst stark geisteswissenschaftlich ausgerichtet war, wird sie heute von sozialwissenschaftlichem Denken bestimmt. Die Methoden der qualitativen Sozialforschung haben die hermeneutische Forschung auf den zweiten Rang verwiesen.

Trotz der Unterschiede in der Argumentation sind die geistes- und sozialwissenschaftlichen Denkrichtungen der Geistigbehindertenpädagogik durch ein gemeinsames Grundparadigma miteinander verbunden. In diesem Grundparadigma unterscheidet sich die Geistigbehindertenpädagogik von der Allgemeinen Pädagogik, weil es zu anderen erziehungswissenschaftlichen und bildungstheoretischen Fragestellungen führt.

Friedrich Kron bezeichnet das „von allen Vertretern eines Faches geteilte Grundwissen" (2009, 290) als Paradigma. Obwohl es in jeder wissenschaftlichen Disziplin, so auch in der Geistigbehindertenpädagogik, eine Fülle von Meinungen und Positionen gibt, existiert doch ein Konsens in Bezug auf das verbindende Paradigma:

Paradigma

1. Bestimmung des Verständnisses von geistiger Behinderung und
2. Bestimmung, Aufgaben und Ziele einer Pädagogik für Menschen mit geistiger Behinderung.

Etymologisch gesehen kommt Paradigma von griech. parádeigma und heißt Beispiel oder Modell. Der Begriff wurde 1962 mit dem Buch „The Structure of Scientific Revolutions" von Thomas S. Kuhn in die wissenschaftstheoretische Diskussion eingeführt. Mit einem Paradigma definieren die Mitglieder einer Wissenschaftsgemeinschaft die Zielsetzung und Aufgabe, das Regelwerk ihrer Disziplin als Wissenschaft. Sie verständigen sich auf der Grundlage diese Paradigmas auch darüber, welche Theorien, Modelle, Konzepte, Begriffe und Kategorien sich „in der wissenschaftlichen Arbeit und Forschung bewährt haben" (Kron 2009, 292). Man könnte das Paradigma auch als *Kern des Wissens einer Disziplin* auffassen, um den herum sich eine Fülle unterschiedlicher Theorien, Konzepte und Methoden bewegen. Dieser Grundkanon des Wissens bildet das Grundwissen, das in Studium und Lehre vermittelt wird. Am Rande dieses Erkenntnis- und Wissensfeldes entstehen immer wieder neue Fragestellungen und Forschungsaufgaben der Disziplin.

Wenn neue Phänomene mit alten Theorien nicht mehr hinreichend erklärt werden können, entscheidet sich die Wissenschaftsgemeinschaft für Neuentwicklungen und Weiterentwicklungen von Paradigmen. Hierzu kommt es auch, wenn neue Forschungsmethoden andere Erkenntniswege zulassen oder Erkenntnisse anderer Wissenschaftsbereiche das Überdenken bisheriger Theorien notwendig machen. Man bezeichnet diese Entwicklung auch als Paradigmenwechsel. Auf die Veränderungen im Denken der Geistigbehindertenpädagogik mit ihren Auswirkungen auf die pädagogische Praxis in den verschiedenen Handlungsfeldern ist in den vorausgegangenen Kapiteln hingewiesen worden. Beispielhaft möchte ich nur noch einmal an die Leitgedanken der Behindertenhilfe erinnern. Ein neuer Leitgedanke entsteht immer dann, wenn sich das Denken in der Geistigbehindertenpädagogik ändert. Die Kernthemen der Disziplin, die Fragen von Inklusion und Exklusion, von Erziehungs- und Bildungsanspruch sowie von der Umset-

Paradigmenwechsel

zung dieses Anspruches bleiben dabei aber erhalten. Sie bestimmen die Geistigbehindertenpädagogik seit ihren Anfängen.

5.3 Zusammenfassung

Lange hat die Geistigbehindertenpädagogik ihr Augenmerk auf die Behinderung und Normabweichungen des geschädigten Menschen gerichtet mit dem Ziel der Kompensation von Defiziten. Heute wissen wir, dass das einseitige Kausalitätsdenken (im Sinne von Ursache, Folge und Behandlung der Schädigung) allein nicht mehr zur Erfassung des Menschen, seiner Lebens- und Erziehungswirklichkeit ausreicht. Der Mensch kann nur aus seinen Bezügen heraus verstanden werden, d. h. der soziale, konzeptionelle und institutionelle Rahmen, die Umwelt, ist in gleichem Maße mit in die Analyse einzubeziehen. Denn erst durch die systemische Betrachtungsweise wird der Mensch mit geistiger Behinderung in seiner zirkulären Bezogenheit auf die Umwelt erkennbar und die Helfer können die notwendigen Erziehungs-, Bildungs- und Unterstützungsmaßnahmen ableiten.

Die Geistigbehindertenpädagogik hat die Defizit-Orientierung ihrer Anfangszeit überwunden und versucht heute das vermeintlich *Besondere* von Menschen mit geistiger Behinderung im *Allgemeinmenschlichen* zu erkennen, um hierdurch zu *Integrierendem* zu gelangen. Das ist nur möglich, wenn sie den Menschen mit Behinderung an den Anfang ihres Denkens und Handelns stellt, wenn die Geistigbehindertenpädagogik ihre Theorien und Konzepte *vom Menschen aus* entwirft. Sie macht den Menschen mit geistiger Behinderung zum *Subjekt* ihres Denkens und Handelns, wenn sie seine Lebensräume und -ansprüche *normalisiert*, ihm die *Selbstbestimmung* und *Assistenz* gewährt, die er zur Bewältigung seines Lebens benötig. Sie bemüht sich zudem, die Lebensumwelt mit ihm so zu verändern, dass *Empowerment* möglich wird.

Die Geistigbehindertenpädagogik hat den Optimismus ihrer Gründerzeit aufgegeben und ist realistischer geworden. Sie argumentiert heute nicht mehr vordringlich von den Erwartungen bzw. Erziehungszielen her, sondern von der Individualität des behinderten Menschen und seinem Anspruch auf *lebenslange Bildung* und Unterstützung. Die Heterogenität der individuellen Ansprüche des Personenkreises, die Unbestimmbarkeit (nicht vollkommene Planbarkeit) pädagogischer sowie sozialer Prozesse sind stärker ins Bewusstsein gerückt. Vordringliches Ziel ist die Erfassung der Lebenswirklichkeit des behinderten Anderen, von der aus alles pädagogische Handeln seinen Ursprung nehmen muss. Es geht nicht mehr um Gewöhnung und Anpassung des behinderten Menschen an normierte Erwartungen, sondern um Inklusion und Teilhabe am kulturell-gesellschaftlichen Leben aller auf der Grundlage subjektiver Weltdeutung und -erfassung. Es hat sich also in der Geistigbehindertenpädagogik ein umfänglicher Paradigmenwechsel vollzogen. Neben erziehungs- und bildungswissenschaftlichen Theorien finden heute zunehmend sozialwissenschaftliche ihre Anwendung in der Geistigbehindertenpädagogik. Sie haben zu einem Paradigmenwechsel geführt, der in den aktuellen Leitgedanken *Normalisierung, Inklusion, Selbstbestimmung, Empowerment und Teilhabe* seinen Ausdruck findet. Diese Leitgedanken sieht die

Geistigbehindertenpädagogik in Beziehung zu gesellschaftlichen Veränderungen, wie sie heute festzumachen sind an Schlagworten wie Pragmatisierung, Ökonomisierung, Innovation und Evaluation, Exklusion. Um Letztere zu vermeiden, ist das Prinzip der *Anerkennung* umzusetzen.

Der Prozess des Verbindens individueller Ansprüche behinderter Menschen mit gesellschaftlichen Erwartungen bleibt ständige Aufgabe und Herausforderung für die Geistigbehindertenpädagogik und für die in ihr tätigen Pädagogen und Pädagoginnen.

> Fornefeld, B. (2008): Menschen mit geistiger Behinderung – Phänomenologische Betrachtungen zu einem unmöglichen Begriff in einer unmöglichen Zeit. In: Fischer, E. (Hrsg.): Pädagogik für Menschen mit geistiger Behinderung. Sichtweisen, Theorien, Aktuelle Herausforderungen. 2. Aufl. Oberhausen, 31–352
> Jantzen, W. (2008): Materialistische Behindertenpädagogik als basale und allgemeine Pädagogik. (www.basaglia.de/Artikel/Materialistische%20BHP.htm vom 06.07.2008)
> Kron, F. W. (2009): Grundwissen Pädagogik. 7. Aufl. München/Basel
> Moser, V., Sasse, A. (2008): Theorien der Behindertenpädagogik. München/Basel
> Speck, O. (2008): System Heilpädagogik. Eine ökologisch reflexive Grundlegung. 6. Aufl. München/Basel
> Wagner, M. (2008): ‚Nirgends wird Welt sein, als innen' (Rilke) – ‚Geistige Behinderung' aus konstruktivistischer Sicht. In: Fischer, E. (Hrsg.): Pädagogik für Menschen mit geistiger Behinderung. Sichtweisen, Theorien, Aktuelle Herausforderungen. 2. Aufl. Oberhausen, 353–367
> Werning, R. (1998): Kinder mit Lernschwierigkeiten. System-konstruktivistische Perspektive in ihrer Bedeutung für die pädagogische Förderung. In: Behindertenpädagogik 37. Jg., 1, 11–21

65. Auf welche Ebenen bezieht sich die Geistigbehindertenpädagogik als Wissenschaft?
66. Welche Aufgabe verfolgt die wissenschaftliche Geistigbehindertenpädagogik?
67. Nennen Sie die Verständnisweisen von Wissenschaft.
68. Wodurch unterscheidet sich wissenschaftliches Wissen von Alltagswissen?
69. Wie lauten die Kernthemen der Geistigbehindertenpädagogik?

Glossar

Allgemeine Pädagogik: Theorie und Praxis der Erziehung von Menschen ohne Behinderung, z.B. im Regelschulbereich
Anamnese: vom Arzt erhobene Vorgeschichte einer Krankheit
Andragogik: Erwachsenenbildung
Ätiologie: Lehre von den Krankheitsursachen
Anthropologie: Wissenschaft vom Menschen und seiner Entwicklungsgeschichte
Assistenz: Bereitstellen der vom Menschen mit Behinderung gewünschten Hilfen
Atrophie: Gewebeschwund infolge Mangelernährung der Gewebe
Automutilation: Handlungen gegen den eigenen Körper mit Folge von Verletzungen
Bioethik: ‚bios'= griech. Leben, ‚ethikos'= griech. Ethik; entstand in den USA im Gefolge der Biotechnologie und befasst sich mit menschlichen Grenzsituationen z.B. Beginn des menschlichen Lebens, Sterbehilfe, Abtreibung u.a.m.
Biotechnologie: die Anwendung von Wissenschaft und Technik auf lebende Organismen oder Teile von ihnen
Chromosomen: fadenförmige Bestandteile der Zellkerne, die das Erbmaterial, die Gene tragen
Chromosomenanomalie: Abweichung von der normalen Chromosomenzahl
Defektologie: in den 1920er Jahren in Russland (UdSSR) entstanden; lat. defectus Fehler, Schaden und griech. logos Wort; bezeichnet ein interdisziplinäres Wissenschaftsgebiet (Sonderpädagogik, Psychologie, Medizin, Rehabilitationstechnik), das sich mit den psycho-physiologischen Entwicklungsbesonderheiten von Menschen mit Beeinträchtigungen und deren Bildung und Erziehung beschäftigt.
Demenz: Verlust erworbener intellektueller Fähigkeiten, vor allem des Gedächtnisses (z.B. im Alter)
Deprivation: Vorenthalten grundlegender menschlicher Bedürfnisse (z.B. Sinneseindrücke oder sozialer Kontakt)
Dymorphie: Missbildung, insbesondere als anlagebedingte Deformität
Elementarisierung: Ermittlung von Grundstrukturen von Vorgängen, z.B. von Lernvorgängen, als Voraussetzung zur Planung von Erziehung und Unterricht; Elementarisierung ist nicht gleichbedeutend mit Vereinfachung der Inhalte oder Vorgehensweisen, sondern meint die genaue Analyse von Strukturzusammenhängen
Empowerment: (engl.) Selbstermächtigung, die Fähigkeit, die eigenen Interessen zu vertreten
Epidemiologie: Lehre von der Häufigkeit und Verteilung von Krankheiten sowie deren Ursachen und Risikofaktoren
Epikanthus: angeborene sichelförmige Hautfalte am inneren Rand des oberen Augenlides
Erkenntnistheorie: Disziplin der Philosophie, die nach dem Wesen und den Bedingungen von Erkenntnis fragt

Eugenik: (griech.) Erbhygiene, Erbgesundheitslehre; Teilgebiet der Humangenetik, der es darum geht, die Ausbreitung von Genen mit ungünstigen Auswirkungen für den Menschen einzuschränken und andererseits erwünschte Genkonstellationen zu erhalten oder zu vermehren
Evaluation: Beurteilung, Bewertung
exogen: durch äußere Ursachen entstanden
Facilitated Communication (FC): Gestützte Kommunikation für Menschen ohne Verbalsprache, z. B. für Menschen mit autistischem Syndrom
Faktum: lat. factum, unabänderliche Tatsache; Ergebnis mit dem man sich abfinden muss
Fertilität: Fruchtbarkeit, geschlechtliche Vermehrungsfähigkeit
Funktionsstörungen (Dysfunktion): durch äußere oder innere Faktoren bedingte Störung der regelhaften Funktion von Zellen, Geweben und Organen
Genese: (griech.) Entstehung, Entwicklung
Genmutation: diskontinuierliche Veränderung am Erbmaterial (an den Genen)
Heterogenität: Andersartigkeit, Verschiedenartigkeit, Ungleichartigkeit
Hospitalisierung: Entwicklungs- und Verhaltensstörungen infolge mangelnder persönlicher Zuwendung, z. B. bei Heim- und Klinikunterbringung
Hydrozephalus: Wasserkopf
Hypotonie: Tonusherabsetzung der Muskulatur, als Folge von Erkrankung des peripheren und zentralen Nervensystems
Infantilisierung: Gleichsetzung eines Erwachsenen mit einem Kind und Behandlung als solches
Inklusion: (inclusio, lat. = Einschluss). Inklusion im Bildungssystem bedeutet, heterogene Gruppen individuell in einer Schule für alle zu unterrichten.
Integration: (lat. integratio = Erneuerung, Wiederherstellung eines Ganzen) meint, im sozial- und bildungswissenschaftlichen Kontext, den Prozess der Eingliederung von Menschen in gesellschaftliche Systeme
Klassifikation: systematische Einteilung oder Einordnung von Begriffen oder Erscheinungen (wie z.B. Schädigungen oder Behinderungen) in Klassen oder Gruppen, die jeweils durch bestimmte Merkmale charakterisiert sind
Kognition: Ordnungsbegriff, der sowohl den Vorgang des Erkennens als auch dessen Ergebnis meint
kognitiv: die Erkenntnis betreffend
Kommunikationswissenschaften: Sammelbezeichnung für Wissenschaften, die sich mit menschlicher Kommunikation befassen, z. B. Physiologie, Psychologie, Philosophie, Soziologie, Pädagogik, Linguistik, Nachrichten- und Computertechnik u. a.
Kulturtechniken: Lesen, Schreiben, Rechnen
Liquor: Hirnflüssigkeit
Marginalisierung: hier: Prozess, bei dem Bevölkerungsgruppen an den Rand der Gesellschaft gedrängt werden
Molekulargenetik: Lehre von der molekularen Strukturen und Funktion der Nukleinsäuren und Eiweißkörper
monogen: durch ein Gen- oder Allelpaar kontrolliert
Mutismus: beharrliches Schweigen als Folge psychischer Störungen

Neurologie: Fachgebiet der Humanmedizin, das sich mit der Diagnose und Therapie von Erkrankungen des Nervensystems befasst

Neurophysiologie: mit den Funktionsweisen des Nervensystems befasstes Teilgebiet der Physiologie

ontologisch: das Wesen des Seins betreffend

Orthopädie: Lehre von der Entstehung, Prophylaxe und Therapie angeborener oder erworbener Form- und Funktionsfehler des Bewegungsapparates

Pädiatrie: Teilgebiet der Humanmedizin; Kinderheilkunde

Paradigma: Lehrsatz; Theorie, die allg. anerkannt ist oder deren Anerkennung erwartet wird

Paradigmenwechsel: Wechsel von Lehrsätzen und Theorien, die allg. anerkannt sind oder deren Anerkennung erwartet wird

Paternalismus: (lat. pater = Vater) Herrschaftsordnung, die im außerfamiliären Bereich ihre Autorität und Herrschaftslegitimierung auf eine vormundschaftliche Beziehung zwischen Herrscher und Herrschaftsunterworfenem gründet

Pathogenese: Krankheitsentstehung

Pathologie: Lehre von den Krankheiten

Phänomen: (griech. phainómenon = das Erscheinende) außergewöhnliches Ereignis, Vorkommnis

Philanthrop: (griech.) Menschenfreund; im 18. Jahrhundert gemeinnützig handelnder Anhänger des Philanthropismus, einer pädagogischen Reformbewegung

Pragmatisierung: Hinwendung zur Anwendungsbezogenheit; manchmal auch mit negativem Beiklang benutzt: Gefahr, dass die Reflexion zugunsten einer schnellen Realisierung zu kurz kommt

Prävalenz: Häufigkeit

Psychiatrie: Fachgebiet der Humanmedizin, das sich mit der Diagnose und Therapie von psychischen Krankheiten und Störungen befasst

Psychometrie: möglichst objektive Erfassung psychischer Funktionen mit Hilfe von Tests

Regredierendes Verhalten: Rückentwicklung, Wiederauftreten kindlicher Verhaltensweisen

Segregation: Absonderung, Trennung, Abschiebung

Stigma, Stigmatisierung: Mal, Kennzeichen, zugeschriebenes Merkmal, durch das ein Mensch als abweichend von der Norm definiert wird; Stigmatisierung ist der Prozess der Zuschreibung bestimmter Stigmata wie z.B. „abweichend", „verhaltensgestört" etc.

subsidiär: zur Aushilfe dienend

Symptomatologie: Lehre von den Krankheitszeichen (Symptomen)

systemisch: kontextuelles, situatives und ganzheitliches Denken

Trauma: den Organismus stark und nachhaltig schädigende Einwirkung

utilitaristisch: vom Nützlichkeitsstandpunkt aus gesehen

Wissenschaftstheorie: Teilgebiet der Philosophie, deren Gegenstand Untersuchungen über die Voraussetzungen, Methoden, Strukturen, Ziele sowie der Auswirkung von Wissenschaft sind

Zytogenetik: Zweig der Genetik, der sich mit den Vererbungserscheinungen und Strukturen, den Verteilungsvorgängen und deren Störungen befasst

Anhang

Ergänzung zu Kapitel 2.4: Entwicklung der Versorgung von Menschen mit geistiger Behinderung zwischen 1945 und 1989

Tab. 13: Entwicklung der Versorgung von Menschen mit geistiger Behinderung zwischen 1945 und 1989

Westliche Besatzungszonen/ Bundesrepublik	Sowjetische Besatzungszone/ Deutsche Demokratische Republik
1. Phase des Aufbaus:	1. Phase des Aufbaus:
	1946: *Inkrafttreten des „Gesetzes zur Demokratisierung der deutschen Schule":* Verstaatlichung aller Schulen, auch der Hilfsschulen
	1947: *2. Pädagogischer Kongress in Leipzig:* Entschließung zum Aufbau und zur Weiterentwicklung des Sonderschulwesens
	1947: *Errichtung des Referats für Sonderschulen in der Schulabteilung der Deutschen Verwaltung für Volksbildung:* Aufgabe der Erarbeitung von Richtlinien, Entwicklung von Sonderschulformen sowie die Organisation von Sonderschulaufnahmeverfahren
1948: *Entschließung der Deutschen Erziehungsminister:* Hinweis auf die katastrophale Situation der Kinder und Jugendlichen und Hemmnisse für den Aufbau eines demokratischen Schulwesens	1948: *Ausschluss geistig Behinderter* wird im Schulgesetz von Groß-Berlin gesetzlich verankert
1949 Gründung der Bundesrepublik Deutschland (BRD)	*1949 Gründung der Deutschen Demokratischen Republik (DDR)*
	1950 Schulpflichtgesetz: es bezieht zwar auch Kinder mit geistiger Behinderung ein; Erlasse regeln Ausnahmen vom Gesetz
	1954 Anordnung über die Meldung von Körperbehinderung, geistiger Störung, Schädigung des Seh- und Hörvermögens
	1954 Anordnung über die Durchführung der psychiatrischen Betreuung von Kindern und Jugendlichen
1958 Gründung der Elternvereinigung „Lebenshilfe für das behinderte Kind e.V." durch den Niederländer Tom Mutters in Marburg	
1960 Gutachten der Kultusministerkonferenz zur Ordnung des Sonderschulwesens: in dem 13 Sonderschulformen benannt werden	

Tab. 13: Fortsetzung

Westliche Besatzungszonen/ Bundesrepublik	Sowjetische Besatzungszone/ Deutsche Demokratische Republik
2. *Phase des Ausbaus:*	2. *Phase des Ausbaus:*
ab 1960: Sonderschulen für Geistigbehinderte entstehen in verschiedenen Bundesländern; die Schulpflicht für Kinder mit geistiger Behinderung wird in fast allen Bundesländern gesetzlich verankert.	*ab 1960er Jahre:* Aufbau eines Netzes von Fördereinrichtungen für Menschen mit geistiger Behinderung
1961 Bundessozialhilfegesetz (BSHG): festigt den Grundsatz, dass Menschen mit Behinderung Sozial- und Eingliederungshilfe bekommen; Grundsätze waren „Hilfe zur Selbsthilfe" (§ 1) und „Teilhabe am Leben in der Gemeinschaft" (§ 39 Abs. 3). BSHG führt zur Entwicklung von Frühförderung, Sonderschulen, Werkstätten, Wohneinrichtungen	
	1965 Gesetz über das einheitliche sozialistische Bildungssystem: Festigung des polytechnischen Gedankens, d. h. die Verknüpfung von Schule und Arbeitswelt; Ausweitung sonderpädagogischer Maßnahmen auf das Erwachsenenalter
1966 Einführung der Schulpflicht für Kinder mit geistiger Behinderung in NRW: Kinder mit schwerer Behinderung bleiben weiter ausgeschlossen	
	1968/69 „Programmatische Empfehlung des Ausschusses für Gesundheitswesen der DDR" und des Beschlusses des Ministerrates: Einführung von Rehabilitationspädagogischen Fördereinrichtungen des Gesundheits- und Sozialwesens, zu denen auch die Förderstätten für Kinder mit geistiger Behinderung zählten.
	1969 Neudefinition der Kinder mit geistiger Behinderung: als „schulbildungsunfähig" wurden sie aus der Hilfsschule ausgeschult
	1969 Ministerratsbeschluss „Maßnahmen zur Förderung, Beschulung und Betreuung geschädigter Kinder und Jugendlicher sowie psychisch behinderter Erwachsener": Dispensairebetreuung (Diagnose- und Beratungs-Ambulatorien; bis 1989 Ausbau des Dispensairsystems)
	1969 Anordnung zur Sicherung des Rechtes auf Arbeit für Rehabilitanden: Aufbau geschützter Arbeitsplätze
1972 KMK-Empfehlung zur Ordnung des Sonderschulwesens: Festlegung von 10 Sonderschultypen, darunter die Schule für Geistigbehinderte	*1972 Zweite Durchführungsbestimmung über die Systematik zur Verordnung der Ausbildungsberufe:* Regelung der Berufsschulpflicht und Ausnahmen davon
1973 Richtlinien der Schule für Geistigbehinderte in NRW: beginnend mit dem Schuljahr 1973/74, erste Neufassung 1980	*Ab Mitte der 1970er Jahre:* Ausbau der ‚Geschützten Arbeit'; kein flächendeckendes Angebot für alle
1973 Empfehlung des Deutschen Bildungsrates „Zur pädagogischen Förderung behinderter und von Behinderung bedrohter Kinder und Jugendlicher": Verantwortung für die Bildung aller Kinder soll den	

Grundschulen obliegen; erste Modellversuche zum integrativen Unterricht in München, Berlin, Bonn, Hamburg und Köln

1975 Empfehlungen zur beruflichen Bildung von Menschen mit geistiger Behinderung

1975 Eingliederungshilfeverordnung: regelt Hilfen, wie technische Hilfen, Rehabilitationssport, Bildungs- und Ausbildungsfragen

1975 Psychiatrie-Enquête: Leitlinien zur Reform der Psychiatrie; Enthospitalisierung von Menschen mit geistiger Behinderung; Umwandlung von Psychiatrischen Kliniken in Wohnheime für Menschen mit geistiger Behinderung

1975 Das Sozialgesetzbuch I verfügt in § 10 die Sicherung des Rechts auf einen Arbeitsplatz für behinderte Menschen

1977–1981 KMK-Empfehlungen für den Unterricht aller Sonderschulformen

1978 Schwerstbehinderte Kinder erhalten Bildungsrecht in NRW: endgültige Aufhebung des Reichsschulpflichtgesetzes von 1938

1980 Werkstättenverordnung: regelt Funktion und Aufgabe der „Werkstatt für behinderte Menschen"

1984 5. Durchführungsbestimmung zum Gesetz über das einheitliche sozialistische Bildungssystem – Sonderschulwesen: Überweisung von schulbildungsunfähigen Kindern in Einrichtungen des Gesundheits- und Sozialwesens

1985 Kultusministerium NRW: Richtlinien und Hinweise für den Unterricht: Förderung schwerstbehinderter Schüler

Ergänzung zu Kapitel 3.5: Disability Studies

„Hinter dem Begriff Disability Studies verbirgt sich eine in den USA und England seit gut 20 Jahren existierende, in Deutschland hingegen sehr junge wissenschaftliche Disziplin, die sich kritisch mit ‚Behinderung' auseinandersetzt. Zentral geht es dabei um die besondere Situation von Menschen, bei denen körperliche, kognitive, sprachliche, emotionale oder Verhaltenseigenschaften als negativ andersartig wahrgenommen werden; auf der Grundlage tradierter wissenschaftlicher Leitdifferenzen erscheinen diese Eigenschaften als Dysfunktion, Pathologie oder Anomalie" (Dederich 2007, 9).

Disability Studies

Die Disabiliy Studies sind gleichermaßen persönlich-psychologisch wie sozial und politisch emanzipatorisch motiviert und verstanden sich anfänglich ausschließlich als Forschung *von* Menschen mit Behinderung. Heute öffnet sie diese Forschungsrichtung auch nicht behinderten Wissenschaftlern.

Dederich, M. (2007): Körper, Kultur, Behinderung. Eine Einführung in die Disability Studies. Bielefeld

Waldschmidt, A., Schneider, W. (Hrsg.): (2007): Disability Studies. Kultursoziologie und Soziologie der Behinderung. Erkundigungen in einem neuen Forschungsfeld. Bielefeld

Ergänzung zu Kapitel 3.6.2: Entwurf zum Leitbild der Seniorenbetreuung

Die Wohnstätten ‚Lebenshilfe Cuxhaven gGmbH' haben folgenden „Entwurf eines Leitbildes der ‚Seniorenbetreuung' entwickelt und als Modell für andere Einrichtungen, die sich der Versorgung für ältere und alte Menschen mit geistiger Behinderung öffnen wollen, zur Verfügung gestellt:

- „Wir respektieren die Einzigartigkeit der Person, ihre Fähigkeit und Grenzen.
- Wir unterstützen Menschen nach anerkanntem Stand medizinischer-pflegerischer Erkenntnis einer humanen und aktivierenden Betreuung/Pflege unter Achtung der Menschenwürde.
- Wir assistieren und unterstützen Menschen mit Behinderung aktiv darin, Geborgenheit und Sicherheit zu erfahren und in Würde alt zu werden.
- Wir sind uns bewusst, dass der alte Mensch mit Behinderungen in einem besonderen Spannungsfeld zwischen Selbstbestimmung und Fremdbestimmung steht.
- Wir wollen ihn darin unterstützen, seinen Anteil der Selbstbestimmung zu erhalten: ‚*Hilf mir, es selbst zu tun (Montessori)'*.
- Wir überprüfen regelmäßig unsere Leistungen gegenüber den alten Menschen mit Behinderungen; entsprechend deren aktuellen Bedürfnisse bieten wir ihm individuell abgestimmte Hilfen an.
- Wir arbeiten nach festgelegten Qualitätsstandards, die jederzeit an die aktuellen Erfordernisse angepasst werden.
- Wir garantieren durch Fortbildung eine stets anforderungsgerechte Qualifikation unserer Mitarbeiterinnen und Mitarbeiter.
- Wir sichern den Fortbestand und die Leistungsfähigkeit des Angebotes durch den verantwortungsvollen Umgang mit den zur Verfügung stehenden sächlichen Mitteln, Finanzen und Zeit" (2006, 4).

Wohnstätten Lebenshilfe Cuxhaven gGmbH (2006): Entwurf eines Leitbildes der ‚Seniorenbetreuung'. In: Lebenshilfe für Menschen mit geistiger Behinderung, Landesverband Niedersachsen (Hrsg.): Alte Menschen mit geistiger Behinderung. Ergebnisse des 22. Treffens der leitenden MitarbeiterInnen in Wohnbereichen der Lebenshilfe in Niedersachsen am 1./2. Dezember 2005 in Bad Nenndorf. www.portal-lebenshilfe.de

Ergänzung zu Kapitel 4.2: Recht auf Bildung – Verpflichtung zu einem inklusiven Bildungssystem

UN-Abkommen über die Rechte von Menschen mit Behinderung, New York 16.02.2007

Artikel 24 – Bildung
(1) Die Vertragsstaaten anerkennen das Recht von Menschen mit Behinderung auf Bildung. Um dieses Recht ohne Diskriminierung und auf der Grundlage der Chancengleichheit zu verwirklichen, gewährleisten die Vertragsstaaten ein integratives Bildungssystem auf allen Ebenen und lebenslanges Lernen mit dem Ziel,
    a) die menschlichen Möglichkeiten sowie das Bewusstsein der Würde und das Selbstwertgefühl des Menschen voll zur Entfaltung zu bringen und die Achtung vor den Menschenrechten, den Grundfreiheiten und der menschlichen Vielfalt zu stärken;
    b) Menschen mit Behinderung ihre Persönlichkeit, ihre Begabungen und ihre Kreativität sowie ihre geistigen und körperlichen Fähigkeiten voll zur Entfaltung bringen zu lassen;
    c) Menschen mit Behinderung zur wirklichen Teilhabe an einer freien Gesellschaft zu befähigen.
(2) Bei der Verwirklichung dieses Rechts stellen die Vertragsstaaten sicher, dass
    a) Menschen mit Behinderung nicht aufgrund von Behinderung vom allgemeinen Bildungssystem ausgeschlossen werden und dass Kinder mit Behinderungen nicht aufgrund von Behinderung vom unentgeltlichen und obligatorischen Grundschulunterricht oder vom Besuch weiterführender Schulen ausgeschlossen werden;
    b) Menschen mit Behinderung gleichberechtigt mit anderen in der Gemeinschaft, in der sie leben, Zugang zu einem integrativen, hochwertigen und unentgeltlichen Unterricht an Grundschulen und weiterführenden Schulen haben;
    c) Angemessene Vorkehrungen für die Bedürfnisse des Einzelnen getroffen werden;
    d) Menschen mit Behinderungen innerhalb des allgemeinen Bildungssystems die notwendige Unterstützung geleistet wird, um ihre erfolgreiche Bildung zu erleichtern;
    e) In Übereinstimmung mit dem Ziel der vollständigen Integration wirksame individuell angepasste Unterstützungsmaßnahmen in einem Umfeld, das die bestmögliche schulische und soziale Entwicklung gestattet, angeboten werden.
(3) Die Vertragsstaaten ermöglichen Menschen mit Behinderung, lebenspraktische Fertigkeiten und soziale Kompetenzen zu erwerben, um ihre volle und gleichberechtigte Teilhabe an der Bildung und als Mitglied der Gemeinschaft zu erleichtern. Zu diesem Zweck ergreifen die Vertragsstaaten geeignete Maßnahmen; unter anderem
    a) erleichtern sie das Erlernen von Brailleschrift, alternativer Schrift, ergänzenden und alternativen Formen, Mitteln und Formaten der Kommunikation, den Erwerb von Orientierungs- und Mobilitätsfertigkeiten sowie die Unterstützung durch andere Menschen mit Behinderungen und das Mentoring;
    b) erleichtern sie das Erlernen der Gebärdensprache und die Förderung der sprachlichen Identität der Gehörlosen;

c) stellen sie sicher, dass blinde, gehörlose oder taubblinde Menschen, insbesondere Kinder, Bildung in den Sprachen und Kommunikationsformen und mit den Kommunikationsmitteln, die für den Einzelnen am besten geeignet sind, sowie in einem Umfeld vermittelt wird, das die bestmögliche schulische und soziale Entwicklung gestattet.

(4) Um zur Verwirklichung dieses Rechts beizutragen, treffen die Vertragsstaaten geeignete Maßnahmen zur Einstellung von Lehrkräften, einschließlich solcher mit Behinderungen, die in Gebärdensprache oder Brailleschrift ausgebildet sind, und zur Schulung von Fachkräften sowie Mitarbeitern und Mitarbeiterinnen auf allen Ebenen des Bildungswesens. Diese Schulung schließt die Schärfung des Bewusstseins für Behinderungen und die Verwendung geeigneter ergänzender und alternativer Formen, mittel und Formate der Kommunikation sowie pädagogische Verfahren und Materialien zur Unterstützung von Menschen mit Behinderungen ein.

(5) Die Vertragsstaaten stellen sicher, dass Menschen mit Behinderungen ohne Diskriminierung und gleichberechtigt mit anderen Zugang zu allgemeiner Hochschulbildung, Berufsausbildung, Erwachsenenbildung und lebenslangem Lernen haben. Zu diesem Zweck stellen die Vertragsstaaten sicher, dass für Menschen mit Behinderungen angemessene Vorkehrungen getroffen werden.

Vereinte Nationen (2007): Übereinkommen über die Rechte von Menschen mit Behinderungen. Arbeitsübersetzung. Deutscher Übersetzungsdienst der Vereinten Nationen. Stand: 16. Februar 2007

Ergänzung zu Kapitel 4.2.2: Aussagen wichtiger Vertreter der Integrations-/Inklusionsforschung zum integrativen/inklusiven Unterricht

Tab. 14: Synopse der Aussagen wichtiger Vertreter der Integrations-/Inklusionsforschung zum integrativen/inklusiven Unterricht (nach Hinz 2006, 342f)

Modell und Autor	Theoretischer Hintergrund	Merkmale und Kriterien
Theorie des Gemeinsamen Gegenstandes (Feuser 1995)	Sowjetische Psychologie (Leontjew, Vygotskij), deduktiv aus der Theorie abgeleitet	Integrativer Unterricht bezieht die Praxis einer Allgemeinen (kindzentrierten und basalen) Pädagogik, „in der *alle* Kinder und Schüler in Kooperation mit einander auf ihrem jeweiligen Entwicklungsniveau nach Maßgabe ihrer momentanen Wahrnehmungs-, Denk- und Handlungskompetenz in Orientierung auf die ‚nächste Zone ihrer Entwicklung' an und mit einem ‚gemeinsamen Gegenstand' spielen, lernen und arbeiten" (1955, 173f). Unverzichtbar sind die beiden Elemente „Kooperation am gemeinsamen Gegenstand und innere Differenzierung durch Individualisierung" (170), beide sind ausschließlich durch „in Projekten angelegten Lernfeldern" (178) mit einer „didaktischen Struktur" (178) im Sinne eines Baumes mit den Fach- und Humanwissenschaften als Wurzeln, dem Gemeinsamen Gegenstand als Stamm sowie unterschiedlichen abstrakten Tätigkeiten und individuellen Lernzielen als Äste und Zweige zu realisieren (179).

Theorie integrativer Prozesse (Reiser 1991)	Themenzentrierte Interaktion (Cohn) induktiv in mehrjährigen Beobachtungen in Hessen integrative Grundschulklasse entwickelt	Integrativer Unterricht ist eine „dynamische Balance von Gleichheit und Differenz in heterogenen Lerngruppen" (1991, 24), charakterisiert durch ein Spannungsverhältnis von „gemeinsamer Gestaltung" (25) („gemeinsamen Themen", „Arbeitsvorhaben", „Interaktionsthemen") und „individuellen Beiträgen" (24) (individualisierten Lernsequenzen" und „Bearbeitung von Themen auf differenzierten Niveaustufen"), die dadurch hergestellt wird, „dass jede Abgrenzung = Betonung des je eigenen Lernthemas und Lernwegs (...) wieder eingebunden wird durch eine Wieder-Annäherung" (25).
Theorie Gemeinsamer Lernsituationen (Wocken 1998)	Theorie integrativer Prozesse (Reiser 1991), induktiv nach langjähriger Beobachtungen in integrativen Grundschulklassen Hamburgs entwickelt	Integrativer Unterricht ist „eine ausgewogene Balance zwischen differenzierenden und integrierenden Lernsituationen" (1998, 50), „mehr (...) als Kooperation am gemeinsamen Gegenstand" (50) und beinhaltet „eine Vielzahl von gemeinsamen Situationen" (50): koexistente, kommunikative, subsidäre (unterstützende, prosoziale) und Kooperative (komplementäre, solidarische) Lernsituationen mit je unterschiedlichen Gestaltungen und Gewichtungen von Inhalts- und Beziehungsaspekt (40ff).
Theorie eines Unterrichts der Vielfalt (Hinz 1998, 2004a)	Theorie integrativer Prozesse (Reiser 1991), Pädagogik der Vielfalt (Prengel 1993) und Inclusive Education, induktiv aus Hamburger Integrationspraxis herausgelesen, mit Theorie konfrontiert und verdichtet	Im integrativen Unterricht „geht es ... um eine allgemeine Didaktik mit spezifischen Qualitäten: Sie soll bei gleichzeitiger Wahrung von Gemeinsamkeit auf die Voraussetzungen und Möglichkeiten aller Kinder eingehen" (1998, 130). Daher zeichnet sich der Unterricht der Vielfalt dadurch aus, dass er „unterschiedliche mehr oder weniger behinderte Entwicklungsmöglichkeiten (Integration), geschlechtsbezogene Existenzweisen (Koedukation), unterschiedliche sprachlich-kulturelle Hintergründe (Interkulturelle Erziehung) sowie unterschiedliche Bildungserfahrungen (Jahrgangsmischung) und soziale Kontexte (Chancengleichheit) berücksichtigt" (2004a, 64). Dafür braucht er ein „gemeinsames Curriculum, das sprachlich-kulturell, alters-, milieu-, geschlechts- und begabungsbezogen diversifiziert wird und so das ganze Spektrum von Heterogenität abbildet und zum Lerngegenstand macht" (2004a, 64).

Hinz, A. (2006): Integrativer Unterricht bei geistiger Behinderung? Integrativer Unterricht ohne geistige Behinderung! In: Wüllenweber, E., Theunissen, G., Mühl, H. (Hrsg.): Pädagogik bei geistigen Behinderungen. Stuttgart, 341–349

Ergänzung zu Kapitel 4.3.1: Kölner Erklärung

„Die über 400 Teilnehmerinnen und Teilnehmer der Internationalen Fachtagung ‚Wir wollen – wir lernen – wir können! Erwachsenenbildung und Empowerment' haben am 22.September 2007 in Köln folgende Erklärung beschlossen:
 ‚Alle TeilnehmerInnen der Tagung in Köln haben 3 Tage gearbeitet. Viele Gruppen haben an verschiedenen Themen gearbeitet. Die Themen haben alle mit Erwachsenenbildung für Menschen mit (so genannter geistiger) Behinderung zu tun.

Alle TeilnehmerInnen sind sich sicher:
- Lernen ist wichtig für das ganze Leben! Für alle Menschen!
- Alle Menschen können zusammen lernen – Menschen mit und ohne Behinderung!

- Wenn sich jede und jeder weiterbilden kann, dann wird unsere Gesellschaft für alle Menschen besser!

Jetzt fordern wir:
- Viele Einrichtungen führen Bildungsangebote durch. Sie alle sollen zusammenarbeiten. Auch die allgemeinen Bildungseinrichtungen müssen mitarbeiten, zum Beispiel die Volkshochschulen und Hochschulen. Sie müssen Angebote für alle Menschen machen. So gibt es mehr Möglichkeiten zum Lernen.
- Die Menschen, die Erwachsenenbildung machen, brauchen eine sehr gute Ausbildung. Und sie müssen sich ständig weiterbilden.
- Es muss mehr Orte geben, an denen Menschen gemeinsam lernen können. In allen Städten und Gemeinden müssen Bildungsangebote für alle gemacht werden.
- Menschen mit Behinderung bestimmen selbst, was sie lernen möchten.
- Zu den Themen gehören auch: wie stelle ich mir mein Leben als Frau vor? Wie stelle ich mir mein Leben als Mann vor?
- Es muss gute Angebote für Beratung und Unterstützung geben.
- Bei Bildungsangeboten und Einrichtungen muss überprüft werden, ob sie gut sind. Damit sollen die Angebote für die TeilnehmerInnen ständig verbessert werden.
- Alle sollen wissen, dass Bildung für Menschen mit Behinderung wichtig ist.

Politiker müssen unsere Forderungen unterstützen und sich für das Recht auf Erwachsenenbildung einsetzen!
Bildung für alle muss eine Bildung ohne Hindernisse sein!
Köln, 22. September 2007"

Veranstalter der Tagung: Bundesvereinigung Lebenshilfe für Menschen mit geistiger Behinderung e.V.; Gesellschaft Erwachsenenbildung und Behinderung, Deutschland e.V. in Kooperation mit der Universität zu Köln (Dr. Werner Schlummer) und der Volkshochschule Köln

Heß, G., Kagemann-Harnack, G., Schlummer, W. (Hrsg.) (2008): Wir wollen – wir lernen – wir können! Erwachsenenbildung, Inklusion, Empowerment. Marburg

Lösungshinweise zu den Übungsaufgaben

Kapitel 1

1. *Heilpädagogik* war zunächst ein Sammelbegriff unterschiedlicher Bedeutungen. Heute wird Heilpädagogik als „System", als ein komplexes Zusammenwirken aller Institutionen und Maßnahmen zur Bildung, Erziehung, Förderung und Betreuung von Menschen mit Behinderung verstanden. Die *Sonderpädagogik* nimmt Bezug auf das Sonderschulwesen, ebenso die *Förderpädagogik*. Die *Behindertenpädagogik* denkt von den Behinderungen aus. Die *Rehabilitationspädagogik* hat schwerpunktmäßig die soziale Eingliederung zum Ziel.
2. Die Heilpädagogik befasst sich in Theorie und Praxis mit den Auswirkungen von Behinderung. Sie verbindet verschiedenartige erzieherische, unterrichtliche, therapeutische und rehabilitative Maßnahmen.

3. Die Geistigbehindertenpädagogik ist eine von neun Fachrichtungen der Heilpädagogik.
4. Individuelle Beantwortung
5. *Ursprung:* vom Menschen mit geistiger Behinderung aus;

   Aufgabenfelder: Humangenetische Beratung, Frühförderung, medizinische Therapien und Versorgung, juristische Hilfen (Behindertenrecht), Psychologische Hilfen, Soziale Hilfen, Schulische Erziehung und Bildung, Berufsvorbereitung und Arbeit, Hilfen zur Freizeitgestaltung, Weiter- und Erwachsenenbildung, Wohnen in unterschiedlichen Institutionen, Assistenz im Alter und Sterbebegleitung;
   Nachbardisziplinen: Medizin, Psychologie, Soziologie, Philosophie, Rechtswissenschaften, Neurowissenschaften, Allgemeine Pädagogik/Erziehungswissenschaft

Kapitel 2

6. Individuelle Beantwortung
7. Denken der Aufklärung; das ‚pädagogische Zeitalter'; Interesse an Wissenschaft; Interesse an der Erforschung des Schwachsinns
8. Medizinische, religiös-karitative und pädagogisch-soziale Motive
9. Auf der einen Seite wuchs das pädagogische Interesse, rückten die Rechte der Kinder auf Eigenentwicklung und sozialerzieherische Zielsetzungen stärker ins Bewusstsein. Es entstand die Reformpädagogik. Auf der anderen Seite verstärkte sich zusammen mit den Fortschritten der Genetik das sozialdarwinistische Denken. Die Eugenik, die Erbgesundheitslehre, bereitete während des Nationalsozialismus den Boden für die Vernichtung von Menschen mit geistiger Behinderung. Da man diese Menschen für bildungsunfähig hielt, sprach man ihnen ihr Lebensrecht ab. Obwohl die Heilpädagogik in den Anstalten erfolgreich war, konnte sie der „Euthanasie" im Dritten Reich nicht Einhalt gebieten. Nach dem Zweiten Weltkrieg waren die Anstalten leer und das Hilfsschulwesen existierte nicht mehr.
10. Individuelle Beantwortung
11. Das Zitat stammt aus dem Lehrbuch: Breitsprecher, A., Autorenkollektiv (1982): Welches Kind muss sonderpädagogisch betreut werden? 3. Aufl., Volk und Wissen, Berlin
12. Individuelle Beantwortung
13. Kritik an der Segregation; Eingliederung und soziale Teilhabe; Einführung des SGB IX und XII; Ausdifferenzierung der Leitgedanken; UN-Konvention Rechte der Menschen mit Behinderung
14. Teilhabe verwirklichen, Gleichstellung durchsetzen, Selbstbestimmung ermöglichen, Lebensqualität sichern

Kapitel 3

15. Individuelle Beantwortung
16. individualtheoretisches, systemtheoretisches, interaktionstheoretisches, gesellschaftstheoretisches und konstruktivistisches Modell
17. „(1) Menschen sind behindert, wenn ihre körperliche Funktion, geistige Fähigkeit oder seelische Gesundheit mit hoher Wahrscheinlichkeit länger als sechs Monate von dem für das Lebensalter typischen Zustand abweichen

und daher ihre Teilhabe am Leben in der Gesellschaft beeinträchtigt ist. Sie sind von Behinderung bedroht, wenn die Beeinträchtigung zu erwarten ist" (www.sozialgesetzbuch.de/gesetze).
18. Klinische Klassifikationssysteme wie die DSM-IV und die ICD-10 haben das Ziel, international übereinstimmende Kriterien und Bezeichnungen für psychische Störungen zu erstellen. Es soll dabei ein länderübergreifendes, einheitliches Verständnis für psychische Störungen entstehen, das die Einordnung sowie den fachlichen Austausch ermöglicht.
19. Mit ihr verbindet sich nicht nur ein bio-psycho-soziales Verständnis von Behinderung, sondern die ICF vertritt auch ein Partizipationsmodell.
20. Klärung der Ursachen (Ätiologie) und der Entstehungsgeschichte (Pathogenese) von geistiger Behinderung; Diagnose und Therapie, Anregungen zur Förderung
21. Entstehungszeitpunkt (prä-, peri- und postnatale Schädigungen)
22. *Pränatale Schädigungen:* Genmutationen; Fehlbildungs-Retardierungs-Syndrom; Fehlbildung des Zentralnervensystems; Chromosomenanomalien; exogene Entwicklungsstörungen; idiopathische geistige Behinderung;
Perinatale Schädigungen: Geburtstraumen; Hypoxische-ischämische Enzephalophatie; Frühgeburt; Erkrankung des Neugeborenen;
Postnatale Schädigungen: Entzündliche Erkrankungen des Zentralnervensystems; Schädel-Hirn-Traumen; Hirntumoren
23. Die Epidemiologie untersucht die Häufigkeitsverteilung und -unterschiede in verschiedenen Bevölkerungsgruppen, so auch bei der geistigen Behinderung. Hierbei berücksichtigt sie medizinische, psychologische und soziologische Aspekte.
24. 2006 gab es rund 75.000 Schülerinnen und Schüler mit geistiger Behinderung. 97,2 % besuchen die Förderschule.
25. Die Pädagogik betrachtet das Phänomen der geistigen Behinderung aus der Perspektive des Erziehungs- und Bildungsanspruches sowie der Erziehungs- und Bildungsbedarfe der Menschen.
26. Individuelle Beantwortung
27. 1. Individualisierte und spezialisierte Erziehung; 2. Erziehung orientiert sich an den allgemein edukativen Erfordernissen; 3. Das pädagogische Handeln orientiert sich an den individuellen Lernbedürfnissen und ist Unterstützung des Lernens und der sozialen Teilhabe; 4. Erziehung vermeidet stigmatisierende und diskriminierende Zuschreibungen und ist auf Integration, kulturelle und soziale Teilhabe ausgerichtet.
28. Antwort 3
29. Individuelle Beantwortung
30. Alte Menschen mit geistiger Behinderung zeichnen sich durch spezifische Lebenserfahrungen aus, die mit den Schlagworten ‚Traumatisierung, Hospitalisierung und gelernte Hilflosigkeit' umschrieben werden können.
31. Individuelle Beantwortung

Kapitel 4

32. Frühförderung richtet sich an Kinder mit Behinderung oder mit drohender Behinderung im Alter von bis zu sechs Jahren sowie an deren Familien.
33. Frühförderung ist ein komplexes System diagnostischer, therapeutischer, pädagogischer und sozialrehabilitativer Maßnahmen.
34. Die Fachkräfte stammen aus dem medizinischen, pädagogisch-sozialen und psychologischen Bereich.

35. Frühe Hilfen sind wirksame Hilfen, weil das kindliche Gehirn noch plastisch ist und es durch gezielte Förderung zu einer stärkeren Aktivierung und Differenzierung der Entwicklung kommt.
36. Ganzheitlichkeit, Interdisziplinarität, Familienorientierung
37. Komplexleistungen sind in SGB IX geregelt und er stellt eine einheitliche Finanzierungsregelung dar für die Kosten der medizinisch-therapeutischen wie pädagogischen Angebote.
38. Förderschule mit dem Förderschwerpunkt geistige Entwicklung, Heimsonderschulen, andere Sonderschulformen, Integrative Schulen, Kooperationsschulen, Förderzentren.
39. Zwischen Lebensrecht und Bildungsrecht besteht ein wechselseitiger Zusammenhang. Lebensrecht und Bildungsrecht sind zwei Aspekte der Anerkennung des Menschen als einem Wesen, dessen Leben auf Weiterentwicklung und Selbstentfaltung in körperlicher, seelischer und geistiger Hinsicht angelegt ist.
40. Bildung ist ein lebenslanger Prozess der Selbstfindung und Lebensgestaltung des Menschen. Dieses Bildungsverständnis schließt alle Menschen unabhängig vom Grad ihrer Behinderung mit ein. Bildung verbindet die individuellen Möglichkeiten eines Menschen mit den Ansprüchen der Gesellschaft und Kultur.
41. Die Förderschule mit dem Förderschwerpunkt geistige Entwicklung realisiert einen eigenständigen Bildungsgang und integriert die Berufsschule in dem Konzept der Werkstufe.
42. Vor- und Unterstufe, Mittelstufe, Oberstufe, Werkstufe bzw. Berufsvorbereitungsstufe
43. Individuelle Beantwortung
44. Rückgang von Kindern mit Down-Syndrom; Zunahme von Schülern mit schwerer (mehrfacher) Behinderung; Zunahme von Schülern mit schwierigen Verhaltensweisen aus anderen Förderschulen als Folge sozialer und bildungspolitischer Veränderungen
45. Individuelle Beantwortung
46. Erwachsenenbildung gibt Menschen mit geistiger Behinderung Hilfestellungen zur Selbstbestimmung und zur Lebensgestaltung. Überdies hat jeder Mensch ein Recht auf lebenslange Bildung.
47. 1. Unterstützung der Identitätsbildung, Persönlichkeitsentwicklung und Selbstverwirklichung
2. Ermöglichung eines sozialen Lernens zum Zweck der sozialen und gesellschaftlichen Partizipation
3. Unterstützung der Sachwelterschließung und Handlungskompetenz zur Bewältigung und Kontrolle der eigenen Lebensumstände
48. Selbstbestimmung, Emanzipation, Teilnehmerorientierung, Sinn- und Praxisbezug, Freiwilligkeit, partnerschaftlicher Umgang, Wahlfreiheit; die Prinzipien werden in den Kursen durch erwachsenengerechte Lehr- und Lernformen und partnerschaftlichen Umgang mit einander umgesetzt.
49. Individuelle Beantwortung
50. Individuelle Beantwortung
51. Arbeit ist ein Grundbedürfnis des Menschen. Sie ermöglicht nicht nur finanzielle Unabhängigkeit, sondern dient vor allem auch der Selbstbestätigung, schafft Selbstsicherheit und Selbstvertrauen. Bei Menschen mit geistiger Behinderung wirkt sie ebenso persönlichkeitsprägend. Sie ermöglicht hier vor allem auch Sozialkontakte und Teilhabe an der Gemeinschaft.
52. Vom Betreuen, Beschützen und Anleiten zur Werkstatt als Bildungsort und

gemeinnütziger Dienstleistungsbetrieb mit Zielsetzung der Teilhabe und Integration in den allgemeinen Arbeitsmarkt
53. Die Werkstatt für behinderte Menschen gliedert sich in die Eingangsstufe, den Berufsbildungsbereich und den Arbeitsbereich sowie in die Abteilung für schwerstbehinderte Menschen (Tagesförderbereich), die Begleitenden Dienste (Reha-Fachdienste) sowie die Dienst zur Vermittlung auf dem allgemeinen Arbeitsmarkt.
54. Individuelle Beantwortung
55. Das Grundprinzip der ‚Unterstützten Beschäftigung' ist die Umkehr des traditionellen Arbeitsansatzes der beruflichen Rehabilitation, vom Prinzip: ‚Erst qualifizieren, dann platzieren' zum ‚Erst Platzieren, dann qualifizieren' (= training on the job).
56. Menschen, die die Voraussetzung für eine Beschäftigung in einer Werkstatt für behinderte Menschen nicht erfüllen, sollen gemäß SGB IX, § 136, Abs. 3 in Einrichtungen und Gruppen (Abteilungen für schwerbehinderte Menschen, Tagesförderstätten) betreut und gefördert werden.
57. Wohnen ist ein Grundbedürfnis des Menschen. Die Wohnung bietet Rückzugsmöglichkeiten von Alltagsbelastungen, vermittelt emotionale Sicherheit, Zufriedenheit und Wohlbefinden.
58. Für Menschen mit geistiger Behinderung hat das Wohnen grundsätzlich dieselbe Bedeutung wie Menschen ohne Behinderung. Ihnen wurde ein menschenwürdiges Zuhause jahrhundertelang vorenthalten. Sie wurden untergebracht und versorgt.
59. Das Normalisierungsprinzip geht auf sozialpolitische und -rechtliche Entwicklungen in Skandinavien und den USA zurück. Ziel ist die Normalisierung des Lebens für Menschen mit geistiger Behinderung: normaler Tagesablauf, normaler Wochenablauf, normaler Jahresablauf, normale Erfahrungen eines Lebenszyklus, normaler Respekt, Leben in einer zweigeschlechtlichen Welt, normaler Lebensstandard, normale Umweltbedingungen. Menschen mit geistiger Behinderung sollen in ihrer sozialen Rolle aufgewertet (Wolfensberger) werden.
60. Individuelle Beantwortung
61. In SGB XII wird ambulanten Formen der Hilfe und Unterstützung Vorrang vor teilstationären und stationären Leistungen (Einrichtungen) eingeräumt.
62. Das ‚Persönliche Budget' ist ein Instrument, um die Ansprüche von Menschen mit Behinderung auf Wahlfreiheit, Selbstbestimmung und Teilhabe zu erreichen, indem es die Finanzierung von Leistungen und das Verhältnis zwischen Leistungsträgern, Anbietern und Nutzern neu definiert.
63. Individuelle Beantwortung
64. Das Konzept der ‚Persönlichen Assistenz', das vom Empowerment-Gedanken ausgeht, beinhaltet einen Wechsel von einem entmündigenden Versorgungsdenken zur Anerkennung eines Hilfebedarfs für ein gleichberechtigt selbstbestimmtes Leben.

Kapitel 5

65. Praxis, Theorie, Metatheorie
66. Die Geistigbehindertenpädagogik als Wissenschaft erforscht die Lebens- und Erziehungswirklichkeit ihrer Klientel. Sie hinterfragt gebräuchliche Erziehungstheorien und -praktiken. Sie verbindet fachspezifisches Wissen mit aktuellem Denken anderer Disziplinen (Medizin, Psychologie, Soziologie und Philosophie).

67. Wissenschaft als globales Konzept; Wissenschaft als Disziplin; Wissenschaft als kulturelle Tätigkeit; Wissenschaft als System von Aussagen, Bedeutung des Wissensbegriffs
68. Wissen im Alltagsverständnis ist unspezifisch, während es im wissenschaftlichen Verständnis als begründete Erkenntnis aufgefasst wird
69. 1. Bestimmung des Verständnisses von geistiger Behinderung; 2. Bestimmung, Aufgabe und Ziele einer Pädagogik für Menschen mit geistiger Behinderung

Ausgewählte Fachzeitschriften

Geistige Behinderung

„Teilhabe: die Fachzeitschrift der Lebenshilfe": informativ – engagiert – sachlich. Bis 2008: „Geistige Behinderung"; Vierteljahresschrift der Bundesvereinigung Lebenshilfe für Menschen mit geistiger Behinderung e.V., Marburg. Die Zeitschrift bietet viermal im Jahr in den Rubriken Wissenschaft und Forschung, Praxis und Management sowie News: Beiträge aus Pädagogik, Psychologie, Soziologie, Medizin und Recht; Anregungen für die und Beispiele aus der Praxis; neue Strategien der Verbands- und Organisationsentwicklung; Besprechungen von Fachbüchern, Veranstaltungshinweise und andere aktuelle Mitteilungen (http://www.lebenshilfe.de/wDeutsch/unsere_angebote/zeitschriften/teilhabe/index.php, 26.2.2009)

„Lernen Konkret": Unterricht bei geistiger Behinderung. Unterricht mit Geistigbehinderten: Die in der Vierteljahresschrift veröffentlichten Aufsätze beziehen sich auf Unterricht und Schule, thematisieren theoretisch-didaktische Fragen oder geben Beispiele für den Unterricht. Es werden neue Arbeitsmaterialien für den Unterricht mit geistig behinderten Schülern sowie neue didaktische Fachbücher vorgestellt. Bildungsverlag Eins, Köln (www.bildungsverlag1.de)

„Praxis-Info-G": Die Zeitschrift erscheint jährlich dreimal und enthält Unterrichtsbeispiele zu verschiedenen Themenbereichen. Herausgeber: Verlag Riedel & Schwarz GbR (www.praxis-info-g.de)

Heilpädagogik

Die nachfolgend beispielhaft aufgeführten heilpädagogischen Fachzeitschriften veröffentlichen Aufsätze und Forschungsergebnisse verschiedener Fachrichtungen, u.a. auch aus dem Bereich der Geistigbehindertenpädagogik. Sie wollen Praktiker wie Wissenschaftler aus unterschiedlichen heilpädagogischen Handlungsfeldern ansprechen, geben Informationen über neue Publikationen, über aktuelle Kongresse und Weiterbildungsangebote.

Zeitschrift für Heilpädagogik: Herausgegeben vom Verband Sonderpädagogik e.V. Die Zeitschrift erscheint monatlich im Ernst Reinhardt Verlag München/Basel (www.reinhardt-verlag.de/de/zeitschrift/6691/Zeitschrift_fuer_Heilpaedagogik_p_//)

Behindertenpädagogik: Vierteljahresschrift für Behindertenpädagogik und Integration Behinderter in Praxis, Forschung und Lehre. Herausgegeben vom Landesverband Hessen e. V. im Verband Sonderpädagogik e. V. Fachverband für Behindertenpädagogik (web.psychosozial-verlag.de/psychosozial/details.php

Frühförderung interdisziplinär – Zeitschrift für Frühe Hilfen und frühe Förderung benachteiligter, entwicklungsauffälliger und behinderter Kinder: Vierteljahreszeitschrift. Ernst Reinhardt Verlag, München/Basel (www.reinhardt-verlag.de/de/zeitschrift/4443/Fruehfoerderung_interdisziplinaer//)

Vierteljahresschrift für Heilpädagogik und ihre Nachbargebiete (VHN): Ernst Reinhardt Verlag, München/Basel (www.reinhardt-verlag.de/de/zeitschrift/5126/Vierteljahresschrift_fuer_Heilpaedagogik_und_ihre_Nachbargebiete_VHN_p_//)

Behinderte Menschen (bis 2007 „Behinderte in Familie, Schule und Gesellschaft"). Herausgegeben vom Verein „Initiative behinderter Kinder und Jugendliche" (6x jährlich). Graz, Österreich (www.behindertemenschen.at)

Heilpädagogik online: Die Fachzeitschrift im Internet (www.sonderpaedagoge.de)

bidok – behinderung inklusion dokumentation: Digitale Volltextbibliothek mit Texten und Materialien zum Thema Integration und Inklusion von Menschen mit Behinderungen (bidok.uibk.ac.at)

Adressen von ausgewählten Institutionen und Verbänden

Aktion Mensch, Heinemannstr. 36, D-53175 Bonn, Internet: www.aktionmensch.de

Arbeitsgemeinschaft Behinderung und Medien e.V. (ABM), Bonner Platz 1, D-80803 München, Tel. 089-307992-0, www.abm-medien.de

Arbeitskreis Down-Syndrom e.V., Gadderbaumer Straße 28, D-33602 Bielefeld, Tel. 0521-442998, Internet: www.down-syndrom.org (Hier erhältlich: Informationen über Selbsthilfegruppen in deutschen Städten)

Bundesarbeitsgemeinschaft „Gemeinsam leben – Gemeinsam lernen", Eltern gegen Aussonderung e.V., www.gemeinsamleben-gemeinsamlernen.de

Bundesarbeitsgemeinschaft Selbsthilfe von Menschen mit Behinderung und chronischer Erkrankung und ihren Angehörigen e.V. (BAG Selbsthilfe), Kirchfeldstr.149, D-40215 Düsseldorf, Tel. 0211-310060, Internet: www.bag-selbsthilfe.de (Hier sind auch Adressen von Selbsthilfegruppen aufgelistet.)

Bundesarbeitsgemeinschaft Werkstätten für behinderte Menschen e.V. (BAG-WfbM), Sonnemannstr. 5, D-60314 Frankfurt/M., Tel. 069-943394-0, www.bagwfbm.de

Bundesministerium für Arbeit und Soziales: einfach teilhaben: Das Portal für Menschen mit Behinderung, ihre Angehörigen, Verwaltung und Unternehmen. www.einfach-teilhaben.de

Bundesverband für körper- und mehrfachbehinderte Menschen e.V., Brehmstr. 5–7, D-40239 Düsseldorf, Tel. 0211-6 40 04-0, Internet: www.bvkm.de

Bundesverband evangelische Behindertenhilfe e.V. (BeB), Altensteinstr. 51, 14195 Berlin, Tel. 030-83001270, Internet: www.beb-ev.de

Bundesvereinigung Lebenshilfe für Menschen mit geistiger Behinderung e.V., Raiffeisenstr. 18, 35043 Marburg-Cappel, Tel. 06421/4 91-0, Internet: www.lebenshilfe.de

Caritas Behindertenhilfe und Psychiatrie e.V., Bundesfachverband im Deutschen Caritasverband, Karlstraße 40, 79104 Freiburg, Tel. 0761-200301, Internet: www.cbp.caritas.de

Deutsche Epilepsievereinigung gem. e.V., Zillestraße 102, D-10585 Berlin, Tel. 030-3424414, Internet: www.epilepsie.sh

Deutsche Interessengemeinschaft Phenylketonurie und verwandte [angeborene] Stoffwechselstörungen e.V. (DIG-PKU), c/o H. J. Schmidt, Narzissenstr. 25, D-90768 Fürth, Tel. 0911-9791034, Internet: www.dig-pku.de

Inclusion Europe – Respekt, Solidarität, Inclusion für Menschen mit geistiger Behinderung, Galeries de la Toison d`Or, 29 Chaussée d'Ixelles, 1050 Brüssel/Belgien, Tel. 0032-3-502-2815, Internet: www.inclusion-europe.org

Informationsportal Leben mit Behinderungen in NRW, Ministerium für Arbeit, Gesundheit und Soziales des Landes NRW, Internet: www.lebenmitbehinderungen.nrw.de

LEONA – Verein für Eltern chromosomal geschädigter Kinder e.V., c/o Uwe Pietryga, Rügener Zeile 64, 26388 Wilhelmshaven, Tel. 04421-748669, Internet: www.leona-ev.de

Mensch zuerst – Netzwerk People First Deutschland e.V., Kölnische Str. 99, D-34119 Kassel, Tel. 0561-7288555, Internet: www.peoplefirst.de

NAKOS – Nationale Kontakt- und Informationsstelle zur Anregung und Unterstützung von Selbsthilfegruppen, Wilmersdorfer Str. 39, 10627 Berlin, Tel. 030-31018960, Internet: www.nakos.de (Hier erhältlich: Adressen von Informationsstellen, Selbsthilfegruppen und Möglichkeiten zur bundesweiten Suche nach Betroffenen.)

Projekt InKö – Integration/Inklusion Köln, Klosterstr. 79b, 50931 Köln, Tel. 0221-47055-30, Internet: www.inkoe.de

Selbsthilfe, Kontakt- und Informationsstelle (SEKIS), Lotharstr. 95, D-53115 Bonn, Tel. 0228-91459-17, Internet: www.sekis-bonn.de

Verband für anthroposophische Heilpädagogik, Sozialtherapie und soziale Arbeit e.V., Schloßstraße 9, D-61209 Echzell-Bingenheim, Tel. 06035-81190, Internet: www.verband-anthro.de

Beratung zur beruflichen Bildung

Bundesinstitut für Berufsbildung (BIBB), Postfach 201264, D-53142 Bonn, Besucheradresse: Robert-Schumann-Platz 3, D-53175 Bonn, Tel. 0228-107-0, Internet: www.bibb.de

Bundesministerium für Arbeit und Soziales (BMAS), Wilhelmstraße 49, 10117 Berlin, Tel. 030-185270, Internet: www.bmas.de

Organisationen für Heil- und Sonderpädagogen

Berufsverband der Heilpädagoginnen und Heilpädagogen, Fachverband für Heilpädagogik (BHP), e.V. Bundesgeschäftsstelle, Michaelkirchstr. 17/18, 10179 Berlin, Tel. 030-40605060, Internet: www.heilpaedagogik.de
Verband Sonderpädagogik e.V., Fachverband für Behindertenpädagogik, Ohmstr. 7, D-97076 Würzburg, Tel. 0931-24020, Internet: www.verband-sonderpaedagogik.de

Migration und Behinderung

Türkisch-Deutsche Gesundheitsstiftung e.V., Friedrichstr. 13, 35392 Gießen, Tel. 0641/966116-0, Internet: www.tdg-stiftung.de

Internetadressen zu ausgewählten Syndromen

Folgende Seiten beinhalten eine kleine Auswahl an aktuellen Internet-Adressen zu ausgewählten Themen dieses Buches. Unter den genannten Schlagworten befinden sich weitere Links im World Wide Web. Da sich das Medium Internet im permanenten Wandel befindet, kann es sein, dass sich mehrere Adressen im Laufe der Zeit verändern. Verlag und Autorin bitten die Leser/User daher um Verständnis, wenn sich die eine oder andere Website nicht mehr auffinden lässt oder andere Inhalte bietet als untenstehend charakterisiert (Stand: Juli 2012). Über die Suchmaschinen lassen sich jedoch alle Themen ausführlich erschließen. Anregungen zur Verbesserung dieses Internet-Anhangs für die nächste Auflage des vorliegenden Buches richten Sie bitte an: info@reinhardt-verlag.de

Angelman-Syndrom:

- Angelman e.V., Raitz-von-Frentz-Str. 4, 41352 Korschenbroich, Tel. 0800-26435626, www.angelman.de, Selbsthilfeverein von Eltern für Eltern, ausführliche Informationen zum Syndrom, sieben Regionalgruppen mit regelmäßigen Treffen
- www.lebenshilfe.de/wDeutsch/aus_fachlicher_sicht/artikel/Angelman-Syndrom.php
- www.angelman-syndrom.de, Informationen über das Angelman-Syndrom, z.B. über: genetische Ursachen, Klinik und schulische Förderung

Apert-Syndrom:

- Elterninitiative Apert-Syndrom und verwandte Fehlbildungen e.V. (EAS), Vinzenzweg 7, 48147 Münster, Tel. 0251-53558981, Internet: www.apert-syndrom.de

Autismus:

- Autismus Deutschland e. V., Bundesverband zur Förderung von Menschen mit Autismus, Rotenbaumchaussee 15, 20148 Hamburg, Tel. 040-5115604, Internet: www.autismus.de

Down-Syndrom:

- Arbeitskreis Down-Syndrom e. V. Gadderbaumerstr. 28, 33602 Bielefeld, Tel. 0521-442998, Internet: www.down-syndrom.org
- Deutsches Down-Syndrom Infocenter, Hammerhöhe 3, 91207 Lauf a. d. Pegnitz, Tel.: 0 91 23-98 21 21 oder 09123-98 98 90, Internet: www.ds-infocenter.de
- Menschen mit Down-Syndrom, Eltern & Freunde e. V., Spessartstr. 57, 97082 Würzburg, Internet: www.trisomie21.de
- Arbeitskreis Down-Syndrom e. V., Am Schäferhof 27, 27308 Kirchlinteln, Tel. 04236-94101, Internet: www.down-syndrom.de
- Ohrenkuss – da rein, da raus, www.ohrenkuss.de; ein Projekt von Downtown – Werkstatt für Kultur und Wissenschaft, Internet: www.downtown-werkstatt.de

Epilepsie:

- Informationszentrum Epilepsie der Dt. Gesellschaft für Epileptologie, Reinhardtstr. 14, 10117 Berlin, Tel. 0700-13141300, Internet: www.izepilepsie.de
- e. b. e., Epilepsie Bundeselternverband e. V., www.epilepsie-elternverband. de
- www.epilepsie-informationen.de
- www.epilepsie-online.de
- www.epilepsie-netz.de
- www.epilepsie.sh

Fragiles-X-Syndrom

- Interessengemeinschaft Fragiles-X e. V., Geschäftsstelle, Carl-Malchin-Weg 5, 18055 Rostock, Tel. 0381-29642375, Internet: www.frax.de
- Fraxa Research Foundation, finding a cure for Fragile X, 10 Prince Place, Newburyport, MA 01950, USA, Tel. 001-978 4621866, Internet: www.fraxa.org

Katzenschrei-Syndrom

- Förderverein für Menschen mit Cri-du-Chat Syndrom e. V., Wilhelm-Wolters-Str. 38, 28309 Bremen, Tel. 0421-4675461, Internet: www.5p-syndrom.de

Prader-Willi-Syndrom:

- Prader-Willi-Syndrom Vereinigung Deutschland e. V., Am Brückenhorst 2a, 29227 Celle, Tel. 05141-3747327, Internet: www.prader-willi.de

Rett-Syndrom:

- Elternhilfe für Kinder mit Rett-Syndrom in Deutschland e. V., Wörsdorferstr. 3, 65510 Hünstetten, Tel. 06126-500306, www.rett.de bzw. www.rettforum.de

Syndrome bei autosomaler Trisomie:

- Trisomie 13 (Pätau-Syndrom): www.trisomie13.de
- Trisomie 9 Intern. Parent Support, 4027 E. Piedmont Dr., Highland, CA 92346, USA, Tel. 001-9098624470, Internet: www.familyvillage.wisc.edu/lib_tr9.html
- Support Organization for Trisomy 18, 13 and Related Disorders (SOFT), Barb Vanherreweghe, 2982 South Union Street, Rochester, NY 14624 USA, Tel. 001-5855944621, Internet: www.trisomy.org

Syndrome gonosomaler Chromosomenanomalien:

- Turner-Syndrom Vereinigung Deutschland e.V., Rinstr. 18, 53809 Ruppichteroth, Tel. 02247-759750, Internet: www.turner-syndrom.de
- Triplo-X-Kontaktgruppe, Wegenerstr. 15, 89231 Neu-Ulm, Tel. 0731-9849016, Internet: www.triplo-x.de; www.triplo-x.org
- Deutsche Klinefelter-Syndrom Vereinigung e.V., c/o Rolf Johnki, Bleiberweg 27, 40885 Ratingen, Tel. 02102-1017218. Internet: www.klinefelter.de
- XYY-Syndrom: www.XYY.nl

Williams-Beuren-Syndrom:

- Bundesverband Williams-Beuren-Syndrom e.V. (WBS), c/o Christina Leber, Urselbachstr. 17, 61440 Oberursel, Tel. 06171-78740, Internet: www.w-b-s.de, und Regionalgruppen: www.williams-beuren-syndrom.de. Der Bundesverband bietet Informationen zur Krankheit und zur Vereinsarbeit sowie eine E-Mail-Liste.
- Landesverband Williams-Beuren-Syndrom NRW, www.wbs-nrw.de

Bildnachweis

Abb. S. 33 und 34 aus: Scheerenberger, A History of Mental Retardation, Baltimore, London 1983

Abb. 6, S. 35 aus: Ein Jahrhundert der Sorge um geistig behinderte Menschen, Bd. 2, Freiburg 1980

Abb. 10, S. 50: Lea-Leseklub®, Gemeinschaftsprojekt der Universität zu Köln und Kubus e.V.® , Foto: Jens Wagner

Literatur

AAMR (1992): Mental Retardation: Definition, classification, and systems of support. Washington, DC

Ackermann, K.-E. (2008): Persönlichkeitsbildung – was heißt das heute? In: Heß, G., Kagemann-Harnack, G., Schlummer, W. (Hrsg.): Wir wollen – wir lernen – wir können! Erwachsenenbildung, Inklusion, Empowerment. Marburg, 50–61

Antor, G., Bleidick, U. (Hrsg.) (1995): Recht auf Leben – Recht auf Bildung. Aktuelle Fragen zur Behindertenpädagogik. Heidelberg

Babilon, R. (2008): Inklusion: Ferne Utopie oder konkretes Programm? Von England lernen. In: Heß, G., Kagemann-Harnack, G., Schlummer, W. (Hrsg.): Wir wollen – wir lernen – wir können! Erwachsenenbildung, Inklusion, Empowerment. Marburg, 70–77

Barsch, S. (2007): Geistig behinderte Menschen in der DDR. Oberhausen

Baudisch, W., Bröse, B., Samski, Ch. (1987): Hilfsschulpädagogik. 3. Aufl. Berlin

Bauman, Z. (1995): Moderne und Ambivalenz. Das Ende der Eindeutigkeit. Frankfurt/M.

Bauman, Z. (1999): Unbehagen in der Postmoderne. Hamburg

Beauftragter der Bundesregierung für Belange behinderter Menschen (2008): Pflege.www.behindertenbeauftragter.de/Pflege vom 16.03.2009

Beck, I. (2007): Wohnen. In: Greving, H. (Hrsg.): Kompendium der Heilpädagogik. Bd. 2. Troisdorf, 334–345

Becker, K.-P. u. Autorenkollektiv (1979): Rehabilitationspädagogik. Berlin

Beyer, I. (o. J.): Unser Kind ist ein Geschenk. Türkische Familien mit einem geistig behinderten Kind in Deutschland. Marburg

Beyer, I. (2003): Unser Kind ist ein Geschenk. Eine Broschüre entsteht. In: Das Band. Zeitschrift des Bundesverbandes für Körper- und Mehrfachbehinderte 34. Jg., 3, 9–12

Bienstein, Ch., Fröhlich, A. (2003): Basale Stimulation in der Pflege – die Grundlagen. Seelze-Velber

Bleidick, U. (1992a): Zur Theoriebildung der Behindertenpädagogik. In: Bleidick, U.: Einführung in die Behindertenpädagogik I. 4. Aufl. Stuttgart, 64–75

Bleidick, U. (1992b): Behindertenpädagogik. In: Dupuis, G., Kerkhoff, W.(Hrsg.): Enzyklopädie der Sonderpädagogik, der Heilpädagogik und ihrer Nachbargebiete. Berlin, 69

Bleidick, U. (1999): Behinderung als pädagogische Aufgabe. Behinderungsbegriff und behindertenpädagogische Theorie. Stuttgart

Böing, U. (2003): Bildung wagen. Impulse für den Unterricht mit Schülerinnen und Schülern mit schwerer Behinderung. In: Fröhlich, A., Heinen, N., Lamers, W. (Hrsg.): Schulentwicklung – Gestaltungs(t)räume in der Arbeit mit schwerstbehinderten Schülerinnen und Schülern. Düsseldorf, 87–103

Bradl, Ch., Steinhardt, I. (Hrsg.) (1996): Mehr Selbstbestimmung durch Enthospitalisierung: Kritische Analysen und neue Orientierungen für die Arbeit mit geistig behinderten Menschen. Bonn

Bragança, de K., Peschka, B. (Hrsg.) (2008): Das Wörterbuch Ohrenkuss, downtown-werkstatt für kultur und wissenschaft, Bonn

Breitsprecher, A. u. Autorenkollektiv (1982): Welches Kind muss sonderpädagogisch betreut werden? 3. Aufl. Berlin

Brezinka, W. (1978): Metatheorie der Erziehung. 4. Aufl. München/Basel

Buchka, M. (2003): Ältere Menschen mit geistiger Behinderung. Bildung, Begleitung, Sozialtherapie. München/Basel

Buchka, M. (2007a): Alter. In: Greving, H. (Hrsg.): Kompendium Heilpädagogik. Troisdorf, 7–20

Buchka, M. (2007b): Alte Menschen mit Behinderung. In: Greving, H. (Hrsg.): Kompendium Heilpädagogik. Troisdorf, 21–32

Bücheler, H. (2006): „Damit ich endlich unterschreiben kann …". Lese- und Schreibkurse für erwachsene Menschen mit geistiger Behinderung. In: Geistige Behinderung 45. Jg., 2, 136–144

Budka, D. (2006): Der Andere. Mit Emmanuel Lévinas die gesellschaftliche und schulische Integration behinderter Menschen neu denken. Marburg

Bundesverband Lebenshilfe (Hrsg.) (1983): Rückblick – Ausblick. Festschrift zum 25jährigen Bestehen. Marburg

Bundesverband Lebenshilfe (Hrsg.) (2000): WfbM-Handbuch. Werkstatt für behinderte Menschen. Marburg

Bundesverband für Körper- und Mehrfachbehinderte (Hrsg.) (2003): Das Band 34. Jg., 3

Bundesvereinigung Lebenshilfe (Hrsg.) (2000): Persönlichkeit und Hilfe im Alter. Zum Alterungsprozess bei Menschen mit geistiger Behinderung. 2. Aufl. Marburg

Bundesvereinigung Lebenshilfe (Hrsg.) (2008): Wohnen im Alter. Orientierungs- und Entscheidungshilfe für die Begleitung älter werdender und alter Menschen mit Behinderung, Marburg (www.lebenshilfe.de)

Bundesvereinigung Lebenshilfe (Hrsg.) (2008): Pflege behinderter Menschen in Einrichtungen der Behindertenhilfe. Info Nr. 9. Abteilung Recht. Sozialpolitik und Ethik. www.lebenshilfe.de, 16.3.2008

Bürli, A. (1997): Sonderpädagogik international: Vergleiche, Tendenzen, Perspektiven. Luzern

Burtscher, R. (2005): Erwachsenenbildung, salutogenetisches Denken und heilpädagogisches Handeln. In: VHN 74. Jg., 288–296

Chen, N.-Ch. (2007): Menschsein als Dialog und Shûnjatâ. Eine transkulturelle Studie zur Schwerstbehindertenpädagogik. Berlin

Cloerkes, G. (2001): Soziologie der Behinderten. Eine Einführung. 2. Aufl. Heidelberg

Cloerkes, G. (Hrsg.) (2003): Wie man behindert wird. Texte zur Konstruktion einer sozialen Rolle und zur Lebenssituation betroffener Menschen. Heidelberg

Dederich, M. (2005): Zur Ökonomisierung sozialer Qualität. In: Sozialpsychiatrische Informationen 35. Jg., 4, 2–6

Dederich, M. (2006): Disability Studies und Integration. In: Platte, A., Seitz, S., Terfloth, K. (Hrsg.): Inklusive Bildungsprozesse. Bad Heilbrunn, 23–34

Dederich, M. (2007): Körper, Kultur, Behinderung. Eine Einführung in die Disability Studies. Bielefeld

Dederich, M. (2008): Der Mensch als Ausgeschlossener. In: Fornefeld, B. (Hrsg.): Menschen mit Komplexer Behinderung. München/Basel, 31–49

Dederich, M. (2009): Behinderung als sozial- und kulturwissenschaftliche Kategorie. In: Dederich, M., Jantzen, W. (Hrsg.): Behinderung und Anerkennung. Behinderung, Bildung und Partizipation – Handbuch der Behindertenpädagogik. Bd. 2. Stuttgart

Deutsches Institut für Medizinische Dokumentation und Information (DIMDI) (2005): ICF – Internationale Klassifikation der Funktionsfähigkeit, Behinderung und Gesundheit. Stand 2005. Genf (www.dimdi.de/dynamic/de/klassi/downloadcenter/icf/endfassung/icf_endfassung-2005-10-01.pdf)

Dilling, H., Mombour, W., Schmidt, M. H. (Hrsg.) (1991): Internationale Klassifikation psychischer Störungen. ICD-10 Kap. V (F). Bern

Dörr, G. (2006): Der lange Weg zur Teilhabe. In: Laubenstein, D., Lamers, W., Heinen, N. (Hrsg.): Basale Stimulation, kritisch-konstruktiv. Düsseldorf, 74–89

Dörr, G. (2008): ‚Jedem das Seine' – die Bedeutung von Recht und Gerechtigkeit für Menschen mit Komplexer Behinderung. In: Fornefeld, B. (Hrsg.): Menschen mit Komplexer Behinderung. München/Basel, 184–202

Eberwein, H. (1999): Behinderte und Nichtbehinderte lernen gemeinsam.

Handbuch der Integrationspädagogik. 5. Aufl. Weinheim/Basel

Ellger-Rüttgardt, S. L. (2008): Geschichte der Sonderpädagogik. München/Basel

Ellinger, S., Koch, K. (2006): Einstellung gegenüber geistig behinderten Kindern 1974 und 2003. In: VHN 75. Jg., 225–238

Engel, H., Engel, D., Pfeuffer, F. (2009): Umsetzung der Komplexleistung Frühförderung – bereits vollzogene und weiterhin notwendige Veränderungen in den Leistungsstrukturen. In: Frühförderung interdisziplinär 28. Jg., 3–11

Ferber, C. von (1968): Der behinderte Mensch und die Gesellschaft. Der behinderte Mensch in unserer Zeit. Vorbeugung, Heilung, Linderung. Frankfurt/M., 19–29

Feuser, G. (1995): Behinderte Kinder und Jugendliche: Zwischen Integration und Aussonderung. Wissenschaftliche Buchgesellschaft, Darmstadt

Fischer, E. (2008): Bildung im Förderschwerpunkt geistige Entwicklung. Bad Heilbrunn

Fornefeld, B. (1997): „Elementare Beziehung" und Selbstverwirklichung geistig Schwerstbehinderter in sozialer Integration: Reflexionen im Vorfeld einer leiborientierten Pädagogik. 4. Aufl. Aachen

Fornefeld, B. (2006): Schwerstbehinderung, Mehrfachbehinderung, Schwerstbehinderte, Schwerstbehindertenpädagogik. In: Antor, G., Bleidick, U. (Hrsg.): Handlexikon der Behindertenpädagogik. Schlüsselbegriffe aus Theorie und Praxis. 2. überarb. Aufl. Stuttgart, 156–159

Fornefeld, B. (2007a): Was geschieht mit dem Rest? – Anfragen an die Behindertenpädagogik. Teil I und II. In: Dederich, M./ Grüber, K. (Hrsg.): Herausforderungen. Mit schwerer Behinderung leben. Frankfurt, Teil I: 39–53, Teil II: 75–85

Fornefeld, B. (2007b): Bildung von Menschen im interkulturellen Kontext. In: Antor, H. (Hrsg.): Fremde Kulturen verstehen – fremde Kulturen lehren. Theorie und Praxis der Vermittlung interkultureller Kompetenz. Heidelberg, 176–205

Fornefeld, B. (Hrsg.) (2008a): Menschen mit Komplexer Behinderung. München/Basel

Fornefeld, B. (2008b): Menschen mit geistiger Behinderung – Phänomenologische Betrachtungen zu einem *unmöglichen* Begriff in einer *unmöglichen* Zeit. In: Fischer, E. (Hrsg.): Pädagogik für Menschen mit geistiger Behinderung. Sichtweisen, Theorien, Aktuelle Herausforderungen. 2. überarb. Auflage. Oberhausen, 331–352

Fornefeld, B. (2009): Bei Leibe gebildet – Sonderpädagogische Impulse. Zeitschrift für Heilpädagogik 60. Jg. 3, 107–114

Fröhlich, A. (1998): Basale Stimulation – Das Konzept. Düsseldorf

Fröhlich, A. (2007): Schwerste Behinderung. In: Greving, H. (Hrsg.): Kompendium der Heilpädagogik. Bd. 2. Troisdorf, 222–228

Fröhlich, A. (2007): Behinderung. In: Greving, H. (Hrsg.): Kompendium der Heilpädagogik. Bd. 1. Troisdorf, 97–109

Fuchs, P. (2004): Vom Selbstverständlichen im Umgang mit Menschen. In: Greving, H., Mürner, Ch., Rödler, P. (Hrsg.): Zeichen und Gesten. Heilpädagogik als Kulturthema. Gießen, 242–262

Göthing, S. (2007): People First. In: Greving, H. (Hrsg.): Kompendium der Heilpädagogik. Bd. 2. Troisdorf, 140–147

Göttfried, J. (2005): Wir sind alle anders, aber jeder ist normal auf seine Art und Weise! (o. O.)

Goffman, E. (1967): Stigma. Über Technik und Bewältigung beschädigter Identität. Frankfurt/M.

Goffman, E. (1972): Asyle. Über die soziale Situation psychiatrischer Patienten und anderer Insassen. Frankfurt/M.

Gontrad, v. A. (2003): Genetische und biologische Grundlagen. In: Neuhäuser, G., Steinhausen, H.-C. (Hrsg.): Geistige Behinderung. Grundlagen, klinische Syndrome, Behandlung und Rehabilitation. 3. Aufl. Stuttgart, 24–41

Grampp, G. (2006): Das Arbeitspädagogische BildungsSystem (ABS) als Basis einer normalisierenden Bildung für geistig behinderte Menschen. In: Hirsch, St., Lindmeier, Ch. (Hrsg.): Berufliche Bildung von Menschen mit geistiger Behinderung. Weinheim/Basel, 145–161

Greving, H., Gröschke, D. (Hrsg.) (2000): Geistige Behinderung – Reflexionen zu einem Phantom. Ein interdisziplinärer Diskurs um einen Problembegriff. Bad Heilbrunn

Greving, H., Ondracek, P. (2005): Handbuch der Heilpädagogik. Troisdorf

Gröschke, D. (1997): Heilpädagogik? – Heilpädagogik! Plädoyer für einen Begriff. In: Gröschke, D.: Praxiskonzepte der Heilpädagogik. München/Basel, 15–32

Gröschke, D. (2000): Geistige Behinderung – Zur Problematisierung einer anthropologischen Grundfigur – oder „Austreibung des ‚Geistes' aus der Geistigbehindertenpädagogik"? In: Greving, H., Gröschke, D. (Hrsg.): Geistige Behinderung – Reflexionen zu einem Phantom. Ein interdisziplinärer Diskurs um einen Problembegriff. Bad Heilbrunn, 9–17

Gröschke, D. (2007): Behinderung. In: Greving, H. (Hrsg.): Kompendium der Heilpädagogik. Bd. 1, Troisdorf, 97–109

Gudjons, H. (1993): Erziehungswissenschaft kompakt. Hamburg

Haeberlin, U. (1996): Heilpädagogik als parteinehmende Pädagogik. In: Haeberlin, U.: Heilpädagogik als wertgeleitete Wissenschaft. Bern, 13–68

Haeberlin, U. (2005): Grundlagen der Heilpädagogik. Bern/Stuttgart

Havemann, M. (2005): Diagnostik von Demenzprozessen. In: Irblich, D., Stahl, B. (Hrsg.): Diagnostik bei Menschen mit geistiger Behinderung. Ein interdisziplinäres Handbuch. Göttingen/Bern, 367–387

Havemann, M., Stöppler, R. (2004): Altern mit geistiger Behinderung. Grundlagen und Perspektiven für Begleitung, Bildung und Rehabilitation. Stuttgart

Heinen, N. (2003): Überlegungen zur Didaktik mit Menschen mit schwerer Behinderung. In: Fröhlich, A., Heinen, N., Lamers, W. (Hrsg.): Schulentwicklung – Gestaltungs(t)räume in der Arbeit mit schwerstbehinderten Schülerinnen und Schülern. Düsseldorf, 121–143

Hennicke, K. (2004): Die Ausgrenzung psychisch gestörter Menschen mit geistiger Behinderung vom psychiatrisch-psychotherapeutischen Versorgungssystem in Deutschland. In: Wüllenweber, E. (Hrsg.): Soziale Probleme von Menschen mit geistiger Behinderung. Fremdbestimmung, Benachteiligung und soziale Abwertung. Stuttgart, 202–211

Herriger, N. (2002): Empowerment in der Sozialen Arbeit. 2. überarb. Aufl. Stuttgart

Heß, G., Kagemann-Harnack, G., Schlummer, W. (Hrsg.) (2008): Wir wollen – wir lernen – wir können! Erwachsenenbildung, Inklusion, Empowerment. Marburg

Hintermair, M. (2007): Vom Alltäglichen zum Besonderen und wieder zurück. Von der Destruktion und Rekonstruktion alltäglicher Lebensführung unter der Bedingung einer Mehrfachbehinderung. In: Fröhlich, A., Heinen, N., Lamers, W. (Hrsg.): Frühförderung von Kindern mit schwerer Behinderung. Texte zur Körper- und Mehrfachbehinderung. Düsseldorf, 10–33

Hinz, A. (2006): Integrativer Unterricht bei geistiger Behinderung? Integrativer Unterricht ohne geistige Behinderung! In: In: Wüllenweber, E., Theunissen, G., Mühl, H. (Hrsg.): Pädagogik bei geistigen Behinderungen. Stuttgart, 341–349

Höhn, E. (1982): Die geschichtliche Entwicklung der Einstellung der Gesellschaft zu geistig Behinderten. Geistige Behinderung 21. Jg., 4, 214–223

Hoffmann, C., Theunissen, G. (2006): Bildung im Erwachsenenalter und Alter. In: Wüllenweber, E., Theunissen, G., Mühl, H. (Hrsg.): Pädagogik bei geistigen Behinderungen. Stuttgart, 416–425

Hohmeier, J. (1979): Soziologie der Behinderten. Standort und Perspektiven. In: Dennerlein, H., Schramm, K. (Hrsg.): Handbuch der Behindertenpädagogik. Bd. 1. München, 117–126

Hollenweger, J. (2009): ICF – Ein bald auch im Schulwesen geläufiges Kürzel? In: Vpod-Bildungspolitik 147/2006, 14–19 (www.insieme.ch/pdf/schule-integration/vpod-Hollenweger.pdf vom 11.4.2009)

Holthaus, H., Pollmächer, A. (2007): Wie geht es weiter? Jugendliche mit einer Behinderung werden erwachsen. München/Basel

Holtz, L., Nassal, A. (1999): Epidemiologische Analysen zur Zusammensetzung der Schülerschaft an Schulen für Geistigbehinderte. Zeitschrift für Heilpädagogik 50. Jg., 3, 90–98

Jantzen, W. (1987): Allgemeine Behindertenpädagogik, Bd. 1. Weinheim/Basel
Jantzen, W. (1992): Allgemeine Behindertenpädagogik, Bd. 2. Weinheim/Basel
Jantzen, W. (2007): Syndrome/Syndromanalyse. In: Greving, H. (Hrsg.): Kompendium der Heilpädagogik. Bd. 2. Troisdorf, 285–295
Jantzen, W. (2008): Materialistische Behindertenpädagogik als basale und allgemeine Pädagogik. (www.basaglia.de/Artikel/Materialistische%20BHP.htm vom 06.07.2008)

Kaiser, A., Kaiser, R. (1991): Studienbuch Pädagogik. Grund- und Prüfungswissen. 6. Aufl. Frankfurt/M.
Karadeniz, C. et al. (2008): IncluCity Cologne – eine Selbstvertretergruppe von Menschen mit Lernschwierigkeiten stellt sich vor. In: Heß, G., Kagemann-Harnack, G., Schlummer, W. (Hrsg.): Wir wollen – wir lernen – wir können! Erwachsenenbildung, Inklusion, Empowerment. Marburg, 138–145
Kauczor, C. (2002): Zur transkulturellen Öffnung der deutschen Behindertenhilfe – Warum ist sie so wichtig und worin liegt das Handicap? In: Behinderung und Dritte Welt 13. Jg., 58–65
Kauczor, C. (2003): Im besten Sinne bunt. Zur Notwendigkeit einer kultursensiblen deutschen Behindertenhilfe. In: Das Band. Zeitschrift des Bundesverbandes für Körper- und Mehrfachbehinderte 34. Jg., 3, 4–8
Klauß, Th. (2008): ‚… wohnst Du schon?' Eine eigene Wohnung als Menschenrecht. In: Behindertenpädagogik 47. Jg., 2, 155–126
Klauß, Th., Lamers, W. (Hrsg.): Alle Kinder alles lehren … Grundlagen der Pädagogik für Menschen mit schwerer und mehrfacher Behinderung. Winter, Heidelberg
Kleine Schaars, W. (2000): Anleitung zur Selbständigkeit. Eine Methodik aus den Niederlanden zur Begleitung von Menschen mit geistiger Behinderung in Wohneinrichtungen. In: Geistige Behinderung 39. Jg., 1, 49–55
Klevinghaus, J. (1970): Hilfen zum Leben. Zur Geschichte der Sorge für Behinderte. Bielefeld (unveröffentl. Manuskript)
Kniel, A., Windisch, K. (2005): People First. Selbsthilfegruppen von und für Menschen mit geistiger Behinderung. München/Basel
Kron, F. W. (2009): Grundwissen Pädagogik. 7. Aufl. München/Basel

Lamers, W., Heinen, N.(2006): ‚Bildung mit ForMat' – Impulse für eine veränderte Unterrichtspraxis mit Schülerinnen und Schülern mit (schwerer) Behinderung. In: Laubenstein, D., Lamers, W., Heinen, N. (Hrsg.): Basale Stimulation kritisch-konstruktiv. Düsseldorf, 141–205
Lebenshilfe Niedersachsen (Hrsg.) (2006): Alte Menschen mit geistiger Behinderung. Tagungsbericht. Hannover
Lindmeier, B., Lindmeier, Ch. (Hrsg.) (2002): Geistigbehindertenpädagogik. Studientexte zur Geschichte der Behindertenpädagogik, Bd. 3. Weinheim/Basel
Lindmeier, Ch. (1993): Behinderung – Phänomen oder Faktum? Bad Heilbrunn
Lindmeier, Ch. (1997): Heilpädagogik als konstitutives Moment jeglicher Pädagogik. Pädagogische Rundschau 51. Jg., 3, 289–306
Lindmeier, Ch. (2002): Rehabilitation und Bildung – Möglichkeiten und Grenzen der neuen WHO-Klassifikation der Funktionsfähigkeit, Behinderung und Gesundheit (ICF). Teil I. Die neue Sonderschule 47. Jg., 6, 1–15
Lindmeier, Ch. (2003a): Rehabilitation und Bildung – Möglichkeiten und Grenzen der neuen WHO-Klassifikation der Funktionsfähigkeit, Behinderung und Gesundheit (ICF). Teil II. Sonderpädagogische Förderung 1. Jg., 1, 1–21
Lindmeier, Ch. (2003b): Integrative Erwachsenenbildung. Auftrag – Didaktik – Organisationsformen. In: DIE 10. Jg., 4, 28–35
Lindmeier, Ch. (2004): Geistige Behinderung. In: Das Familienhandbuch des Staatsinstitutes für Frühpädagogik (IFP), www.familienhandbuch.de vom 7.1.2009
Lindmeier, Ch. (2006a): Entwicklung der beruflichen Bildung geistig behinderter Menschen. In: Hirsch, St., Lindmeier, Ch. (Hrsg.): Berufliche Bildung von Menschen mit geistiger Behinderung. Weinheim/Basel, 15–41
Lindmeier, Ch. (2006b): Berufliche Bildung und Teilhabe geistig behinderter

Menschen am Arbeitsleben. In: Wüllenweber, E., Theunissen, G., Mühl, H. (Hrsg.): Pädagogik bei geistiger Behinderung. Stuttgart, 394–407
Luhmann, N. (1994): Soziologische Aufklärung. Vier Beiträge zur funktionalen Differenzierung der Gesellschaft. 2. Aufl. Opladen

Markowetz, R. (2006): Menschen mit geistiger Behinderung zwischen Stigmatisierung und Integration – Behindertensoziologische Aspekte der These ‚Entstigmatisierug durch Integration'. In: Wüllenweber, E., Theunissen, G., Mühl, H. (Hrsg.): Pädagogik bei geistiger Behinderung. Stuttgart, 142–159
Martens, S. (2006): Anmerkungen zur Umsetzung des Modells nicht entmündigender Hilfen. In: Lebenshilfe Niedersachsen (Hrsg.): Alte Menschen mit geistiger Behinderung. Tagungsbericht. Hannover, 34–38
Merkens, L. (1988): Einführung in die historische Entwicklung der Behindertenpädagogik in Deutschland unter integrativen Aspekten. München/Basel
Meyer, D. (1973): Die Erforschung und Therapie der Oligrophrenie in der ersten Hälfte des 19. Jahrhunderts. Berlin
Meyer, H. (2003): Geistige Behinderung – Terminologie und Begriffsverständnis. In: Irblich, D., Stahl, B. (Hrsg.): Menschen mit geistiger Behinderung. Hogrefe, Göttingen, Bern, 4–30
Meyer, H., Jank., W. (1994): Didaktische Modelle. Frankfurt/M.
Möckel, A. (1984): Historische und gesellschaftliche Aspekte der pädagogischen Förderung geistig Behinderter. Geistige Behinderung 23. Jg., 1, 3–19
Möckel, A. (1988): Geschichte der Heilpädagogik. Stuttgart
Möckel, A. (2007): Geschichte der Heilpädagogik. Stuttgart
Möckel, A., Adam, H., Adam, G. (Hrsg.) (1997): Quellen zur Erziehung von Kindern mit geistiger Behinderung. Bd. 1: 19. Jahrhundert. Würzburg
Möckel, A., Adam, H., Adam, G. (Hrsg.) (1999): Quellen zur Erziehung von Kindern mit geistiger Behinderung. Bd. 2: 20. Jahrhundert. Würzburg
Moser, V., Sasse, A. (2008): Theorien der Behindertenpädagogik. München/Basel

Mühl, H. (1991): Zur Geschichte der Versorgung und Förderung von Menschen mit geistiger Behinderung. In: ders.: Einführung in die Geistigbehindertenpädagogik. 2. Aufl. Stuttgart, 9–18
Mühl, H. (1997): Einführung in die Schulpädagogik bei geistiger Behinderung. Oldenburg
Mühl, H. (2006): Gemeinsam lernen in Kooperationsklassen. In: Wüllenweber, E., Theunissen, G., Mühl, H. (Hrsg.): Pädagogik bei geistigen Behinderungen. Stuttgart, 350–361
Münch, J. (2008): Didaktik und die einzelne Synapse – Zum möglichen Nutzen neurobiologischer Forschungsbefunde für die Entwicklung didaktischen Denkens. In: Ziemen, K. (Hrsg.): Reflexive Didaktik. Annäherungen an eine Schule für alle. Oberhausen, 119–143

Naggl, M., Thurmair, F. (2008): Frühförderung und Kindeswohl – Frühe Hilfen für entwicklungsgefährdete Kinder. In. Frühförderung interdisziplinär 27. Jg., 52–66
Nancy, J.-L. (2004): singulär plural sein. Berlin
Negt, O. (2005): Zeitgeist und die Suche nach neuen Balancen, In: Sozialpsychiatrische Informationen. 35. Jg., 4, 18–22
Nek van, S. (2006): Frühförderung – erste Hilfen für Kind und Eltern. In: Wüllenweber, E., Theunissen, G., Mühl, H. (Hrsg.): Pädagogik bei geistigen Behinderungen. Stuttgart, 264–280
Neuhäuser, G. (2003a): Klinische Diagnostik und Früherkennung. In: Neuhäuser, G., Steinhausen, H.-C. (Hrsg.): Geistige Behinderung. Grundlagen, klinische Syndrome, Behandlung und Rehabilitation. 3. Aufl. Stuttgart, 81–106
Neuhäuser, G. (2003b): Klinische Syndrome. In: Neuhäuser, G., Steinhausen, H.-C. (Hrsg.): Geistige Behinderung. Grundlagen, klinische Syndrome, Behandlung und Rehabilitation. 3. Aufl. Stuttgart, 107–211
Neuhäuser, G. (2003c): Epidemiologie und Risikofaktoren. In: Neuhäuser, G., Steinhausen, H.-C. (Hrsg.): Geistige Behinderung. Grundlagen, klinische Syndrome, Behandlung und Rehabilitation. 3. Aufl. Stuttgart, 9–23
Neuhäuser, G. (2004): Syndrome bei Men-

schen mit geistiger Behinderung. Marburg

Neuhäuser, G., Steinhausen, H.-C. (Hrsg.) (1999): Geistige Behinderung. Grundlagen, klinische Syndrome, Behandlung und Rehabilitation. 2. Aufl. Stuttgart

Neuhäuser, G., Steinhausen, H.-C. (Hrsg.) (2003): Geistige Behinderung. Grundlagen, klinische Syndrome, Behandlung und Rehabilitation. 3. Aufl. Stuttgart

Niermann, D. (1999): Erwachsenenbildung bei Behinderung. Unveröffentl. Grundsatzprogramm der Evangelischen Heimvolkshochschule Lindenhof, v. Bodelschwinghsche Anstalten Bethel. Bielefeld

Ntourou, I. (2007): Fremdsein – Fremdbleiben. Fremdheit und geistige Behinderung – eine Spurensuche. Münster, Berlin, Hamburg

Paritätischer Gesamtverband (Hrsg.) (2008): Migrationsarbeit als Motor interkultureller Öffnungsarbeit in Regeleinrichtungen. Eine Handreichung für die Migrationserstberatung. Köln (www.der-paritaetische.de)

Peterander, F., Speck, O. (Hrsg.) (1996): Frühförderung in Europa. München/Basel

Pitsch, H.-J. (1998): Zur Didaktik und Methodik des Unterrichts mit Geistigbehinderten. Oberhausen

Polat, H. (2003): Wahrnehmen oder ignorieren!? Wünsche und Bedürfnisse von behinderten Migrantinnen. In: Das Band. Zeitschrift des Bundesverbandes für Körper- und Mehrfachbehinderte 34. Jg., 3., 16–17

Reich, K. (2008): Demokratie und Didaktik – oder warum Schulentwicklung und Inklusion nicht beliebig sein können. In: Ziemen, K. (Hrsg.): Reflexive Didaktik. Annäherungen an eine Schule für alle. Oberhausen, 35–54

Rhie, S.-J. (2003): Lernen von Menschen mit schwerer Behinderung im interkulturellen Kontext. Aachen

Rösner, H.-U. (2002): Jenseits normalisierender Anerkennung. Reflexion zum Verständnis von Macht und Behindertsein. Frankfurt/M.

Rudnick, M. (1985): Behinderte im Nationalsozialismus. Weinheim/Basel

Saal, F. (1994): Leben kann man nur sich selbst. Texte 1960–1994. Düsseldorf

Said (2008): Der Engel und die Taube. München

Sander, A. (1990): Integration behinderter Schüler und Schülerinnen auf ökologischer Grundlage. In: Sander, A., Raidt, P. (Hrsg.): Integration und Sonderpädagogik: Referat der 27. Dozententagung für Sonderpädagogik in deutschsprachigen Ländern im Oktober 1990 im Oktober in Saarbrücken. St. Ingbert, 41–47

Sarimski, K. (1997): Entwicklungspsychologie genetischer Syndrome. Göttingen/Bern

Sarimski, K. (2003): Syndromtypische Entwicklungsverläufe und Verhaltensweisen. In: Irblich, D., Stahl, B. (Hrsg.): Menschen mit geistiger Behinderung. Psychologische Grundlagen, Konzepte und Tätigkeitsfelder. Göttingen/Bern, 389–409

Saß, H., Wittchen, H.-U., Zaudig, M. (1996): Diagnostisches und Statistisches Manual Psychischer Störungen. DSM-IV. Deutsche Bearbeitung. Göttingen

Saß, H., Wittchen, H.-U., Zaudig, M., Houben, I. (2003): Diagnostische Kriterien. DSM-IV-TR. Deutsche Bearbeitung. Göttingen/Bern

Scheuing, H.-W. (1997): „… als Menschenleben gegen Sachwerte gewogen wurde" – Die Geschichte der Erziehungs- und Pflegeanstalt für Geistesschwache Mosbach, Schwarzacher Hof und ihrer Bewohner 1933–1945. Heidelberg

Schlack, H.-G. (1997): Neue Konzepte in der Frühbehandlung und Frühförderung. In: Leyendecker, Ch., Horstmann, T. (Hrsg.): Frühförderung und Frühbehandlung. Heidelberg, 15–22

Schlack, H.-G. (2008): Wie (un)gesund sind Kinder in Deutschland? Fakten, Einschätzungen, Handlungsbedarf. In: Frühförderung interdisziplinär 27. Jg., 147–154

Schlummer, W. (2008): Spannungsfeld: Erwachsenenbildung und Empowerment. In: Heß, G., Kagemann-Harnack, G., Schlummer, W. (Hrsg.): Wir wollen – wir lernen – wir können! Erwachsenenbildung, Inklusion, Empowerment. Marburg, 62–68

Schnell, M. W. (2008): Der bedürftige Mensch – Eine ethische Grundlegung.

In: Fornefeld, B. (Hrsg.): Menschen mit Komplexer Behinderung. München/Basel, 148–160

Schnell, M. W., Schütte, U. (2006): Mitwirkung von Menschen mit geistiger Behinderung. Schule, Arbeit, Wohnen. München/Basel

Schröder, S. (1983): Historische Skizzen zur Betreuung schwerst- und mehrfachgeschädigter geistigbehinderter Menschen. In: Hartmann, N. (Hrsg.): Beiträge zur Pädagogik der Schwerstbehinderten. Heidelberg. 17–61

Schröder, S. (1989): Schüler, die uns immer wieder in Frage stellen. Behinderte in Familie und Gesellschaft 12. Jg., 6, 11–27

Schuck, K. D. (2006): Fördern, Förderung, Förderbedarf. In: Antor, G., Bleidick, U. (Hrsg.): Handbuch der Behindertenpädagogik. Schlüsselbegriffe aus Theorie und Praxis. 2. Aufl. Stuttgart, 84–88

Seifert, M. (1997a): Wohnalltag von Erwachsenen mit schwerer geistiger Behinderung. Eine Studie zur Lebensqualität. Reutlingen

Seifert, M. (1997b): Lebensqualität und Wohnen bei schwerer geistiger Behinderung. Theorie und Praxis. Reutlingen

Seifert, M. (2006): Pädagogik im Bereich des Wohnens. In: Wüllenweber, E., Theunissen, G., Mühl, H. (Hrsg.): Pädagogik bei geistiger Behinderung. Stuttgart, 376–393

Sekretariat der Ständigen Konferenz der Kultusminister der Länder in der Bundesrepublik Deutschland (KMK) (1998): Empfehlungen zum Förderschwerpunkt geistige Entwicklung.

Sekretariat der Ständigen Konferenz der Kultusminister der Länder in der Bundesrepublik Deutschland (KMK) (2008): Sonderpädagogische Förderung in Schulen 1997 bis 2006, Dokumentation Nr. 185 – April 2008, Bonn

Sohns, A. (2007): Frühförderung. In: Greving, H. (Hrsg.): Kompendium der Heilpädagogik. Bd. 1. Troisdorf, 272–277

Speck, O. (1979): Geschichte. in: Handbuch der Sonderpädagogik. Bd. 5. Pädagogik der Geistigbehinderten. Berlin. 57–72

Speck, O. (1996): Frühförderung entwicklungsauffälliger Kinder unter ökologisch-integrativem Aspekt. In: Peterander, F., Speck, O. (Hrsg.): Frühförderung in Europa. München/Basel, 15–23

Speck, O. (1998): Wohnen als Wert für ein menschenwürdiges Dasein. In: Hahn, M. (Hrsg.): Wohlbefinden und Wohnen von Menschen mit schwerer geistiger Behinderung. Reutlingen. 19–42

Speck, O. (1999): Menschen mit geistiger Behinderung und ihre Erziehung. Ein heilpädagogisches Lehrbuch. 9. Aufl. München/Basel

Speck, O. (2005): Menschen mit geistiger Behinderung. Ein Lehrbuch zur Erziehung und Bildung. 10. überarb. Aufl. München/Basel

Speck, O. (2006): Heilpädagogik. In: Antor, G., Bleidick, U. (Hrsg.): Handbuch der Behindertenpädagogik. Schlüsselbegriffe aus Theorie und Praxis. 2. Aufl. Stuttgart, 92–93

Speck, O. (2008): System Heilpädagogik. Eine ökologische Grundlage. 6. Aufl. München/Basel

Stadler, H. (1998): Rehabilitation bei Körperbehinderung – Eine Einführung in die schul-, sozial- und berufspädagogischen Aufgaben. Stuttgart

Stein, R. (2006): Beeinträchtigungen und Behinderungen. In: Hansen, G., Stein, R. (Hrsg.): Kompendium Sonderpädagogik. Bad Heilbrunn, 9–24

Stenger, G. (1999): Phänomenologie diesseits von Identität und Differenz. Behinderte in Familie und Gesellschaft 22. Jg., 3, 21–31

Straßmeier, W. (1994): Frühförderung. In: Hansen, G., Stein, R. (Hrsg.): Sonderpädagogik konkret. Ein praxisorientiertes Handbuch in Schlüsselbegriffen. Bad Heilbrunn. 77–81

Straßmeier, W. (2000): Didaktik für den Unterricht mit geistig behinderten Schülern. 2. Aufl. München/Basel

Strate, G., Lorenz F., Zimmermann, H. (2012): Wissenschaftliche Dienste der Deutschen Bundesträger Nr. 13/12. In: www.bundestag.de/documente/analysen/2012/Inklusive_Bildung.pdf, 13.06.2012

Thimm, W. (Hrsg.) (1972): Soziologie der Behinderten. Materialien. Neuburgweier

Ucar, A. (2003): Migration und Behinderung – Zur Sonderschulproblematik von Kindern mit Migrationshintergrund – aus Sicht der Betroffenen. Sonderpädagogik oder Pädagogik der Vielfalt?. Oberbürgermeister der Stadt Hannover (Hrsg.): Dokumentation der Fachtagung am 29.9.2003. Hannover. 8–13

Vereinte Nationen (2007): Übereinkommen über die Rechte von Menschen mit Behinderungen. Arbeitsübersetzung. Deutscher Übersetzungsdienst der Vereinten Nationen. Stand: 16. Februar 2007

Wacker, E. (2008): Behinderung in der Gesellschaft. 50 Jahre im soziologischen Blick – vom Dialog zum Diskurs. In: Geistige Behinderung 47. Jg., 1, 42–61

Wagner, M. (2008): ‚Nirgends wird Welt sein, als innen' (Rilke) – ‚Geistige Behinderung' aus konstruktivistischer Sicht. In: Fischer, E. (Hrsg.): Pädagogik für Menschen mit geistiger Behinderung. Sichtweisen, Theorien, Aktuelle Herausforderungen. 2. Aufl. Oberhausen, 353–367

Waldschmidt, A., Schneider, W. (Hrsg.): (2007): Disability Stduies. Kultursoziologie und Soziologie der Behinderung. Erkundigungen in einem neuen Forschungsfeld. Bielefeld

Wansing, G. (2007): Persönliches Budget. In: Greving, H. (Hrsg.): Kompendium der Heilpädagogik, Bd. 2. Troisdorf, 165–175

Weber, E. (2007): Assistenz. In: Greving, H. (Hrsg.): Kompendium der Heilpädagogik, Bd. 1. Troisdorf, 56–65

Weiß, H. (2008): Entwicklungsgefährdete Kinder in Armut und Benachteiligung – der Beitrag der Frühförderung. In: VHN 77. Jg., 212–225

Weisser, J. (2005): Behinderung, Ungleichheit und Bildung. Eine Theorie der Behinderung. Transcript, Bielefeld

Wendt, S. (2008): Die Entwicklung der Rechte geistig behinderter Menschen in den letzten 50 Jahren. In: Geistige Behinderung 47. Jg., 1, 62–77

Werning, R. (1998): Kinder mit Lernschwierigkeiten. System-konstruktivistische Perspektive in ihrer Bedeutung für die pädagogische Förderung. In: Behindertenpädagogik 37. Jg., 1, 11–21

Wocken, H. (1998): Gemeinsame Lernsituationen. In: Hildeschmidt, A., Schnell, I. (Hrsg.): Integrationspädagogik. Auf dem Weg zu einer Schule für alle. Weinheim/München, 37–52

Ziemen, K. (2003): Integrative Pädagogik und Didaktik. Aachen

Ziemen, K. (2008): Reflexive Didaktik. Annäherung an eine Schule für alle. Oberhausen

Zimpel, A. F. (2008): Emergenz des Neuen. In: Ziemen, K. (Hrsg.): Reflexive Didaktik. Annäherungen an eine Schule für alle. Oberhausen, 101–117

Sachregister

A
Abhängigkeit 106f., 120
Abwertung 23, 100, 112, 115
Achtung 30, 52, 56, 117, 119f., 202, 203
Agenda 2010 95
Allgemeine Heilpädagogik 19f.
Allgemeine Pädagogik 20, 27, 190, 196
Alte Menschen mit geistiger Behinderung 85, 102–108, 153, 175, 202
Altenheim 23, 105, 107
Alter 102–108
Alterstheorien 103f.
Alterungsprozess 103, 105, 108
ambulant vor stationär 54, 178
Anerkennung 11, 30f., 52–54, 117, 120–122, 136, 152, 158, 182, 195
–, Prinzip der 120–122, 195
Anstalten 32–36
Anthropologie 116–122
Arbeit 158–169
–, geschützte 46
Arbeitsassistenz 50, 157, 161, 168, 170
Arbeitserziehung 158–160
Arbeitslehre 140, 145
Armut 116, 124f.
Assistenz 22f., 85, 94, 98, 123, 156, 172, 176, 182–184, 196
Assistenzkonzept 182–184
Ätiologie 71–75
Autismus-Spektrum-Störung 19, 75, 131

B
Barrieren 106, 154
–, institutionelle 106
–, sprachliche 114
Basale Förderung 148
Basale Stimulation 148
Begabung 41, 202
Behindertenhilfe 25, 40, 51, 93, 96f., 114f., 152, 158, 172, 174, 179, 191, 193
Behindertenpädagogik 15, 90
–, vergleichende 114
Behindertenpflege 21, 22, 106
Behinderung
–, als komplexes Phänomen 99f.
–, als Phänomen 100f., 118
–, als Seinsform 118f.
– bio-psycho-soziale Modell von 125, 208
Benachteiligungsverbot 23, 53f., 91
Berufsschulpflicht 140
Berufsvorbereitungsstufe 140, 144
Bezugswissenschaften 20, 27
Bildung
–, berufliche 157–171
–, ethische Dimension von 118
–, mit ForMat 149
–, schulische 134–141
Bildungsanspruch 43, 123, 135f., 149, 151, 193
Bildungsbegriff 136f.
Bildungschancen 41
Bildungsforschung 111, 124
Bildungsorte 138–141
Bildungsrecht 10, 20, 41f., 114, 135–140
Bildungstheorien 21, 186
bildungsunfähig 36, 38f., 41–45, 200
Bildungsverständnis 119, 137, 162, 189
–, ethisches 119
–, ökonomisches 119
Bioethik 53, 196
Biotechnologie 21, 53, 196
Blödsinnige 33, 35f.
Bundessozialhilfegesetz 17, 44, 54f., 129, 178, 200

C
Chancengleichheit 23
Coping-Strategien 113

D
Dämonisierung 31
Debile 45
Defektologie 18, 41, 196
Defizitzuschreibung 95
Demenz 71, 75, 196
Deprivation 75, 82, 125, 223
Desintegration 18, 75
Deutscher Bildungsrat 43, 51, 128
Diagnostik 46, 126f., 147, 191
–, psychologische 64–67
–, medizinische 71–75
Differenzierung 149, 160, 204
Disability Studies 90f., 201f.

Diskriminierung 9, 11, 23, 49f., 56, 95f., 100, 112, 135, 139, 203f.
Diskriminierungsverbot 11, 50, 53f.
Down-Syndrom 33, 70–75, 79, 103, 116, 149, 212 215
DSM-IV 64–67, 122, 208

E
Eingliederung 17, 49, 51, 68, 107, 136, 158–177, 207
Eingliederungshilfe 44, 54f., 97, 107, 139f., 147f.
Eltern 47, 112, 124, 126–133, 212–215
Elternschaft 50, 123, 180
Elementarisierung 27, 149, 196
Empowerment 50–52, 94, 152, 154–156, 182, 186, 205
Empowermentkonzept 50–52
Enthospitalisierung 175f.
Entwicklungsstörung 26, 58, 67, 74, 88, 125
Entwicklungsverzögerung 125f.
Epidemiologie 76–83, 196
Erbgesundheitslehre 38, 197
Erwachsenenbildung 44, 51, 123, 151–157, 185, 196
Erziehung 21–27, 83–87, 185
–, Definitionen 88f.
–, als Lebenspraxis 118f.
–, als Früherziehung 124–149
–, im Nationalsozialismus 37f.
–, in der DDR 41f., 44–49
–, physiologische 34
–, schulische 134–141
–, vorschulische 124
Erziehungsanspruch 83, 137
Erziehungsbedarf 88, 91
Erziehungsberatung 126, 131–133
Erziehungsnormen 84, 88
Erziehungsphilosophisch 118
Erziehungstheorie 21, 185f., 189–194
Erziehungsverständnis 188f.
Erziehungswissenschaft 185–195
Eugenik 38, 197
Euthanasie 38f.
Exklusion 11, 52, 101, 117, 192, 193

F
Facilitated Communication 121
Familie 110f., 124–133, 146, 180
–, mit Migrationserfahrungen 111, 112–115,
Familienentlastender Dienst 134
Familienforschung 112
Familiennachzug 109

Familienorientierung 132
Förderpädagogik 15f.
Förderorte 134, 138f., 140, 143, 149
Förderpflege 149
Förderschwerpunkt Geistige Entwicklung 81, 86, 121, 134–150
Freizeit 17, 23, 83, 152, 160, 185
–, angebote 85, 104, 146, 180
–, pädagogik 83, 106, 134
–, einrichtungen 105
Frühe Hilfen – wirksame Hilfen 134
Frühförderung 27, 83, 124–133, 185, 212
–, medizinische 129
–, pädagogische 129
Frühfördereinrichtungen 23, 44, 126, 128, 130
Frühförderverordnung 129
Frühförderzentren 22, 23, 131
Fürsorge 23, 32, 44, 54, 94, 159, 175, 179

G
Geistige Behinderung
–, Definition 59–64
–, Fachzeitschrift 211
–, Klassifikation 64–71
–, ätiologisches Verständnis 71–76
–, anthropologisches Verständnis 116–122
–, epidemiologisches Verständnis 76–83
–, pädagogisches Verständnis 83–92
–, soziologisches Verständnis 92–115
Gerontologie 21, 103–108
Gleichheitsgebot 23
Gleichstellung 36, 49, 55, 177

H
Habilitation 15
Heimsonderschule 140
Heilpädagogik 15f., 18, 20, 32, 35, 37, 41, 66, 49f., 94, 96, 175, 189–192
Herkunftsfamilie 106, 180
Hilfe zur Selbsthilfe 106, 127, 129, 133
Hilfsschule 36, 38, 40–48
Hilfsschullehrer 38f., 42
Historiografie 40
Hospitalisierung 105, 197
Humanisierung 49, 51, 53, 175
Hilfebedarf 11, 87, 96, 107f., 123
Hilfebedarfsermittlung 179, 182
Hilfebedarfsplanung 50, 56, 191

I
ICD-10 65–67
ICF 54, 64, 68–71, 72, 77, 94, 125, 179, 191

Identitätsbildung 91, 155
Idioten 30, 34, 45, 121
Independent-Living-Bewegung 51
Inklusion 11, 25, 51–53, 91, 94, 100, 156, 192, 192
Inklusionsforschung 139, 204
Inklusionsgedanke 154
Inklusionspädagogik 90, 191
Integration 9, 11, 17, 23f., 30, 41f., 50–53, 76, 90, 93, 95, 112, 133–135, 153f., 157, 161, 171, 175, 180, 194, 197
–, berufliche 161
–, kulturelle 194
–, schulische 160, 190
–, soziale 50, 103, 132, 137, 174
Integrationsbarrieren 94
Integrationsdienst 160, 168f.
Integrationsdiskussion 27, 48
Integrationsfähigkeit 22, 55, 95
Integrationsforschung 139, 204
Integrationsklassen 139, 141
Integrationspädagogik 15, 18, 21, 26, 90, 139, 191
Integrationsprojekt 158, 160, 168f.
Integrationsschule 22, 138–141, 143
Integrative Beschulung 135
Intelligenzminderung 65, 67, 91
Interdisziplinarität 25–27, 129, 130–132,
Interkulturelle Kompetenzen 115
Interventionsverfahren 124, 149
Isolation 32, 34, 146, 171

K

Kinderarmut 124
Klassifikation 45, 54, 64–71, 72, 87, 100, 197
Klassifikationsschemata 64f., 72
Klassifikationssysteme 65f.
Klassifikationsversuche 116
Klinische Syndrome 72, 76
KMK-Empfehlungen 16, 134, 142, 201
Kompensation 84, 125, 194
Kompensationstheorie 104
Komplexleistungen 129, 134
Kooperation 50, 130, 133, 139, 153, 166, 179
Kooperationsmodelle 128f.
Kooperationsklassen 139, 141
Kooperationsschulen 143
Kooperationsversuche 143
Krankheitsbilder 26, 75
Kreisdispensaire 46
Kretinismus 33
Kulturelle Öffnung 114
Kulturhoheit 134, 140

Kulturtechniken 43, 136, 145, 162, 165, 197

L

lebenslanges Lernen 84, 181, 203
Lebensplanung 93
Leistungserwartungen 124
Lernbereiche 143
Lernen 17, 23, 42, 43, 58, 60, 84f., 90–93, 103, 115f., 119, 132, 142–149, 158, 190, 192, 203, 205
–, schulisches 70, 168, 151–157, 170
–, als Prozess 84
Lernstörungen 84, 88, 116
Lernvermögen 86, 90

M

Marginalisierung 95, 101, 147, 197
Medizinisches Modell 41
Mehrfachbehinderung 19, 61, 72, 87, 125f., 133, 148
Menschenbild 46, 117f.
Menschen mit Komplexer Behinderung 11, 19, 55f., 88, 95–101, 108, 115, 119, 137, 170–172, 184
Menschenrechte 23f., 203
Menschenwürde 9, 30, 202
Mental Retardation 59
Migration 101, 108–115, 214
Mitbestimmung 12, 50
Missachtung 29, 99

N

Nationalsozialismus 29, 37–39, 41, 44
Neurodidaktik 27
Neurologie 26, 198
Neurophysiologie 26, 198
Normabweichung 112, 194
Normalität 118
Normalisierung 23, 48, 50–52, 156, 174–177, 194
Normalisierungsgedanke 175f.
Normalisierungsprinzip 51f., 107, 152, 174–177
Nützlichkeitsdenken 32, 36

O

Oligophrenie 29
Orthopädagogik 18
Orthopädie 26, 198

P

Pädagogik der Behinderten 17
Pädagogik der Vielfalt 90, 191, 205
Pädiatrie 26, 198

Paradigmenwechsel 53–56, 63, 170, 172, 177, 193f., 198
Partizipation 52, 69f., 82, 94–96, 125, 155, 191
Partizipationsbeeinträchtigungen 94
Partizipationskonzept 68, 208
Partizipationsmöglichkeiten 94
People-First-Bewegung 60f.
Persönliche Assistenz 98, 186
Persönliches Budget 50, 108, 178
Pflege 70, 106f., 117, 143, 148, 163, 202
–, aktivierende 106, 149, 170
–, Behinderter 21, 22, 28, 32, 47, 106–108
Pflegeanstalten 29, 33
Pflegebedarf 40, 96, 147, 175
Pflegeheime 23, 47, 70, 96
Pflegestufe 96
Pflegeversicherung 107f.
Pflegewissenschaft 26, 105
Philanthropen 29, 34
Physiotherapie 26, 148
Prävalenzen 77f., 110
Prävention 24, 125
Prekarisierung 147
Privatschulen 134, 140
Profound Intellectual and Multiple Disabilities 87
Prophylaxe 46, 106, 198
Psychiatrie 23, 26, 64f., 174f., 198
Psychiatrie-Enquête 175
Psychiatrische Krankheitsbilder 75
Psychotherapie 26

R
Randgruppenphänomene 96, 101–115
Reformpädagogik 37
Regionalisierung 130, 176, 183
Rehabilitation 11, 17f., 22, 46, 49, 54–56, 63f., 67f., 70, 87, 108, 123, 153, 154f., 171
Rehabilitationspädagogik 15, 17, 44, 46, 97
Rehabilitationssystem 47
Rehabilitationswissenschaft 13
Rehabilitationszentren 23
Reichsschulpflichtgesetz 39, 42

S
Sammelklassen 36, 42
Schulbegleitung 147
schulbildungsunfähig 38, 44f.
Schule für Geistigbehinderte 48, 58, 85, 134f., 138, 149, 159f., 171

Schule mit dem Förderschwerpunkt Geistige Entwicklung
–, Aufgabe der 142f.
–, Organisation der 143–147
–, Zielsetzung der 142, 148f.
Schulkonzept 146
Schulpflichtgesetz 36, 44
Schulstufen 144f.
Schwachsinnige 15, 29, 34, 36, 38–40, 45, 48
Schwerstbehindertenpädagogik 19, 170
Schwerste Behinderung 19, 87
Segregation 49, 52f., 139, 198
Selbstbestimmung 9, 11, 17, 21, 47, 49–55, 61, 66, 93–97, 100, 137, 151–154, 156, 176–178, 180, 182, 194, 202
Separation 30, 44
Sexualität 23, 106, 123, 155
Sinnesschädigung 87, 125, 131
Sonderklassen 36, 43
Sonderpädagogik 13, 15–17, 20, 24, 40f., 49, 64, 196
Sonderschulwesen 16, 40f., 43, 47f.
Sozialdarwinismus 37–39
soziale Konstruktion 91, 93
soziale Abweichung 93
Sozialgesetzbücher 11, 54
–, IX 17, 54, 63, 68, 107, 129, 162f., 168, 170, 177
–, XII 55, 107, 147, 178
Sozialhilfe 17, 44, 48, 54f., 96, 107, 129, 139, 178
Soziologie 20, 26f., 60, 62, 92, 105, 188
–, der Behinderten 92–94
–, heilpädagogische 92
Special Education 18
Special needs 63
Spezialpädagogik 18
Ständige Konferenz der Kultusminister (KMK) 16, 77, 136, 138, 140
Stigmata 112, 198
Stigmatisierung 17, 26, 60, 62, 112, 198
Supported employment 161
Symptome 71–75, 198
Syndrome 72f., 76, 83, 214–216
Syndromanalyse 73

T
Tagesbildungsstätten 43, 48
tagesstrukturierende Maßnahmen 106, 170
Taubstummenpädagogik 32
Teilhabe 11, 18, 24, 49, 50–56, 63f., 68f., 76, 84, 91–96, 100, 107, 163, 168, 170–173, 177–179, 192

–, soziale 18, 21, 49, 52, 91, 108, 123, 125, 132f., 142, 152, 158, 162, 181
–, kulturelle 18, 86, 91f., 137, 142
Therapie 18, 26, 36, 46, 64, 71, 73, 91, 125, 148f.
–, Therapieplanung 72, 126
training on the job 161, 168

U

Unabhängigkeit 56, 158, 182
UN-Konvention 55
Unterricht 16, 18, 36, 42–45, 85, 87, 142–150, 165
–, beziehungsorientierter 149
–, gemeinsamer 139
–, integrativer 150, 204f.
Unterstützte Kommunikation 85, 121
Unterstützungsbedarf 9, 55, 64, 95f., 120, 131, 179f.
Unterstützungssystem 93f., 132

V

veränderte Kindheit 124
Verantwortung 41, 52f., 98, 100, 120, 129, 172, 178
–, sozialstaatliche 19, 95
Verarbeitungsstörungen 125
Vergleichende Sonderpädagogik 20
Verhaltensauffälligkeiten 125, 147
Verhaltensphänotypen 73, 75f.
Vernichtung 28, 30, 37–40, 43, 53, 102
Verwahrlosung 124f.
Verwahrung 52, 174

W

Weiterbildung 151, 154
Weltgesundheitsorganisation (WHO) 54, 65f., 68
Werkstatt für behinderte Menschen 58, 102, 105f., 145, 157f., 162–171, 181
Wertewandel 94
Wertschätzung 30, 60, 105, 115, 120
Wohneinrichtungen 22f., 81, 96, 102, 106f., 153, 170, 175, 177f.
Würde 21, 32, 40, 56, 119, 121, 135, 174, 202, 203

Z

Zentralnervensystem 72, 74, 125
Zentrum für pädagogische Frühförderung 128
Zwangssterilisation 38
Zwei-Klassen-Behindertenversorgung 96

Leseprobe aus

**Karin Terfloth / Sören Bauersfeld:
Schüler mit geistiger Behinderung unterrichten**

1 Unterricht planen

Unterricht stellt eine intentionale, geplante Aktivität dar. Die Planung von Unterricht ist Voraussetzung sowohl für die Strukturierung, aber auch für die Legitimation des Lehrerhandelns und ist somit eine zentrale Kompetenz innerhalb des Professionalisierungsprozesses.

Für manche Anfängerinnen und Anfänger im Lehrberuf erscheint es dennoch als lästige Pflicht, in der Ausbildung eine ausführliche schriftliche Unterrichtsplanung zu verfassen. Der Sinn dieser Übung wird häufig darin gesehen, die Ansprüche der Mentorinnen und Mentoren sowie der Prüferinnen und Prüfer zu erfüllen. Für guten Unterricht wird oftmals eine Skizze bereits als ausreichend erachtet, wenn es denn überhaupt eine schriftliche Planung sein muss. Wird innerhalb der ersten oder zweiten Phase der Ausbildung von Lehrpersonen dann doch eine solche Leistung verlangt, werden die einzelnen Planungsschritte nicht selten isoliert voneinander bearbeitet oder teilweise aus vorgefertigten und käuflich erwerbbaren Materialsammlungen übertragen.

Dieses Buch bietet theoretische und praktische Hilfestellungen an, Unterrichtsplanung schülerbezogen und pragmatisch durchzuführen. Wird Unterricht im Vorfeld geplant, stellen sich die Fragen, mit welcher Begründung (Kap. 1.1), in welcher Form (Kap. 1.2) und in welchem Umfang (Kap. 1.2.4) dies geschieht. Inwiefern diese Form der Unterrichtsplanung auch im gemeinsamen Unterricht verfolgt werden kann, wird in Kap. 2.2.5 diskutiert.

1.1 Zur Notwendigkeit von Unterrichtsplanung

Um Bedenken vorwegzunehmen: Wir gehen nicht davon aus, dass eine Unterrichtplanung Punkt für Punkt wortgetreu umgesetzt werden kann. Es gibt zahlreiche Gründe, warum sich Unterricht abweichend

www.reinhardt-verlag.de

von der vorangegangenen Planung entwickelt, beispielsweise durch die Abhängigkeit von der Tagesform und der aktuellen Befindlichkeit aller Beteiligten, durch bisher nicht bekanntes Vorwissen bei den Schülerinnen und Schülern, durch Störungen von außen etc. Allerdings sollte Unterricht kein willkürliches Produkt von Zufällen und individuellen Interessen der Lehrpersonen sein, sondern vielmehr durch die Berücksichtigung von didaktisch-methodischen Qualitätsaspekten legitimiert werden. Zwar kann der Planungsprozess im Vorfeld den Verlauf der eigendynamischen Entwicklung einer Unterrichtsinteraktion nicht abbilden. Dennoch können Rahmenbedingungen geschaffen werden, die auf die Bedürfnisse der Beteiligten abgestimmt sind und somit den Lernzugang und die Kommunikation miteinander erleichtern. „Durch Nachdenken über Unterricht wird der Umgang mit Unterricht eingeübt" (Scheunpflug 2001, 84). Unterrichtsplanung garantiert keine stabile Unterrichtssituation und einen entsprechenden Unterrichtserfolg, aber sie macht diese wahrscheinlicher (2001, 124 f).

Was meint der Begriff Unterrichtsplanung? Als Arbeitsdefinition schlagen wir in Orientierung an Sandfuchs vor, unter dem Begriff der Unterrichtsplanung alle Maßnahmen und Entscheidungen im Vorfeld der Unterrichtsdurchführung zu verstehen, die zur Optimierung des Lernens und Lehrens im Unterricht beitragen (2006, 684). Unterrichtsplanung ist demnach ein wesentlicher Teil der professionellen Kompetenz von Lehrpersonen, da Unterricht nach Lamers einen bewussten Prozess darstellt, der auf eine strukturierte und anspruchsvolle Wissensund Fähigkeitsaneignung auf dem je individuellen Lernniveau abzielt (2003, 204).

In der genannten Definition wird deutlich, dass eine sinnvolle Unterrichtsplanung daher immer konkret vor dem Hintergrund der Kenntnisse über die Lernenden erfolgt, die mit dem Bildungsinhalt in Bezug gesetzt werden. Eine systematische Vorbereitung stellt gerade für Lehreinsteigerinnen und Lehreinsteiger eine notwendige Grundlage für den dialektischen Umgang mit der Erörterung des Bildungsinhaltes auf der einen und der Komplexität der Lernvoraussetzungen der Schülergruppe auf der anderen Seite dar.

EV reinhardt
www.reinhardt-verlag.de

Zudem wird durch dieses organisierte Vorgehen die in der Praxis vielerorts bekannte Tendenz in Frage gestellt, den Unterricht ausgehend von einer Methode oder einem neu erworbenen Lernmaterial zu planen. Vielmehr wird die intensive Auseinandersetzung mit dem Lernstoff im Hinblick auf die gegenwärtige und zukünftige Lebensbedeutsamkeit der Schülerinnen und Schüler eingefordert. Methodische Schritte sind nicht beliebig zu entscheiden, sondern auf der Basis der individuellen Lernchancen auszuwählen und zu planen.

Eine solide Planung stellt nicht nur den Ausgangspunkt für strukturiertes Lehrerhandeln dar, sondern sorgt auch für Transparenz unter den beteiligten Kolleginnen und Kollegen sowie für die Schülerinnen und Schüler. Das Wissen, was in der angekündigten Unterrichtssituation passieren wird, hilft allen Beteiligten, sich darauf einzustellen und aktiv darauf einzulassen. Neben den genannten Vorteilen von reflektierter Unterrichtsplanung durch die Lehrperson gilt es auch, die Mitbestimmung der Lernenden bei der Gestaltung des Lernprozesses zu berücksichtigen. Dies bedarf der Offenheit der Lehrperson, des gemeinsamen Aushandelns und der Fähigkeit der Schülerinnen und Schüler, Lernprozesse zu planen. Bei Letzterer geht es um die Selbstbefähigung, Verantwortung für das eigene Lernen zu übernehmen (...).

Leseprobe (S. 17–19) aus:

Karin Terfloth / Sören Bauersfeld
Schüler mit geistiger Behinderung unterrichten
Didaktik für Förder- und Regelschule
3., aktualisierte Auflage 2019.
270 Seiten. 22 Abb. 32 Tab.
utb-M (978-3-8252-5215-1) kt

www.reinhardt-verlag.de

Entwicklung der Sonderpädagogik

Sieglind Luise Ellger-Rüttgardt
Geschichte der Sonderpädagogik
Eine Einführung
2., aktualisierte Auflage 2019.
384 Seiten. 42 Abb. 12 Tab.
utb-L (978-3-8252-8765-8) kt

Ein langer Weg: Das Recht auf Bildung für Menschen mit Behinderung. Ausgehend von Fragen der Gegenwart rollt diese Einführung in die Geschichte der Sonderpädagogik die wichtigsten Etappen chronologisch auf: von der Zeit der Aufklärung über das 19. und 20. Jahrhundert bis hin zu gegenwärtigen Trends in Theorie und Praxis der pädagogischen Hilfesysteme für behinderte und benachteiligte Kinder und Jugendliche.
Die Widersprüche moderner Pädagogik werden entfaltet an ihrer Spezialdisziplin Sonderpädagogik. Unterschiedliche theoretische Ansätze wie Ideen-, Sozial-, Institutions- und Alltagsgeschichte finden dabei Berücksichtigung.

www.reinhardt-verlag.de

Diagnostisch fit

Konrad Bundschuh / Christoph Winkler
Einführung in die sonderpädagogische Diagnostik
9., überarb. Auflage 2019.
464 Seiten. 16 Abb. 19 Tab.
utb-S (978-3-8252-5286-1) kt

Wie diagnostiziert man Beeinträchtigungen bei Entwicklungsverzögerungen im Vorschulalter, Lern-, Leistungs- und Verhaltensproblemen sowie Behinderungen unterschiedlicher Art bei Kindern und Jugendlichen? Wie leitet man adäquate Fördermaßnahmen aus der Diagnose ab?
Das Standardwerk der sonder- und heilpädagogischen Diagnostik erläutert förderdiagnostische Sichtweisen und Methoden und informiert lernzielorientiert über wissenschafts- und testtheoretische Grundlagen, die Praxis der Förderdiagnostik in einzelnen Anwendungsfeldern, förderungsorientierte, sonderpädagogische Gutachtenerstellung.
Bereits in 9., überarbeiteter Auflage!

www.reinhardt-verlag.de

Tätigkeitsfeld Behindertenhilfe

Dieter Röh
Soziale Arbeit in der Behindertenhilfe
Mit Antworten zu den Übungsfragen
als Online-Zusatzmaterial
2., völlig überarbeitete Auflage 2018.
249 Seiten. 6 Abb. 10 Tab.
utb-S (978-3-8252-4876-5) kt

Der Autor gibt einen Überblick über die professionellen Beiträge und Konzepte der Sozialen Arbeit in der Behindertenhilfe. Er erläutert unter anderem verschiedene Hilfeformen, die in Anspruch genommen werden können, beschreibt wichtige Methoden sowie sozialethische und handlungstheoretische Grundlagen der Sozialen Arbeit. Insbesondere Studierende erhalten damit einen guten Einblick in die Tätigkeitsfelder der Sozialen Arbeit in der Behindertenhilfe.
Für die 2. Auflage wurde das Studienbuch vollständig überarbeitet.

reinhardt
www.reinhardt-verlag.de

Basiswissen geistige Behinderung

Reinhilde Stöppler
Einführung in die Pädagogik bei geistiger Behinderung
Mit Übungsaufgaben und Online-Ergänzungen
2., aktualisierte Auflage 2017.
218 Seiten. 19 Abb. 21 Tab.
utb-M (978-3-8252-4800-0) kt

Studierenden der Geistigbehindertenpädagogik vermittelt dieses Buch solides Basiswissen und einen erfolgreichen Einstieg in das Fach. Wie gelingen Erziehung und Bildung im Lebenslauf und wie wird Inklusion in den Bereichen Bildung, Wohnen, Freizeit, Sexualität etc. umgesetzt? Ein kompakter Überblick zu Ätiologie, Bildungskonzepten und Teilhabebereichen.

www.reinhardt-verlag.de

Kompaktes Grundwissen

Rolf Werning / Birgit Lütje-Klose
Einführung in die Pädagogik bei Lernbeeinträchtigungen
Mit zahlreichen Übungsaufgaben
4., überarbeitete Auflage 2016.
272 Seiten. 2 Abb.
utb-M (978-3-8252-4726-3) kt

Die Autoren liefern mit diesem nun schon in der vierten Auflage vorliegenden Lehrbuch eine kompakte Einführung in die Pädagogik bei Lernbeeinträchtigungen. Wann liegt eine Lernbeeinträchtigung vor? Wie kann der Unterricht für SchülerInnen mit Lernbeeinträchtigungen gestaltet werden? Das Lehrbuch bietet Antworten auf diese Fragen und legt die theoretischen Positionen des Fachs dar. Vor dem Hintergrund des Perspektivwandels von der Integration zur Inklusion werden Möglichkeiten der inklusiven Förderung von SchülerInnen mit Lernbeeinträchtigungen beleuchtet. Das Buch wird damit zu einem wichtigen Grundlagenwerk für Studierende aller Lehrämter und ist unverzichtbar für Studierende des Faches „Pädagogik bei Lernbeeinträchtigungen".

reinhardt
www.reinhardt-verlag.de

Medizinische Grundkenntnisse

Thomas Hülshoff
Medizinische Grundlagen der Heilpädagogik
3., überarbeitete Auflage 2015.
440 Seiten. 18 Abb. 2 Tab. 34 Übungsfragen
utb-M (978-3-8252-4493-4) kt

Dieses Lehrbuch bietet eine breit gefächerte Übersicht über die medizinischen Aspekte von Entwicklungsprozessen, Entwicklungsstörungen und Behinderungen. Es führt anschaulich in neurophysiologische Grundlagen ein und erläutert die Entwicklung des Zentralen Nervensystems und des kindlichen Gehirns. Krankheit, Behinderung und die daraus resultierenden Belastungen werden vom medizinischen Standpunkt aus definiert. Unter heilpädagogisch relevanten Aspekten werden Funktionen und Störungen von zentralen Sinnesleistungen, Motorik, Sprache, Denken und Fühlen sowie die wichtigsten Interventionsformen beschrieben.

www.reinhardt-verlag.de

Vierteljahresschrift für Heilpädagogik und ihre Nachbargebiete

Herausgeber:
Erich Hartmann / Birgit Herz / Jan Kuhl

erscheint vierteljährlich
Jahresumfang: ca. 368 Seiten
ISSN: 0017-9655

Die VHN ist die älteste wissenschaftliche Fachzeitschrift für Sonder- und Heilpädagogik im deutschsprachigen Europa.
Sie ordnet sich mit integrativer Zielsetzung in die Erziehungswissenschaft ein und verbindet die Einzeldisziplinen der Heil- und Sonderpädagogik zu einer Einheit. Sie überwindet die Grenze zwischen Sonderpädagogik in der Schule und Heilpädagogik außerhalb der Schule. Sie berücksichtigt heilpädagogisch bedeutsame Beiträge aus anderen erziehungswissenschaftlichen Disziplinen sowie aus Nachbargebieten wie Psychologie, Soziologie, Sozialarbeit, Psychiatrie, Medizin und Rechtswissenschaft. Ihre Beiträge sind trotz Spezialisierung von allgemeinem heilpädagogischen Interesse.
Ein Peer-Review-Verfahren (ab 2005) garantiert die wissenschaftliche Qualität der Fachbeiträge. Sie sind in einer für alle Zielgruppen verständlichen Sprache abgefasst. Besondere Rubriken gehen auf Trends in Theorie und Forschung sowie auf aktuelle Herausforderungen in Wissenschaft, Praxis und Politik ein.

reinhardt
www.reinhardt-verlag.de